明清史学术文库

清儒学术拾零

陈祖武 著

故宫出版社
The Forbidden City Publishing House

《明清史学术文库》
编辑委员会

陈祖武，祖籍湖南茶陵，1943年10月生于贵州省贵阳市，遂为贵州人。1965年7月毕业于贵州大学历史系。1981年7月再毕业于中国社会科学院研究生院历史系。历任中国社会科学院历史研究所助理研究員、副研究员、研究員。现为中国社会科学院学部委员、中央文史研究馆馆员。主要学术专著有《清初学术思辨录》、《中国学案史》、《清代学术源流》等。兼任全国古籍规划小组成員，主要古籍整理成果有《榕村语录》、《杨园先生全集》、《清儒学案》等。

欣悉《明清史学术文库》问世，谨致诚挚祝贺。《文库》将几代学人治明清史之心得荟萃一堂，既可借以一睍学术开拓与学科建设之艰辛，亦为日后吾国明清史研究之新发展构筑起一座坚实之学术平台。因之此一《文库》之编纂出版，具有重要学术传承和文化积累价值，允称嘉惠学林，功至伟矣。

陈祖武

总序一

2012年是清帝退位一百周年，明清史研究也走过了百余年的风雨里程。出于总结和促进发展的目的，故宫出版社将百年来明清史专题研究的重要的甚至经典性著作，遴选四十余部再版发行，以期对当前的明清史研究有所裨益，这是令人高兴和值得肯定之举。

长达五百余年的明清两代，是中国历史上两个重要的王朝，既处于我国封建社会行将灭亡的衰落时期，又处在中国封建专制主义发展的巅峰时期。盛世与没落，帝王的文治武功与社会的演进变革，殖民者的“福音”传播与列强的坚船利炮，此起彼伏的农民起义与先进的中国人的图强探索，以及革命与改良，等等。这是一个多姿多彩且天翻地覆的历史时期。这一时期又连接着今天，影响着今天。因此，研究明清两代的历史，就有着十分重要的意义。

现代意义上的明清历史研究开始于20世纪初。面对清王朝的腐朽没落，半殖民地半封建社会的奴役屈辱，资产阶级革命的风起云涌，以梁启超、夏曾佑、严复、孟森、章太炎、向达、谢国桢、萧一山等学者为代表的中国知识界，继承中国古代社会“鉴古知今”的历史传统，吸收近代科学理论知识，开始对清先世、明满关系、南明史、学术史，后渐扩大到秘密社会史、华侨史、晚清史（这是一大热点）、民族史、历史地理、财政史、盐业史等明清历史的多个方面，进行系统研究，筚路蓝缕，取得了丰硕的成果。

新中国成立以后，特别是改革开放以来，学术界在马列主义理论指导下，继承老一辈学者的信实学风，汲取西方学术研究的科学方法，解放思想，大胆探索，推动了明清史研究的不断深入。研究领域在不断扩大，研究水平在不断提高，明清史学逐渐形成充满朝气、欣欣向荣的繁荣景象。经过数十年的发展与积淀，时间已为我们留下了一些有价值的学术著作，这些著作资料翔实，论述严密，条理贯通，至今仍为许多学者所推崇。因此，将多年以来明清史研究著作纳入《文库》，重新修订再版，可使我们回顾明清史学研究的发展轨迹，促进 21 世纪明清史学术研究的深入发展。

故宫博物院和故宫出版社推出这套《明清史学术文库》还有一层特殊的意义，这就是故宫和故宫博物院在明清史研究中的特殊地位。故宫作为明清两代的皇宫紫禁城，在明清两朝的统治历史中，共有 24 位皇帝在此生活执政，使之在五百多年中成为全国的政治中心、文化中心，演绎出一幕幕兴衰史剧，几乎明清时期的每一个重大历史事件，都与宫廷发生着密切的联系。故宫几乎每一座宫殿、每一个院落、每一处山石，甚至每一口水井、一床一案，都有一段传奇经历，蕴含着独特的、浓厚的历史文化信息，涉及建筑、园林、历史、地理、文献、文物、考古、美术、宗教、民族、典制、礼俗等诸多学科与门类。这也是研究明清时期典章制度、宫廷建筑、宫廷生活等历史问题的专家学者不能不予以关注、不能不去考察体验的诸多社会历史领域。建立在以明清两代皇宫“原址保护”基础上的故宫博物院，兼容建筑、藏品与其中蕴含丰富的宫廷历史文化为一体，这一特点及优势，决定了它在整个明清史研究中有着独特的、不可替代的重要地位。而故宫的一切研究工作也离不开明清史学术界的辛勤劳动。

正是基于这种独特关系，故宫博物院与清史编纂委员会联合举办清史研讨会，与北京大学联合主办《明清论丛》，成立明清宫廷史研究中心和故宫学研究所，组织编纂明清史研究丛书，并资助出版一大批重要的明清史学术研究成果，受到学界的广泛赞许。以突出皇宫、皇权和皇帝等皇家文化研究的“故宫学”学术概念，也得到了学界的广泛关注。浙江大学、中国社会科学院研究生院等高校已开始招收这方面的硕士研究生，浙江大学成立了故宫学研究中心，南开大学成立了明清宫廷史与故宫学研究中心，台湾清华大学开设了“故宫学概论”课程等。所有这些，必将对故宫博物院的日常工作和学术研究，以及明清史学界的进一步发展，产生重要的推动作用。

故宫出版社作为故宫博物院的重要部门，一直把促进明清史和故宫学的研究作为自己义不容辞的责任和义务，做出了积极的努力，也取得了重要的成果。本次推出这套《明清史学术文库》，在整合、出版既有学术成果的基础上，通过深入地与专家、学者沟通，对明清史及故宫学研究涉及的一些问题进行专题探讨，以提高明清史和故宫学研究的理论水平，并向成为我国明清史研究成果的出版重镇不断迈进，其精神也值得赞扬。我们相信，通过故宫出版社与明清学术界的不断努力，明清历史研究必将取得更大的发展。

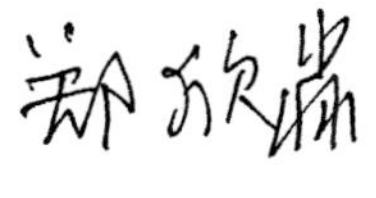

2012年 7 月

总序二

一百年前的1912年，清朝覆亡，宣统帝退位，中华民国建立。标志着统治中国长达两千多年封建帝制的终结。中国历史迈开了前进的脚步，中国人民觉醒奋起，在近代化的征途上努力前进。

伴随着清王朝的覆灭，中国的一大批学者对中国封建社会的最后两个王朝——明朝和清朝的历史进行了认真、系统的研究，章太炎、梁启超、孟森、钱穆、萧一山、蒋廷黻、郭廷以、郑天挺、吴晗、罗尔纲、王钟翰等学术前辈在明清史处女地上披荆斩棘、辛勤耕耘，为明清史学的发展奠定了基础。改革开放以来，学术界百花齐放、百家争鸣，以马克思主义为指导不断地解放思想，积极吸收外国的研究思想和方法，使我国明清史的研究出现了前所未有的长足进步，涌现出一批有价值的学术著作。但在当时，中国或者尚在战乱时期，或者尚在建设的探索时期，经济贫穷，文化欠发达，学术著作的印刷数量不多，流传不广，不利于学术交流和明清史研究更深入的发展，故而故宫出版社将多年来明清史专题性研究著作纳入《明清史学术文库》，重新修订再版，力求涵盖民国以来各个时期的学术大家及其代表性著作，目的就在于将涉及政治、经济、文化、社会生活等方面的研究著作汇集一起，以此反映明清社会的整体状况，为学者深入研究明清时期的社会状况提供学术平台。

明清两代，时间长达五百多年之久，道路崎岖，变化迅速，人物和事件丰富繁多，是最接近今天现实的历史，生产力已有相当发展，居于当时世界各国的前列，社会结构和各种关系已相当复杂，人口众多，经济繁荣，交流频繁，财富充盈，各种事业兴旺发达。至康雍乾时期，中国历史发展到最高峰。但社会中的各个领域存在着缺陷，各种主客观条件尚未具备，整个社会唯以协同推进，阻力重重，举步维艰。所以未能进入近代化的轨道，中国坐失了西方世界在 18 世纪所抓住的社会进步的良好时机，这是中国的不幸，也是我们前几辈先人痛心扼腕、力图奋起直追的动力和原因。今天，我们正在建设中国特色的社会主义，成绩辉煌，但前途还有许多艰难曲折，需要我们奋斗拼搏，晚近明清历史上先辈们走过的崎岖道路值得我们回顾、反思、探索、研究，以利于后人的继续快步前进。

在中华民国成立以前，明清史虽已编纂了许多重要的档案资料，但研究尚在起步阶段，历史编纂中充斥着对本朝的歌功颂德和对前朝的诋毁。民国以后的明清史研究则有了重大的进步。

其进步主要可举出三个方面：

第一，改变了形而上学和英雄史观，逐渐以社会进步史观和马克思主义唯物史观来研究历史；改变了停滞不动、堆砌史料、罗列历史事实，不讲究前因和后果，不揭示历史发展的客观规律，强调英雄创造了历史而忽视人民群众的生产斗争、阶级斗争，不能给人以真实的历史知识的做法。历史是人类进步的活动，是人民群众艰辛创造和英勇斗争的进程。经济活动是人类社会的基础，而政治、军事、法制、文化、思想都是其上层建筑，将会或早或迟地随着经济基础的变化而变化。二十世纪初进步史观和马克思主义唯物史观的出现，大大改变和推动了中国历史研究，明清史研究领域出现了许多高水平的、科学的、实证的明清史著作。

第二，研究领域的扩大。自民国以来，明清史研究的领域不断扩大，不仅着重于帝王将相活动，不仅有内外战争、官场升贬、刑律惩治，也不仅宣扬封建的纲常伦理，还涉及到中央和地方的典章制度、兴废沿革、官阶序列、财政收支、赋税征收，人口的增减迁移，城镇的设置变迁；经济方面有农林牧副各业的状况，开垦和耕作记录，各种传统的手工业和商业，以至近代工厂、矿场的兴起，电报的设置，火车轮船的建造；军事方面，有八旗、绿营、团练、湘军、淮军以至北洋水师、小站练兵等；文化方面，既有诗文词赋、绘画书法、人物传记，又有昆曲、京剧、小说、唱本各种民间艺术；加之民族、法制、科学、宗教、城市、乡镇、风俗习惯、生态海洋等方面。各种研究无所不包，覆盖了各个社会历史领域，使得每朝的史书类似于百科全书型的著作，可以阅读和寻找到各种各样的知识。

第三，史料的整理和发展大为进步。民国以后，大内档案公之于世，其数量达一千万件以上，其中尤以清朝的档案与史料为多，它们的大量公开出版为后人提供了无穷的研究宝藏。档案和各种史料是认识和研究历史的重要载体，只有对它进行积累、分析、辨识、考证，才能揭示出历史的真相。近百年来，收集、保存、整理和利用这些珍贵的历史资料取得了很大的成绩，使我们对五百多年的明清历史有了许多新的重要的发现和认识。

故宫出版社作为故宫博物院的下属部门，把服务和促进明清史和故宫学研究作为自己的责任和义务，并为此做出了不懈的努力，坚持资助出版《明清史论丛》，还抽出人力、物力出版了《明代宫廷史研究丛书》等一批颇具特色的明清史著作，逐渐成为明清史研究成果的一个重要的出版阵地，为明清史研究的深入发展，作出了积极贡献。相信本丛书的出版，无论对史学工作者还是普通的史学爱好者，都是一个极大的便利，必将对明清史学术知识和研究的深入发展与广度普及，产生积极的影响。

戴逸

2012年 7 月

目　录

再版前言

承故宫出版社诸位主事不弃，拟将祖武旧日习作《清儒学术拾零》纳入丛书，再版印行。鼓励鞭策，盛谊感人，谨致深切谢忱。1998年，拙稿承湖南人民出版社初印，正值祖武参加国立新加坡大学儒学国际研讨会返京，遂以提请与会同好指正之拙文权充出版前言。十馀年过去，往日之思考似乎未尽失去价值，故而改题《初版前言》予以保留。谨将近期与之相关的若干想法联缀成文，以代再版前言。

在当代中国社会的前进过程中，文化建设已经成为社会普遍关注的一个重大问题。然而，由于急功近利痼疾作祟，拜金浊流无孔不入，诚信缺失，道德滑坡，这方面的工作面临着许多困难和挑战。以下，拟就此谈几点未必妥当的思考，敬请各位批评指教。

一　文化建设的立足点在人

改革开放三十馀年来，随着中国经济社会的大步前进，文化建设也在全方位地向前推进。人民的文化生活丰富多样，国家的文化实力显著提高，一派欣欣向荣气象。但是在前进道路上，又还存在许多不协调的现象，干扰文化建设的健康发展。一些人为了追逐金钱，谋求私利，不择手段，弄虚作假。他们寡廉鲜耻，罔顾他人，罔顾社会，罔顾国家和民族。中华民族数千年养成的传统美德被肆意践踏，中华民族的文明素质受到了前所未有的尖锐挑战。

这样一个局面的形成，原因很多，值得我们认真分析和总结。从文化建设的角度而言，对其本质的认识和把握存在偏差，理论和实际脱节，就是一个不可忽视的原因。

谈到文化，众所周知，近百年来，对其界定见仁见智，各有据依，可谓百花齐放，百家争鸣。尽管如此，而关于其本质的认识和把握，却可以大致看到一个相似之处，即立足点都在人。借用中国古代哲人的话来说，这大概就叫做“一致百虑，殊途同归”。在这个问题上，笔者赞成这样的见解，认为文化是一个民族的精神和灵魂，它既以经济的发展为前提，同时又通过民族文明素质的提高，反作用于经济，从而推动社会和历史的前进。因此，所谓文化建设，归根结底是要解决人的问题，是要达到提高民族文明素质的目的，本质是人，立足点在人。

关于文化建设本质的认识和把握，最近二三十年间，其偏差主要反映在两个方面。第一个方面，是把文化建设视为经济建设的附庸，或者说认为文化建设是手段，发展经济才是目的。较长一段时间以来，有这样一句话颇为流行，叫做“文化搭台，经济唱戏”。这句话所反映出来的，就是这一方面的认识偏差。靠这样的认识去安排文化建设，其结果当然只能是缘木求鱼。第二个方面，是忽视文化建设的本质，将文化建设纳入经济建设的轨道，混为一谈。这就是当前严重存在的试图用文化产业取代文化建设的倾向。其实，顾名思义，文化产业讲的是经济结构、经济布局和经济增长方式，目的在于发展经济。同文化建设相比，二者本质不同，分工各异，断不可眉毛、胡子一把抓，甚至取而代之。因此，经营性的文化产业固然是一个方兴未艾的产业，具有良好的发展前景，但是绝对不能用它去取代文化建设事业。

二　教育是文化建设的根本

我国古代先哲给我们留下过一句至理名言，叫做“十年树木，百年树人”。这就是说，一个人的一生，从呱呱坠地到耄耋垂老，终身皆在不间断地接受教育之中，活到老，学到老。一个人尚且如此，何况是一个民族文明素质的养成和提高呢！因此，文化建设既然以提高民族文明素质为目标，那么对社会成员的教育，尤其是广大青少年的教育，就是至关重要的根本大计，不可须臾松懈。谈文化建设，断不可离开教育。

令人深感忧虑的是，当前我国的教育环境，尤其是广大青少年的成长环境，情况并不是很好。金钱至上，享乐第一，自我中心，目无他人，久而久之，习以为常，一些不该发生的事情也就变成不可回避的现实。我们自己培养的大学生，不惟驾车肇事，而且竟然将亟待救治的伤者杀害。这难道还不令人痛心疾首吗！严酷的现实告诉我们，同维护和治理生态环境已经迫在眉睫一样，维护和治理教育环境、人文环境，也是一件再也不能够耽搁的事情。要把这件事情做好，当然需要全社会的共同努力，然而中坚力量无疑是广大教育工作者。这里所说的教育工作者，首先自然是指工作在第一线上的广大小学、中学和大学的老师们、教授们，同时也包括作家、艺术家、影视戏曲工作者、新闻传媒工作者和自然科学、社会科学工作者在内的广大文化工作者。传道、授业、解惑的老师，教书育人，职责所在，“春蚕到死丝方尽，蜡炬成灰泪始干”，古往今来，责无旁贷，义不容辞。而对广大文化工作者来说，用健康的、积极向上的精神产品去丰富人民大众的精神生活，尤其是广大青少年的文化生活，去帮助广大青少年生动活泼地健康成长，同样是在行使崇高的教育职责。这是神圣的时代使命和不可推卸的社会责任。

谈到时代使命和社会责任，我们不赞成如下的价值判断，即用简单的“娱乐”二字，去给当代文化工作者的崇高责任定性。固然，我们的文化工作者必须用自己的辛勤劳动，创造健康的精神产品，带给人民大众快乐和愉悦。然而娱乐绝不能成为单一的目的。我们断然鄙弃用娱乐二字去掩盖追逐金钱的目的，更不赞成因之而玷污文化工作者的社会良知。我们文化工作者的一言一行，一举一动，任何时候都不能忘记为提高全民族文明素质服务的职责。寓教于乐这样一个正确方向，不能有丝毫的动摇，必须理直气壮地去坚持。

三　儒学的人学品格

中国古代学术以儒学为中坚，儒、释、道互补而自成一体。自春秋战国间孔子创立儒家学派，在两千多年的历史演进过程中，儒学吸纳释、道，融诸子百家之所长为我有，不断充实和发展，显示了无与伦比的巨大包容能力和历久弥新的强大生命力。儒学已经深层次地融入中华民族的文化心理，成为中华文明不可分割的历史血脉。古往今来，伴随中华民族先民的迁徙以及同世界诸多文明的交往，儒学早已逾出国界，超越民族，成为人类文明的一个重要组成部分。儒学如此特殊历史地位的形成，其根本依据就在于它的人学品格。

儒学以人为论究核心，从个人的修持入手，进而探讨个人与家庭、个人与他人、个人与社会、个人与自然、个人与天下国家千丝万缕的联系，最终谋求人类社会的人我一体，和谐发展。孔子把这样的境界称之为仁，他说：“夫仁者，己欲立而立人，己欲达而达人。”（《论语·雍也》）孔子主张推己及人，“先人而后己”，“己所不欲，勿施于人”（《论语·颜渊》）。曾子实践孔子的仁学，进而将其发扬光大，号召人们“仁以为己任，死而后已”

(《论语·泰伯》)。在曾子的笔下，儒学的人学品格得到了格物致知、诚意、正心、修身、齐家、治国、平天下的经典归纳，他说：“古人欲明明德于天下者，先治其国；欲治其国者，先齐其家；欲齐其家者，先修其身；欲修其身者，先正其心；欲正其心者，先诚其意；欲诚其意者，先致其知；致知在格物。……自天子以至于庶人，壹是皆以修身为本。”(《礼记·大学》)

无论是孔子提出的仁学，还是曾子据以阐释的格致、诚正、修齐、治平，以及北宋大儒张载所发挥的“为天地立心，为生民立命，为往圣继绝学，为万世开太平”，直至清初顾炎武“天下兴亡，匹夫有责”呐喊的迸发，历史的发展充分证明，儒学的人学品格自成体系，不可分割。其间，既包括社会成员自身文明素质的养成和完善，同时也包括为他人和社会服务能力的提高和完善。作为社会的成员，每一个人的一生，都是一个不断完善自我的过程。换句话说，都是一个没有止境的修持过程。而人们不断完善自我的过程，同时也就是不断调整同他人、同自然，同社会的关系，使之臻于和谐的过程。正是在这种不间断的完善和调整之中，人们既实现自己的人生价值，同时又共同推进人类文明的步履。

儒学的人学品格，规定了个人修养与关心他人、服务他人浑然一体，相得益彰，足以成为谋求人类社会和谐发展的宝贵精神财富。我们中国是一个历史悠久的文明古国，今天的中国是昨天、前天的中国合乎逻辑的发展，当代的中国文化，也是中国数千年历史文化在新的历史条件下的必然前进。弘扬儒学的人学品格，使之与时俱进，融域外文明之优秀成果为我有，理所当然是当代中国文化建设的一项重要任务。

陈祖武　谨识

二〇一二年六月十日

初版前言

21世纪正在向我们走来。作为一个发展中国家的中国，当即将翻过旧世纪的一章，迈入新世纪门槛的时候，我们既对未来充满信心，同时又为文明步履的滞后而忧虑。因此，把握机遇，迎接挑战，切实谋求中国文明的发展，就成为世纪之交的中国一桩至关重要的事情。以下，拟就儒学与当代中国文明的关系，谈一些极不成熟的思考，权作本书前言，敬请各位批评指教。

一　关于儒学的经世精神

作为中国传统文化中坚的儒学，源远流长，博大精深，是中华民族极可宝贵的历史文化遗产。数千年的中国儒学之所以能够绵延不绝，汇涓涓细流而成奔腾大川，其根本原因就在于有一磅礴伟岸的基本精神贯穿其间。儒学所具有的这种基本精神，不惟有力地推动了它自身的发展，而且也是使之对人类文明不断做出贡献的关键所在。

关于儒学的这种基本精神，《礼记》的《大学》篇有过一段集中阐述：

> 古之欲明明德于天下者，先治其国；欲治其国者，先齐其家；欲齐其家者，先修其身；欲修其身者，先正其心；欲

正其心者，先诚其意。……意诚而后心正，心正而后身修，身修而后家齐，家齐而后国治，国治而后天下平。

这一“诚意、正心、修身、齐家、治国、平天下”的经典表述，从个人修持入手，直到经邦济世，概括了中国儒学自其形成时期所固有的基本精神。

这种精神发展到北宋，由著名思想家张载再度进行归纳，便成了四句很有名的话：“为天地立心，为生民立命，为往圣继绝学，为万世开太平。”（《宋元学案·横渠学案》）而与张载同时略早的范仲淹，则把这种精神表述为“先天下之忧而忧，后天下之乐而乐”（《岳阳楼记》）。张、范二家的归纳，洋溢于其间的，依然是传统儒学人我一体、经世致用的精神。到了明清之际的大动荡时代，终于迸发出“天下兴亡，匹夫有责”（意出顾炎武《日知录》，后经梁启超归纳）的历史强音。正是在这样的声浪之中，孕育了黄宗羲、顾炎武、王夫之等杰出的学术大师和《明经世文编》等不朽的著述。鸦片战火燃起，直到抗击日寇侵略的民族战争，中国儒学的基本精神融入“把我们的血肉，筑成我们新的长城”的历史洪流，伴随中国近现代历史的演进而升华，成为民族精神的象征。

中国数千年儒学的基本精神，后先一脉，愈阐愈深，宛若有一无形红线通贯其间。这种精神一言以蔽之，就叫做立足现实，经世致用。

在中国学术史上，各种学术形态的盛衰和更迭，环境不同，原因各异，未可一概而论。然而归根结底，无不以儒学经世精神的显晦升沉为转移。一种学术形态，如果能够立足现实，贴近现实，有效地解答社会现实提出来的问题，那么它就能够获得发展。反之，则失去生机。在这个问题上，宋明理学的兴衰，可视为一个典型。

理学在北宋中的崛起，深深地植根于当时的社会需要。中国古代社会发展到北宋，犹如人之年过半百，经历五代十国半个多世纪的王朝频繁更迭，为了防止这一衰老势头的加速，适应国家大一统的需要，“一道德而同风俗”的课题提上了历史日程。自唐中叶以来的数百年间，佛、道夺席，颉颃争先，尖锐的挑战促进了儒学的发展。宋初的太祖、太宗至真宗年间，儒、释、道三家势力迭经消长，渐趋合流。仁宗即位，推崇儒学，形成以儒学为主干，融佛、道为一体的基本格局，于是理学应运而生。中经南宋初，朱熹总其成，而至元初大行于世。迄于明弘治、正德年间，王阳明再加发展，推向极端。隆庆、万历之后，数百年理学极度成熟而再变。明清更迭，实学思潮起，理学遂以“虚学”而成为学术界审视和批判的对象。理学因立足现实、切于世用而兴，亦因脱离现实、迂阔无用而衰，这便是不以人们意志为转移的客观历史存在。

立足现实，经世致用，这就是中国传统儒学的基本精神，也是中国传统儒学不可撼动的脊梁。

二　关于儒学的历史特质

中国传统儒学具有强大的生命力。它与中国数千年的历史并进，同中华民族的文明共存，确立了我们的国家作为文明古国、礼仪之邦的基本历史形象，赋予我们的民族以自强不息，贫贱不能移，富贵不能淫，威武不能屈的坚韧不拔的民族性格。古往今来，伴随中华民族先民的迁徙以及同世界各国的交往，儒学早已逾出国界，超越民族，成为人类文明的一个重要组成部分。

中国儒学之所以能够赢得如此特殊的历史地位，这除了蕴涵其间的前述经世精神之外，也是同它自身所具有的历史特质分不开的。

首先，中国儒学讲“修己治人”，是以谋求人类社会的和谐发展为论究对象的学问。用孔子的话来讲，儒学追求的境界是“仁”，亦即尔后东汉经师郑玄解释的“相人偶”（《礼记·中庸》

注)。孔子说:“夫仁者,己欲立而立人,己欲达而达人。”(《论语·雍也》)把一己同他人合为一体,谋求人类社会的和谐发展,这就是孔子为儒学确立的根本目标。无论是孔子说的“仁”,还是后世儒学大师加以发挥而提出的“修己治人”,它都是一个不可分割的整体。其间,既包括自身道德文化素质的修养和完善,同时也包括为他人和社会服务能力的提高和完善。作为社会的成员,每一个人的一生,都是一个不断完善自我的过程。换句话说,都是一个没有止境的修己过程。而人们不断完善自己的过程,同时也就是不断调整同他人、同社会的关系,使之臻于和谐的过程。正是在这种不间断的完善和调整之中,人们既实现自己的人生价值,同时又共同推动人类文明的进步。

因此,修己与治人,彼此依存,相得益彰,足以成为人们终身追求的境界。可见,只要有人生存,只要人类社会存在,儒学便有它存在的历史价值。同样的道理,和平和发展作为当代世界的主题,已成今日人们的共识。虽然谁也不能说未来的人类社会不会发生战争,然而如同即将过去的一个世纪一样,战争毕竟是短暂的,它终究将为和平和发展所取代。因此,我们有理由这么说,实现和平和发展,不仅是当代世界的主旋律,而且也是人类社会永恒的主题。唯其如此,谋求人类社会和谐发展的中国儒学,也就有了它存在的历史依据。

其次,中国儒学是一个历史范畴,它如同奔腾入海的黄河、长江一样,伴随着中国历史的演进,也在不断地丰富、充实和发展自己。在中国学术史上,儒学有狭义和广义之分。狭义的儒学,指的就是先秦时代,由孔子经子思到孟子的儒家学派及其学说。而广义的儒学,则不仅指先秦的儒家及其学说,而且更包括在其后两千多年的中国历史上,接受儒家学说影响而争奇斗妍的众多学说和学术流派。我们今天所讨论的儒学,恐怕就是从广义上来着眼的。事实上,倘若儒学仅仅是就先秦的儒家而言,而不是一个随着历史的演进而发展的、具有顽强生命力的学说，那么或许它早已成为历史的陈迹，未必能引起今人如此浓厚的研究兴趣了。因此，从广义上说，不惟两汉经学、宋明理学和清代朴学属于儒学，而且早在儒学形成时期百家争鸣的诸子学说和其后中国化的佛学以及道家学说，乃至晚近风起云涌的学术潮流，亦皆与儒学相互渗透，相互补充，从而共同推进儒学的发展。

再次，中国儒学自成体系，悠久而深厚的历史积累，使之始终如一地保持着鲜明的民族个性。中国儒学是一个完整的体系，它既讲个人修持，又讲社会和谐，还讲治国平天下的道理，乃至天文历法、方舆地志、医药博物、文学艺术，通天人之际，究古今之变，可谓博大精深，无所不包。自西汉武帝以降，由于历代统治者的提倡，以“崇儒重道”为基本国策，儒学深入朝野，成为制约社会成员的思想行为规范。众多儒学大师的主张，则通过典籍的传播和庋藏，依经、史、子、集为类，汇为群书。经师、人师；名臣、名儒，两位一体，风范长存。上而尊于朝章国故，下而至于乡规民约，天下治乱，民风士习，无一不在儒学熏陶之中。儒学同国家、同社会、同民众生活的紧密结合，既使它获得了历久不衰的生命力，同时又使它的民族个性磨砺日新。因此，古往今来，外来文明虽不断传入中国，儒学不惟没有失去其鲜明的民族性格，相反，则是兼容并蓄，融为我有，从而丰富了自己的民族个性。在这方面，诸如汉唐间佛学的中国化，明清之际利玛窦、汤若望等耶稣会士的会通儒学以传播西学，皆是很有说服力的例证。

三　关于促进中国文明发展的思考

当代中国文明的发展，面临着若干挑战。急功近利，金钱是求；贪污贿赂，舞弊营私；吸毒贩毒，求神信巫；等等，无一不在侵蚀中国的文明。如何改变这种精神文明建设滞后状况，促进中国文明的发展，已成为众所关注的焦点。政治家、经济家、文化发展战略家，各色人等，都在为之设计蓝图。这当然是一个令人欣喜的现象。作为一个以治中国传统经史为功课的读书人，我想借此机会，从学以经世的角度，谈几点迂阔之见。

第一，应当正确处理经济建设与精神文明建设之间的关系。《管子》云："仓廪实则知礼节，衣食足则知荣辱。"（《牧民》）食不果腹，衣不蔽体，国弱民贫，文明自然无从谈起，这已是尽人皆知的道理。最近20年，中国以经济建设为中心，取得了长足的进步。中国社会大步前进的事实雄辩地证明，正是有了这20年的经济发展，我们今天来谈文明建设，方才可以脚踏实地，满怀信心。因此，以经济建设为中心，努力发展经济，是精神文明建设的基础，是根本，断不可本末倒置。但是严酷的社会现实也同时告诉我们，经济发展了，人民生活状况改善了，绝不就等同于社会的文明程度也会随之而自然提高。这就说明，经济建设成就又是不能简单地转化为精神文明建设成就的。因此，在坚持以经济建设为中心的同时，还应当清醒地看到精神文明建设的艰巨性，要尊重精神文明建设的客观规律，用精神文明建设的特殊手段去处理其间的问题。何况发展经济并非只是一个单独的经济问题，从长远来看，脱离精神文明，甚至以牺牲精神文明为代价来谋求局部的、短期的经济利益，也实在是不可取的。

第二，弘扬中华民族的优秀文化传统是百年大计，绝非空话，应当从实际出发，力戒空谈，多做实事。在今日的中国，大凡受过一般教育的人论及文化问题，大概都会讲这么一句话，就是弘扬中华民族的优秀文化传统。然而究竟应当怎样去弘扬，又该弘扬些什么，则迄今没有一个定论。可见这还是一个很值得讨论的问题。不过有一点十分清楚，无论对此持何种主张，都切不可把弘扬中华民族的优秀文化传统当做空话。否则连篇累牍，重复一千遍，口号毕竟还是口号，终究于事无补。在这个问题上，我以为与其简单地去区分精华与糟粕的界限，倒不如从根本上去解决认识问题为好。从这个意义上来说，能否正确地估计儒学的历史地位和当代价值，就具有十分重要的意义。前边所述儒学的经世精神和历史特质，在在表明，中国儒学并没有终结，它还具有强大的生命力。因此，我认为贬抑儒学是不妥当的，更不赞成否定儒学。假如我们能够以这样一个估计为立足点，去观察儒学，去认识儒学，去弘扬它的经世精神，进而从中国的历史和现实出发，对它进行创造性的改造，那么儒学必将在促进中国文明发展中发挥积极作用。反之，如果我们对儒学采取虚无主义的态度，或者走另一个极端，盲目推崇，而不去认真把握它的经世精神和历史特质，那么同样都是不利于推动中国文明前进的。中国有句古话，叫做“千里之行，始于足下”。认识问题解决了，一步一个脚印，踏踏实实地去做，弘扬中华民族的优秀文化传统也就落到了实处。

第三，发展中国文明要坚持走自己的路。以儒学为中坚的中国文明，是一个具有鲜明民族个性的文明体系。数千年的中国文明之所以历久不衰，至今依然屹立于世界文明之林，就在于中华民族世世代代的创造性劳动，赋予中国儒学以久而弥新的民族个性。失去了这一民族性格，中国儒学就失去了生命，中国文明也就失去了存在的依据。中华民族数千年的文明史给我们昭示了一条真理：要使中国文明永葆青春，必须始终如一地坚持走自己的路。

关于中国文明的发展前景，已故钱宾四先生曾经做过有远见的展望。钱先生断言，未来的中国文明，“决不全是美国式，也决不全是苏俄式”。在这个问题上，宾四先生有一句至理名言：“跟在人家后面跑，永远不会有出路。”（《中国历史精神·中国历史上的政治》）我服膺钱先生的卓见，认为当此世纪交替之际，唯有弘扬中国儒学的经世精神，推陈出新，精进不已，进而融域外文明之优秀成果为我所有，才是谋求中国文明发展的正确途径。

蕺山南学与夏峰北学

明清之际的学术界，有两个很重要的学术群体，一个是江南以刘宗周为宗师的蕺山南学，另一个是河北以孙奇逢为宗师的夏峰北学。这两个学派与稍后的二曲关学鼎足而立，同主顺治至康熙间学术坛坫风会。因而雍正、乾隆间史家全祖望论清初学术，遂将蕺山学传人黄宗羲与孙奇逢、李颙并举，而有“三大儒”之目。至于晚近学术界以黄宗羲、王夫之、顾炎武为清初三大儒，则时移势易，视角各别，未可同日而语。以下，拟就蕺山南学与夏峰北学之间的关系试做一些梳理，旨在据以从一个侧面窥见明清间学术演进的脉络。

一　孙夏峰笔下的刘蕺山

明末清初的近 100 年间，是中国古代史中一个激剧动荡的时代。这是一个天翻地覆的时代，也是一个孕育卓越历史人物的时代。刘蕺山和孙夏峰，就都是生活在这样一个时代的杰出学术大师。他们以各自的学术实践，不惟开一方风气先路，而且影响所及，终清一代而不绝。

刘蕺山名宗周，字起东，号念台，学者以其居于蕺山麓而尊为蕺山先生。浙江山阴（今绍兴）人。生于明万历六年，卒于清顺治二年，得年 68 岁。孙夏峰名奇逢，字启泰，号钟元，晚号岁寒老人，学者以其晚年所居而尊为夏峰先生。河北容城人。生于明万历十二年，卒于清康熙十四年，得年 92 岁。刘蕺山长孙夏峰 6 岁，两位是同一辈人。唯蕺山于明亡后绝食而逝，夏峰则离乡背井，依然在世 30 余年。尽管蕺山生前，夏峰未得一睹丰采，但正是在蕺山故世后的 30 余年间，随着夏峰与南北学者的过从日久，尤其是同蕺山学诸传人的数度往还，于是在他的笔下，高山仰止，追随恐后，则多见蕺山学行踪影。

孙夏峰笔下的刘蕺山，忧国忧民，志节耿然。明亡，东宫讲官刘理顺、兵部主事金铉身殉社稷，金铉即名在蕺山弟子之列。孙夏峰为文纪念刘、金二烈士，皆论及刘蕺山。所撰《刘文烈遗集序》云，天启间，刘理顺“与刘公宗周、金公铉、吴公甘来，缌缌为斯道斯民忧”[1]。而《金忠节公传》亦称：“刘宗周为少司空，尝就铉论学，与陈龙正、史可法、朱之冯道德经济，互相劝勉。”[2]对于刘蕺山的以身殉国，孙夏峰备极推崇。顺治十二年六月，他将刘宗周与方孝孺、高攀龙、鹿善继、黄道周等 5 人学行汇为一编，题为《五人传忠录》。夏峰于卷首有云：“刘念台叙明理学，引方正学为首，非谓其为读书种子乎？倪献汝叙历代理学，以黄幼玄为终，亦谓其忠孝至性，百折不回，真伟男子也。”[3]同样的话，还见于夏峰为黄道周的《麟书抄》所撰序。他说：“刘念台先生序明理学，以正学为首。倪献汝序《理学宗传》，以石斋为终。……刘、倪二公，正谓其节之奇，死之烈，忠到足色，方于理学无憾耳。”[4]

根据以上所引述的材料可见，在孙夏峰看来，刘蕺山不唯以忠烈名垂史册，而且也是卓然成家的理学大师。于是在孙夏峰历

1 孙奇逢：《夏峰先生集》卷四《刘文烈遗集序》。
2 孙奇逢：《夏峰先生集》卷八《金忠节公传》。
3 孙奇逢：《孙徵君文稿三种》之二《五忠录引》。
4 孙奇逢：《夏峰先生集》卷四《黄石斋麟书抄序》。

时30年而精心结撰的《理学宗传》中，刘蕺山便以“理学而以节死”的大家著录。当《理学宗传》尚在结撰之时，顺治十六年十月，孙夏峰曾将书中评述诸家学术语辑为《诸儒评》存入箧中。其中之《刘念台》一目有云：

> 子曰：“已矣乎，吾未见能见其过而内自讼者也。”公谱微过、隐过、显过、大过、丛过、成过，条列分明，随事随念，默默省察。有犯此六科者，凛然上帝临汝，诛锄不贷。久久过自消除，而本心不放。此方是存之之君子，而免为去之之庶民。微乎！危乎！可不慎诸！[1]

据考，蕺山之论立身，有《人谱》之作，时在明崇祯七年甲戌秋八月。《人谱》之《续编三》为《纪过格》，所记诸过，依次为微过、隐过、显过、大过、丛过、成过。夏峰之评语依据，显然即由此而来。

由对刘蕺山志节的敬仰，引为同志，进而服膺其学说，以致潜移默化，不期而然，接受蕺山学术主张，走上合会朱王学术的道路。在孙夏峰的笔下，此一线索若隐若现，依稀可辨。

康熙初，孙夏峰应河南内黄知县张沐邀，前往该县讲学，撰有《题内黄摘要后》一文。文中写道：“我辈今日谈学，不必极深研几，拔新领异。但求知过而改，便是孔颜真血脉。”[2]一如《诸儒评》之依刘蕺山《人谱》立论，此一书后语，亦当沿《人谱》而出。蕺山学说，初由主敬入手，中年则以慎独为宗旨，晚年合诚意、慎独为一，卓然领袖一方。所撰《读大学》有云：“《大学》之道，诚意而已矣。诚意之功，慎独而已矣。”又说：“夫道一而已

1　孙奇逢：《孙徵君文稿三种》之三《诸儒评》。
2　孙奇逢：《夏峰先生集》卷五《题内黄摘要后》。

矣，学亦一而已矣。《大学》之道，慎独而已矣；《中庸》之道，慎独而已矣；《语》、《孟》、《六经》之道，慎独而已矣。慎独而天下之能事毕矣。”[1]孙夏峰之所论，如出一辙。始而曰：“刘念台曰，三十年胡乱走，而今始知道不远人。”[2]继之云：“圣学只在诚意，诚意只在慎独。”[3]最终归而为一，倡言：“慎独是一统的功夫，千圣万贤，总只是这一件事。无内外，无精粗，无大小，一以贯之。”[4]

刘蕺山论陆、王学术传衍，归咎于杨简、王畿，他说：“象山不差，差于慈湖；阳明不差，差于龙溪。”[5]又说：“阳明不幸而有龙溪，犹之象山不幸而有慈湖，皆斯文之厄也。”[6]孙夏峰于此亦然，据云：“慈湖正以传象山，龙溪正以传阳明，而无声无臭，无善无恶，夫岂谬于师说？而虚无之教，食色之性，又未尝不借口焉。堂邑所谓传象山者失象山，传阳明者失阳明。甚矣，言之不可不慎也。”[7]唯其如此，康熙初，《理学宗传》定稿付梓，孙夏峰特于卷末辟出“补遗”一类，杨简、王畿皆在此一类中。至于何以将杨、王与程、朱、陆、王别编，夏峰于此解释说：“补遗诸子皆贤，乌忍外？尝思墨子固当世之贤大夫也，曾推与孔子并，何尝无父？盖为著《兼爱》一篇，其流弊必至于无父，故孟子昌言辟之。愚敢于补遗诸公效此忠告。”[8]

夏峰之学，早年由朱子学起步。中年受同乡学长鹿善继影响，朝夕潜心《传习录》，成为阳明学笃信者。晚而钦仰刘蕺山学行，

1 刘宗周：《刘子全书》卷二五《读大学》。
2 孙奇逢：《孙徵君文稿三种》之一《与友人论道书》。
3 孙奇逢：《夏峰先生集》卷七《答陈子石》。
4 孙奇逢：《夏峰先生集》卷二《语录》。
5 刘宗周：《刘子全书》卷一三《会录》。
6 刘宗周：《刘子全书》卷一九《答韩参夫》。
7 孙奇逢：《夏峰先生集补遗》卷上《答问》。
8 孙奇逢：《理学宗传》卷首《义例》。

遂以修正王学，合朱、王于一堂为归宿。他为蕺山弟子金铉所写的小传称："吾乡理学而忠节者，公与鹿伯顺也。鹿之学近陆、王，公之学守程、朱。"[1]以追随鹿伯顺而笃信阳明学者，竟去表彰学守程朱的蕺山弟子，一则可见孙夏峰非拘守门户之人，再则亦不啻表明他对刘蕺山师生修正王学的认同。所以孙夏峰超然于门户之上，指出："文成之良知，紫阳之格物，原非有异。"[2]又说："两贤之大旨固未尝不合也。"他认为："陆、王乃紫阳之益友忠臣，有相成而无相悖。"进而主张合朱、王于一堂，倡言：

> 我辈今日要真实为紫阳，为阳明，非求之紫阳、阳明也。各从自心、自性上打起全副精神，随各人之时势身分，做得满足无遗憾，方无愧紫阳与阳明。[3]

这与刘蕺山的如下主张恐非偶然巧合，蕺山有云：

> 后之君子有志于道者，盍为之先去其胜心浮气，而一一取衷于圣人之言，久之必有自得其在我者。又何朱、陆、杨、王之足云？[4]

刘、孙之所云，实是同调共鸣，后先呼应。

如果说在孙夏峰结撰《理学宗传》的过程中，他对刘蕺山学说的了解尚未深入，那么当康熙六年该书刊刻蒇事之后，迄于十四年逝世，引为同志，倾心推许，蕺山学说对孙夏峰的影响，则非同一般。有关这方面的情况，在孙夏峰的《日谱》中，多所反

1　孙奇逢：《夏峰先生集》卷八《金忠节公传》。
2　孙奇逢：《四书近指》卷一《大学之道章》。
3　孙奇逢：《夏峰先生集》卷七《复魏莲陆》。
4　刘宗周：《刘子全书》卷二一《张含宇先生遗稿序》。

映，弥足珍贵。

康熙七年九月初九日，孙夏峰读刘蕺山《学言》，有札记一则。他说：

> 读刘子《学言》，有《示韩参夫》云："力划浮夸之习，深培真一之心。"又曰："从闻见上体验，即从不闻不见消归；从思虑中研审，即向何思何虑究竟。庶几慎独之学。"参夫，宛平布衣也，严守程、朱。予从弱冠后即与之友，甲戌年（明崇祯七年——引者），同在武城署中，住三月馀。游学江南，渠曾与高忠宪游，归而向予言之甚详。此在乙丙之前。后从念台游，则未及闻也。音问久绝，定作古人矣。读刘子语，恍见故人于字里行间。

一周之后，夏峰又记下了读蕺山《圣学宗要》的无限欣喜。他写道：

> 予之刻《宗传》也，妄肊以濂溪为孔子之闻知，以姚江为濂溪之闻知。此一时之偶见如此。忽友人寄刘子《圣学宗传》（"传"字误，当作"要"——引者），其言曰："周子其再生之仲尼乎？明道不让颜子，横渠、紫阳亦曾、思之亚，而阳明见力直追孟子。自有天地以来，前有五子，后有五子，斯道可为不孤。"读之一快。公先得我耶？我先得公耶？抑南北海此心此理有同然耳。

翌年二月初六日，夏峰就读蕺山文致信弟子汤斌，再度称道蕺山"先得我心"。信中有云：

> 刘念台之言曰："三十年胡乱走，而今始知道不远人。"念

> 台集中多快语。至“周子其再生之仲尼乎？阳明见力直追孟子。自有天地以来，前有五子，后有五子，斯道可为不孤。”《宗传》一编，妄意以濂溪为孔子之闻知，以姚江为濂溪之闻知，不谓念台先得我心之同然耳。近读杨虞城集，皆真实做工夫人，不可少也。

事隔十日，同样的心境见于《复梁以道》中。夏峰说：“刘念台之言曰：‘三十年胡乱走，而今始知道不远人。’刘、杨两先生，其宗旨正与我辈相符，恨不即握手一详言之。”

康熙十二年，孙夏峰已届90高龄。是年八月廿六日，他就理气、心性的关系，在《日谱》中留下札记一则。据云：

> 理气之说，纷纭不一。有谓理生气，有谓理为气之理者，有谓有是气方有是理者。迩刘念台云，理即是气之理，断然不在气先，不在气外。知此，则知道心即人心之本心，义理之性亦即气质之本性。一切纷纭之说，可以尽扫矣。

以刘蕺山的主张为依归，而尽扫数百年诸家纷纭聚讼，倾心推许，从善如流，抑或可称孙夏峰晚年定论。

二　蕺山学北传的重要途径

一如前述，在刘蕺山生前，孙夏峰并未能有机会当面请益。用夏峰自已的话来说，只是“余从弱冠时，知向慕公。后王念尼从公游，公亦知有余也”[1]而已。加以时值明末，兵荒马乱，已非从容论学之时，因而大大地妨碍了蕺山学术的北传。而据蕺山弟

1　孙奇逢：《理学宗传》卷二五《刘念台宗周》。

子恽日初云："先师为明季二大儒之一，顾自《人谱》外，海内竟不知先生有何著述。"[1]这就是说，迄于康熙初叶，刘蕺山著述刊行于世者，不过《人谱》一种而已。唯其如此，康熙二十年前后，蕺山弟子始接踵而起，表彰师说。先是恽日初辑《刘子节要》，继之黄宗羲撰《蕺山学案》，最后则是董玚重订《蕺山先生年谱》，编纂《刘子全书》。然而蕺山后学的所有这些努力，多在孙夏峰身后。既然如此，那么蕺山学术之于何时、通过何种渠道北传而影响孙夏峰，就成一值得探讨的问题。就目前所能读到的文献来看，顺治七年，夏峰弟子高镈的南游会稽，当是一次开凿渠道的重要举措。

高镈，字荐馨，河北清苑人。明季诸生。善书法，喜为诗。顺治二年，师从孙夏峰。三年，夏峰家园被满洲贵族圈占，含恨南徙新安（今河北安新）。六年冬，复因新安时局不靖，再度举家南迁。夏峰本拟渡黄河，越长江，直去浙东，以完先前同故友茅元仪所订儿女婚事。一则年事已高，不堪旅途劳顿，再则十数口千里跋涉，亦非易事。于是抵达河南辉县苏门山后，被迫改变初衷，侨居下来。夏峰南徙，高镈始终相伴而行，所以孙夏峰 90 岁时撰《怀友诗》，于高镈有句云："垂老轻去乡，荐馨共旅食。"这应是孙、高师生间此一段经历的真实写照。

据孙夏峰《日谱》记，高镈南游会稽，始于顺治七年春夏间，至十二年春北返，历时近 5 年之久。高镈何以要远游会稽，且一去就是 5 年？笔者孤陋寡闻，为学不勤，个中详情迄今未得明。但是有一点则是可以肯定的，即受恩师之命，携结撰中的《理学宗传》初稿，前往浙东请益。关于这一点，孙夏峰在《理学宗传》卷首《自叙》中，说得很清楚。他说：

此编已三易，坐卧其中，出入与偕者，逾三十年矣。

1 恽日初：《致董无休书》，载《刘子全书》卷首，董玚：《刘子全书抄述》。

……初订于渥城，自董江都而后五十馀人，以世次为叙。后至苏门，益二十馀人。后高子携之会稽，倪、余二君复增所未备者，今亦十五年矣。

渥城即新安，据汤斌辑《孙徵君年谱》载，《理学宗传》在渥城初订，时当顺治四年，参预其事者为夏峰弟子高镈、王之征、陈鋐及谱主第三子博雅。顺治七年夏初，夏峰师生一行抵达苏门山，再理旧稿，旋即由高镈携往会稽。

顺治十二年春，高镈北归。此次远游，无论带着何种目的，亦无论其目的是否悉数实现，然而仅就南北学术交流而言，高镈此行，足以称做满载而归。

首先，高镈圆满地完成了其师托付的使命。在同浙东学者的数年交往中，他不仅宣传了夏峰学说，为《理学宗传》初稿觅得了知音，而且通过频繁的书信，亦使孙夏峰得以了解蕺山学术及其传人的大致状况。其次，沿着高镈的足迹，夏峰弟子马尔楹偕夏峰次子孙奏雅，于顺治八年夏秋间亦抵达浙东，从而拓宽了南北学术交流的通道。再次，通过高镈、孙奏雅、马尔楹等人的努力，蕺山诸后学及时而准确地把蕺山学说及其代表著述，直接传递给了孙夏峰。在清初南北学术的此次重要往还中，如果说高镈创辟榛芜，建树了开拓之功，那么在这条通道上孜孜以求，最终完成蕺山学北传历史使命的，则无疑应是蕺山诸后学。其中功绩最为卓著者，当首推倪元瓒。

倪元瓒，字献汝，浙江上虞人。其兄元璐，字玉汝，号鸿宝，崇祯间官至户部尚书，明亡，以身殉国，志节耿然。倪元璐少刘宗周 15 岁，于蕺山学术备极推崇。据蕺山子刘汋辑《刘子年谱录遗》记：

先生当党祸杜门，倪鸿宝以翰编归里，三谒先生，不见。

复致书曰："先生至清绝尘，大刚制物，动以孔孟之至贵，而为责诸荆下之所难。璐心服之，诚于七十子之于夫子也。"每于士大夫推尊不啻口，言及必曰刘先生云何。先是越之衿士无不信先生为真儒，而缙绅未尝不讪笑之。独鸿宝号于众曰："刘念台今之朱元晦也。"于是始有信之而愿学者。自此，祁公彪佳、施公邦曜、章公正宸、熊公汝霖、何公弘仁，争以著蔡奉先生。

以刘蕺山比孔子，而自居于孔门七十子诸贤，倪鸿宝对蕺山学行之心悦诚服，无以复加。元瓒为元璐弟，受其兄影响，亦当在服膺蕺山学术诸后学之列。

高锈南游，结识倪元瓒，将《理学宗传》初稿送请审订，实是托付得人。顺治十二年春，高锈、孙奏雅北归，带回元瓒书札及其对《理学宗传》的评笺。孙夏峰喜得志同道合良友，于当年三月廿一日欣然复书倪献汝。信中写道：

仆燕右腐儒，衰迟漂泊，自鼎革以来，家于山岑水湄者若而年。自谓喘息馀年，不填壑沟，尚欲策励耄耋，图报称穹苍于万一。年来求友于四方，而真实斯道者寥寥。荐馨南游，得良友为快。奏儿归，持手教，殊慰数年仰企。令兄先生以忠魂领袖一代，先生复以镛铎振教东南，真所谓凤翔天外，鹤唳云中。当剥床蔑贞，独存硕果，响往实甚。暨读序笺《宗传》，儒释防维，佩教良多。此书原甲申寓水乡时成之，未及订正。迩复有《七子》一编，其中有欲请益者，路遥不能就正。念台先生所选，未得一卒业，想自有定见。若水寤寐有年，此心此理，应不以南北海隔耳。[1]

1　孙奇逢：《日谱》卷六《寄倪献汝》。

虽然今日我们已无从读到倪元瓒的来书，但是从孙夏峰的回信中可见，正是元瓒来信，把刘蕺山留有董理宋明理学遗著的消息，告诉了孙夏峰。所以，夏峰闻讯才会说“念台先生所选，未得一卒业”。

据《刘蕺山先生年谱》记，蕺山生前董理宋明理学，留有著述凡 4 种。一是《方逊志先生正学录》，成于天启四年；二是《皇明道统录》，成于天启七年；三是《圣学宗要》，成于崇祯七年；四是《阳明先生传信录》，成于崇祯十一年。刘蕺山认为，方孝孺“早师宋潜溪，接考亭正传，国朝理学当以公为首”[1]，故而于方氏学行，多所表彰。结合稍后孙夏峰辑《五人传忠录》及所撰诸文考察，则此处之言“念台先生所选”，当指表彰方氏学行之著述。唯其如此，夏峰于我们先前所引述的《五忠录引》和《黄石斋麟书抄序》中，才会一再重申：“刘念台叙明理学，引方正学为首。”

之后，孙夏峰与倪献汝书札往复，历有年所。顺治十二年十一月，献汝遣族子前来苏门山问学。翌年，夏峰再度致书献汝，据云：

> 《宗传》一书，迩在订正，于评笺中服足下大中至正之教，灯照来兹。其波澜一柱……（下缺——引者）。留附姜二滨转至，未审达否？近读黄石斋先生《大涤函书》，学不依经，语属开山，方正学之后一人。诗文中皈依君家昆仲，读至此段应求，不可向他人道也。[2]

夏峰此信，取黄石斋与方正学后先辉映，实足见蕺山学术北传之

1　刘汋等：《蕺山先生年谱》卷上“天启四年四十七岁”条。

2　孙奇逢：《日谱》卷八《寄倪献汝》。

初对孙夏峰的深刻影响。

在这里值得指出的是，夏峰信中提到的姜二滨，如同倪元瓒一样，也是此时将蕺山学术北传的重要功臣。

姜二滨，名希辙，号定庵，浙江余姚人。希辙为蕺山弟子，在蕺山诸后学中，若论同孙夏峰的交往，他应是开启先路的人。顺治九年，姜二滨由浙江温州教谕改任直隶元城知县。抵任之后，即拜谒过孙夏峰。十二年，二滨又修书请益，于是夏峰答书云：

> 前接光霁，极蒙延款。最是人所棘手时，独能脱然行所无事，该是元公、明道一流人。恨相隔远，山中简寄未便。不谓学道君子，虚怀益甚，于悲天悯人之际，益切事贤友仁之思。仆即衰朽，何敢负此下问？

就是在这封信中，孙夏峰向姜二滨通报了倪献汝评笺《理学宗传》的消息，也谈到了新近辑录《七子》的情况，还随信过录有关资料请教。夏峰说：

> 仆生长北方，见囿一隅，少而有志，老无所成。年来与二三同人辑有《诸儒语录》一编，偶同人携之会稽，得倪献汝评定阐发，匡我不逮。继而念“宗传”二字，宁严勿滥，颜渊死而孔子之道不传，曾子外馀不得与。又于众多人中，标《七子》另为一选。俱无刻本，路远不便寄去，各家之书俱在，谨录其姓名暨所评请教。[1]

由于刘蕺山遗著迟迟不得结集刊行，因而清初蕺山学术的北传，进展甚缓。迄于顺治十六年，传至孙夏峰处的蕺山著述，仅

1 孙奇逢：《夏峰先生集》卷七《答姜二滨》。

是《人谱》一种而已。所以，一如前述，他在当年所撰《诸儒评》中，评蕺山学术只及《人谱》改过诸节。这样一个局面延续了近10年，直到康熙六年，《理学宗传》定稿刊行，始得局部改善。这便是《学言》、《圣学宗要》、《古易抄义》诸书继《人谱》之后，被孙夏峰列入刘蕺山主要著述目录。同时，《学言》、《古易抄义》中精要语，夏峰亦摘出13条，录入《理学宗传》中。其后数年，孙夏峰不断消化蕺山学术，进而融为我有，在弟子后学间倾心表彰。蕺山学术的北传，进入了一个健实的发展阶段。康熙十二年五月，姜二滨遣其子尧千里问学，师从孙夏峰，并寄来刘蕺山遗著数种暨《易说》。至此，就对夏峰北学的影响而言，蕺山学的北传遂告完成。

三　从《理学宗传》到《明儒学案》

学术交流，总是互相影响，相得益彰。清初，通过南北学者间的往还，在蕺山南学北传的过程中，夏峰北学亦同时南传。前述倪元瓒、姜希辙之引孙奇逢为同调而共鸣，相继分遣族子和亲子远道跋涉，追随夏峰，即是一有力证明。此外，孙夏峰代表著述《理学宗传》的南传，则是另一个富有说服力的佐证。考察此一著述的南传过程，对于把握夏峰北学予蕺山后学的影响，抑或更有意义。

一如前述，《理学宗传》尚在结撰过程中，其初稿即已陆续南传。顺治七年，高锈携师稿南下，送请倪元瓒、余增远评笺，应为夏峰北学南传之发轫。顺治十二年，孙夏峰修订《宗传》旧稿，从中辑出《七子》，将目录、评语分别录送倪元瓒、姜希辙审正，则属北学南传所迈出的坚实一步。康熙六年，《理学宗传》定稿刊行，随后远播浙东，成为黄宗羲《明儒学案》的先导。此一阶段，当可视为夏峰北学南传的完成时期。

从《理学宗传》到《明儒学案》，其间究竟是一个什么样的关系？前哲时贤于此罕见董理。1983年，笔者曾以《孙夏峰与黄梨洲》为题，在《清史研究通讯》撰短文一篇提出讨论。之后，又相继在拙作《清初学术思辨录》和《中国学案史》中加以重申。借此机会，谨再略做一些梳理。

《理学宗传》刊刻蒇事，是否及时寄送倪元瓒、姜希辙，文献无征，已难知晓。然而时隔6年之后，该书即已送达刘宗周高第弟子黄宗羲之手，则是有文献依据的。据黄炳垕辑《遗献梨洲公年谱》卷下“康熙十二年六十四岁”条记:“太夫人八十寿辰，孙徵君夏峰先生（原注：奇逢，时年九十矣。）寄到《理学宗传》一部，并寿诗一章。”这就是说，至迟于康熙十二年，《理学宗传》已传至浙东。又据黄宗羲著《明儒学案》卷五七《孙夏峰学案》记:“所著大者有《理学宗传》，特表周元公、程纯公、程正公、张明公、邵康节、朱文公、陆文安、薛文清、王文成、罗文恭、顾端文十一子为宗，以嗣孟子。之后诸儒，别为考以次之。可谓别出手眼者矣。岁癸丑，作诗寄羲，勉以蕺山薪传，读而愧之。时年九十矣，又二年卒。”该书于案主小传后，且辑有《岁寒集》中论学语录18条。可见此时不唯《理学宗传》刊本南传，而且孙夏峰诗文集亦已为黄梨洲读到。

康熙十二年，《理学宗传》和《岁寒集》得以南传，功臣当为孙夏峰弟子许三礼。三礼字典三，号酉山，河南安阳人。顺治十八年进士。后候选在家，历有年所，直到康熙十二年，始赴京谒选，得授浙江海宁知县。行文至此，请允许笔者就《清史稿》卷二六六《许三礼本传》的疏失作两点必要说明。

据徐文驹撰《安阳许公三礼墓志铭》载，三礼赴京谒选，时当康熙癸丑，即十二年。而《史稿》本传不载谒选之年，于“顺治十八年进士”之后，即接以“授浙江海宁知县”。由此，遂酿成传主始任海宁知县为顺治十八年之失实。此其一。其二，据《康熙起居注》载，许三礼以海宁知县行取入京，授福建道御史，时当康熙二十年七月。而《史稿》本传由于漏载传主始任海宁知县时间，故于“在县八年，声誉甚美”之后，为弥缝缺失，自圆其说，竟将三礼行取入京，授福建道御史的年份误植为康熙八年。这样的失误，显然是应当澄清的。

据孙夏峰《日谱》记，康熙十二年，许三礼赴海宁任前，曾于是年十月二十四日拜谒夏峰，多所请益。《理学宗传》、《岁寒集》及贺黄氏母寿诗等，当系此时交三礼携往浙东。三礼抵海宁任，建书院以振兴学术，培育人才。自康熙十五年起，聘黄宗羲主持书院讲席，迄于二十年离任，历时达 5 年之久。正是在此期间，黄梨洲呼应孙夏峰，结撰《明儒学案》以作同调之鸣。

学如积薪，后来居上。取《明儒学案》与《理学宗传》并观，无论是史料的翔实，体例的严整，还是对不同学派渊源传承的梳理，《学案》皆胜过《宗传》。然而，始为工者难，继成之者易，这亦是情理中事。唯其如此，尽管在《明儒学案》卷首《发凡》中，黄梨洲对《理学宗传》颇有微辞，评为：“钟元杂收，不复甄别，其批注所及，未必得其要领，而其闻见，亦犹之海门（周汝登，撰有《圣学宗传》——引者）也。”但是，宗羲亦在书中辟出专节，表彰孙夏峰学行，赞许《理学宗传》“别出手眼”。以往，论者每每取梨洲《发凡》语，而不及其夏峰学案语，故而忽略了从《理学宗传》到《明儒学案》之间，存在一个后先相承的关系。

其实《明儒学案》之与《理学宗传》，不唯因同属学案体史籍而体例略同，而且由于著者学术宗尚的相近而立意亦类似。一言以蔽之，皆旨在为阳明学争正统。所以，孙夏峰把由周敦颐经朱熹到王阳明，视为宋明理学的必然发展过程，断言：“接周子之统者，非姚江其谁与归？”[1]而黄梨洲亦以阳明学为明代理学大宗，

1 孙奇逢：《理学宗传》卷首《自叙》。

宣称："无姚江则古来之学脉绝矣。"[1]所不同者，只是二书起止时间范围各异。《理学宗传》通古为史，《明儒学案》则断代成书。通古为史而仅26卷，断代成书而竟达62卷，详略悬殊，不言而喻。

康熙二十年七月，孙夏峰高足汤斌，以翰林院侍讲出任浙江乡试主考官。黄宗羲闻讯，遣子百家专程赶往杭州，以所辑《蕺山学案》和《蕺山先生文录》送请撰序。乡试结束，汤潜庵（汤斌，字潜庵）于返京途中，致书黄梨洲。信中写道："承命作《蕺山学案序》，自顾疏陋，何能为役？然私淑之久，不敢固辞。目下匆匆起行，不敢率尔命笔。舟中无事，勉拟一稿请教，得附名简末，遂数十年景仰之私，为幸多矣。"[2]翌年，潜庵再由京中致书黄梨洲，据云：

> 去岁承乏贵乡，未得一瞻光霁。幸与长公晤对，沉思静气，具见家学有本，为之一慰。《蕺山先生文录》承命作序，某学识疏陋，何能仰测高深？……某生也晚，私淑之诚，积有岁年，但识既污下，笔复庸俗，不能称述万一。唯望芟其芜秽，正其讹谬，不至大有乖误，受赐多矣。……《文录》、《学案》，何时可公海内？早惠后学，幸甚幸甚。[3]

由汤潜庵之致黄梨洲二书，可见孙、汤师生之于刘蕺山学行一脉相承的景仰。孙夏峰既以刘蕺山为"先得我心"，汤潜庵秉其遗教，亦以蕺山私淑为荣幸。蕺山学术对夏峰北学的影响，已然两代不衰。

康熙二十四年，黄梨洲北游苏州，汤潜庵时在江苏巡抚任上，

---

1 黄宗羲：《明儒学案》卷十《姚江学案》。
2 汤斌：《汤子遗书》卷四《答黄太冲书》。
3 汤斌：《汤子遗书》卷四《与黄太冲书》。

神交有年，终得握手。据梨洲事后追记，潜庵曾同他议及《明儒学案》，认为："《学案》宗旨杂越，苟善读之，未始非一贯也。"[1]至此，清初南北学派间的两世交流，终以汤斌为《蕺山学案》和《蕺山先生文录》撰序，以及汤斌、黄宗羲二人会晤苏州，《明儒学案》得潜庵首肯，写下了令人击节叹赏的一页。至于其后北学传人李恕谷南游浙东，师从蕺山后学毛西河问古乐学，时过境迁，学风丕变，已未可同日而语了。

1 黄宗羲：《南雷文定四集》卷一《明儒学案序》。

《明儒学案》杂识

在中国学术史上，黄宗羲的《明儒学案》，是一部影响久远的名著。它在历史学、哲学和文献学等方面，都具有重要的研究价值。该书寓求新于继承之中，既汇集先前《伊洛渊源录》、《诸儒学案》、《圣学宗传》和《理学宗传》诸书之所长，又匠心独运，别辟蹊径，使学案体史籍臻于完善和定型。梳理《明儒学案》的学术梗概，剖析其编纂体例，对于认识学案体史籍的基本特征，无疑具有典型意义。

一　学案解题

何谓学案？前哲时贤罕有论及。80年代中，中华书局陈金生、梁运华二位先生点校《宋元学案》蒇事，陈先生曾撰文解释。他说："什么叫学案？未见有人论定。我想大概是介绍各家学术而分别为之立案，且加以按断之意（案、按字通）。按断就是考查论定。因此，学案含有现在所谓学术史的意思。"[1]陈先生的解释，对于给学案体史籍下定义，显然是一个有意义的尝试。以下，拟接武陈先生的思路，试再做一些努力。

在中国史学史上，学案体史籍的萌芽，虽渊源甚远，但其雏

1　陈金生：《宋元学案编纂的原则与体例》，载《书品》1987年第3期。

形的问世，则是南宋初理学勃兴以后的事情。而正式以“学案”为著述命名，就更在其后。据现存典籍而论，以“学案”为书名，当不早于明代中叶。其中较著名者，一部是万历初刘元卿的《诸儒学案》，另一部是万历末刘宗周的《论语学案》。前者存目于《四库全书》，中国科学院图书馆藏有明刻残本一部。后者则载于康熙间刻本《刘子全书》卷二十八至卷三十一。

据《四库全书总目》介绍，《诸儒学案》凡 8 卷，而中国科学院图书馆庋藏明刻残本，则作 26 卷。该书依次辑录周敦颐、程颢、程颐、张载、邵雍、谢良佐、杨时、罗从彦、李侗、朱熹、陆九渊、杨简、金履祥、许谦、薛瑄、胡居仁、陈献章、罗钦顺、王守仁、王艮、邹守益、王畿、欧阳德、罗洪先、胡直、罗汝芳等 26 家论学语录。刘元卿之学，本在阳明学范围中，故全书旨在表彰王门学说，至于所录程朱一派语，无非择其有近陆九渊者而已。著者服膺王门后学耿定向、王时槐之说，因而书中所载，多及耿氏论学语，盖不忘其学之所自也。耿定向生前，曾董理陆九渊、杨简师生学说，辑二家传记为《陆杨学案》一篇。耿氏故世，录入《耿天台先生遗书》中。以“学案”题名著述，耿天台实为开风气之先者。刘元卿承师门之教，以“学案”名己书，实乃渊源有自，一脉相承。

刘宗周所著《论语学案》，则略异刘元卿之《诸儒学案》。宗周书凡 4 卷，系按《论语》篇第为序，依次摘录孔门师生精要语，逐条加以阐释。卷一为《学而》至《公冶长》，凡 5 篇 117 条；卷二为《雍也》至《乡党》，凡 5 篇 134 条；卷三为《先进》至《宪问》，凡 4 篇 121 条；卷四为《卫灵公》至《尧曰》，凡 6 篇 116 条。释文或引据宋明儒先旧解，或断以己意，独出新说，既存孔子学说大要，又有宋明理学诸儒及一己发明，循循善诱，相得益彰。

刘元卿的《诸儒学案》与刘宗周的《论语学案》，或聚宋明理学大师于一堂，或集孔子并诸弟子入一编，二书著录对象，时代虽相去甚远，但其间却有一共同特点，即皆为入案者语录的汇编。以语录述学，在中国学术史上，发端甚早。儒家学派的《论语》，筚路蓝缕，已开风气。不过，语录体著述的大行于世，则在佛教传入，且会通儒学而中国化之后。唐宋以还，佛门中人，尤其是禅宗高僧，多有语录传世。宋明数百年，是理学时代。理学的兴起，从学术发展的内在逻辑讲，固然有佛学夺席，颉颃争先的刺激，所以理学中人无不以辟佛相号召。然而在中国传统学术中，儒佛相互渗透，本属互补。作为理学的学术渊源之一，佛学之于理学，在其兴衰的全过程中，影响潜移默化，或明或暗，不唯欲去而不能，而且波澜起伏，绝非人们的主观意志所能转移。因而宋明时代，理学中人的为学，每多参禅经历，程、朱、陆、王，莫不皆然。于是语录体著述的汗牛充栋，也就不足为奇了。明中叶以后，阳明学崛起，以讲求简易直捷的“致良知”为特征。由于阳明学与禅宗精神若合符节，因之晚明王学风行，禅学亦大盛。二刘的两部学案，即产生于这一儒禅并盛，形影相随的学术氛围之中。唯其如此，两部学案之所以不径称“语录”、“语类”、“语要”，而均题作“学案”，其原因恐怕就当从这一时期的学术环境中去寻找。

唐代禅宗初起，不立文字，单传心印。在禅师语录中，多以简略的语句，记述宗门师生、宾主问对，含蓄地暗示自身义法之所在，既以此说理，亦以此传法。此类蕴含“机锋”的语句，禅门中称之为“公案”，意欲据此以判断是非。已故著名佛学大师吕澂先生，将“公案”解释为今人所云之“档案”、“资料”，一语破的，最为明晰。然而由于“公案”语意隐微，每多费解，于是赵宋一代，遂出现以文字解释禅意的所谓“文字禅”。“文字禅”兴，则解释公案著述不胫而走，累世不绝。

唐宋以后，江西吉安青原山，为禅门南宗重要传法地。刘元卿籍属吉安府安福县，早年曾游青原求学，受禅风濡染，自是不言而喻。他的《诸儒学案》，以其师耿定向之说为依据，选编诸儒语录，一方面从局部言，是要传承理学诸家学术大要，另一方面从整体看，则旨在传承耿氏所弘扬的阳明学。因此，《诸儒学案》之与禅宗“公案”的阐释，其间确有相通之处。

刘宗周的《论语学案》亦乎如此。宗周为浙东人，明代中叶以后，浙东禅风很盛。刘宗周虽力倡辟禅，但在其著述中，“公案”、“顿悟”、“圆融”一类禅家语句，不期而然，亦时有沿用。而他的《论语学案》，实不可排除禅家阐释“公案”并据以传法之风的影响。关于这一点，刘宗周故世后，其高足董玚为之辑年谱，于“万历四十五年”即记云：“《论语学案》成。先生与诸生讲《论语》，日书其大旨，久而成编，至是乃出示学者。”可见，刘宗周早年之与诸门人讲《论语》，后汇其语要为《论语学案》，意在以之传承孔门学术大旨。因此，笔者以为，“学案”作为著述名在晚明的出现，一方面确如陈金生先生所论，有考查论定各家学术的含意。其渊源所自，大概可以追溯到王阳明著《朱子晚年定论》之“定论”二字上去。另一方面，如果从词源学上来看，或许不能排除这样的可能性，即由当时禅宗惯用的“公案”一语衍化而来。其初始形态当是“学术公案”，后经简练，遂成“学案”。

然而严格地说来，无论是《诸儒学案》，还是《论语学案》，都还不具备学术史的意义，无非学术资料汇编而已。事实上，继上述两部学案之后，黄宗羲于清康熙十五年以后所辑《蕺山学案》，恐怕也仍然不是完整意义上的学术史。《蕺山学案》初成，董玚应约撰序，指出：“敢谓先师亲传在是，即先师之书不尽于是，而先师之学已尽于是。”又说：

> 黄子既尝取其世系爵里、出处言论，与夫学问道德、行业道统之著者述之（当指宗羲所撰《子刘子行状》——引

者），而又撮其遗编，会于一旨。以此守先，以此待后，黄子之有功于师门也，盖不在勉斋下矣。世有愿学先师者，其于此考衷焉。[1]

这也就是说，《蕺山学案》所辑录者，只是黄、董业师刘宗周一人的学术大要，无非是要借以传承蕺山学说而已。可见，黄宗羲的《蕺山学案》，如同其师《论语学案》及江右王门后劲刘元卿《诸儒学案》一样，还未逾越禅门中人以文字阐释“公案”的樊篱。直到稍后，黄宗羲从记述内容、编纂体例诸方面，将《蕺山学案》大大充实、发展和完善，完成《明儒学案》，以记有明一代学术盛衰。雍正、乾隆间史家全祖望继起，承黄宗羲、百家父子未竟之志，再辑《宋元学案》。迄于民国初，徐世昌主持纂修《清儒学案》。有此众多史籍先后而起，汇涓涓细流而成奔腾大川，从而在中国传统历史编纂学中别张一军，方才赋予“学案”以完整的学术史意义。

二　《明儒学案》内容举要

《明儒学案》凡 62 卷，上起明初方孝孺、曹端，下讫明亡刘宗周、孙奇逢，有明一代理学中人，大体网罗其中，实为一部明代理学史。全书由 5 个部分组成：一、师说，二、学有授受传承的各学派，三、自成一家的诸多学者，四、东林学派，五、蕺山学派。

师说部分，系辑录著者业师刘宗周论一代诸儒学术语而成，以明全书师承所自。刘宗周之学，远宗王守仁，却又能不为阳明成说拘囿，独阐诚意，以“慎独”标宗。所以《师说》中论王守

1　董玚：《刘子全书抄述》，载《刘子全书》卷首。

仁学，既最能明其精要，亦深识其弊短之所在。刘氏所论之深刻影响于黄宗羲及诸蕺山后学者，主要有如下几点：

其一，阳明学之与朱子学，牴牾集中于对《大学》的疏释。朱熹主张先格致而后诚意，王守仁则释以即格致为诚意。两家之教殊途同归，而《大学》八条目，实无先后之可言，因而又隐然推阳明说为正解。其二，王阳明倡“致良知”说而承亡继绝，其来源虽似在陆九渊本心说，但陆学与王学实有毫厘之分，不可不辨。其三，王阳明之学，实远接北宋大儒程颢，程门诸后学，无人可以与之相比。其四，王阳明过早病逝，未能得享高年，因而他的高明卓绝之见并未尽落实地。阳明学之病痛在于：“急于明道，往往将向上一几轻于指点，启后学躐等之弊。”因之刘宗周认为，“范围朱陆而进退之”[1]，应是诸王门后学的共同职志。

《明儒学案》的第二部分，是学有传承的各学派。上起吴与弼《崇仁学案》，下讫湛若水《甘泉学案》，凡 42 卷，占全书大半篇幅。卷一至卷四为《崇仁学案》，所录为吴与弼、胡居仁等 10 人。黄宗羲以阳明学为明代理学大宗，而溯其渊源，吴与弼倡道江西，传学娄谅，始孕育出日后大盛的阳明学。故述一代理学，吴氏自是开风气大师。卷五至卷六为陈献章《白沙学案》，所录为陈献章、李承箕、林光等 12 人。黄宗羲认为，陈献章早年师从吴与弼，融师说为已有而创为别派，于阳明学兴起多所启发。所以述《崇仁学案》之后，即继以《白沙学案》。明代理学，当阳明学崛起之前，朱子学在北方得薛瑄恪守，流播秦晋，濡染一方，而有河东之学与关学之谓。黄宗羲认为，其开派宗师当推薛瑄，所以卷七和卷八集薛瑄并周蕙、吕柟等 15 人于一编，冠之以《河东学案》。随后则于卷九辟《三原学案》，以述王恕、韩邦奇、杨爵等 6 位关学大师之学。

1　黄宗羲：《明儒学案》卷首《师说》。

阳明学为有明一代学术中坚，故《明儒学案》第二部分中，述阳明学派最详。从卷十《姚江学案》至卷三十六《泰州学案》，篇幅达 26 卷，所录阳明学派中人计 98 位之多。黄宗羲认为，有明一代学术，在阳明学兴起之前，大体上是一个“此亦一述朱，彼亦一述朱”的格局，自王守仁指点出“良知”以立教，始开出一条崭新路径。所以他说：“无姚江则古来之学脉绝矣。”[1]一如刘宗周，黄宗羲亦在《姚江学案》卷首议及王门四句教。但他并未拘泥于师门之说，而是认为四句教本无病痛，只是为学者误会，一味依己意阐释，以致乖违师门本旨而引向荒谬。以此，黄宗羲不取王畿所倡心、意、知、物俱是无善无恶的“四无”说，且指之为篡改师门教法，有违儒者矩矱，确有近于释、老之嫌。不过，他同时又予王畿之学以公允评价，指出：

> 先生亲承阳明末命，其微言往往而在。象山之后不能无慈湖，文成之后不能无龙溪，以为学术之盛衰。因之，慈湖决象山之澜，而先生疏河导源，于文成之学固多所发明也。[2]

王守仁故世之后，越中诸王门弟子，因对四句教法解说分歧，流弊丛生。黄宗羲认为，独有江西诸阳明学传人，最能得师门真谛，从而使阳明学赖以传衍。故而《明儒学案》第二部分中的《江右王门学案》，竟多至 9 卷。阳明及门下弟子中，汝中、汝止，二王齐名。汝中谓浙东王畿，汝止谓泰州王艮。王艮倡学泰州，以“淮南格物”和“百姓日用即道”之说而立异师门。数传之后，遂掀翻天地，非名教之所能羁络了。黄宗羲于此痛心疾首，为揭露其弊害，列为《泰州学案》4 卷。他说：

1 黄宗羲：《明儒学案》卷十《姚江学案》。

2 黄宗羲：《明儒学案》卷一二《浙中王门学案二》。

阳明先生之学，有泰州、龙溪而风行天下，亦因泰州、龙溪而渐失其传。泰州、龙溪，时时不满其师说，益启瞿昙之秘而归之师，盖跻阳明而为禅矣。然龙溪之后，力量无过于龙溪者，又得江右为之救正，故不至十分决裂。泰州之后，其人多能以赤手搏龙蛇，传至颜山农、何心隐一派，遂复非名教之所能羁络矣。[1]

至此，阳明学遂告盛极而衰，处于非变不可的关头了。

《泰州学案》之后，为《甘泉学案》6卷，所录为湛若水、许孚远、冯从吾等11人。《明儒学案》之何以要列《甘泉学案》？黄宗羲有如下解释："王、湛两家，各立宗旨。湛氏门人虽不及王氏之盛，然当时学于湛者或卒业于王，学于王者或卒业于湛。亦犹朱、陆之门下，递相出入也。"[2]也就是说，王、湛两家虽宗旨各异，但为师者既多往还，其弟子又递相出入，殊途而同归。因而记甘泉学，不啻表彰阳明学。清代道光间，莫晋重刊《明儒学案》，谓黄宗羲实以大宗归阳明，可称信然不诬。

《明儒学案》卷四十三至五十七，为《诸儒学案》上中下，以此构成全书第三部分。自卷上方孝孺、曹端诸儒，经卷中罗钦顺、王廷相等，迄于卷下霍韬、吕坤、黄道周、孙奇逢辈，入案者上下有明一代，凡42人。对于《诸儒学案》的设置，黄宗羲解释得很清楚，他说：

诸儒学案者，或无所师承，得之于遗经者；或朋友夹持之力，不令放倒，而又不可系之朋友之下者；或当时有所兴

1　黄宗羲：《明儒学案》卷二《泰州学案一》。

2　黄宗羲：《明儒学案》卷三七《甘泉学案一》。

起，而后之学者无传者，俱列于此。

至于各卷的布局，黄宗羲则作如是解释：

上卷则国初为多，宋人规范犹在。中卷则皆骤闻阳明之学而骇之，有此辨（原文“辨”字误，应为“辩”——引者）难，愈足以发明阳明之学，所谓他山之石，可以攻玉也。下卷多同时之人，半归忠义，所以证明此学也，否则为伪而已。[1]

《明儒学案》的第四部分，为《东林学案》4卷，所录为顾宪成、高攀龙等17人。当明末季，宦官祸国，党争如炽，国运、文运皆江河日下。率先起而振颓救弊者，为东林诸君子。黄宗羲于东林诸公的忠烈节义，推崇备至，赞为“一堂师友，冷风热血，洗涤乾坤”。顾、高诸公，鉴于王学末流的狂禅习气，以王门四句教为把柄，矛头所向，不唯以王畿为的，而且直指其师王守仁的“致良知”说。黄宗羲于此则深不以为然，故在《东林学案》中多所辩诘。他始而再辨四句教，重申王畿四无说与阳明绝无干涉。继之针对高攀龙对“致良知”说的批评，反唇相向，斥其格物说在朱、王间进退失据。他的结论是：“先生之格物，本无可议，特欲自别于阳明，反觉多所扞格耳。”[2]最后则借其师刘宗周之言，对高氏学说作了“半杂禅门”的总评。宗羲于此指出：“忠宪固非佛学，然不能不出入其间，所谓大醇而小疵者。”[3]

在黄宗羲看来，晚明学术界，以修正阳明学而足称师门干城

1　黄宗羲：《明儒学案》卷四三《诸儒学案上一》。
2　黄宗羲：《明儒学案》卷五八《东林学案一》。
3　黄宗羲：《明儒学案》卷六二《蕺山学案》。

者，则是其师刘宗周。于是《明儒学案》便以《蕺山学案》殿后，既以之对全书做出总结，亦以之对一代理学，乃至整个宋明数百年理学做出总结。用他的话来说，就叫做："若吾先师，则醇乎其醇矣。"黄宗羲甚至说："识者谓五星聚奎，濂、洛、关、闽出焉；五星聚室，阳明子之说昌；五星聚张，子刘子之道通。岂非天哉！岂非天哉！"[1]唯其如此，《蕺山学案》以"慎独"说为中心，既有对理学诸基本范畴的阐释，又有对诸学术大师学说的评论。其所涉内容之广泛，辑录资料之翔实，不唯为全书其他学案所不可比拟，而且即使是《姚江学案》，亦难免相形逊色。

三　编纂体例及其评价

《明儒学案》主要内容的布局，实际上反映了著者的编纂原则。接下来拟进一步对这方面的问题再做一些讨论，并从局部具体地来看一看全书的编纂体例。

关于《明儒学案》的编纂原则，卷首所列《发凡》8条，大致皆在其中。第一条评周汝登《圣学宗传》、孙奇逢《理学宗传》。既肯定二书之述理学史，"诸儒之说颇备"，又以"疏略"二字加以批评，说明周、孙著述之皆未能尽如人意。因此黄宗羲认为，两书都非总结理学史的佳作，于是《明儒学案》不可不作。第二、三条，皆论究明代理学基本特征，即一是宗旨鲜明，二是剖析入微，故而始能超迈前代。同样是讲理学，宋明风格，各有千秋。宋儒重渊源，讲师承，明儒则标宗旨，显个性。黄宗羲身为理学营垒中人，却能入乎其里而出乎其外，故深得个中三昧。他说：

大凡学有宗旨，是其人之得力处，亦是学者之入门处。

1　黄宗羲：《明儒学案》卷六二《蕺山学案》。

天下之义理无穷，苟非定以一二字，如何约之使其在我？故讲学而无宗旨，即有嘉言，是无头绪之乱丝也。学者而不能得其人之宗旨，即读其书，亦犹张骞初至大夏，不能得月氏要领也。[1]

由此出发，《明儒学案》着意于各家宗旨的归纳绍介，确有“如灯取影”之效。

第四条谈全书所辑诸家学术资料的来源。对之前流行的理学诸儒语录，黄宗羲皆不满意，他认为通病在于不知去取，因而不足以反映各家精神风貌。所以宗羲一反其道，“皆从全集纂要勾玄，未尝袭前人之旧本”。第五条谈全书卷帙分合。黄宗羲指出，《明儒学案》之述学术源流，断不如禅家之牵强附会，所遵循的原则是：“以有所授受者，分为各案。其特起者，后之学者不甚著者，总列诸儒之案。”第六条绍介全书的一条重要编纂原则，即“一偏之见”、“相反之论”，皆兼容并蓄，以明儒者之学的同源异流，殊途同归。黄宗羲说得好：“以水济水，岂是学问！”第七、八条是一些必要的解释，以期得到读者的谅解。前者说明学贵自得，不轻传授，此乃中国古代教学的传统。而《明儒学案》把各家学术宗旨讲得过于明白，担心读者“徒增见解，不作切实工夫”。后者则述因囿于闻见，难免缺略，希望能得到读者的指教。

遵循上述原则，《明儒学案》在具体的编纂体例上，虽各卷编次未尽全然一致、但大体说来，除个别学案之外，各学案皆是一个三段式的结构。即卷首冠以总论，继之则是案主传略，随后再接以案主学术资料选编。三段分行，浑然一体，各家学术风貌洞若观火。

卷首总论，文字或短或长，短者数十、百余字，长者不过数

1　黄宗羲：《明儒学案》卷首《发凡》。

百、近千字。或述学术承传，或谈论学宗旨，意在说明案主学术在一代理学史上的地位。案主传略，文字亦多寡不一，短者数百言，长者则多达千言以上。就传文内容看，先述传主生平行履，后讨论其学术风貌，行履与论学，一般各占一半篇幅。如果说案主行履的结撰，有历朝实录及碑志传状一类文字可据，尚属不十分困难的话，那么讨论学术的篇幅，则多无现成文字参考，因之最费斟酌，而亦最能显示著者功力。在各学案中，学术资料选编所占比重最大，一部《明儒学案》，此类资料已占至全书三分之二以上篇幅。所辑资料，以反映案主学术风貌为准绳，依类编次。大体以语录为主，兼及论说、书札与其他杂著。凡所辑录，皆注明书名、篇名，以示征信。其间，亦略加按语，以作评论或提示。就全书而论，卷十之《姚江学案》、卷五十八至六十一之《东林学案》，以及卷六十二之《蕺山学案》，所辑资料最为系统、翔实，亦最具典型意义。以下，先就《姚江学案》来做一些讨论。

《姚江学案》所著录资料，源出刘宗周崇祯十二年所辑《阳明传信录》。原录凡作《语录》、《文录》、《传习录》三个部分，卷首且有宗周跋语一篇。黄宗羲撰《明儒学案》，取以入《姚江学案》，合《语录》、《文录》为一，统以《语录》标题。所录凡作《语录》、《传习录》两部分，案主“致良知”说精要，囊括无遗。治阳明学而以此为依据，盖可得其大要。尤有可述者，辑录资料中多载刘宗周按语，或提示，或评论，于了解和把握阳明学实质，多所裨益。譬如《语录》部分，首条所录《与辰中诸生》语，刘宗周按云：“刊落声华，是学人第一义。”《与王纯甫》条，亦有如下按语：“先生恢复心体，一齐俱了，真是大有功于圣门，与孟子性善之说同。”《答顾东桥》条，则以按语归纳云：“良知之说，只说得个即心即理，即知即行，更无别法。”类似的评论，还见于《答聂文蔚》条按语：“致良知只是存天理之本然。”关于阳明学的渊源，刘宗周于《与马子莘》条中，提出了远宗程颢的见解，他说:“此是先生的派明道处。”凡此，既对阳明学阐释表彰，于深入研究阳明学，乃至整个宋明理学，亦在在可见蕺山卓识。唯其如此，蕺山于按语中，每有对阳明学说的若干商榷。譬如《语录》所辑《答周道通》条，蕺山按语即称:“先生之见，已到八九分。但云‘性即是气，气即是性’，则合更有商量在。”又如《传习录》部分，于“格物无间动静”条后，更载有刘宗周的大段商榷语。按语之末，蕺山云：

> 先生既以“良知”二字冒天下之道，安得又另有正修工夫？只因将意字看作已发，故工夫不尽，又要正心，又要修身。意是已发，心是未发，身又是已发。先生每讥宋学支离而躬自蹈之，千载而下，每欲起先生于九原质之而无从也。

由于刘宗周不赞成王门四句教，认为它是王畿的杜撰，因而不唯通篇不录“天泉证道”语，而且还于资料终篇，详加按语云：

> 先生每言，至善是心之本体。又曰，至善只是尽乎天理之极，而无一毫人欲之私。又曰，良知即天理。录中言“天理”二字，不一而足。有时说无善无恶者理之静，亦未尝径说无善无恶是心之体。若心体果是无善无恶，则有善有恶之意又从何处来？知善知恶之知又从何处来？为善去恶之功又从何处起？无乃语语断流绝港乎！

有鉴于此，刘宗周反其道而行之，指出:“蒙因为龙溪易一字，曰，心是有善无恶之心，则意亦是有善无恶之意、知亦是有善无恶之知，物亦是有善无恶之物。”足见，《明儒学案》中的学术资料选编，并非漫无别择，不知去取，著者的学术倾向，即在资料选编之中。

《东林学案》是黄宗羲用力最勤的学案之一，其父尊素亦在该学案中。案内所辑资料甚富，皆经宗羲精心排比。即以卷五十八之高攀龙学术资料为例，所选已达八类之多，依次为《语》、《札记》、《说》、《辨》、《论学书》、《杂著》、《讲义》、《会语》。这些资料辑自案主卷帙浩繁的《高子遗书》中，且有一个十分鲜明的特点，即并不避讳案主批评王守仁学说语。譬如《论学书》一类，所载《答方本庵》，即斥阳明学虚浮不实，“于朱子格物，若未尝涉其藩者”。《杂著》一类，则指斥阳明学病痛处更多。诸如《崇文会语序》、《尊闻录序》、《三时记》等，竟然摒阳明学于儒学正统之外，声称“文成不甘自处于二氏，必欲篡位于儒宗”。凡此，黄宗羲在学案中皆不避其嫌，详加辑录。由此说明，《明儒学案》的结撰，确实贯彻了著者于卷首《发凡》之所云：“此编所列，有一偏之见，有相反之论。学者于其不同处，正宜著眼理会，所谓一本而万殊也。”这样的编纂原则，无疑是很可贵的。

四　《明儒学案》与《皇明道统录》

黄宗羲之以总论、传略、学术资料选编三位一体，去编纂《明儒学案》，并非文思骤起，奇想突发。就历史编纂学的角度而言，《明儒学案》的出现，正是当时历史学自身的发展状况所使然。明清之际，理学既已进入批判和总结阶段，于是历史学自然要作出反映，这就是《陆杨学案》、《诸儒学案》、《圣学宗传》、《理学宗传》一类著述的接踵而出。而这些著述，黄宗羲皆经寓目，从而给他发愿结撰《明儒学案》提供了有益的启示。关于这方面的情况，就《明儒学案》本身论，确有辙迹可寻。譬如卷首《发凡》的评《圣学宗传》、《理学宗传》语，卷二十一《江右王门学案》之取刘元卿以入案，卷三十五《泰州学案》之列耿定向，卷五十七《诸儒学案》之著录孙奇逢，卷六十二《蕺山学案》之辑《论语学案》语等，皆是依据。耿氏及二刘“学案”之命名，周、孙两家二部《宗传》日趋明朗的三段式编纂结构，都成为黄宗羲《明儒学案》的先导。尤其应当加以说明者，作为《明儒学案》的取法对象，不仅有上述诸家著述以及更早的朱熹著《伊洛渊源录》，而且于黄宗羲影响最大的，恐怕应是其师刘宗周的《皇明道统录》。

关于《皇明道统录》的情况，由于该书刘宗周生前未及刊行，后来亦未辑入《刘子全书》之中，因此其具体内容今天已无从得其详。所幸刘宗周高足董玚辑《蕺山先生年谱》中，于其梗概有所叙述。据云：

> 天启七年丁卯，五十岁。《皇明道统录》成。先生辑《道统录》七卷，仿朱子《名臣言行录》，首纪平生行履，次语录，末附断论。大儒特书，馀各以类见。去取一准孔孟，有假途异端以逞邪说，托宿乡愿以取世资者，摈弗录。即所录者，褒贬俱出独见。如薛敬轩、陈白沙、罗整庵、王龙溪，世推为大儒，而先生皆有贬辞。方逊志以节义著，吴康斋人竞非毁之，而先生推许不置。（原注略——引者）通录中无间辞者，自逊志、康斋外，又有曹月川、胡敬斋、陈克庵、蔡虚斋、王阳明、吕泾野六先生。[1]

这就是说，《皇明道统录》完稿于明天启七年，稿凡 7 卷。其编纂体例仿照朱熹《名臣言行录》，作三段式结构，即第一段平生行履，第二段语录，第三段断论。录中所载一代儒学中人，凡大儒皆自成一家，其余诸儒则以类相从。而编纂原则亦甚明确，取舍标准为孔孟学说，凡异端邪说、乡愿媚世者皆不著录。诸如薛瑄、

1　刘汋辑、董玚修订：《蕺山先生年谱》卷上，五十岁条。

陈献章、罗钦顺、王畿等，录中皆有贬责。而世人竞相非毁的方孝孺、吴与弼，录中则极意推尊。其他如曹端、胡居仁、陈选、蔡清、王守仁、吕柟等，录中亦加以肯定。

倘若取《明儒学案》与董玚所述之《皇明道统录》相比照，即可发现其间的若干重要相通之处。首先，《道统录》的三段式编纂结构，亦为《明儒学案》所沿袭，无非将断论移置各案卷首，成为该案之总论罢了。其次，学有承传之诸大家，《明儒学案》亦独自成案，如崇仁、白沙、河东、三原、姚江、甘泉、蕺山等等。而其他儒林中人，一如《道统录》之以类相从，编为《诸儒学案》、《浙中王门》、《江右王门》等等。至于以倡“异端邪说”获咎的李贽，以及著《学蔀通辨》，诋王守仁《朱子晚年定论》为杜撰的陈建等人，《明儒学案》亦摈弃不录。再次，《明儒学案》评一代儒林中人，多以其师刘宗周之说为据，各案皆然，不胜枚举。譬如卷首之冠以《师说》，推方孝孺为一代儒宗；卷一《崇仁学案》以吴与弼领袖群儒；卷十《姚江学案》之全文引录《阳明传信录》；卷五十八《东林学案》辑顾宪成《小心斋札记》，所加按语云：“秦、仪一段，系记者之误，故刘先生将此删去。”同卷辑高攀龙《论学书》，亦加按语云：“蕺山先师曰，辛复元，儒而伪者也；马君谟，禅而伪者也。”凡此等等，无不透露出《明儒学案》承袭《皇明道统录》的重要消息。所以，倘若我们说《明儒学案》系脱胎于《皇明道统录》，进而加以充实、完善，恐怕不会是无稽之谈。

在中国学术史上，自南宋间朱熹著《伊洛渊源录》，而学案体史籍雏形始具。中经数百年蹒跚演进，迄于明末，理学步入批判和总结阶段，于是耿定向以《陆杨学案》为题撰文而开启先路，刘元卿《诸儒学案》、周汝登《圣学宗传》、刘宗周《皇明道统录》诸书接踵而出，学案体史籍有了一个长足发展。入清以后，孙奇逢《理学宗传》于康熙初叶问世，承前启后，沿波而进，学案体史籍的别创一军，已是指日可待。至黄宗羲《明儒学案》出而集其大成，以其鲜明的编纂原则，严整的编纂体例和宏富翔实的史料，最终使学案体史籍臻于完善和定型。从此，在中国传统历史编纂学中，便挺生出学案体史籍的新军。

至此，我们似乎可以给学案体史籍做一个大致的界说了。学案体史籍，是我国古代史家记述学术发展历史的一种特殊编纂形式，其雏形肇始于南宋初叶，而完善和定型则是数百年后的清朝康熙中叶。它源于传统的纪传体史籍，系变通《儒林传》（《儒学传》）、《艺文志》（《经籍志》），兼取佛家《灯录》体史籍之所长，经过长期酝酿演化而成。所谓学案，就其字义而言，意即学术公案。“公案”本佛门禅宗语，前哲释作“档案”、“资料”，至为允当。顾名思义，学案体史籍以学者论学资料的辑录为主体，合其生平传略及学术总论为一堂，据以反映一个学者、一个学派，乃至一个时代的学术风貌，从而具备了晚近所谓学术史的意义。

从《日知录》到《日知录集释》

《日知录》是清初著名学者和思想家顾炎武的代表作品，也是17世纪中叶我国知识界的一部足以反映时代风貌的学术巨著。它不仅在当时激起了强烈共鸣，而且影响所及，绵亘有清一代而不绝。乾嘉时期，朴学发皇，治《日知录》几成专学。道光初，黄汝成集诸家研究之大成，纂为《日知录集释》，为《日知录》研究做了一个承上启下的总结。从《日知录》到《日知录集释》，不啻百余年间学术演进的一个缩影，留给了我们甚多值得深入探讨的课题。

一　为学与为人相统一的一生

《日知录》的著者顾炎武，原名绛，字忠清，明亡，改名炎武，字宁人，号亭林，学者尊为亭林先生。江苏昆山人。生于明万历四十一年，卒于清康熙二十一年，得年70岁。他一生将为学与为人合为一体，操志高洁，学博识精，成为开启一代学术先路的杰出大师。

顾炎武出身于江东望族，其高曾祖辈世为明廷仕宦。至其父辈，家道中落。时值明末，经济崩溃，政治腐朽，朱氏王朝犹如痈疽积年，只待溃烂。社会的危机，家境的窘迫，逐渐孕发顾炎武为学以救世的思想。虽然他愤世嫉俗，14岁为诸生，即加入了当时江南文士的组织复社，但是却未能摆脱科举制度的桎梏。迄于 27 岁，连年科场角逐的蹉跎，耗去了炎武 13 个宝贵的春秋。明崇祯十二年，他为取得举人资格而再度搏击，结果依然名落孙山。此时的中国，四方民变如火如荼，东北战事日益加剧，明王朝已经灭亡在即。严峻的社会现实把顾炎武从科场沉浮中震醒，于是他“感四国之多虞，耻经生之寡术”，[1] 断然挣脱了科举制度的束缚。

“士当求实学”，此为顾氏家训，亦系时代呼声。炎武自幼过继于孀居的叔母，其嗣母知书达理，不仅以《大学》之道教其立身，而且还时常给他讲述明初刘基、方孝孺和于谦等人的报国业绩，使之接受如何为人的良好启迪。其嗣祖顾绍芾，留意史事，关注现实，时时告诫炎武：“士当求实学，凡天文、地理、兵农、水土及一代典章之故，不可不熟究。”[2] 本此庭训，自崇祯十二年起，顾炎武爬梳文献，日以继夜，专意搜集有关农田、水利、矿产、交通及地理沿革诸方面的材料，倾注全力于《天下郡国利病书》和《肇域志》的纂辑。他试图据以探寻国贫民弱的根源所在，从而揭开了一生为学的新篇章。

正当顾炎武在讲求实学的道路上辛勤探索之时，明清更迭的历史变迁把他赶出书斋。崇祯十七年四月，明亡的消息传到江南，顾炎武由苏州赶回昆山，把家眷疏散到常熟乡间。五月，南明弘光政权在南京建立，经原昆山知县杨永言举荐，授炎武兵部司务之职。为准备应弘光政权征召，他撰成著名的“乙酉四论”，即《军制论》、《形势论》、《田功论》、《钱法论》。从划江立国的实际出发，针对农田、钱法、军制诸方面的积弊，炎武提出了若干解救危难的应急措施。顺治二年五月，顾炎武取道镇江，前往南

1　顾炎武：《亭林文集》卷六《天下郡国利病书序》。

2　顾炎武：《亭林馀集》不分卷《三朝纪事阙文序》。

京赴任。未及到职，弘光政权已告覆灭。目睹清军的野蛮屠戮，他在苏州从军抗清。苏州兵败，昆山、常熟接连失守，炎武嗣母绝食身亡，二弟死于非命，生母虽幸免一死，但已成终身残废。

山河破碎，家难频仍。顾炎武寄心事于笔端，写下了许多充满爱国激情的诗篇。他以衔木填海的精卫自况，发出了“我愿平东海，身沉心不改”[1]的呐喊。在这以后的5年间，为了实践自己的誓言，他蓄发明志，一直潜踪息影，辗转于太湖沿岸，与各地抗清志士秘密往来。后为豪绅叶方恒加害，于顺治七年被迫剃发。十二年，又再落叶氏圈套，以勾结海上抗清武装罪入狱。出狱后，他决意远离故土，到久已眷念的中原大地去。

顺治十四年秋，顾炎武将家产尽行变卖，只身北去，时年45岁。从此，开始了他以后20余年转徙不定的游历生涯。北游之初，他频繁往来于直、鲁、江、浙间。十八年，郑成功率部退往台湾，僻处西南一隅的南明永历政权灭亡。眼看复明大势已去，顾炎武断然拔足西走，决心“笃志经史”[2]，把自己的后半生贡献给著述事业。

自康熙元年起，顾炎武的游踪扩至河南、山西、陕西。这以后，他除陆续撰写大量的诗文杂著外，全部精力几乎都用于他一生最重要的代表作品《日知录》的写作。然而，顾炎武的著述道路却是很不平坦的。康熙二年，庄廷钺《明史》案发，炎武的挚友潘柽章、吴炎，皆蒙难冤狱。噩耗传来，他万分悲痛，于是在山西汾州旅途遥为祭奠，以歌当哭，高唱:“一代文章亡左马，千秋仁义在吴潘。”[3]同时，他还以《书吴潘二子事》为题，撰文详记二友死难始末，以表彰二人节操。顾炎武憎恶明末的讲学之风，终身不登讲坛，也不轻易收授门徒。为了表示对潘柽章的纪念，

---

1 顾炎武：《亭林诗集》卷一《精卫》。

2 顾炎武：《亭林文集》卷四《与人书二十五》。

3 顾炎武：《亭林诗集》卷四《汾州祭吴炎潘柽章二节士》。

他破例将柽章弟潘耒收为弟子。

《明史》案的余痛犹在，新的文字冤狱竟又从天而降。康熙五年，山东莱州姜元衡告发黄培收藏"逆诗"，指控署名陈济生的《忠节录》，为顾炎武搜辑刊行。七年二月，炎武因之在济南入狱。后幸有在翰林院供职的外甥徐元文斡旋，加以友人李因笃等竭力营救，始于当年十月取保出狱。莱州诗狱了结后，炎武一如既往，以友人所赠二马二骡装驮书卷，攀山越岭，不辞辛劳，为著述事业而进行大量的、艰苦细致的实地考察。

晚年的顾炎武，行万里路，读万卷书，以其深湛的学术造诣而名著朝野。然而，不与清廷合作的志愿，则坚如磐石，朝廷显宦几度礼聘，皆为他断然拒绝。康熙十年，翰林院掌院学士熊赐履邀炎武预修《明史》，他正言相告："果有此举，不为介推之逃，则为屈原之死。"[1]十七年，清廷诏举博学鸿儒，内外大吏皆欲以顾炎武列名荐牍。炎武郑重声明："人人可出，而炎武必不可出。"宣告："七十老翁何所求？正欠一死！若必相逼，则以身殉之矣。"[2]为了表明决心，他选定陕西华阴为最后的客居地，从此不再进入北京。这时，顾炎武已届古稀之年，老而无子，仅以养子衍生朝夕相伴。他的外甥徐乾学、秉义、元文兄弟，早已贵显一时，屡次致书，敦请返乡养老，皆为炎武回绝。

康熙二十年八月，顾炎武旅居山西曲沃，不幸染疾。翌年正月初八，溘然长逝。

顾炎武一生，"身涉万里，名满天下"[3]，以"行奇学博，负海内重望"[4]。他广泛涉足于经学、史学、方志、舆地、音韵文字、金石考古以及诗文等学，在众多的学术领域，皆取得了卓越

1　顾炎武：《蒋山傭残稿》卷二《记与孝感熊先生语》。

2　顾炎武：《亭林文集》卷三《与叶讱庵书》。

3　归庄：《归庄集》卷五《与顾宁人书》。

4　钮琇：《觚賸》卷六《蒋山傭》。

的成就。炎武著述繁富，“卷帙之积，几于等身”[1]。今可考见者，尚近50种之多。《日知录》32卷，为其代表著述，一生为学所得，大都荟萃其中，实为开一代学术风气之力作。《音学五书》38卷，为炎武的另一部代表作品。清代260余年间，音韵文字学之能勃然兴起，由经学的附庸而蔚为大国，炎武具有不可磨灭的开创之功。《天下郡国利病书》和《肇域志》，虽为炎武早年所辑，且仅系长编，尚须过细整理。然而对考论中国古史，尤其是有明一代的经济史、社会史，以及方志、舆地诸学，皆极具价值。其他诗文杂著，诸如《亭林文集》、《亭林诗集》、《明季实录》、《历代帝王宅京记》、《营平二州史事》、《金石文字记》、《左传杜解补正》以及《菰中随笔》等，探讨学术，知人论世，在在皆可采择。

二　《日知录》述要

《日知录》是顾炎武萃毕生心力精心结撰的著述，用他自己的话来说，就叫做“平生之志与业皆在其中”[2]。什么是他的志？顾炎武在给潘耒的一封信中，曾就此做过阐释，他说：“君子之为学也，非利己而已也。有明道淑人之心，有拨乱反正之事，知天下之势之何以流极而至于此，则思起而有以救之……故先告之志以立其本。”[3]一言以蔽之，顾炎武所说的志，就是要通过其学术活动来“明道救世”。那么，顾炎武的业又是什么？其实，业之与志，二而一，一而二，水乳交融，不可分割。正如炎武逝世前夕论及毕生追求时所说：“天生豪杰，必有所任。……今日者，拯斯

1　王弘撰：《山志》卷三《顾亭林》。

2　顾炎武：《亭林文集》卷六《与杨雪臣》。

3　顾炎武：《亭林馀集》不分卷《与潘次耕札》。

人于涂炭，为万世开太平，此吾辈之任也。仁以为己任，死而后已。”[1]

在《论语·子张篇》中，孔子的弟子子夏论治学之道，曾谈过如下一句话：“日知其所亡，月无忘其所能，可谓好学也已矣。”顾炎武即取子夏论学语义，题书名为《日知录》，以示好学之笃。至于《日知录》的确切始撰年代，今日已难详考。不过，一个大致的时期则是可以定下来的。康熙九年，当本书以初成8卷在江苏淮安付刻时，炎武曾在卷首写有简短识语。据称：“愚自少读书，有所得辄记之，其有不合，时复改定。或古人先我而有者，则遂削之。积三十馀年，乃成一编。”[2]由康熙九年上溯30余年，恰当明崇祯十二年顾炎武离开科场之后。可见，《日知录》的始撰大致就在此时。

初刻8卷本问世之后，顾炎武并不以之为满足，又在尔后的为学实践中，不断加以完善充实。先是扩至20卷，随后又成30卷。直到逝世前夕，依然呕心沥血，辛勤耕耘。关于这方面的情况，他给潘耒的信讲得很清楚：“《日知录》再待十年，如不及年，则以临终绝笔为定。”后来，潘耒承其遗志，将书稿稍事整理，于康熙三十四年，以32卷定本在福建建阳刊刻。至此，《日知录》始成完书。

《日知录》贯通古今，内容宏富。但其具体门类，则执说不一。潘耒曾大体归纳为8类，即经义、史学、官方、吏治、财赋、典礼、舆地、艺文。乾隆间修《四库全书》，分得更细，竟达15类之多，即经义、政事、世风、礼制、科举、艺文、名义、古事真妄、史法、注书、杂事、兵及外国事、天象术数、地理、杂考证。在这个问题上，笔者以为，还是按照著者自己的分类为好。

1　顾炎武：《亭林文集》卷三《病起与蓟门当事书》。

2　顾炎武：《日知录》卷首《自序》。

顾炎武对《日知录》的分类，既不如其后《四库》馆臣的琐细，也比潘耒的归纳还要概括，无非三大部分而已。即“上篇经术，中篇治道，下篇博闻”。关于对本书内容的归类，实际上并不是一个技术问题，它所反映的是于著者著述意图的理解问题。潘耒是著者的入室弟子，颇得其师为学要领，所以他说：

> 先生非一世之人，此书非一世之书也。魏司马朗复井田之议，至易代而后行；元虞集京东水利之策，至异世而见用。立言不为一时，《录》中固已言之矣。异日有整顿民物之责者，读是书而憬然觉悟，采用其说，见诸施行，于世道人心实非小补。如第以考据之精详，文辞之博辨，叹服而称述焉，则非先生所以著此书之意也。[1]

而《四库全书》的编纂者，为狭隘的考据学障蔽视野，只看到《日知录》中考证经史的内容，便夸大为全书之精粹所在，并进而贬抑潘耒说为“殆非笃论”[2]。这样一个评价，舍其大而拾其小，难怪晚清学者朱一新要讥之为“买椟还珠”[3]了。

顾炎武为什么要写《日知录》？他在《初刻日知录自序》中说得很直率，那便是要“明学术，正人心，拨乱世以兴太平之事”。此后，炎武与友人的书札往复，于此多次重申：“向者《日知录》之刻，谬承许可，比来学业稍进，亦多刊改。意在拨乱涤污，法古用夏，启多闻于来学，待一治于后王。”[4]这样的撰述宗旨，始终如一，老而弥坚。当炎武晚年向友人谈及一生的学术道路时，曾经有过一段集中表述，他说：

---

1 潘耒：《遂初堂集·文集》卷六《日知录序》。

2 《四库全书总目》卷一一九《子部二九·杂家类三·日知录》。

3 朱一新：《无邪堂答问》卷五。

4 顾炎武：《亭林文集》卷六《与杨雪臣》。

> 君子之为学，以明道也，以救世也。徒以诗文而已，所谓雕虫篆刻，亦何益哉！某自五十以后，笃志经史，其于音学深有所得，今为《五书》以续《三百篇》以来久绝之传。而别著《日知录》，上篇经术，中篇治道，下篇博闻，共三十馀卷。有王者起，将以见诸行事，以跻斯世于治古之隆。[1]

以“有王者起，将以见诸行事，以跻斯世于治古之隆”为毕生之学术追求，足见《日知录》的撰写，实非寻常的经史考据之作。因此，书中笔触所及，无论谈“经术”也好，谈“博闻”也好，归宿皆在“治道”。《日知录》实为一部以“引古筹今”为撰述宗旨，探讨治国平天下之道的著作。《四库全书》馆中人视之为考据札记，显然低估了这部著述的历史价值，也歪曲了著者的撰述意图，当然是不可取的。以下，拟就《日知录》的历史价值，做一扼要梳理。

三　《日知录》的历史价值

顾炎武生当明清鼎革。60余年的社会大动荡，向那个时代的学者、思想家提出了一系列尖锐的社会问题。这些问题有经济的，有政治的，也有学术文化和思想的。譬如怎样去抑制土地的兼并，怎样去合理分担赋役，怎样去调整国家的政治制度、官吏制度、军事制度、教育制度，怎样去扭转空疏学风、转移社会风气等等。顾炎武的《日知录》，从历史和现实相结合的角度，展示了著者对上述问题的深刻思考。

土地兼并，赋役不均，这是中国古代社会的痼疾，也是明朝

1　顾炎武：《亭林文集》卷四《与人书二十五》。

灭亡的一个重要经济根源。顾炎武在迈入社会门槛之初，即对此予以高度重视，在《天下郡国利病书》中留下了他的思考。由《天下郡国利病书》到晚年精心结撰的《日知录》，他对这一问题的认识益趋深化，终于写成《苏松二府田赋之重》一类极富说服力的篇章。迄于今日，《日知录》中的此类记录，依然是研究明清江南经济和社会的宝贵依据。

《日知录》从探讨经济问题入手，进而引向对君主专制政体的批判，体现了若干有价值的政治思想。这种思想首先表现为对君权的大胆怀疑。在《日知录》中，神圣不可侵犯的君权，亦为著者纳入论究对象。该书卷二十四以《君》为题，广泛征引载籍，以论证“君”在古代并非帝王专称。不唯天子可称君，就是人臣、诸侯、卿大夫，乃至府主、家主、父、舅等，皆可称君，从而得出君乃“上下之通称”的结论。这样的考论，剥去了人君的华贵外衣，简直近乎嘲弄君权了。而且，顾炎武并未就此却步，他进而提出了反对“独治”，实行“众治”的主张[1]，倡言：“以天下之权寄之天下之人。”[2]

《日知录》政治思想的另一可贵处，则集中反映为富有探讨价值的社会风俗论。顾炎武在这里所说的风俗，并不是狭义的风土人情，而是更广泛得多的社会风气。面对着数十年来社会风气的江河日下，贿赂公行，奢侈成风，他憧憬着世风的淳厚和国治民安。为此，顾炎武在书中用了几乎一卷的篇幅，详尽地考察了历代社会风气的演变情况。他以确凿的史实论证：“观哀、平之可以变而为东京，五代之可以变而为宋，则知天下无不可变之风俗也。”[3]在顾炎武看来，改善社会风气的有效途径，必须由国家最高统治集团做起，认真进行社会道德教育。而知识界又是其间的

1 顾炎武：《日知录》卷六《爱百姓故刑罚中》。

2 顾炎武：《日知录》卷九《守令》。

3 顾炎武：《日知录》卷一三《宋世风俗》。

关键所在，唯有在知识界培养讲求廉耻的风尚，推而广之，发挥社会舆论的监督作用，使之蔚成风气，方有望于全社会风气的改善。因此，顾炎武在书中引述宋人罗从彦的话说："教化者，朝廷之先务；廉耻者，士人之美节；风俗者，天下之大事。朝廷有教化，则士人有廉耻；士人有廉耻，则天下有风俗。"[1]顾炎武认为："天下风俗最坏之地，清议尚存，犹足以维持一二。至于清议亡，而干戈至矣。"[2]

学风问题，不仅关系到一时的学术文化水准，而且从长远来看，它还影响到国家和民族的兴衰。经历明清更迭的历史巨变，顾炎武敏锐地把握住这一关键问题。于是他猛烈抨击脱离现实的空疏学风，积极倡导务实学风。对明末知识界的空谈之风，顾炎武深恶痛绝。他认为就学术予社会的影响而言，这种恶劣积习，正是酿成明末"神州荡覆，宗社丘墟"的症结所在。因此，他反对"以明心见性之空言，代修己治人之实学"[3]，痛斥理学家的空谈"性与天道"为"禅学"异端[4]。在为学实践中，顾炎武把中国知识界传统的"博学于文"，同社会现实所要求的"行己有耻"相结合，并以之作为治学的根本之道加以提倡，从而使之成为清初知识界的一面旗帜。

作为顾炎武一生为学的结晶，《日知录》既反映了著者站在时代潮流的前列，所发出的"天下兴亡，匹夫有责"[5]的呐喊，同时又从中折射出历史的局限留在著者思想中的阴影。诸如浓厚的封建王朝正统意识，僵化的道德说教，狭隘的民族偏见，以及迂

1 顾炎武：《日知录》卷一三《廉耻》。

2 顾炎武：《日知录》卷一三《清议》。

3 顾炎武：《日知录》卷七《夫子之言性与天道》。

4 顾炎武：《日知录》卷七《夫子之言性与天道》。

5 《日知录》卷一三《正始》条云："保国者，其君其臣肉食者谋之；保天下者，匹夫之贱与有责焉耳矣。"后经梁启超先生归纳，遂以"天下兴亡，匹夫有责"而流行四方。

阔的复古主张等等，所有这些都是应当予以摒弃的。剔除类似的糟粕，发扬蕴涵深厚的诸多思想精华，这就是我们今天对《日知录》，乃至整个中华民族的传统文化所应采取的批判继承态度。

四　黄汝成与《日知录集释》

《日知录》以其朴实无华的务实风尚，宣告了晚明空疏学风的终结，开启了一代健实的新学风。因此，它问世之后，在学术界迅速激起反响。一时南北学者，竞相作同调之鸣。但是，自康熙中叶以后，随着清廷统治的趋于稳定，尤其是雍正、乾隆两朝文字狱的冤滥酷烈，顾炎武在《日知录》中所寄寓的学以经世思想，横遭阉割。为此后学术界所继承的，只是其朴实的考经证史方法而已。于是琐细的考证补苴，日渐成为《日知录》研究中的主流。此风自阎若璩开其端，中经李光地等朝中显贵张大其势而深入庙堂，到乾隆、嘉庆两朝达于极盛。百余年间，注者蜂起，至90余家之多。其中，既有经学大家如惠栋、江永、顾栋高、戴震、庄存与，也有史学大家如全祖望、钱大昕、王鸣盛、赵翼、邵晋涵，还有一时文坛盟主方苞、姚鼐等。风起云涌，久传不衰，俨若专门学问。

嘉庆、道光之际，清王朝越过其鼎盛时期而步入衰世。绵延于川、楚、陕边区广袤原野的白莲教大起义，直逼宫禁的北方天理教起义，西方殖民者以武力为后盾的肮脏鸦片贸易，凡此种种，内外交困，有力地摇撼着清王朝的统治大厦。中国历史上的又一个大动荡时期已经来临。当此多事之秋，知识界反映最称敏感。面对深刻的社会危机，乾嘉以来风靡朝野的考据学，伴随其所附着的社会亦盛极而衰。以庄存与、刘逢禄为代表的常州今文经学派，阐发《春秋》公羊学大义，倡变法以图强。道光五年，著名思想家魏源沿波而起，辑《清经世文编》成。以之为标志，顾炎武、黄宗羲、王夫之、颜元等清初学术大师学以经世的传统，又为时代召唤到历史舞台。总结百余年来《日知录》的研究成果，恢复其淹没已久的经世思想，已成一个时代的课题。而完成这一历史任务的人，既非一时朝廷显贵，亦非学术界名流，却是名不见经传的年轻学者黄汝成。

黄汝成，字庸玉，号潜夫，江苏嘉定（今属上海）人。生于嘉庆四年，卒于道光十七年。他生在乾嘉著名考据大师钱大昕故里，其嗣父黄钟，即为大昕弟子。生父黄鋐，也以善诗文而著称一方。汝成少承家学，又兄事大昕再传弟子毛岳生，颇得乡里前辈为学端绪。自十三四岁起，即已“熟习文史”[1]，“博涉能文”[2]。20岁以后，成为县学廪膳生。后因久困场屋，不得入仕，遂致力经史，博及天文历法、田赋河漕、职官选举、盐务钱法等，综贯浩博，颇有卓识。其所最为服膺者，则是顾炎武的《日知录》。正如他在写给当时江南著名学者李兆洛的信中所述：“自少至今，尤好顾氏《日知录》一书。”[3]

《日知录》之所以令黄汝成倾倒，并不在于文辞的博辩，考据的精详。在他看来，乃是因为“其书于经术文史，渊忽治微，以及兵刑、赋税、田亩、职官、选举、钱币、盐铁、权量、河渠、漕运，与他事物繁赜者，皆具体要”[4]，是一部“资治之书”[5]。因此，在毛岳生的辅导之下，黄汝成不间寒暑，长期致力于《日知录》研究。他以阎若璩、沈彤、杨宁、钱大昕4家校本为主要依据，博采诸家疏解，对康熙三十四年潘耒刻本逐卷校释，终成《日知录集释》32卷，于道光十四年五月刊行。书成之后，黄汝

1　毛岳生：《休复居文集》卷五《黄潜夫墓志铭》。
2　李兆洛：《养一斋续集》卷五《黄潜夫家传》。
3　黄汝成：《袖海楼文录》卷三《答李先生申耆书》。
4　黄汝成：《袖海楼文录》卷三《答李先生申耆书》。
5　黄汝成：《袖海楼文录》卷二《日知录集释序》。

成又觅得《日知录》原写本，经与潘刻本详加比勘，辨其异同，正其疑似，共得700余条，成《日知录刊误》2卷，于道光十五年二月刊行。之后，汝成再得嘉兴陆筠精校本，取与先前所纂《集释》校订，成《日知录续刊误》2卷，于道光十六年九月刊行。

黄汝成家素富厚，不唯刻书费用概由己出，而且还捐资选授安徽泗州训导。但因其生母、嗣父相继去世，故而居丧在家，未能赴任。汝成秉性旷达，乐于周济友朋困乏，深得远近学者敬重。无奈身体过于肥胖，长期为哮喘所苦，后竟因之而遽然去世，卒年仅得39岁。黄汝成正当有为之年而被病魔夺去生命，使他众多的生前友好至为悲恸，毛岳生、李兆洛、蒋彤、葛其仁等，纷纷撰文吊唁。其生父哀汝成赍志而殁，遂委托毛岳生主持，对其遗文杂著加以搜集整理，题名《袖海楼杂著》，于道光十八年九月结集刊行。其中包括《袖海楼文录》6卷，《古今岁实考校补》一卷，《古今朔实考校补》一卷，《日知录刊误合刻》4卷。汝成生前，在完成《日知录集释》并《刊误》之后，原拟续纂《春秋外传正义》，终因猝然病殁而成未竟之业，仅于《文录》中留下数篇札记而已。

五 李兆洛非《日知录集释》纂辑者

黄汝成的《日知录集释》，以及相继完成的《日知录刊误》、《续刊误》，荟萃前人的研究所得，既阐发了原书精义，校订了著者疏失，也纠正了潘刻本的若干舛错。同时，还一扫乾嘉考据学家的偏颇，重申了炎武书经世致用的撰述宗旨，从而为《日知录》研究提供了一个最为完善的本子。因此，黄汝成以《集释》一书，使他生前以“论纂自表见于后世”[1]的夙愿得以实现。

1 黄汝成：《袖海楼文录》卷三《与吴淳伯书》。

本来，黄汝成既然为《日知录》的研究付出了长期的艰苦劳作，人们予他以肯定的评价和纪念，这是理所当然的事情。但是到清末，却有人对此提出非难，断言《日知录集释》非出黄汝成手，纂辑者应当是李兆洛。此说肇始于光绪间吴县藏书家朱记荣。朱氏在《国朝未刊遗书志略跋》中，率先提出了黄汝成窃李兆洛书稿为己有的说法。宣统初，学者李详与之唱和，认为《日知录集释》系李兆洛与吴育、毛岳生等人共撰，“借刻于黄氏”[1]。对朱、李之说，尔后的《日知录》研究者虽多不以为然，但它毕竟以一家之言而存在于学术界，且未予以否定。尤其是迄今评介清代文献的一些有影响的论著，诸如已故张舜徽先生著《清人文集别录》、来新夏先生著《近三百年人物年谱知见录》等，都还给他留有一个席位。因而把历史真相考察清楚，不仅可以为黄汝成辩诬，而且也可以澄清历史文献研究中一个讹传已久的问题。

实事求是地说，朱、李二位之于历史文献学，都是曾经做出过贡献的人。对《日知录集释》的纂辑者，他们所提出的上述说法，也并非杜撰的无根之言。问题在于他们据以立说的依据是否可靠，形成此一认识本身在方法论上又是否科学。关于资料来源问题，朱先生未予展开，而李先生在所著《愧生丛录》卷二中，则罗列得很清楚。好在文字不算太长，为便于讨论，兹全文引述如后：

> 《李申耆先生年谱》三卷，附《小德录》一卷，排印本，阳湖弟子蒋彤编。中有二事，录以备考，是昔所未闻者。
>
> 一云：“道光癸巳（十三年——引者）夏五月，始校刊顾氏《日知录》。先是嘉定钱氏大昕评释《日知录》百数十则，生甫（毛岳生，字生甫。——引者）录以示先生，乃谋推其

1　李详：《愧生丛录》卷二《李申耆先生年谱》。

义例，通为笺注，有资实学。嘉定黄潜夫汝诚（诚字误，当作成。——引者），肯任剞劂之费。既又得杨南屏诸家，皆尝用功于是书者，有可采录，悉收之。山子（吴育，字山子。——引者）、生甫分司之，彤亦与校雠焉。”案：今传《日知录集释》，题嘉定黄汝成名。

谱又云：“十四年四月，刊《日知录》成。生甫又为《刊误》。”今黄氏《集释》亦附有《刊误》。是先生此书，与吴、毛诸君共撰，借刻于黄氏，此不可不知也。

乍一看去，李详先生之说持之有据，言之成理，似乎《日知录集释》应为李兆洛主持纂辑，参预其事者为毛岳生、吴育、蒋彤，而黄汝成只不过提供了刻书经费而已。事实果真如此吗？不然。只要我们稍事搜寻，比照有关史料，即可看到，无论是蒋彤之所记，还是李详据以做出的判断，要用来否定黄汝成的纂辑地位，都是经受不住历史真实检验的。

首先，在李兆洛的现存遗著中，寻找不出任何足以说明他主持纂辑《日知录集释》的证据。固然，李兆洛一生正是以表彰先贤遗集，致力纂辑而著称。因此，凡由兆洛纂辑，或经他表彰刊行的前哲著述，诸如《皇朝文典》、《骈体文抄》及《邹道乡集》、《瞿忠宣集》、《绎志》、《易论》等等，他皆撰有序跋、题记一类文字。然而，唯独就不见表彰《日知录》的记载。尤其不应忽视者，在一部26卷的《养一斋文集》及《续编》中，竟然没有一篇专门探讨顾炎武学行及《日知录》的文字。仅在《文集》卷四《顾君（广圻）墓志铭》中，偶一提及“亭林先生罗列改书之弊”寥寥数字而已。这样一种情况，恐怕同《日知录集释》纂辑者的地位是不相称的。此外，他的高第弟子薛子衡所撰《养一李先生行状》，其罗列兆洛纂辑书目，也无《日知录集释》。相反，李兆洛谈及《日知录集释》，则准确无误地称其纂辑者为黄汝成。他说："潜夫……所著书，唯成《日知录集释》三十二卷，《刊误》二卷，《袖海楼文稿》若干首。"[1]

其次，在李、黄二人的友朋中，凡谈及《日知录集释》，皆众口一词，肯定其纂辑者为黄汝成。毛岳生是李、黄知交，据李兆洛称，他之所以了解黄汝成学行，便是通过毛岳生最先介绍的。毛岳生所撰《黄潜夫墓志铭》，于死者著述情况写道："潜夫著书，成者《日知录集释》、《刊误》、《古今岁朔实考校补》、《文录》，凡四十四卷。未成者，《春秋外传正义》若干卷。"[2]宋景昌是李兆洛的又一高足，以精于天文历法名世。黄汝成去世后，《古今岁朔实考校补》遗稿，便是经景昌审订刊行的。宋氏在《岁朔实考校补跋》中也说："潜夫笃志好古，博学明识如此。始潜夫既成《日知录集释》与此书，复欲撰《春秋外传正义》，未卒业遂殁。"[3]黄汝成生前友好王浩，是《日知录刊误》、《续刊误》的参加者，他于道光十八年七月为《日知录刊误合刻》撰序时，同样写道："余友黄君潜夫，尝撰《日知录集释》一书，又为是书《刊误》、《续刊误》四卷。"[4]而在诸多类似文字中，最有说服力者，恐怕莫过于《李申耆先生年谱》的编者蒋彤之所记。在黄汝成生前，蒋彤曾与之 3 次会晤。汝成去世后，蒋彤又为《袖海楼文录》撰序。该序述及《日知录集释》，谈得十分清楚："宝山毛先生数数为予言黄君潜夫之为人。……迨后，得观其所著顾氏《日知录集释》，叹其志古人之学而能先其大者。继得其《日知录刊误》及《续刊误》，尤服其大而能精，非徒闳博炫富而漫无黑白者。"[5]

再次，在黄汝成的《袖海楼文录》中，多载与友朋讨论《日

1 李兆洛：《养一斋文集续编》卷五《黄潜夫家传》。

2 毛岳生：《休复居文集》卷五《黄潜夫墓志铭》。

3 宋景昌：《岁朔实考校补跋》，载黄汝成《袖海楼杂著》附录。

4 黄汝成：《日知录刊误合刻》附录。

5 蒋彤：《丹稜文抄》卷二《袖海楼文集序》。

知录》及顾炎武学行的文字，诸如《与吴淳伯书》、《答李先生申耆书》、《与毛生翁书》等。同时，作为《日知录集释》的纂辑者，他不仅一再重申对该书的纂辑地位，而且还于不同时间和场合，多次述及该书的成书情况。据汝成所述，《日知录集释》的纂辑，自始至终都得到毛岳生的指导和帮助[1]。稿成，又奉其嗣父之命，就正于李兆洛、毛岳生、吴育[2]。李兆洛欣然称许道："评骘考核，删削繁颣，使此书得成巨观，有益世道人心。"[3]至于随后完成的《日知录刊误》及《续刊误》，既经毛岳生删定[4]，又有同邑友好王浩不可埋没的"勤佐探索"[5]之功。这些记载，屡见于《袖海楼文录》，确然可信，实非作伪者之所能为。倘若当初朱记荣、李详诸先生不失之交臂，能浏览其文，当不会仅据《李申耆先生年谱》中的无力孤证而致误。

综上所考，我们可以得到如下几点认识：

第一，《日知录集释》的纂辑者并不是李兆洛，而是黄汝成。

第二，《李申耆先生年谱》所述校刊《日知录》一事，只是《日知录集释》纂辑过程中的一个局部，远非全过程的实录。李兆洛之于《日知录集释》，仅有"校雠之劳"[6]，而无纂辑之功。因此，李详先生等据此不完整的孤证，否定黄汝成的纂辑地位，显然是不能成立的。

第三，对历史文献的研究，应当详尽地占有材料，进行实事求是的科学论证，信其所当信，疑其所当疑。切不可一见翻案文字便贸然采择，人云亦云。

---

1 黄汝成：《袖海楼文录》卷四《与毛生翁书》、《又与毛生翁书》、《答毛生翁》。

2 黄汝成：《袖海楼文录》卷二《日知录刊误序》。

3 黄汝成：《袖海楼文录》卷三《答李先生申耆书》。

4 黄汝成：《袖海楼文录》卷二《日知录刊误序》。

5 黄汝成：《袖海楼文录》卷二《日知录续刊误序》。

6 蒋彤：《丹稜文抄》卷三《养一子述》。

《双鹤瑞舞赋》考证

《双鹤瑞舞赋》是清初大儒王船山的一篇佚文，未录入《船山遗书》及《王船山诗文集》。这篇赋为进一步探讨王船山的生平行事和思想，提供了一份很有价值的史料，故而自1982年首次刊布以后，引起了王船山研究者的颇多关注。有先生撰文，认定该赋是写给清廷平定三藩之乱将领尚善的[1]；也有先生据以立论，对王船山晚年的民族观进行了新的评价[2]；还有先生径直为王船山重行编制了年表[3]。王船山赋赠尚善之说，俨若定论。其实，这是一个很值得商榷的问题，谨述拙见如次。

一　赋文试析

关于《双鹤瑞舞赋》（以下简称《双赋》）的写作缘起，王船山在赋首《序》中，交代得很清楚。为省去读者检核之力，谨过录如后：

盖闻天以德为胙，物以和为应，胙维馨香，应若笙磬，其理甚微，而传之甚显。是以禽鱼草木，皆足以扬摧休嘉，

1　史展：《王夫之〈双鹤瑞舞赋〉卷书后》，载《文物》1982年第6期。

2　宫哲兵：《试论王船山晚年民族观的变化》，载《求索》1982年增刊。

3　萧箑父：《王夫之年表》，载《求索》1982年增刊。

而咏歌之作所自昉也。维我大将军安远公，义问淑昭，仁声洋溢。光赞兴王，胥匡中夏。师兴之日，鸾翔凤翥，既已洋洋吹感，迄于南服矣。乃际诞辰，元戎宾佐，拜祝在廷。爰有双鹤，盘旋应节。和鸣中六律，回翔中九夏，乐作觞行，群心载喜。揆其所自，良有固然。慈恺之情，孚及羽族，则异品皈心，干旌奏凯之先几也。而且绎子和之占，既为孝德之征；推同声之吉，又著宾敬之范。昔史克致颂，上歌寿母，内赞令妻，化启闺庭。而大东开宇，淮夷献琛，成必然之券。不谓人心所灼见者，而鹤能传之也。岂但苏山仙返，缑岭笙来，为遐年之庆哉！夫之遥处岳阴，有迟瞻侍。闻祥内跃，忘其耄拙，辄以樵笛之音，次云韶之韵。望秀峰，梦漓水，不自知其未与于笙镛之侧也。亦以奖劝弘慈，式勤令业云尔。[1]

由上引《序》文可见，因为当时“安远大将军”起兵，“光赞兴王，胥匡中夏”，并且由秀峰、漓水间，遣员远来岳阴探望王船山。而据来人告，兵兴之后，正值安远大将军诞辰，出现双鹤共舞于庭的祥瑞。故而王船山才“闻祥内跃，忘其耄拙”，写下了这篇赋。事实上，令王船山欢欣雀跃的原因，与其说是“异品皈心”，毋宁说是“胥匡中夏”的兴兵之举。假双鹤瑞舞以赞安远大将军兴师，这抑或应是王船山写《双赋》的主旨所在。

这里有一个很关键的问题，就是《序》中安远大将军究竟是谁。依持赋赠尚善说的先生之见，尚善此时封衔固然确系“安远靖寇大将军”，但是，倘若船山赋赠对象果是尚善，那么《序》中所云“光赞兴王，胥匡中夏”便不可解释。据《晋书》载：“刘、刁亮直，志奉兴王，奸回丑正，终致奔亡。”[2] 兴王之所指，乃是

1 史展：《王夫之〈双鹤瑞舞赋〉卷书后》，载《文物》1982 年第 6 期。

2 《晋书》卷六九《刘隗刁协传》。

东晋一朝开国皇帝司马睿。又据《隋书》引李德林上文帝《天命论》有云："皇帝载诞之初，神光满室，具兴王之表，韫大圣之能。"[1]文中兴王，仍然是创辟隋朝的文帝杨坚。足见，兴王即为肇兴国家之王。就当时的清王朝来说，当为世祖福临，而非派遣尚善南下平叛的圣祖玄烨。王船山精于史学，谙熟历代典籍，对此当不致疏失。关于这一点，可以他的《读通鉴论》为证。在该书卷十五论及明初耆儒宋濂时，船山有这么一句话："宋濂中华之士，与闻君子之教，佐兴王以复中华者也。"兴王所指，昭然若揭，非朱元璋莫属。既然如此，《双赋》中的兴王，就显然不是清廷方面的帝王而另有所属。而且，王夫之是把"光赞兴王"与"胥匡中夏"联在一起来谈的，这就更能说明问题了。

"严夷夏之防"，这是传统的儒家思想。由于清初特定的历史环境，这一思想在王夫之及与其同时的众多思想家中，可谓根深蒂固。这就叫做存在决定意识，时代烙印不以人们的意志为转移。两千年来，迄于清初，在中国历史上"夷"、"夏"二字之所指，一直十分清楚，毋庸赘笔。"中夏"这一历史用语，素来就是中原汉族政权的称谓。在王夫之一生的著述中，这一概念的使用，始终没有含糊。直到他逝世前夕写成的《读通鉴论》，依然大量地、准确地使用了"中夏"、"夷"、"夏"这一类概念，而且每每以"夷狄"同"中夏"对举。譬如卷五"夷狄之于中夏也"；卷七"万里之外，孱弱之夷"，"其叛也不足以益匈奴之势，其服也不足以立中夏之威"；卷十四"天下之大防有二：中国、夷狄也；君子、小人也"；"夷狄之与华夏，其气异矣"。类似之语，不胜枚举。这大概可以看作王船山"夷夏"观的晚年定论吧。

正因为在王夫之看来，明清更迭造成了"中夏"的颠覆，乱了"大防"，所以才谈得上"胥匡"。至于清廷方面，作为当时全

1 《隋书》卷四二《李德林传》。

国的统治者，纵然半壁河山已为三藩乱军所据，有个收复失地的问题，但是毕竟国家正朔未改，无所谓“胥匡”可言。遣派将领平定吴三桂叛乱，这只能称为“荡平乱贼”，与“胥匡中夏”南辕北辙，不能混为一谈。事实上，尚善于康熙十三年六月受命南征，就是要来“靖寇”，而不是什么“胥匡”[1]。试想，倘若《双赋》是写给尚善的，那么这篇鼓动“胥匡中夏”的祝辞，简直不啻于给清廷的檄文，岂不是要明火执仗颠覆清朝的统治了吗？显然，仅仅就此而论，赋赠尚善之说就很可商量了。

《序》末有一句不可忽视的话，即“望秀峰，梦漓水，不自知其未与于笙镛之侧也”。推衍文意，笙镛齐鸣的盛况，当在秀峰之麓、漓水之畔。秀峰，即独秀峰，又名独秀山。据《读史方舆纪要》载：“独秀山在（桂林）府治东，直耸五百馀丈，环眺诸峰，独为雄秀，郡治主山也。”[2]漓水，即漓江。《水经注》云：“湘、漓同源，分为二水，南为漓水，北则湘川。”[3]顾宛溪也说：“漓江与湘水同源，出桂林府兴安县海阳山，东北流至兴安县北，釃为二流。漓水则从零渠南出，绕桂林府城而南流。”[4]可见，秀峰、漓水均在广西桂林，王船山在这里显然是用以作为桂林的代称。早年，船山抗清失败，南仕永历王朝，曾居于桂林瞿式耜幕府，故而才有二十余年后的“望”、“梦”之语。尽管如今“遥处岳阴”，未能故地重游，但是喜讯的突然传来，王夫之似乎已经身临其境。这就说明，双鹤瑞舞事出广西桂林，起兵“光赞兴王，胥匡中夏”的安远大将军，自然亦在南方的桂林，而非大江以北的清军帷幄之中，更不在数千里之外的北京。

接下去，我们再来看一看《双赋》的正文。因赋文过长，恕

1 《清圣祖实录》卷四八“康熙十三年六月丙午”条。

2 顾祖禹：《读史方舆纪要》卷一〇七《广西二》。

3 郦道元：《水经注》卷三八《漓水》。

4 顾祖禹：《读史方舆纪要》卷一〇六《广西一》。

不全文引录。赋中，王船山充分发挥其深邃的文学修养，用无限欣喜的笔触，寄寓对安远大将军的深切厚望。“虬升南云，鹰腾海滋”，这仍然说的是兵兴自南国。“奋南溟之鹏翅”意欲何为？王船山说得很清楚，是要“涤六寓之霾云，暄曦轮之初丽”。也就是说，当时的域中，阴霾沉沉，长夜漫漫，是一片苦寒惨景。对清廷统治三十余年的这番评论，如果说是写给清廷将领看的，那恐怕于情理、于实际都很难说得过去。

同这样的描绘截然相反，在王船山的笔下，此时的湖南、广西，却另是一番气象：“衣冠鹊起，旌旗虎视，梧云洗青，湘烟濯翠。”寥寥16字，活画出一派盎然生意。应当指出，这并非诗人的遐想，而是历史的实录。王船山作《双赋》时的康熙十三年秋，正当吴三桂、孙延龄先后起兵反清，踞有湖南、广西之时。吴三桂自康熙十二年十一月廿一日[1]杀云南巡抚朱国治起兵，旋即以破竹之势由云南经贵州进入湖南，“所过州县，俱令剪辫”[2]。据此时由湖南逃出的衡州府安仁县末任知县乔大增称，湖南各地“俱已留发”[3]。在广西，孙延龄于康熙十三年二月在桂林起兵，响应吴三桂叛乱，亦已“蓄发易衣冠”[4]。剃发、易服，这是清廷确立对全国的统治以后，强制推行的一项民族歧视政策。稍有民族气节者，无不为之深恶痛绝，王船山更是其中的激切者。如今，目睹明朝衣冠又得恢复，他当然要大加赞许。言为心声，欣喜之情涌溢而见于文字，才会写出“衣冠鹊起”以及随后“喜文明之乍复，振冠珮之陆离”一类的话。如果说这些话也是说给清廷将领听的，那显然不伦不类。揆诸情理，确实难以令人信服。

持赋赠尚善说者的如下见解，尤其值得商量。有先生认为，

---

1 吴三桂起兵时间，官私史书执说不一，此从《清圣祖实录》。

2 孙旭：《平吴录》（不分卷）。

3 中国第一历史档案馆藏：《清三藩史料档·巡抚偏沅等处提督军务韩世琦启》。

4 昭梿：《啸亭续录》卷四，《记孙延龄起兵事》。

王船山在《双赋》中所云“式武功之孔烈，奋腾跃之葳蕤，将以风行朔漠，翼覆蒸黎”，是“表现了对清政府平定三藩叛乱，维护国家统一，即将远征朔漠，巩固北疆边防的积极支持态度”[1]。还有先生说:“很可能是指驱逐沙俄侵略军，或平定北疆叛乱势力。”[2]如此新奇之论，确乎令人吃惊。于此，笔者谨提供一些基本的历史情况，请有关先生斟酌。

清朝初年，迄于王船山作《双赋》的康熙十三年秋，整个北部边疆，大体上是一个安宁的局面。当时，居住在北部、西北部边陲地区者，为蒙古诸部，即漠南蒙古、漠北喀尔喀蒙古和漠西厄鲁特蒙古。早在入关前的天聪九年，漠南蒙古王公即已先后率部归附清太宗，且联为姻娅。入关后，更成为清廷巩固北方统治得以倚仗的力量。三藩乱起，清圣祖还曾于康熙十三年六月，征召该部南下平叛。至于该部察哈尔王公布尔尼、奈曼王公扎木山的叛乱，那是康熙十四年三四月间的事情[3]，与王船山作《双赋》，相去已经半年有余。

据何秋涛《朔方备乘》卷三《喀尔喀内属述略》载，天聪九年，漠北喀尔喀蒙古即已“上书通好，贡驼马”。4 年之后，皇太极下诏:“岁贡白驼一，白马八，谓之九白之贡，以为常。他物毋入献。”直至三藩乱起，此种“九白之贡”仍未中断[4]。

又据祁韵士《皇朝藩部要略》卷九《厄鲁特要略》载，漠西厄鲁特蒙古诸部，亦早在崇德二年即已“遣使通贡”。清廷确立对全国的统治以后，该部和硕特王公顾实汗曾于顺治三年奉表进贡，此后即受清廷之命统辖厄鲁特诸部。康熙六年，该部上层集结兵

1 萧箑父：《王夫之年表》，载《求索》1982 年增刊。

2 宫哲兵：《试论王船山晚年民族观的变化》，载《求索》1982 年增刊。

3 《清圣祖实录》卷五三“康熙十四年三月丙戌”条；卷五四“康熙十四年四月癸巳”条。

4 《清圣祖实录》卷五〇“康熙十三年十月己亥”条。

力，试图袭扰西北。后经达赖喇嘛晓以利害，“悉徙去，并献驼马牛羊谢罪”。直到康熙十年，该部因发生内乱，噶尔丹势力崛起，才中断了同清廷的联系。但是，噶尔丹忙于内部的吞并，远未构成对清廷统治的直接威胁。后来，他率部叛乱，大举进攻漠北喀尔喀蒙古和漠南蒙古，那已经是康熙二十七年以后的事情了。

当时的东北，作为发祥之地，清朝统治者格外重视。构成对该地区实际威胁的外部势力，确实是沙皇俄国侵略者。此一势力，当时称之为“罗刹”。但是截至康熙十三年秋，“罗刹”的入侵黑龙江流域，一直只是小规模的武装渗透，远未形成大规模的军事对抗。而且，据《朔方备乘》卷首《平定罗刹方略》载，早在顺治十五年六月，入侵者即遭清军惩罚，退出了入侵据点雅克萨。康熙十年九月，清圣祖东巡，就曾经到达雅克萨，并召见了驻防于当地的宁古塔将军巴海。返京后，又于十月诏谕巴海：“罗刹虽云投诚，尤当加意防御，操练士马，整备器械，毋堕狡计。”[1]同时赐诗一首，有云：“旌麾到处销兵气，壁垒开时壮武功。尽使版图归化日，远教边徼被皇风。”[2]可见，迄于康熙十年，沙俄侵略者的渗透，在东北边境虽“未获翦除”[3]，但已被制止。就清廷来说，并不存在调集大军，挥戈北向的现实需要。

事实上，就在王船山作《双赋》之后的两年，即康熙十五年五月，俄国沙皇还曾派遣使臣来到北京，要求通商。这件事，清圣祖曾加以赞许，认为：“鄂罗斯国所处甚远，诚心向化，特遣其臣贡献方物，甚属可嘉。”后来，经议政王大臣密议，以俄使“尼果赖不娴典礼”为由，让理藩院转知：“尔主欲通和好，应将本朝逋逃根忒木尔遣还，另遣使臣，遵中国礼行，方许照常贸易。”[4]

---

1 《清圣祖实录》卷三七“康熙十年十月壬辰”条。

2 《八旗通志》卷首《清圣祖御制诗》。

3 何秋涛：《朔方备乘》卷首五《平定罗刹方略一》。

4 《清圣祖实录》卷六二“康熙十五年七月辛巳”条。

这就是说，直到康熙十五年，清廷方面不仅丝毫没有同沙皇俄国进行军事冲突的意向，而且也并没有把中俄关系作为国与国之间的问题来认真对待。中俄事务只是交与主管蒙、藏关系的理藩院去处理。这一局面一直维持到康熙二十一年，因为东北边境局势的日趋紧张，清圣祖才于当年八月，派出副都统郎谈等人前往雅克萨，借猎鹿为名，窥察敌方动向。十二月，他在给议政王大臣的上谕中有云："据郎谈等奏，攻取罗刹甚易，发兵三千足矣。朕意亦以为然。"[1]但是，直到此时，清圣祖并未作出诉诸武力的抉择。至于清军在雅克萨重创沙俄侵略者，则是其后3年的事情了。

显然，把王船山的《双赋》同所谓"保卫北疆"、"驱逐沙俄侵略者"联系起来，是缺乏起码历史依据的。退一步说，即使上述历史现象全都发生在康熙十三年秋以前，作为一个隐遁山林的"先朝未死人"[2]，王船山也无从得知数千里之外的北疆所出现的争端，何况是议政王大臣会议如此高级决策机构所议论的军国机密。至于中俄双方的往来，理藩院中并无主政汉官，自然就不存在什么"清朝某些军政人员"给王船山透露朝廷军机的可能。因此，王船山在赋中所说的"风行朔漠，翼覆蒸黎"，似应解为把清朝统治者驱逐到东北故地去，以解救中原的老百姓于倒悬。这同王船山晚年的夷夏"地界分，天气殊而不可乱"[3]的思想，恰好是吻合的。

二　赋赠尚善说释误

以上，通过对《双赋》的剖析，我们可以看出，这篇赋不可

1　何秋涛：《朔方备乘》卷首一《圣训一》。

2　王夫之：《姜斋诗集·六十自定稿》，《走笔致刘生思肯》。

3　王夫之：《读通鉴论》卷一四《哀帝三》。

能是写给清廷方面将领的。接下去，拟就康熙十三年前后，尚善、王夫之二人的经历做一番考察，来看一看他们之间是否会发生如同某些先生所说的“往还”[1]。

尚善是清廷显贵，为清太祖努尔哈赤之弟舒尔哈齐的后人，所以康熙皇帝才会称之为“懿亲”[2]。据《八旗通志》载，其父芬古，一作费扬武，崇德八年十二月卒前，为辅国公。顺治元年四月，尚善袭辅国公爵。十月，晋封贝子。尔后，随豫亲王多铎统军南征，参与攻灭南明福王政权。六年十月，晋封多罗贝勒。九年二月，管理藩院事。十月，为议政王，跻身清廷首脑机构。[3]

此后经历，以《清实录》所载最详。顺治十五年，南明桂王政权节节败退，清廷调集重兵攻取云、贵。当年一月，尚善奉命“进取云南”。翌年六月，云贵底定。十七年五月，尚善随信郡王多尼班师回京，任宗人府右宗正。七月，被疏劾，降为固山贝子，迁宗人府左宗正。康熙十一年闰七月，复多罗贝勒爵。翌年六月，仍复宗人府右宗正职。三藩乱起，康熙十三年三月，因病辞官。六月，清军在长江中段全线受阻。吴三桂军于湖南岳州、澧州等处集结重兵，隔江对峙。清廷议政王大臣会议作出决定：“以多罗贝勒尚善为安远靖寇大将军，同固山贝子章泰、镇国公兰布率往岳州。”[4]八月初三，尚善在太和殿接受出征敕印，由安亲王岳乐等“送之出郊”[5]。

上述情况说明，尚善是康熙十三年秋天的八月初三离开北京的。在这以前，他当然不可能同远在湖南的王夫之发生什么“往还”。这以后又有无可能呢？在考察此一问题之前，我们先来看一

1 史展：《王夫之〈双鹤瑞舞赋〉卷书后》，载《文物》1982年第6期。

2 《清圣祖实录》卷五九“康熙十五年二月甲戌”条。

3 《八旗通志》卷一三〇《宗室王公传》。

4 《清圣祖实录》卷四八“康熙十三年六月丙午”条。

5 《清圣祖实录》卷四九“康熙十三年八月甲午”条。

看王船山此时的行止。

恰好就在尚善离开北京的时候，王船山已经抵达洞庭湖畔的青草湖。这里需要弄清楚的有 3 个问题，即第一，青草湖之所在；第二，王船山在青草湖的活动时间；第三，他为什么要到青草湖去。先讨论第一个问题。

青草湖，一名巴丘湖，关于其位置有二说。据《读史方舆纪要》载："洞庭之南有青草湖，湖在巴陵县南七十九里，在长沙湘阴县北百里，周回二百六十五里。自冬至春，青草弥望，水溢则与洞庭混而为一矣。"[1]《清一统志》及《清文献通考》从其说。此其一。其二，康熙《岳州府志》云："青草湖，一名巴丘湖，一曰重湖。在洞庭之西，与华容接壤。旧志谓在洞庭南者，非也。"[2]无论是在洞庭湖西还是湖南，青草湖已临近当时的交战前线，这一点是确然无疑的。

第二，关于王船山在青草湖畔的活动时间，记载其生平行事的诸家《年谱》，均系于康熙十三年秋，这是不错的。我们在这里，试图弄清他抵达和离开的时间。

据《姜斋诗集》中的《青草湖风泊同须竹与黄生看远汀落雁》一诗云："涛惊聊静婉，野旷恣疏狂。……息机非倦止，清警正遥望。"可见，此时洞庭湖正卷起惊涛骇浪。是大自然的狂风所致吗？不是的。王船山在这里遭遇的既不是湘君之风[3]，也不是澧沅之风[4]，而是人间的战争风云。何以见得？可以他同年所作《西江月》为证，词云："落月倩谁留住，长江又送新愁。小孤潮阻散花洲，露冷长堤衰柳。"[5]小孤、散花洲均在湖北至九江水道上，无

1 顾祖禹：《读史方舆纪要》卷七五《湖广一》。

2 杨柱朝等：《岳州府志》卷四《山川》。

3 郦道元：《水经注》卷三八有云："湘君出入则多风。"

4 郭璞注《山海经》卷五有云："澧沅之风，交潇湘之浦，是在九江之间，出入必飘风暴雨。"

5 王夫之：《姜斋诗集·鼓棹初集》。

所谓潮涨、潮落。“潮阻”当暗指送来“新愁”的长江战事。足见，“风泊”、“惊涛”云云，无非譬喻而已。考诸史册，当年秋，洞庭湖确有一场大战。据《清圣祖实录》载，康熙十三年七月二十五日，清廷在荆岳前线的最高指挥官顺承郡王勒尔锦疏报：“察尼、尼雅翰等，分部满汉官兵，水陆齐发，进攻岳州。贼将吴应麒等，率兵七万馀，陆路相拒。我兵奋击，大败之，斩首万级。舟师抵七里山，以炮攻贼，沉其船十馀艘。”[1] 由此，我们似可推知，“潮阻”、“涛惊”、“新愁”，当指七月二十五日之战。因而王船山抵达青草湖的时间，疑在七月末、八月初硝烟未散之时。前述《看远汀落雁》排律中，还有“珍重羽衣凉”、“仙桂缀蟾光”诸句，桂花初吐，皓月当空，金风拂来，不禁已觉阵阵凉意。可见该是仲秋时分了。

王船山又是何时离开青草湖的呢？《薑斋诗集·六十自定稿》载有他由青草湖南归途中，在衡山写的五言近体《衡山晓发》，诗云：“绿润不知冬，岳云第几峰。身轻随白乌，裾冷夹青松。”此时，“凉”已变作“冷”，分明冬天已经降临，然而大地还是一片“绿润”。这显然是一幅初冬淡墨画。古人为文，四季分明，从我国第一部编年体史书《春秋》起，春正月、夏四月、秋七月、冬十月之称，历数千年而不改。诗中冬景，当为十月无疑。由洞庭湖至衡山，数百里之遥，年已56岁的王船山，而且还在湖畔病过一场，恐怕没有十天半月是到达不了的吧。由此，我们也可以大致推知，王船山离开青草湖，至迟应在当年十月初。

王船山为什么要到青草湖去？这是迄今尚无定论的问题。船山离开僻处的“观生居”，是康熙十三年初春。当年北抵湘乡时所作《上湘旅兴》诗有云：“寒山犹半绿，浅日动浮光。习习江南暖，淫淫小雪长。”这当然是一派宜人春景，春寒已过，诗人的心境也

1 《清圣祖实录》卷四八“康熙十三年七月丁亥”条。

是暖融融的。有人说王船山北行乃出来“避乱”，试想，果真要避乱，何不由“观生居”西去，遁入深山，却偏要北上，而且还要来到要冲之地湘乡呢？其实，我们只要过细地读一读这首诗，便可以看到，王船山的北游不唯不是避乱，相反则是“迎乱”。诗中于此，亦写得甚明：“山城犹百里，战伐不相知。”“回念巴丘北，银涛卷绣旗。”山城、巴丘均指岳州，这就是说，此时的王船山即已十分关注岳州前线的战事。原因何在？诗中亦有回答：“金丹及铁马，吾意定奚从。”很清楚，船山之离开隐居地北上，就是为了在继续隐遁，还是投笔从戎之间做出抉择。因为从当时整个湖南的情况看，王船山早年为之奋斗的复明之想，确乎存在变成现实的可能性。

此时的湖南，尽为吴三桂所踞，而且“俱已留发”。据《清圣祖实录》载，吴三桂军是康熙十二年底逼近湖南的。十二月二十九日，攻陷沅州。十三年正月，偏沅巡抚卢震弃职潜逃，所属州县望风崩溃。二月，常德、澧州、长沙、衡州等地相继失陷。三月，岳州参将李国栋叛应吴三桂，湘北重镇岳州遂为吴三桂所有。三桂遣侄吴应麒率精兵倚险设防，在岳州，与清廷方面延续6年、旷日持久的两军对峙，即始于此时。迄于六月，清军在东起岳州，西至彝陵的数百里战线上，为吴军牵制，不得越长江一步。七月二十五日，双方在洞庭湖的交锋，虽为清廷方面大肆吹擂，但吴军未遭重创，吴三桂手里的岳州，依然固若金汤。

王船山就是在这样一个历史背景之下，面对江南半壁已为反清势力所有的客观现实，为了作出自己晚年的重大抉择，于康熙十三年秋天抵达青草湖的。作出抉择何处不可，为什么一定要到青草湖畔？这是一个很值得注意的问题。

吴三桂踞有湖南之后，聘用故明官员，官档稗乘均有记载。据康熙十三年八月十八日《巡抚湖广等处提督军务张朝珍启》，当时清军拿获吴军奸细毛羽戭，毛氏供称：“李长祥原是四川人，明季做过翰林院，一向在福建耿精忠那边。来见吴三桂，甚待优礼，因加他兵部尚书职衔，差往岳州节制将军兵马。”[1]身历三藩乱事的孙旭所撰《平吴录》亦载，吴三桂曾“聘故明少卿李长祥，延以宾礼，问方略。长祥曰，亟改大明名号，以收拾人心；立怀宗后裔，以鼓舞忠义。桂以其言问方献廷（即方光琛——引者）、胡国柱，二人曰，昔项羽立义帝，后又杀之，反动天下之兵。今天下在王掌握，他日又置怀宗后裔于何地？长祥知桂意，遂谢去”。又据佚名氏著《平滇始末》载：“四川聘旧绅某至，与三桂言不合，遁去。”此处当亦指吴三桂聘李长祥事，验诸所引前书，可见其说不诬。同书还称：“衡山又招隐者某至，先见胡国柱，语不合，亦一夕遁去。”

“衡山隐者”为谁，虽然尚不能断言就是王船山，但是也无法排除王船山的可能性。因为当时隐居于衡阳的故明遗民，并没有任何一个人会有王船山的影响大而足以令史家注目。而且，无论青草湖是在湘阴北还是华容东，那里都已经是吴三桂方面的军事重地。试问，在战争期间，一般人能随意出入吗？如果说是在华容东，那就毗邻吴三桂的大本营澧州，恐怕更属禁区。王船山不仅能在湘中、湘北徜徉山水，任意往返，而且还可在军事重地从容逗留。这就不禁令人怀疑，王船山的行止之非同寻常，有可能是得到吴三桂方面特许的。

就当王船山活动在青草湖畔之时，有一个被船山称做“刘都护”的人，前来他寓居的僧舍探病，于是便有了他的七古《安远公所遣都护刘君过寓庵问病歌以赠之》及《双赋》之作。从七古可以看出，王船山此时已经做出继续隐遁的抉择。诗中有云：“渔蓑在背笠在顶，我生真与病为徒”；“长留病夫钓寒水，苍天茫茫吾老矣”。又云：“归来一问寒溪叟，果尔挑灯话不忘。”稍后的五

1 中国第一历史档案馆藏：《清三藩史料档·巡抚湖广等处提督军务张朝珍启》。

言近体《衡山晓发》也说得很明白："击汰迟枫浦，归心就翠微。……渔樵知近远，目赏已从容。"

刘都护来自何方？清末，王之春辑《船山公年谱》称，康熙十三年秋，"阻风青草湖。公有疾，寓僧寺。安远靖寇大将军多罗贝勒公尚善，遣都统刘公省问"。把王船山与尚善连在一起，王之春可谓始作俑者。他轻率地做出上述判断，其唯一的依据，便是王船山的前引七言古诗。其实，恰恰就是这首诗本身，就推翻了王之春的判断。

首先，刘某人是"都护"，而非"都统"。据考，清代官制并无"都护"其职。"都护"一官，始置于西汉宣帝之时，为护卫西域而设。迄于元代，仅存北庭都护府。至明初，即废置不设。清制，"都统"乃八旗驻防军高级将领，官阶为从一品。试问，清廷会派出如此高级的将领为细作，只身深入敌后吗？事实上，我们只要翻检一下现存清廷档册，即可看到，当时交战双方派出的奸细，都不过是一般兵丁而已。而且，迄于康熙十三年秋，清廷方面见于史册的岳州前线高级将领，除勒尔锦外，是贝勒察尼，将军尼雅翰，都统朱满、尼尔布，护军统领额司泰，并无刘姓都统。

其次，王船山的这首七古有云"天涯相逢兴不孤"。可见，他与刘某人故曾相识。而尚善所率，全为满蒙旗军，其中自然不会有王夫之的故旧。倘依王之春说，那么这位刘某人，显然是投降了清朝才扶摇直上的。但是考诸载籍，却寻不出依据来。南明永历政权降清的高级官员要算刘承胤，但早已为孔有德戕杀于武昌。而且王船山著《永历实录》，将其载入卷末《逆臣传》中，泾渭分明，根本不能与此类人为伍。

再次，刘都护在青草湖畔与王船山相见，是康熙十三年秋天的事情，而此时尚善并未到达岳州前线。现存《清三藩史料档》中，有《湖广总督蔡毓荣为大将军贝勒驾临省会叩安启》和《偏沅巡抚韩世琦致多罗贝勒启》。据二启所载，尚善抵达武昌，为康熙十三年九月二十八日。此时他已 74 岁高龄，经过 50 余日的长途行军，其疲惫当可想见，自然不可能马上就赶到岳州前线去。无论从《清实录》，还是《清三藩史料档》来看，整个康熙十三年十月，皆无尚善与清廷间的任何公文往来。一直到十一月初四，才见到他奏请“遣荆州绿旗兵赴岳州”。4 日之后，又疏请“拨京口沙唬船五十艘并水手发往岳州”[1]。由此可见，康熙十三年十月下旬以前，尚善并没有抵达岳州前线实际担任军事指挥职务。当然也就不可能派出奸细，何况是一个高级将领到敌阵之后去探望王船山了。

应当指出，直至康熙十五年二月，尚善也还没有派出干员侦察敌情。这有此时清圣祖上谕为证，谕云：“贝勒尚善等统率大兵，往驻岳州，将及二载，并未移师前进，作攻城破贼之势。因循坐守，徒令师老财匮。”又说：“尚善等并不思剿灭贼众，恢复地方，副朕委任之意。又不逼近侦探逆贼情形，度有机会，奋力前进。”迄于康熙十七年八月卒于前线，尚善因“安坐罔闻”、“贻误军机”，而屡遭清圣祖严谕斥责。他死后，其贝勒封爵即因之而被削夺[2]。

就上述三点足以证明，所谓“尚善遣都统刘公省问”王船山，实在只是王之春的杜生撰文，郢书燕说。他以为如此去做，可以借光宗耀祖来往自己脸上贴金，殊不知却淆乱了历史真相，厚诬了他的先祖王船山。为王之春所始料不及者，则是他所杜撰的故实，近百年后依然发生作用，成为赋赠尚善说的依据。古人云：“皮之不存，毛将焉附？”始作俑者王之春既系张冠李戴，移花接木，那么取为凭据而发挥，自然就成为空中楼阁，以讹传讹了。

---

1 《清圣祖实录》卷五〇“康熙十三年十一月丁卯”条。

2 《清圣祖实录》卷九三“康熙十九年十一月辛酉”条。

三 历史的真相

以上第一节，通过对《双赋》的剖析，以“望秀峰，梦漓水，不自知其未与于笙镛之侧也”诸句为依据，判定安远大将军当在广西桂林。以下，拟就此做进一步的说明。

在《双赋》中，王船山写有这么一句话:“矧令月之维嘉，晋寿觞而迎瑞。”据此，安远大将军的起兵和诞辰，均应在“令月”。“令月”为阴历二月的代称，清人厉荃辑《事物异名录》引《山堂肆考》言之甚明:“二月曰仲阳，曰令月，又为竹秋。”而康熙十三年二月，在广西桂林确有人起兵，主事者即称安远大将军。

据《清圣祖实录》卷四六载，康熙十三年二月“辛酉（即二十七日——引者)，广东、广西总督金光祖疏报，广西将军孙延龄反，杀都统王永年、副都统孟一茂等，执广西巡抚马雄镇”。又据康熙间人刘健《庭闻录》载，康熙十三年二月，“广西抚蛮将军孙延龄反，应三桂”[1]。孙延龄在广西起兵反清的时间，官私史书所载如一。《清圣祖实录》卷四七又载，当年五月“辛未（即初八——引者)，平南王尚可喜疏报，孙延龄叛，自称安远大将军，移牒平乐、梧州诸府”。《清史稿》亦载，孙氏反后，“自称安远大将军，移牒平乐、梧州诸郡”[2]。这就是说，孙延龄自康熙十三年二月起兵，到五月初八尚可喜疏报清廷之前，已自封安远大将军。

孙延龄为已故定南王孔有德之婿，孔氏生前，藩府即在广西桂林。顺治八年八月，当时的刑部主事施闰章奉使广西，据他所记:“明年三月，始达桂林，宣诏书如典礼。明日，谒定南王。定南王者，孔氏名有德，拓地定广西者也。建藩独秀峰下，贵重无

1 刘健：《庭闻录》卷五《称兵灭族》。

2 《清史稿》卷四七四《孙延龄》。

与比。”[1] 孙延龄起兵反清之前，官至广西将军，统定南王旧部，即驻防于桂林。康熙十二年底吴三桂反，清廷以广西邻近云贵，预为安抚之计，特授孙延龄以“抚蛮将军”[2]。

孙延龄是明末辽东镇将孙龙之子。孙龙于天聪七年五月，随孔有德降清（当时尚称金——笔者），“隶汉军正红旗，授二等男爵。世祖章皇帝时，封有德定南王，镇广西，龙为部将”[3]。孙龙的这段经历，其细节，王船山或许无从得知，但是本系明将而降清，这自然不会不知。因此，如今孙龙子延龄起兵反清，王船山欣然书赋相赠，将复明的希望寄托于孙氏，这也是不难理解的。而且，王船山在《双赋》中所用典故，亦多与孙延龄起兵事暗合。试举二例。

赋中有云：“昔史克致颂，上歌寿母，内赞令妻，化启闺庭。而大东开宇，淮夷献琛，成必然之券。”这段话连续用了三个典故，均出自《诗经》。《鲁颂·泮水篇》云：“憬彼淮夷，来献其琛。”《閟宫篇》又云：“泰山岩岩，鲁邦所詹。奄有龟蒙，遂荒大东，至于海邦。淮夷来同，莫不率从，鲁侯之功。保有凫绎，遂荒徐宅，至于海邦。淮夷蛮貊，及彼南夷，莫不率从。莫敢不诺，鲁侯是若。天锡公纯嘏，眉寿保鲁。居常与许，复周公之宇。鲁侯燕喜，令妻寿母。”诗篇全文，意在称颂鲁僖公“复周公之宇”的仁德。王船山借古喻今，以淮夷喻清廷，以大东喻清朝发祥之地，恢复故国之情，跃然纸上。而且，他特意选用“令妻寿母”的典故，强调“化启闺庭”，则有其深意所在。因为孙延龄就有一个精明强干的“令妻”孔四贞。

据勒德洪《平定三逆方略》卷一载：“延龄起家素微，庸劣无行能，慑四贞威不敢抗，藩下将士易之。”足见，孙氏是因与孔四贞成婚，才得夫以妻贵。关于孔四贞的威风，昭梿《啸亭续

1 施闰章：《施愚山文集》卷一四《使广西记》。

2 《清圣祖实录》卷四四“康熙十二年十二月丁巳”条。

3 《清史列传》卷八〇《孙延龄》。

录》卷四记之甚详，文繁，恕不赘引。传闻之辞，虽不尽可信，但孙延龄的无能，孔四贞的强悍，却是实在的。后来，孙延龄之所以叛而复悔，就是孔四贞左右的结果。正如已故史家孟森先生所论："三桂起事，延龄首鼠两端，不为大害，清廷颇得四贞之力。"[1]

此为《双赋》用典暗合桂林起兵事之一例。第二例，赋云："岂但苏山仙返，缑岭笙来，为遐年之庆哉。"苏山仙返，缑岭笙来，各为一典。无稽之谈，不足为据。王船山因赋双鹤瑞舞而用此类典故，只是以作譬喻而已。不过，他特别选用"缑岭笙来"，这恐怕又非出自偶然。因为当时孙延龄即有"缑某"之称。据《清三藩史料档》载，两广总督金光祖的奏疏中，就屡称孙氏为"缑逆"、"缑贼"，称孙氏部将为"缑家总兵"、兵丁为"缑家贼兵"等。

通过以上考证，我们可以得出如下结论：

《双鹤瑞舞赋》中的"安远大将军"，并非尚善，而是孙延龄；"兴王"并非清廷君王，而是吴三桂。王船山于三藩乱起之初，赋赠孙延龄，赞许其兴兵反清，一度寄复明厚望于孙延龄、吴三桂，这才是历史的真相。因此，王船山以《双鹤瑞舞赋》书赠尚善之说，理当予以否定。

1　孟森：《明清史论著集刊》下册第460页，《孔四贞考》。

明清更迭与华南知识界

明清更迭，是一个绵亘数十年的历史过程。其间，由于诸多社会矛盾的交织，沧桑巨变，天翻地覆，使之成为中国古史中又一个急剧动荡的时期。如同此时中国的其他地区一样，华南地区的知识界亦为时代潮流所召唤，俊彦硕学，蜂然而起，演出了一幕悲壮的历史活剧。他们投笔从戎，义无反顾，或捐躯沙场，或凛然殉节，或身怀家国之痛，终身矢志不仕，从而显示出中华民族极可宝贵的民族精神。从袁崇焕到屈大均，前者生当明清更迭肇始，后者正值历史巨变终结，认真总结这百余年间的历史，无疑会给我们留下许多有益的启示。

一　袁崇焕与晚明政治

明清更迭的社会大动荡，孕育了众多杰出的历史人物。天启、崇祯间，驰骋于蓟辽疆场的袁崇焕，以他卓越的军事才能和炽烈的爱国热忱，同国家和民族安危与共，留下了自己在历史潮流浪端搏击的身影。

袁崇焕，字元素，号自如，广西藤县人，祖籍广东东莞。生于明万历十二年，崇祯三年蒙冤罹难，得年仅 47 岁。袁崇焕的青少年时代，在科举制度的桎梏中蹉跎而过。他虽然 23 岁中举，但尔后的会试却连年败北，所云“八千怜客路，三十尚儒冠”[1]，即为此时境遇的实录。到万历四十七年春得中进士，他已人届中年。进入仕途后，随即奉命南下，就任福建邵武知县。这时，明王朝的统治已是千疮百孔，江河日下。地处东北的建州女真领袖努尔哈赤，乘机起兵与明廷抗衡，辽东战火从此愈烧愈炽。在任邵武知县的两年间，袁崇焕时时关注辽东战局。面对国家危难日深，他认为科举士子尚汲汲功名，实在是不识时务。因此，身为一县之长，他于县学的例行考试竟漠然置之，“日呼一老兵习辽事者，与之谈兵”[2]，希望有朝一日能上前线报效国家。

天启二年，袁崇焕终得如愿以偿。这年正月，他赴京朝觐登基不久的明熹宗，经御史侯恂举荐，擢任兵部职方司主事。当时，努尔哈赤的后金政权已经雄踞辽沈，虎视河西。尤其是辽西重镇广宁（今辽宁北镇）失守，明军溃入山海关内。一时之间，放弃东北，拘守山海关的失败论调弥漫于兵部。袁崇焕对这样的悲观论调深为不满，于是暗自离京，单骑出阅军情。7天后，风尘仆仆，返京述职。他慨然请战：“予我军马钱谷，我一人足守此。”[3]空谷足音，令失败论者为之瞠目。袁崇焕因之受命再擢佥事，监军于山海关外。就这样，历史把袁崇焕召唤到了蓟辽疆场上。

此时的蓟辽前线，军事态势虽然十分严峻，但却并未败坏到不可收拾的地步。是放弃辽西，局守关内，还是争取时间，将防线推扩到锦州、松山一线，沿辽河同后金对峙，成为明廷能否扭转辽东败局的关键所在。面对如此严峻的抉择，袁崇焕抵达前线后，同辽东经略王在晋之间展开了激烈的争论。王在晋试图在山海关外八里铺构筑重城以护卫关门，是一条苟安退守之计。袁崇焕则针锋相对，力主于关外200里的宁远（今辽宁兴城）设防，以援救被后金军围困的十三山十万余难民。王在晋利用职权，一

1　袁崇焕：《率性堂诗集·下第》。

2　夏允彝：《幸存录》卷上。

3　《明史》卷二五九《袁崇焕》。

意孤行，袁崇焕不得已，上告内阁首辅叶向高。同年八月，王在晋去职，内阁大学士孙承宗出任蓟辽督师。翌年九月，袁崇焕驻防宁远的军事主张付诸实施。经过一年的努力，一座高三丈二尺，雉高六尺，址广三丈，上二丈四尺的宁远坚城，屹立于蓟辽疆场。袁崇焕勤于职守，锐意恢复。到天启五年夏，明军以宁远为枢纽，将防线稳步东移，锦州、松山、杏山、右屯及大、小凌河，陆续分兵设防驻守，辽西失地200余里，渐次恢复。

本来倘以此为转机，固守辽西，移师东进，辽东战局或许还能向有利于明朝的方面转化。然而当此关键时刻，天际的一缕光明，却迅速地被明廷黑暗政治的阴霾无情吞噬。窃取国柄的阉党首领魏忠贤倒行逆施，大肆捕杀东林党人，翻开了晚明政治史上最为腐朽的一页。孙承宗不堪阉党掣肘，被迫回京。身陷囹圄的前任辽东经略熊廷弼，惨遭“弃市，传首九边”[1]。政局的黑暗，尤其是熊廷弼的罹难，使袁崇焕深为震动，不禁发出了“太息弓藏狗又烹，狐悲兔死最关情”[2]的仰天长叹。天启五年十月，阉党骨干高第以兵部尚书兼任蓟辽督师。高氏上任伊始，一反孙承宗部署，下令尽撤锦州、右屯、大凌诸城防备，全军退守关内。袁崇焕据理力争，指出:“兵法有进无退，三城已复，安可轻撤！锦、右动摇，则宁、前震惊，关门亦失保障。”高第置若罔闻，竟然连同宁远前屯防卫亦下令撤除。袁崇焕怒不可遏，慷慨陈词，誓与宁远共存亡:“我宁前道也，官此，当死此。我必不去！”[3]

晚明政局以及由此所决定的蓟辽军事方略的逆转，给后金政权以可乘之机。天启六年正月，努尔哈赤率铁骑六万，西渡辽河，直逼宁远孤城。高第龟缩关内，拒不救援。袁崇焕孤军奋战，在宁远指挥了明末军事史上一场战绩辉煌的保卫战。正月二十三日，

1 《明史》卷二五九《熊廷弼》。

2 袁崇焕：《率性堂诗集·哭熊经略二首》。

3 《明史》卷二五九《袁崇焕》。

后金军兵临城下。努尔哈赤作出一举鲸吞宁远态势，以偏师切断宁远与山海关间的通道，随即遣使招降。袁崇焕义正辞严，断然予以拒绝："义当死守，岂有降理！"[1]翌日晨，后金军向西南城角发起猛攻，守城军民奋勇搏杀，以炮火大量杀伤敌人。西南不能得手，后金军转而扑向南城。转瞬之间，以战车为遮掩的后金将士纷纷逼近城下，凿毁墙垣达一丈余宽。袁崇焕亲临督战，一面率领守军以火炮击杀攻城敌军，一面指挥运输土石堵塞缺口。他左臂负伤，撕裂战袍自行包扎。战至午夜，宁远坚城依然固若金汤。敌军休战后撤，袁崇焕又选派健士 50 名缒城而下，用棉花、火药等物，将攻城战车尽行烧毁。二十五日晨，努尔哈赤卷土重来。袁崇焕严阵以待，以西洋大炮猛轰裸露于开阔地带的后金军。面对坚城利炮，素以野战骁勇著称的后金军尸横阵前，无计可施，激战终日，不得越雷池一步。于是努尔哈赤只好率军败归沈阳。

宁远大捷，是明朝与后金交战 8 年来的首次胜利。捷报传至北京，举朝庆幸，袁崇焕亦因之官擢辽东巡抚、兵部右侍郎。同年八月，努尔哈赤"蓄愠患疽死"[2]。袁崇焕特地遣使吊唁，以窥敌方动向。为了赢得巩固辽西防务的时间，他主动与后金新汗皇太极议和。在此后半年多的时间里，袁崇焕立足于"用辽人守辽土，且守且战，且筑且屯"[3]的防务思想，迅速恢复了为高第所弃置的辽西土地，重新在锦州、中右、大凌构筑坚城。

天启七年初，辽东经略王之臣被罢免，关内外军政大权集于袁崇焕一身。与此同时，皇太极利用和议作掩护，大举侵朝，迫使朝鲜"通书讲誓"[4]。五月，辽西战火再燃，皇太极挥师西进，兵围锦州。后金铁骑咄咄逼人，驰突于锦州、宁远间。袁崇焕指

1 《清太祖实录》卷四。

2 《明熹宗实录》卷六四。

3 《明史》卷二五九《袁崇焕》。

4 吴晗：《朝鲜李朝实录中的中国史料》第 8 册，第 3335 页。

挥若定，以逸待劳。他一面固守宁远，一面遣大将率精骑绕出敌后决战，同时指挥水师东出，进行牵制。经过近一个月的鏖战，宁、锦坚城巍然不动，皇太极损兵折将，悻悻败归。宁锦保卫战的胜利，同先前的宁远大捷一样，是袁崇焕辽西防务思想的成功验证。作为前敌最高统帅，他具有不可磨灭的功勋。然而魏忠贤竟以拥军宁远、不救锦州的莫须有罪名，指使党徒弹劾袁崇焕。同年七月，袁崇焕被迫含恨离开了疆场。

天启七年八月，晚明政局因熹宗的夭折而再变。新即位的崇祯帝，一反熹宗的懦弱无能，朝纲独揽，下令惩治阉党。魏忠贤缢死，袁崇焕被再度起用。崇祯元年八月，袁氏以兵部尚书兼蓟辽督师重返前线。离京前夕，崇焕向崇祯帝陈述了 5 年收复全辽的计划。为了实现这一目标，抵达前线后，他一如既往，本着“以辽人守辽土，以辽土养辽人”的原则，实施“守为正著，战为奇著，和为旁著”的防务思想。迄于翌年末，主要做了如下三件事。第一件事是迅速而妥善地平息了因缺饷而酿成的宁远兵变，确保军需供应，使各部驻军专心战守。第二件事是充分调动属下将领的积极性，以祖大寿镇守锦州，赵率教驻防山海关，他则亲偕何可刚于宁远居中策应，构成了三城相连的辽西坚固防线。第三件事便是于崇祯二年五月，锄灭图谋叛明的皮岛总兵毛文龙。如果说前两件事的处理尚为及时得当，那么诛杀毛文龙则时机不宜，操之过急。袁崇焕是一个杰出的军事指挥家，但他却不是一个有远见的政治活动家。由于政治上的短视，他看不到诛杀毛文龙将带来的严重后果。事实上，袁崇焕之与毛文龙，并不是单纯的上下级关系，掩藏于其后的背景，则是尖锐复杂的晚明政治斗争。毛文龙交结近侍，拜魏忠贤为父，是阉党可以依仗的军阀。而袁崇焕虽非与之对立的东林党人，但自监军宁远以来，他已经日益倾向于东林集团。魏忠贤屠杀东林人士时，袁崇焕义愤填膺，曾以未得列名东林榜中而引为憾事，喟叹：“愧汝榜中无姓氏，流芳不得共千秋。”[1]天启七年袁崇焕的被迫去职，实际上无异于阉党对他的一次严重警告。如今他竟为党派斗争障蔽视野而诛杀毛文龙，就把自己同东林党人连结在一起。结果，当崇祯帝翻云覆雨，阉党余孽伺机再起之时，袁崇焕便成为了他们迎合专制帝王独裁欲望的牺牲品。

正当袁崇焕为处理诛杀毛文龙的善后事宜而绞尽脑汁之时，皇太极已于同年十月率军绕过宁锦防线，分道穿越龙井关、大安口，合师遵化，直逼北京。袁崇焕闻讯，火速统军勤王，在北京城南广渠门外重创敌军。然而此时他已腹背受敌，前有对他“深蓄大仇”[2]，必欲置之于死地的皇太极，身后则是视他若不共戴天之敌的阉党余孽。后金军威逼京城，袁崇焕血战解围，这本属事情的两个截然不同的方面，然而阉党余孽却把“求和通敌”的罪名无中生有地强加于袁崇焕。一时之间，京城内外，朝野上下，无不斥袁崇焕为后金入寇的祸首。皇太极及时捕捉住这一有利时机，重演三国蒋干盗书故伎，以反间计纵回在押明太监。刚愎多疑的崇祯帝落入圈套，于十二月一日将袁崇焕投入囹圄。阉党余孽乘机落井下石，袁崇焕的一腔报国热忱，就此付诸东流。“身中清白人谁信，世上功名鬼不知”[3]，在晚明黑暗政治的摧残下，这样一位“杖策必因图雪耻，横戈原不为封侯”[4]的爱国儒将，竟于翌年八月蒙冤遭磔，惨死于明廷的屠刀之下。

二　抗清斗争中的华南知识界诸英烈

袁崇焕的惨遭屠戮，绝非个人恩怨所致，而是一出时代的悲

1　袁崇焕：《率性堂诗集·东林党人榜中无姓名书此志感》。
2　昭梿：《啸亭杂录》卷一。
3　袁崇焕：《率性堂诗集·题壁》。
4　袁崇焕：《率性堂诗集·边中送别》。

剧。以之为肇始，晚明的黑暗政治与腐朽经济若魑魅夹攻，加速了业已病入膏肓的朱明王朝的灭亡过程。崇祯十七年三月十九日，李自成农民军攻占北京，大顺政权建立，宣告明朝灭亡。五月初二，清军得吴三桂导引，如虎添翼，定鼎燕京。大顺政权被逐西遁，顺治正朔颁行天下，明清更迭的历史进程步入一个新的阶段。

顺治二年春，李自成农民军溃离陕西，向河南、湖广节节败退。于是清廷一方面穷追李军，另一方面则以豫亲王多铎统领大军挺进江南。五月，南京城破，南明弘光政权灭亡。六月，清廷将其剃发习俗强制推行全国，明令："自今布告之后，京城内外限旬日，直隶各省地方，自部文到日亦限旬日，尽令剃发。遵依者为我国之民，迟疑者同逆命之寇，必置重罪。若规避惜发，巧辞争辩，决不轻贷。该地方文武各官，皆当严行察验。若有复为此事渎进章奏，欲将朕已定地方人民仍存明制，不随本朝制度者，杀无赦。"[1]由于剃发令的强制推行，在江南地区率先激起如火如荼的抗清斗争。当此之际，南明鲁监国政权与隆武政权，分别在浙江绍兴、福建福州同时建立。顺治三年六月，清军强渡钱塘江，鲁监国政权兵败，溃至舟山群岛。八月，清军破仙霞关，直逼福州，隆武帝败死汀州，闽东政权作鸟兽散。同年冬，清廷以浙闽底定，令提督总兵李成栋率师由闽南直驱潮汕。自此，粤东军民在东起潮汕，西抵肇庆，北自韶关，南达琼海的数千里岭南大地上，展开了可歌可泣的抗清斗争。

在华南地区的抗清斗争中，黎遂球是知识界为国捐躯的第一人。遂球字美周，番禺人。崇祯初，举乡试，后屡试礼部不第，潜心著述，肆力诗文。他客游扬州，于郑氏影园诗文会友，以即席赋《黄牡丹》七律十章，勇冠江南诸名士，一时吴下诗坛有"牡丹状元"之誉。礼部侍郎陈子壮曾以经济名儒举荐，美周因母

1 《清世祖实录》卷一七。

老不仕。明亡，复经子壮向隆武政权举荐，获授兵部职方司主事之职。顺治三年秋，清军兵围江西赣州，遂球奉命率师北上救援。十月，赣州城破，与其弟遂珙同时蒙难。临危，击剑扣弦，高吟绝命，有云："壮士血如漆，气热吞九边。大地吹黄沙，白骨为尘烟。鬼伯舐复厌，心苦肉不甜。"[1]壮气腾涌，视死如归，确乎文文山之后，又一曲震荡寰宇的岭南正气歌。

隆武政权崩溃之后，顺治三年十月，南明两广总督于魁楚、广西巡抚瞿式耜等，拥立桂王朱由榔监国于肇庆，以明年为永历元年，是为永历政权。未及一月，南明大学士苏观生、何吾驺等，则拥立唐王弟朱聿𨮁监国广州，改元绍武，分庭抗礼。国难当头，火并纷争，恰好给陈兵闽南的清军以可乘之机。十一月二十日，李成栋军连下潮州、惠州，广州岌岌可危。当此危局，绍武君臣竟置强敌于不顾，一意孤行，出兵肇庆，以与永历政权争正统。形同空城的广州，就此拱手让给清军。十二月十五日，广州失陷。于是以广州攻守为轴心，义旗高举，在在称戈。陈邦彦、张家玉、陈子壮成为此一时期华南知识界的三面旗帜。

陈邦彦、张家玉、陈子壮三人之中，若就年辈而论，子壮属师长一辈，邦彦次之，家玉则最为年少。陈子壮，字集生，南海人。早在万历四十七年，即以进士第三人授翰林院编修。天启间，因忤逆阉宦魏忠贤而削职。崇祯初，复故官，累迁礼部右侍郎。后以议宗室事获咎唐王，夺官回籍。弘光政权建立，授礼部尚书，未及到职而南都陷。隆武政权继起福州，欲拜子壮为相，子壮拒不就任。永历政权初建，官东阁大学士兼兵部尚书。顺治四年十月被清军杀害，时已年逾半百。陈邦彦，字会份[2]，顺德人，以所居锦岩，故学者称岩野先生。早年为诸生，明亡，赴南京，上弘

1 屈大均：《广东新语》卷一二《黎美周诗》。

2 《明史》卷二七八，《陈邦彦》作"令斌"。此从屈大均《翁山佚文辑》卷上，《顺德给事岩野陈公传》。

光政权政要三十二事。隆武间，以举人官兵部职方司主事。顺治四年九月，兵败遭磔，时年45岁。张家玉，字玄子，东莞人。崇祯十六年进士，为翰林院庶吉士。李自成入据北京时被执，后即因此在南京下弘光政权狱。南都破，从唐王入福建，擢翰林院侍讲，复以佥都御史巡抚广信，募兵潮、惠。隆武政权亡，返归东莞。永历政权建立，进兵部尚书。顺治四年十月中罹难，年仅33岁。

顺治四年二月，陈邦彦率先在高明山中起兵，随即遣使分赴南海、东莞，约陈子壮、张家玉合师抗清，互为犄角，围攻广州。岭西一带，陆则恩平、阳春、新兴、东安，水则顺德、新会，水步连攻，正偏分击，皆为邦彦所联络。清两广总督佟养甲侦知谋出邦彦，遂兵围陈宅，逮邦彦妾及二子，致书招降。邦彦于其书后批曰："乘舆播荡，寇虏猖狂，正君子肝脑涂地之秋。妾可辱也，子可杀也，必欲强拔一毛，自当死生以之。"[1]养甲怒，杀邦彦二子和尹、虞尹。七月，邦彦复与陈子壮密约，合攻广州。因事机不密，联络失误，惨遭败绩。两军元气大伤，子壮奔高明，邦彦退三水。八月，陈邦彦入据清远，与诸生朱学熙婴城固守。清远城破，邦彦率死士巷战，肩受三刃，不屈不挠。后败入朱学熙家园。学熙先已自缢，邦彦潸然而拜，题诗于壁："恋阙孤心尽，悬丝一命微。负伤如未觉，无泪不须挥。鱼吮艰贞血，水为赙襚衣。只应魂气在，长绕玉阶飞。"题毕，投池自尽。因水浅未死，被清军抓获，押至广州。狱中，佟养甲屡屡劝降，邦彦大义凛然，誓死不降。入狱5日，拒不就食。临难作歌，有云："天造兮多艰，时哉不我与。我后兮何之，我躬兮独苦。"[2]九月廿八日，慷慨就义。

1　屈大均：《翁山佚文辑》卷上《顺德给事岩野陈公传》。

2　屈大均：《翁山佚文辑》卷上《顺德给事岩野陈公传》。

陈邦彦死难之后，十月初，清军步骑万余，师围增城。张家玉依深溪高崖自固，苦战10日，力竭而败。面对清军重围，家玉视死如归，喟叹："矢尽炮裂，欲战无具；将伤卒毙，欲战无人。乌用徘徊不决，以颈血溅敌人手哉！"[1] 于是从容自投野塘身死。与之同时，陈子壮亦兵败高明，囚禁广州，于陈邦彦遇难后一月，不降被戮。至此，粤东义师大势已去，抗清斗争遂转入低潮。

从顺治四年二月到十月，在陈、张三公起义抗清的过程中，其友生弟子或冲锋陷阵，血洒疆场；或临难不惧，从容死节，前仆后继，多达百余人。正如后来撰《皇明四朝成仁录》的屈大均所论，死难诸英烈，皆师友渊源，大节皎然，"虽忠义根于天性，亦师友观摩之所自也"。

顺治五年四月，由于李成栋的叛清归明，华南局势一度出现有利于南明永历政权的逆转。八月，永历君臣重返肇庆。然而好景宛若昙花一现，翌年二月，李成栋师出江西，兵败而死。五月，清廷颁谕，改封恭顺王孔有德为定南王，怀顺王耿仲明为靖南王，智顺王尚可喜为平南王，令孔、耿、尚三王率师平定两广。十二月，尚可喜及耿仲明子继茂陈兵湘赣，虎视岭南。除夕，北粤门户南雄失陷，南明韶关守将弃城逃遁。清军挥戈南下，于顺治七年二月，兵围广州。迄于十一月城破，为保卫广州，粤东军民再度与清军展开殊死搏斗。

在护卫广州的战役中，著名诗人邝露，实为知识界中人的杰出代表。邝露，字湛若，南海人。早年为诸生，以工于书法自负，汪洋自恣，倜傥不拘，因而在科场角逐中屡屡受挫。后以能诗纵游吴楚燕赵之间，才名大起。所赋《赤鹦鹉》七律十章，与黎遂球《黄牡丹》齐名，为一时士人传诵，而有黎牡丹、邝鹦鹉之称。明崇祯间，阮大铖赋闲家居，俨然江南艺林大家，阮氏评露诸律

1 《明史》卷二七八《张家玉》。

诗有云："以曹、刘、鲍、庾之才，降就沈、宋之法……超百粤而孤出，陵三唐而特奏。"[1]入清，一时诗坛盟主王士祯，更推邝露为粤东诗派开风气者。露著有《赤雅》、《峤雅》二书传世。前者杂记为体，多记粤西山川风土仪物及歌舞战阵之制，瑰奇藻丽。屈大均著《广东新语》，比之于《山海经》、《西京杂记》。后者则为邝氏诗文集，尤以诸体诗为最多。集中诸乐府古诗，多及明清更迭时事，家国之痛寄寓其间，已故邓之诚教授撰《清诗纪事初编》，评为"不朽者正在此耳"[2]。

邝氏父子皆以诗名，露子鸿，字剧孟，亦负不拘之才，且多勇力，好剑击战阵之术。顺治三年十二月，广州初陷，鸿率义旅千余人，与清军战于羊城东郊，兵败捐躯，时年仅20余岁。绍武政权崩溃，邝露以翰林词臣而避地四方，其《负刍》诗有云："负刍长已矣，刍尽爨还空。八口闾阎下，孤臣市井中。离情观道器，无泪哭途穷。顾影时时笑，劳君西复东。"[3]顺治五年秋，永历君臣返肇庆，邝露应荐入朝，官中书舍人。七年春，奉使还广州，正值清军南下，羊城已陷重围。露与城中诸将士婴城固守，坚持达10月之久。十一月初城破，携所宝琴逸出，为敌骑横刀阻拦。露毫无惧色，似嘲似谑地说："此何物，可相戏耶？"旋即返回所居海雪堂，环列古奇器、图书于左右，啸歌以待，不屈身死。子仆父继，壮烈一门，后世徒以风流旷达诗人称许，实是得其小而遗其大[4]。

此处值得一记者，是《峤雅》中尚有述及袁崇焕史事二则。其一，为邝露从兄湛之，早年曾随袁崇焕征战边关，后即死于异乡。《峤雅》卷二《九咏寄从兄湛之塞垣》题序有云："兄卓荦经

1　阮大铖：《石巢诗话》。
2　邓之诚：《清诗纪事初编》卷二。
3　邝露：《峤雅》卷二《负刍》。
4　屈大均：《广东新语》卷一二《邝湛若诗》。

奇，与予读书罗浮，有扶风、越石之志，以骠骑从袁督师死于边。”其二，为永历初年，南明政权已为袁崇焕冤狱昭雪，并“服爵赐葬”。《峤雅》卷二《留都赠梁非馨》云:“逐客同征雁，翩翩出塞垣。夸胡曾断臂，哭汉不归魂。别久见如梦，相看无一言。龙精千尺雪，持照昔人恩。”诗末，邝露有如下跋语:“非馨为袁督师重客，督师以孤忠见法，天下冤之。后十二年，予与非馨同朝。馨在主政，余在史馆，疏白其冤，服爵赐葬。非馨真信友矣。”倘与全祖望《鲒埼亭集外编》卷二十八之《跋明史袁崇焕传后》所引《高宇泰集》合观，则邝露所记，确然不诬。谨辑此二条如上，抑或可补今人编袁崇焕资料之偶缺。

三　屈大均的坎坷生涯

顺治七年十一月，广州城破，永历君臣仓惶西遁，广东州县渐次为清军据有。之后，顺治十一年，大西农民军领袖李定国东征，虽一度兵临广州，但孤军深入，旋遭败绩。在此期间，尽管岭南抗清义师时有兴起，知识界中亦接连涌现诸如灵山贡生上官星拱、新会诸生杨士钥、南海恩贡李象履等英烈，然而大规模的武装抗清，在华南地区毕竟已成过去。顺治十三年，永历政权西迁云南。十五年，清军三路入滇追剿。翌年，永历君臣逃至缅甸。在东南沿海坚持抗清斗争的郑成功，率水师北伐，功亏一篑，兵败南京。十八年，永历帝为清平西王吴三桂入缅擒获。郑成功移师入海，屯兵台湾。康熙元年，永历父子遭吴三桂绞杀于昆明。同年，郑成功病卒台湾，李定国在滇南染疾身亡，南明政权寿终正寝。自万历四十六年，以努尔哈赤兴兵反明为肇始的明清更迭进程，历时近半个世纪，至此宣告结束。康熙二十年，三藩乱平。二十三年，台湾回归，海内一统。新兴的清王朝终于度过艰难的建国时期，揭开了康乾盛世历史新篇的第一页。

时移势易，斗转星移，经历明清更迭大动荡的华南知识界中人，也伴随历史的变迁，而依据不同的价值观念，去进行各自的人生选择。解剖一下屈大均的坎坷生涯，对于认识当时知识界中人的这一痛苦抉择，当会有所裨益。

屈大均，字翁山，一字泠君，又字介子，号华夫，一号罗浮山人，广东番禺（今广州）人。明崇祯三年八月，袁崇焕在京城蒙冤罹难，屈大均即于下月诞生于岭南。早年，因其父宜遇养于南海邵氏，故大均初名邵龙。后随父归沙亭祭祖，始归宗复姓。沙亭屈氏，追三闾大夫为始祖。汉初，高祖迁屈姓于关中，于是关中多屈氏。唐代，节度使屈政自关中南来，定居梅岭之南。南宋间，其裔孙诚斋再迁番禺沙亭。传至明末清初，子姓繁衍，多达千余人，号称南屈，以别于关中西屈。

屈大均的青少年时代，皆在乱离中度过。由于家庭境遇的缘故，直到十四五岁，甫知从师问学。顺治二年，为南明督学副使林佳鼎录作诸生，时年 16 岁。此时，陈邦彦正讲学于广州越秀山，大均得同县举人曾起莘推荐，遂师从邦彦学《周易》、《毛诗》。三年，清军大举入粤，广州城陷，大均毅然弃绝举业，忠愤耿然，洋溢“捐躯报国之志”[1]。四年九月，陈邦彦蒙难，大均冒死而出，为其师收敛遗骸。五年八月，永历政权返肇庆。大均遵其父命，赴肇庆上《中兴六大典书》，本可望授官中书舍人，旋因其父病重急归，服官事作罢。七年，清军再陷广州，野蛮屠城，“竹帛烟销，生灵俱烬”[2]。大均自此托迹为僧，投函昰（曾起莘）门下，法号今种，字一灵，又字骚余。他名其所居曰死庵，又取永历通宝一枚，系以黄丝，贮一黄锦囊中，或在左肘，或在右肱，以示“愿与之同永其命”[3]。

1　屈大均：《翁山文外》卷七《仲兄铁井先生墓表》。

2　陈恭尹：《独漉堂集·番禺黎氏存诗汇选序》。

3　屈大均：《翁山文外》卷五《一钱说》。

缁服为隐，洁身不仕，倏尔近10个寒暑过去。其间，屈大均佯狂自废，与世相违，家国之痛概寄之于吟咏之中。他认为："士君子生当乱世，有志纂修，当先纪亡而后纪存。不能以《春秋》纪之，当以诗纪之。"[1]于是与同志友好结为西园诗社，直抒胸臆，独步一时，写下了许多吊古怀今，感时抚事之作。他的《秋郊燕集作》有云："披发空行气，凄凉去国身。龙蛇无四海，日月在孤臣。泪洒秋江满，愁随白草新。相逢聊取醉，莫作别离人。"[2]缁服乞食，孤臣泪涌，一腔忧愁皆在字里行间。《读陈胜传》则另是一番情趣，诗中写道："闾左称雄日，渔阳适戍人。王侯宁有种，竿木足亡秦。大义呼豪杰，先声仗鬼神。驱除功第一，汉将可谁论。"[3]呼唤陈胜似的豪杰挺生，以匡复故明天下，诗人的复明之志，跃然笔底。

顺治十四年秋，屈大均逾岭北上，开始了尔后长达10余年的漫游生涯。他先是直抵京城，拜哭崇祯帝于万岁山铁梗海棠树下。又寻崇祯帝御琴于济南，撰为《御琴记》一篇，以寄托无限的故国之思。同时，大均还步出雄关，登临山海，长歌当哭，凭吊华南英烈袁崇焕。所写《吊袁督师》有云："袁公忠义在，堪比望诸君。百战肌肤尽，三年训练勤。凉州无大马，皮岛有骄军。一片愚臣恨，长悬紫塞云。"[4]随后，他掉头南下，在南京恭谒明孝陵，遍交江南诸明遗民。十六年夏，郑成功兵临南京，大均此时即可能在围城之中。他的《送凌子归秣陵序》，于此记得很清楚："秣陵，故我朝之陪京，多高皇帝之遗民焉。予所善者，若茂之林子、元倬王子、尔止方子、炯伯杨子、方舟洪子、玄翼汤子，凡六人。王子有南陔草堂，岁之三月十九日，王子必集诸遗民，为威宗烈

1　屈大均：《翁山文抄》卷一《东莞诗集序》。

2　屈大均：《道援堂集》卷五《秋郊燕集作》。

3　屈大均：《道援堂集》卷五《读陈胜传》。

4　屈大均：《翁山诗外》卷七《吊袁督师》。

皇帝设萍藻之荐。予不肖，己亥、庚子两岁，亦得与焉。”[1]己亥，即顺治十六年。

屈大均与己亥之役的具体关系，尽管我们迄今尚不清楚，然而无论从当时他在南京的行踪，还是就之后他的避地浙东，以及对因己亥之役罹难的魏耕之仰慕而言，似不能排除他在其间参预活动的可能性。唯其如此，所以顺治十七年冬以后，屈大均南下会稽（今浙江绍兴），避地桐庐，与祁班孙定交，读书于祁氏淡生园。同时，又再晤魏耕于宁波鄞县[2]。后则应聘执教于明遗民王予安家馆。当时，王亹已是74岁高龄，而大均则刚逾而立之年。予安于天启、崇祯间，以诸生居袁崇焕幕下，对崇焕的忠勤为国，知之最深。于袁崇焕的“不得死于封疆，而死于门户”，更是“切齿于当日之权奸”。他视屈大均为忘年之交，将珍藏30余年的袁崇焕疏稿及余集生、程更生讼冤诸疏，一并郑重托附于大均。临别，潸然叮嘱：“唯斯疏草，子其采入大司马列传，使后世获知其忠，亦吾所以报大司马也。”[3]由此可见，青年时代的屈大均，不仅在边关凭吊忠魂，而且还发愿结撰《袁崇焕列传》。然而，不知究竟是何种原因，这一传记并不见于今本屈著《皇明四朝成仁录》中。袁崇焕及程、余二氏疏草，大均嗣后作何处理，亦缘代远年湮而不得其详了。

康熙二年，“通海”案发，魏耕惨遭清廷屠杀，祁班孙牵连遣戍东北。魏、祁的不幸遭遇对屈大均震动很大，从此，他脱去僧服，改着儒装。大均称这一抉择为“归儒”，在所撰《归儒说》中，他引明儒陈献章、王守仁为“立德”、“立功”的楷模，表示要“处则以新会为师，出则以余姚为法”[4]。类似的为人为学旨

1 屈大均：《翁山佚文辑》卷中《送凌子归秣陵序》。

2 全祖望：《鲒埼亭集》卷八《雪窦山人坟版文》。

3 屈大均：《翁山文抄》卷十《王予安先生哀辞》。

4 屈大均：《翁山文外》卷五《归儒说》。

趣，还见于后来所成《怀沙亭铭》，铭中有云："生学白沙，以道为家；死学三闾，成仁有馀。"[1]康熙四年冬，陕西三原籍友人杜苍舒返乡，屈大均应邀结伴而行。行前，他在南京雨花台北筑一衣冠冢，以藏往日衣冠，冢前立碑，自书曰"南海屈大均衣冠之冢"。他就此解释说："不曰处士，不曰遗民，盖欲俟时而出，以行先圣人之道，不欲终其身于草野，为天下之所不幸也。"[2]

康熙五年春，屈大均抵达关中。迄于七年秋南归；三年间，他遍交秦晋遗民，诸如王弘撰、李因笃、李颙、傅山等，又结识了西游山、陕的著名学者顾炎武。他之后的为人为学，于此次西行得益匪浅。在关中，屈大均不仅以登西岳的《华岳》长诗令一方诗坛为之倾倒，而且还因之而觅得知音，与故明边将王壮猷之女华姜结为伉俪。康熙七年九月，大均偕爱妻及长子阿雁取道京城南归。途中，重游南京，在浙赣会晤故旧新知，一路多所停留。翌年八月，返归故里。10余年前离乡，大均年未及30，而今远游归来，已过不惑之年。老母在堂，祖孙团聚，阖家沉浸在天伦之乐中。

康熙十二年冬，吴三桂倡乱滇中。叛军以恢复故明衣冠相号召，短短两个月间，横扫云贵，入据湖南。清广西镇将孙延龄、福建靖南王耿精忠相继叛应三桂，粤东平南王尚可喜子之信蠢蠢欲动。潜沉于屈大均心底的复明幻梦，同突如其来的时局变迁发生共振。十三年春，他只身入湘，投奔吴军。随即以按察司副使监孙延龄军于广西桂林。十五年二月，尚之信在广州举起叛旗。屈大均离粤西孙氏军，返归粤东。十六年夏，尚之信降清，粤东局势再变。十七年，吴三桂在衡阳称帝，旋即暴卒，叛军西遁。清廷在广东追究从乱事，陈邦彦遗孤恭尹被逮下狱。屈大均与陈

1　屈大均：《翁山文外》卷一二《怀沙亭铭》。

2　屈大均：《翁山文外》卷九《自作衣冠冢志铭》。

恭尹乃患难之交，“恩同兄弟”[1]，恭尹入狱，大均坐卧不宁。十八年，陈恭尹狱事解脱，屈大均依然惴惴不安。于是同年夏，他遂与友人郭青霞举家逾岭，避地南京。八月，大均妾陈氏不堪酷暑，病殁汉口。九月，次子明德夭亡南京舟中。他闷闷不乐，游兴全无，待风头过后，便颓然返乡。

年逾半百，时不我与。晚年的屈大均，见复明之想已化为乌有，遂潜心书册，专意著述。迄于康熙二十六年，先后完成了他自视为“千秋大业”[2]的《翁山诗外》、《翁山文外》、《翁山易外》及《广东新语》等。结撰多年的《皇明四朝成仁录》，则深藏箧底，直到逝世，亦未成完书。康熙二十五年，大均于祖上所遗薄田之外，复置潮田37亩，成为他一家生计的主要来源。此外，代地方官绅撰文，所得润笔之资亦不无小补。虽然迫于时艰，上至督抚，下至州县令长，屈大均皆与之多有往还。两广总督吴兴祚、镇粤将军王永誉幕署，屈大均、陈恭尹亦皆是座上常客。但是，他始终坚守遗民矩矱，摒绝宦情，至死不渝。关于此时大均的出处，他在《书逸民传后》中表述得很清楚：“世之蚩蚩者，方以一二逸民伏处草莽，无关于天下之重轻。徒知其身之贫且贱，而不知其道之博厚高明，与天地同其体用，与日月同其周流。自存其道，乃所以存古帝王相传之天下于无穷也哉！”[3]因此，对于博学鸿儒特科，四方耆儒争相入清廷彀中，屈大均始终不以为然。他假借评许衡之仕元而抨击道：“吾儒以出处为先，许衡之仕，于名教大为得罪。唯伦有五，而衡不识君臣；唯经有五，而衡不知《春秋》。此从祀之所宜革，而儒林之所不容者也。”[4]

康熙三十四年，屈大均自感在世之日无多，遂预筑生圹，遗

1 屈大均：《翁山文外》卷三《哀陈恭人诗序》。
2 屈大均：《翁山佚文辑》卷中《复汪栗亭书》。
3 屈大均：《翁山文抄》卷八《书逸民传后》。
4 屈大均：《翁山佚文辑》卷中《寿王山史先生序》。

命书其碣曰“明之逸民”。其所自撰墓志有云:“所受于父母者而已毁伤，所禀于天地者而已戕贼，无罪而为城旦之髡，无辜而有裸国之逐，亦何尝一日而得为人也耶？则一日之生，非即一日之死耶!”[1] 三十五年五月，屈大均走完了人生的坎坷途程，悄然辞世，时年67岁。

四 余论

明清之际，是中国古代史中一个急剧动荡的时代。当时知识界中人，或称之为“陆沉”，或称之为“天崩地坼”、“天崩地解”，无不惊呼其变化之剧烈。从袁崇焕到屈大均，在此一历史时代，华南知识界走过了一条洒满殷红热血的道路。他们可歌可泣的卓越历史活动，功在国家，名垂史册。以上所做鸟瞰式的勾勒，从中似可获得如下三个方面的基本认识。

第一，明清更迭并非突发性的偶然历史事件，而是一个长期酝酿的必然历史过程。它的上限起自明万历四十六年努尔哈赤兴兵反明，下限则大致终止于清康熙元年南明政权崩溃，再经康熙二十年三藩乱平、二十二年台湾回归的过渡时期，历时达半个多世纪。就宏观而言，以清代明，无疑是一个历史的进步。然而其间战乱频仍，生灵涂炭，中华民族为之付出的代价毕竟太沉重了。认真总结这一时期的历史经验和教训，理所当然应是明清史研究中的一个重要课题。

第二，关心国家、民族的前途和命运，这是中国知识界的一个好传统。在明清更迭的历史大动荡之中，华南知识界中人继承和光大了这一传统。作为开风气者，袁崇焕建树了不可磨灭的历史功勋。他的崇高精神所产生的巨大示范作用，不唯鼓舞尔后抗

1 屈大均：《翁山文外》卷八《翁山屈子生圹志》。

清斗争中的华南知识界诸英烈，而且也成为入清以后屈大均等人以著述救世的楷模。这就叫做学以经世，古今皆然。

第三，从袁崇焕到屈大均，华南知识界的历史实践，集中反映了中华民族自强不息、坚韧不拔，当恶势力袭来的时候，威武而不能屈的伟大民族精神。中华民族的民族精神是一个历史范畴，它既植根于五千年古国的灿烂文明，也随着时代的前进而不断充实、发展。明清更迭的历史雄辩地证明，这一精神是无比巨大的无形凝聚力，是中华民族的脊梁所在。由此，我们有足够的理由这么说，倘若一旦动摇、乃至失去这一精神，中华民族也就失去了自立于世界民族之林的根本依据。明末清初的华南知识界，是中华民族伟大精神的承前启后者，我们今天纪念和表彰他们，正是为了使中华民族的伟大精神永葆青春。

从关中、漳南二书院看清初的关学与北学

当明末季，由于社会的急剧动荡，以及作为纷乱时局折射的理学衰微，反映在书院教育上，便是讲学之风的衰息。入清之初，更因为统治者的压抑，曾经在明代中叶一度遍布南北的书院，已是寥若晨星。关中李二曲、河北颜习斋，并时而起，学以救世，为复兴书院教育作出了积极的贡献。他们的努力，在学术史、书院史上，都留下了可贵的一页。以下，拟就李、颜二人在陕西关中、河北漳南二书院的教学活动，以及从中所体现的各自为学风尚的比较，来探讨清初关学与北学的归宿，并进而据以分析此一时期书院教育的演进趋势。

一　李二曲与颜习斋

关中书院，始建于明万历三十七年。当时，正值名儒兼名臣冯从吾直谏招忌，削籍家居，讲学于西安东南古刹宝庆寺。是年十月，陕西地方当局遂以寺东园囿建关中书院，聘冯从吾主持讲席[1]。天启初，从吾复出，讲会中断。旋即魏忠贤矫诏禁毁天下书院，关中书院罹此大厄，一蹶不振。尔后，明清更迭，战火连

1　冯从吾：《冯少墟集》卷一五《关中书院记》。

年。直到康熙初叶，关中及全国局势趋于稳定，始有重修关中书院之举[1]。

李二曲（1627~1705年），名颙，字中孚，号二曲，一号慚夫，又自署二曲土室病夫，学者尊为二曲先生，陕西盩厔（今周至）人。康熙五年十月，西安知府叶承祧以重修关中书院，遣人致意李颙，意欲聘主教席，为他所拒绝。十二年四月，陕西总督鄂善复修关中书院，虔诚致聘。李颙再三推辞未果，始就聘。五月，他登坛执讲，鄂善并陕西巡抚阿席熙等各级官员，以及“德绅名贤、进士举贡、文学子衿之众，环阶席而侍，听者几千人”[2]。继冯从吾之后，绝响多年的关中书院讲会，为之一振。令人惋惜的是，李颙在关中书院的讲学，未能长久持续下去。三个月之后，便因鄂善等人煽起的荐举风波，逼使他与书院永远绝缘。从此，他杜门不出，以课徒授业，终老乡里。

同关中书院相比，漳南书院的兴办，时间就要晚一些了。漳南书院地处河北广平府肥乡县，以原有义学一所为基础扩建而成。康熙十九年，于成龙任保定巡抚，肥乡士绅郝文灿等遵于氏令建义学一所于屯子堡，置学田百亩，文灿自任学师。随即郝文灿等又以学田所获，集资扩建学舍，并请儒臣许三礼题名为漳南书院。这以后，郝文灿“谦不任事，别寻师者十有五年”[3]，于康熙三十三年北上博野，延请名儒颜习斋主持讲席。习斋一再婉拒。三十五年，郝文灿三度敦请，颜习斋始于同年四月携门人钟錂、从孙重光启程，五月抵肥乡。

颜习斋（1635~1704年），名元，初姓朱，名邦良，字易直，号思古人，后复姓归宗，改今名，字浑然，号习斋，学者尊为习斋先生，河北博野人。颜元一行抵任时，漳南书院草创未就，仅

1　乾隆《西安府志》卷一九《学校》。

2　惠靇嗣：《二曲历年纪略》“康熙十二年癸丑”条。

3　颜元：《习斋记馀》卷二《漳南书院记》。

有左斋一处。颜元即为书院厘定规制，一边动工营建，一边率诸弟子习行六艺实学。四月过去，“颇咀学习乐味”[1]。同李颙在关中书院一样，颜元在漳南书院逗留的时间也不长。所不同者，李颙的离开书院，是因为地方当局拂其夙志，将他荐举为官。他执意不从，遂避居垩室而不出。而颜元，则是天不从人愿，他苦心经营四个月的书院，竟因漳河泛滥而被洪水无情吞噬。最后他只好面对一片汪洋，仰天长叹，告辞返里。尔后，一则水患益甚，再则年事渐去，虽经郝文灿屡次致书邀请，颜元终不得再度成行。康熙三十八年，郝文灿随信寄来契券一张，写明：“颜习斋先生生为漳南书院师，没为书院先师。文灿所赠庄一所、田五十亩，生为习斋产，没为习斋遗产。”[2]颜元见信，深为感动，遂于病中撰成《漳南书院记》一篇，记录该书院建置始末，并藉以表彰郝文灿于乡邦文教事业的贡献。文末，他仍以一遂初衷为念，但无奈老病相寻，竟赍志而殁。

二　关中、漳南书院之比较

在清初为数不多的书院中，关中、漳南二书院得李颙、颜元主持，虽非狂澜砥柱，但作育人才，号召一方，于一代书院教育，确有承先启后之功。而且李、颜二人在书院教学中的教育思想、教学内容、教学方式，个性鲜明，风格各异，亦多具探讨价值。台湾学者张正藩教授认为：“清代书院方式，可分为三类：一为讲求理学之书院，一为考试时文之书院，一为博习经史词章之书院。”[3]这样的区分，无疑是正确的。张先生还说：“清初各地方之

1　颜元：《习斋记馀》卷二《漳南书院记》。

2　李塨：《颜习斋先生年谱》卷下“己卯六十五岁”条。

3　张正藩：《中国书院制度考略》五，《清代的书院》。

书院，如二曲之于关中，习斋之于漳南，张、蔡之于鳌峰，沈、史之于姚江，皆明代讲学之书院也。”[1]关中、鳌峰、姚江，固属讲理学的书院，归入一类也是对的，但将漳南书院亦视若讲理学的同类，就值得商量了。以下，拟就关中、漳南二书院试做一些比较。

在关中书院，李颙登坛伊始，便昭示了10条《会约》、8条《学程》。其中，对书院讲学的时间、礼仪、方法、内容、目的，以及就学士子每日的学习课程等，都作了明确规定，而贯彻始终的，就是“讲学”二字。关于讲学的内容，李颙指出：

> 先辈讲学大儒，品是圣贤，学是理学，故不妨对人讲理学，劝人学圣贤。颙本昏谬庸人，千破万绽，擢发难数，既非卓品，又无实学，冒昧处此，靦颜实甚，终不敢向同人妄谈理学，轻言圣贤。唯愿十二时中，念念切己自反，以改过为入门，自新为实际。[2]

这就是说，李颙在关中书院，是要借书院讲坛来彰明自己的“悔过自新”学说。

“悔过自新”说，是李颙三十岁时提出的立身学说。他说：

> 古今名儒，倡道救世者非一。或以“主敬穷理”标宗，或以“先立乎大”标宗，或以“心之精神为圣”标宗，或以“自然”标宗，或以“复性”标宗，或以“致良知”标宗……虽各家宗旨不同，要之总不出“悔过自新”四字，总是开人以“悔过自新”的门路，但不曾揭出此四字，所以当时

1 张正藩：《中国书院制度考略》五，《清代的书院》。

2 李颙：《二曲集》卷一三《关中书院会约》第四条。

讲学费许多辞说。愚谓不若直提“悔过自新”四字为说，庶当下便有依据，所谓心不妄用，功不杂施，丹府一粒，点铁成金也。[1]

根据这一学说，李颙不唯要求人们检身心过失于既起之后，而且更要以“礼义廉耻”的堤防来防患于未然。所以他又说：“义命廉耻，此四字乃吾人立身之基，一有缺焉，则基倾矣。在今日，不必谈玄说妙，只要于此著脚，便是孔孟门下人。否则万语千言，字字足以成经而传世，吾不欲观之矣。”[2]

“悔过自新”说的提出，不是一个偶然的学术现象，它是清初动荡的社会现实必然的产物。明清更迭，沧海桑田。世代相守的朱明王朝，倏尔之间为农民起义军所埋葬，旋即又是地处东北的少数民族政权君临天下。这样接踵而至的现实，在300多年前，对于受封建的正统意识影响和有强烈民族感的知识界，毕竟是来得太突然，太猛烈，因此一时是难以接受的。黄宗羲呼之为“天崩地解”[3]，顾炎武把它说成是“天崩地坼”[4]，就是这个道理。面对社会的大动荡，清初知识界中人，或投笔从戎，挺而抗争；或不事二姓，以身殉国；或遁迹山林，高蹈不仕，可歌可泣，正气耿然。这些事例，史不绝书。可是，随着科举取士制度的恢复，清廷统治政策的逐步调整，知识界也在不断分化。寡廉鲜耻者有之，沉溺词章者有之，追名逐利者有之。目睹此一现状，固守遗民矩矱的李颙，当然为之痛心疾首，要视之为礼义廉耻的堕落了。对社会的责任感，激使他去探寻维系“礼义廉耻之大闲”的途径。于是李颙大声疾呼：

1　李颙：《二曲集》卷一《悔过自新说》。

2　李颙：《二曲集》卷十《南行述》。

3　黄宗羲：《南雷文定》卷一《留别海昌同学序》。

4　顾炎武：《亭林余集》不分卷，《先妣王硕人行状》。

> 若夫今日，吾人通病在于昧义命，鲜羞恶，而礼义廉耻之大闲多荡而不可问。苟有真正大君子，深心世道，志切拯救者，所宜力扶义命，力振廉耻，使义命明而廉耻兴，则大闲藉以不逾，纲常赖以不毁，乃所以救世而济时也。当务之急，莫切于此。[1]

足见，李颙的“悔过自新”说，虽未逾越理学藩篱，但它绝非“性与天道”的空谈，而是救世济时的实学。

在李颙看来，国家的治乱兴衰，在于人心的正邪是非，而人心的正邪是非，又最终取决于学术的明晦。他说：

> 大丈夫无心于斯世则已，苟有心斯世，须从大根本、大肯綮处下手，则事半而功倍，不劳而易举。夫天下之大根本，莫过于人心，天下之大肯綮，莫过于提醒天下之人心。然欲醒人心，唯在明学术，此在今日，为匡时第一要务。[2]

这样的见解，虽嫌失之片面，但是在学风空疏、学术不振和社会风气颓坏的明清之际，作如是激切之论，对于针砭社会积弊，却无疑是具有积极意义的。李颙既然认为讲明学术是匡时救世的第一要务，所以他选取了登坛讲学的途径。他指出：“立人达人，全在讲学；移风易俗，全在讲学；拨乱返治，全在讲学；旋乾转坤，全在讲学。为上为德，为下为民，莫不由此。此生人之命脉，宇宙之元气，不可一日息焉。”[3]正是本着这样的宗旨，李颙于42岁执教同州，于45岁讲学江南，两年后又登上了关中书院的讲席。

1　李颙：《二曲集》卷十《南行述》。
2　李颙：《二曲集》卷一二《匡时要务》。
3　李颙：《二曲集》卷一二《匡时要务》。

同样是主张为学以经世的笃实学者，也同样是弟子满门的教育大师，在对待书院讲学这一问题上，颜元与李颙的看法却是很不一致的。颜元痛感于明末理学家的空谈误国，所以对徒事讲说之风深为鄙夷。他说："名为道学，而实餍时文以射名利，吾不敢为也。身承道统，而徒事讲说以广徒类，吾不欲为也。躬行之而风俗式范，德至焉而天下云从，吾养之爱之而不能为也。"[1]早在康熙八年，颜元35岁时所写《存学编》，便明确地提出了应把习行置于读讲之上的主张。他指出：

> 性命之理不可讲也。虽讲，人亦不能听也；虽听，人亦不能醒也；虽醒，人亦不能行也。所可得而共讲之、共醒之、共行之者，性命之作用，如《诗》、《书》、六艺而已。即《诗》、《书》、六艺，亦非徒列坐讲听，要唯一讲即教习，习至难处来问，方再与讲。讲之功有限，习之功无已。[2]

因此，颜元认为："垂意于习之一字，使为学为教，用力于讲读者一二，加功于习行者八九，则生民幸甚，吾道幸甚。"[3]

对于李颙的书院讲学，颜元毫不掩饰自己所持的批判态度，他指出："乃膺抚台尊礼，集多士景从，亦只讲书说话而已。何不举古人三事、三物之经世者，与人习行哉？后儒之口笔，见之非无用，见之是亦无用，此所以吾心益伤也。"[4]翌年，他又专门写了一篇题为《论开书院讲学》的短论，对书院讲学之风提出异议。文中写道：

1　钟錂：《习斋先生言行录》卷上，《学人第五》。

2　颜元：《存学编》卷一《总论诸儒讲学》。

3　颜元：《存学编》卷一《总论诸儒讲学》。

4　李塨：《颜习斋先生年谱》卷下"壬申五十八岁"条。

观《王文成公传》，正德十三年四月，至赣开书院讲学。喟然曰："此一失，程朱、陆王两派所同也。"但一人得志，守司地方，或一人儒名显著，地方官尊礼，则必建立书院，额其中庭曰讲堂。嗟乎！何不曰道院，何不曰学堂，而直以书、讲名乎？盖其实不可掩也，亦两派诸先生迷而不之觉也。

末了，颜元告诫一时知识界中人：

今不学，何讲哉！学习、躬行、经济，吾儒本业也。舍此而书云书云，讲云讲云，宋、明之儒也，非唐、虞、三代之儒也。然则今日者，讲之不学，是吾忧矣。[1]

三年之后，就是在这样的思想指导之下，为以自己的"习行经济"之学去振颓救弊，颜元以 62 岁之年应聘南下，前往漳南书院主持院事。

在漳南书院，颜元将其一贯的学术主张付诸实践，对整个书院的布局和教学内容，都作了具体规划。他拟议中的书院正厅，即一改宋明旧规，在"讲堂"之上冠以"习"字，取名为"习讲堂"。正厅东西两翼各设二斋，东为文事、武备，西为经史、艺能。四斋所学，依次为礼、乐、书、数、天文、地理，诸子兵法、射御、技击，《十三经》、历代史、诰制、章奏、诗文，水学、火学、工学、象数等。与习讲堂及上述四斋南北相向，方是理学、帖括二斋，前者课"静坐、编著、程朱陆王之学"，后者课"八股举业"。对于此二斋的设置，颜元解释得很清楚，他说：

置理学、帖括北向者，见为吾道之敌对，非周、孔本学，

1 颜元：《习斋记馀》卷六《论开书院讲学》。

> 暂收之以示吾道之广，且以应时制。俟积习正，取士之法复古，然后空二斋，左处傧价，右宿来学。[1]

这就是说，理学之在漳南书院，并非教学的主要方面，至多只是一种临时陪衬而已。而且这种陪衬又绝非锦上添花，它实际上是以“周、孔本学”的对立面而出现的。在颜元看来，书院讲理学是一种不端正的积习，因而他要以自己的“习行经济”之学去拨乱反正。一旦正本清源，理学自然就要在漳南书院绝迹。所以颜元在为习讲堂题写的楹联中昭示：“聊存孔绪励习行，脱去乡愿、禅宗、训诂、帖括之套；恭体天心学经济，斡旋人才、政事、道统、气数之机。”[2]

根据上述规制，在漳南书院着手进行土木营建的同时，颜元则率领就学士子于间架粗具的习讲堂内，“习礼歌诗，学书计”，“讨论兵农，辨商今古”，而且还不时到户外“举石、超距、击拳”[3]。四个月间，文武并习，全面发展，书院上下一派生机。这同李颙执教的关中书院，显然气象各异，未可同日而语。

李颙、颜元在关中和漳南二书院的教学活动表明，李颙的书院教育，走的是继承明季讲学遗风的路。不过，这种继承又并非一成不变，而是在旧的躯壳中充实进新的历史内容，对空谈理学之风进行了积极的修正。颜元较之李颙更具胆识，他摆脱旧规，别辟蹊径，试图以自己的“习行经济”之学去改造书院教育，使之成为讲求六艺实学的场所。尽管由于历史的局限，颜元的努力最终未能如愿以偿，然而他立足现实的开创精神，却是十分可贵的。因此，把颜元评价为一个书院教育改革家，恐怕也并不过分。总之，如果要对李、颜二人的书院教育思想作出概括的话，那么

1 颜元：《习斋记馀》卷二《漳南书院记》。
2 李颙：《颜习斋先生年谱》卷下“丙子六十二岁”条。
3 颜元：《习斋记馀》卷二《漳南书院记》。

似可各得二字，前者当称讲学，而后者则应谓习行。风格各异，旨趣判然，自然不宜归入同类。

三　清初的关学与北学

在学术史上，书院教育总是同一时的学术风尚密切联系着的。换句话说，书院教育不啻一时学术风尚的缩影。在这方面，关中书院和漳南书院都颇具代表性。一个虽旨在昌明关学，结果却使关学失去了个性；一个虽出自北学，但却不妥协地背离了北学。正是它们宣告了清初关学与北学的终结。

关中素称“理学之邦”[1]，自北宋著名学者张载开启先路，在宋明理学史上，遂与周敦颐、程颢、程颐及尔后的朱熹之学齐名，而有濂洛关闽之称。但是历时数百年，关学却一直为程朱陆王之学所掩，始终未能大行于世。张载之后，关学迭经变迁，不绝如缕。至明中叶，吕柟崛起，其学复盛。迄于明末，冯从吾集其大成，关学为之一振。然而从吾之后，经历明清鼎革的社会动荡。关学亦如同整个宋明理学一样，奄奄待毙，继响乏人。面对这样的现实，李颙为重振关学坠绪，进行了最后的努力。

作为关学殿军的李颙，在主持关中书院讲席的3个月间，力图恢复关学讲理学的传统，使关中久已绝响的讲会得以重举。同时，对于充斥关中学术界的词章记诵之风，李二曲也作了应有的抨击。他指出：“迩来有志之士，亦有不泥章句，不堕训诂，毅然以好学自命者，则又舍目前进步之实，往往辨名物，徇象数，穷幽索大，妄意高深。昔人所谓‘自笑从前颠倒见，枝枝叶叶外头寻’，此类是也。”[2]此外，在关中书院里，关学大师冯从吾还得到

1　冯从吾：《关学编》卷首《序》。

2　李颙：《二曲集》卷一三《关中书院会约》第九条。

了无以复加的礼重。李颙明文规定，设冯从吾神位于书院讲堂，拜谒从吾神位成为书院会讲的重要礼仪。

李颙的上述努力，曾被一时学者赞为“力破天荒，默维纲常”[1]。然而二曲所旨在重振的关学，仅是讲理学的传统而已，核心则在于他的“悔过自新”说。而这一学说的理论渊源，并不是来自先前的张载、吕柟、冯从吾诸宋明关学大师，而是陆九渊的“先立乎其大”和王守仁的“致良知”。而且，由于当时存在朱学复起，并为清廷崇奖这样的时代背景，所以早在康熙八年，李颙的为学便已经在向立足王学，进而会通朱陆的方向转化，开始形成以陆王之学为本体，以程朱之学为工夫的“明体适用”学说[2]。经过同州和江南的讲学，到主持关中书院讲席时，这一学说已趋于成熟。因此，他在关中书院的讲学，既恪守陆王“学固不废闻见，亦不专靠闻见”，“静能空洞无物，情悰浑忘”[3]等主张，同时又宣传了朱熹力倡的“穷理致知”。他要求就读士子，既要攻读“濂洛关闽及河、会、姚、泾语录”，又要研讨《资治通鉴纲目》和《大学衍义》及《衍义补》，以期精熟“道德经济”，达到“动静协一，体用兼尽”。这样，李颙通过关中书院讲席所要彰明的，实质上就是他立足王学、会通朱陆的学术主张。

事实上，作为一种学术体系，关学的兴衰，自有其深刻的社会根源和理论依据，断非个人意志所能转移。李颙在关中书院重振关学的努力，虽殚精竭虑，但其结果只是在作孤掌之鸣，终难挽回颓势。同他的愿望相反，宋明以降的关学，迄于清初，已经势在终结，不可逆转了。所以 10 余年后，目睹一方理学的日趋沉寂，李颙不禁喟叹：“关学不振久矣。目前人物，介洁自律，则朝邑有人；孝廉全操，则渭南有人；风雅独步，气谊过人，则富平

---

1 惠龗嗣：《二曲历年纪略》“康熙十二年癸丑”条。

2 李颙：《二曲集》卷七《体用全学》。

3 李颙：《二曲集》卷一三《关中书院会约》第十、十一条。

有人；工于临池，词翰清畅，则华阴有人。其次，诗学专门，则鄠坞、郃阳、上郡、北地、天水、皋兰亦各有人。若夫留意理学，稍知敛华就实，志存经济，务为有用之学者，犹龟毛兔角，不但目未之见，耳亦绝不之闻。”[1]尔后，随着历史的演进，又经幕游陕西的颜元门人李塨对理学遗风的荡涤，关中学术遂与南北学术融为一体，共趋于通经学古一途。这更是为李颙所始料不及的。

清初，在顺治及康熙初叶的三四十年间，主持学术坛坫风会者，除以李颙为代表的关学外，便是以孙奇逢为代表的北学和以黄宗羲为代表的南学。其中，尤以北学影响为最大。一时北方学者，无不尊奇逢为老师宿儒。颜元与孙奇逢籍属同郡，他们之间虽然终身未得谋面，但颜习斋尊礼孙夏峰，则始终如一。在习斋学说的形成过程中，更受到夏峰北学的深刻影响。颜元之学，初从陆王入。而在他 24 岁时，将其导入陆王之学门槛的，就是学承孙奇逢的彭通[2]。随后，他又相继问学于夏峰高足王之征、王余佑[3]。颜元的讲求兵法和经世实学，就得益于王余佑，所以他一直事余佑以父执之礼。后来，给颜元的人性学说以重要影响的张罗喆，也是学近夏峰的学者。因此，尽管颜元由于受祁州刁包影响，一度出入于程朱陆王之间，但是就大体而论，质朴无华，豪气横溢，早年的习斋之学，无疑应属夏峰北学系统。不过，一如前述，颜元是一位饶有创新精神的学者。他虽出自北学，但却不为北学所羁络。习斋立足现实，博采众长，接受并发展了江南学者陆世仪所倡导的六艺实学。以 35 岁时所撰成的《存性》、《存学》二篇为标志，毅然与北学分道扬镳。从此，形成了他的既非程朱陆王之学，亦非夏峰北学的“习行经济”之学。所以，习斋在翌年致夏峰的论学书中，就明确表示：

1　李颙：《二曲集》卷一七《答许学宪第五书》。

2　李塨：《颜学斋先生年谱》卷上“戊戌二十四岁”条。

3　颜元：《存学编》卷一《上徵君孙钟元先生书》。

> 某殊切杞人之忧，以为虽使朱学胜陆而独行于天下，或陆学胜朱而独行于天下，或和解成功，朱陆合一，同行于天下，则终此乾坤，亦只为当时两宋之世，终此儒运，亦只说话著书之道学而已。岂不堪为圣道生民长叹息乎！[1]

将这样一封论学书写给孙夏峰，这不唯是对程朱陆王之学的否定，而且也无异于在同会通朱陆的夏峰北学唱为别调。

颜元晚年的主持漳南书院教席，便是他的“习行经济”之学的具体贯彻。他曾经对书院原主持人郝文灿说：“谬托院事，敢不明行尧、孔之万一，以为吾子辱？顾儒道自秦火失传，宋人参杂释、老以为德性，猎弋训诂以为问学，而儒几灭矣。今元与吾子力砥狂澜，宁粗而实，勿妄而虚。”[2]颜习斋所拟订的书院规制，所率领从学士子习行的六艺实学，尤其是对宋明理学近乎嘲弄的批判态度，无一不是对夏峰北学的背离。而习斋弟子李塨，虽毕生以张大颜学为己任，但晚年亦流连三古，遍注群经，同经史考据合流，不唯终结了北学，而且也背离了颜学。

四　清初书院的演进趋势

在书院史上，清初顺治、康熙二朝，迄于雍正初的八九十年间，是书院教育由衰而复盛的一个转变时期。康熙十二年，李颙的重举关中书院讲会，三十五年，颜元的主持漳南书院教席，都从不同的侧面，反映了这一时期书院教育的历史特征，朦胧地呈现出清初书院教育演进的基本趋势。

1　颜元：《存学编》卷一《上徵君孙钟元先生书》。

2　颜元：《习斋记馀》卷二《漳南书院记》。

宋明书院，以讲心性之学为特色。但是到了明末，由于社会危机的日益加剧，伴随着王阳明心学乃至整个宋明理学的衰微，沉溺心性之学，无视国家安危的积习，已经越来越为知识界所摒弃。入清以后，“无事袖手谈心性，临危一死报君王”的空疏学风，受到有识之士的猛烈抨击。黄宗羲于此曾经指出：

> 今之言心学者，则无事乎读书穷理；言理学者，其所读之书，不过经生之章句，其所穷之理，不过字义之从违。薄文苑为词章，惜儒林于皓首，封己守残，摘索不出一卷之内。其规为措注，与纤儿细士不见长短。天崩地解，落然无与吾事，犹且说同道异，自附于所谓道学者，岂非逃之者之愈巧乎！[1]

顾炎武更把朱明王朝的灭亡归咎于心性空谈，他说：“以明心见性之空言，代修己治人之实学，股肱惰而万事荒，爪牙亡而四国乱，神州荡覆，宗社丘墟。”[2]当此之时，清廷鉴于明季党争积习，为遏制反清思想的蔓延，则于顺治初明令：“不许别创书院，群聚结党，及号召地方游食之徒，空谈废业。”又颁卧碑于各省儒学明伦堂，严禁“纠党多人，立盟结社”[3]。既有如此的背景，因而清初的书院教育，势必不能一仍宋明旧辙走下去。颜元的执教漳南书院，置理学于“习行经济”之学的对立面，其原因即可以从上述两方面去探寻。李颙的重举关中书院讲会，之所以昙花一现，固然与荐举风波有关，然而根源显然要深刻得多。

颜元称得上是一个书院教育改革家。面对着书院教育何去何从的抉择，他断然撇开讲心性之学的书院旧辙，选择了一条同李

1　黄宗羲：《南雷文定》卷一《留别海昌同学序》。

2　顾炎武：《日知录》卷七《夫子之言性与天道》。

3　《清朝文献通考》卷六九《学校七》。

颙迥然异趣的办学新路。他在漳南书院专意提倡“习行经济”之学，试图以此造就一批切于世用的人才。这样的办学道路，从现实需要出发，继承了作育人才的书院传统，立意无疑是积极的。但是不能不看到，由于清初科举取士制度的迅速恢复，在举业功名的诱惑和桎梏之下，读书人要为社会所用，走漳南书院的路又是行不通的。因为这样走下去，无法得到官府的承认，到头来势必就有丧失生计之虞。而且漳南书院所倡导的“讨论兵农，辨商今古”，尤为清廷所忌讳。因此，倒不如关中书院的“不得语及官员贤否及他人得失，不得语及朝廷公事及边报声闻”更合时尚。这样一来，清初的书院教育既不能走讲心性之学的旧辙，又不能走“习行经济”的新路，它就只好同化于讲求举业的各级学校。李颙离开关中书院后，讲会烟消云散，书院变作官署，“讲堂茂草，弦诵阒如。词章俭陋之夫，挟科举速化之术，俨然坐皋比，称大师矣”[1]。这样的结局，就实在是一个有力的证明。

宋代书院初起，为一时学者自由讲学之所在，乃是与官办学校并存的私学。元代以后，书院虽仍多属民办私学，但已经愈益受到官府节制。这种书院官学化的趋势，在明代大为发展，嘉、隆以还，南北蜂起的书院，即多属官办性质。清初书院亦然，李颙所主讲的关中书院就是一个典型，正如二曲所说，这所书院是“上台加意兴复”的[2]。所以，不唯书院会讲，地方官绅要走走过场，环坐而听，而且就学士子更要“向各宪三恭”。漳南书院则是一个例外，它属民办私学。唯其如此，所以它旋起旋落，无力抗御天灾的打击，营建伊始，便为洪水淹没。尔后，竟再也无法兴复，以致最终成为历史的陈迹。颜元故世后，他的弟子李塨等人所创辟的习斋学舍，以及其后李塨弟子再建的道传祠，都属此类

1 陈康祺：《郎潜纪闻》初笔卷八《北学南学关学》。

2 李颙：《二曲集》卷一三《关中书院会约》卷首。

私学。然而也都同样自生自灭，不能存之久远。唯独像关中书院一类的官学化书院，尽管盛衰迭见，但是它们毕竟仰仗官府而立定脚根，而且在乾隆间，居然一度大盛。

总而言之，一个举业化，一个官学化，这就是关中、漳南二书院所显示的清初书院演进趋势。

姚际恒与《仪礼通论》

《仪礼通论》17卷，清初经师姚际恒著，稿成于康熙三十八年四月。惜著者生前未及刊行，故世之后，又未获有力者出资付梓，以致若存若佚，久悬人心，直至300年后的今天，始得公诸于世。

一　姚际恒生平学行述略

姚际恒，字立方，一字善夫，号首源，安徽新安（今休宁）人。后迁浙江仁和（今杭州），晚再迁钱塘（亦属今杭州），故又称仁和或钱塘人。际恒生于顺治四年，卒年约在康熙五十四年前后，得年未及70。他“一生坎壈，兀兀穷年”，晚年，虽著述等身，竟无师友后进论学谈艺，“唯日手一编枯坐”[1]，悄然辞世而名不得彰显。

早年，姚际恒为仁和诸生。后无意举业，折节读书，泛滥百氏，颇工词章之学。中年以后，尽弃旧学，专以考辨群经为务。自康熙三十二年前后著《古文尚书通论》始，迄于四十六年《春秋通论》完篇，163卷的《九经通论》赫然案头。至此，姚际恒既以疑经之勇而独步一时，亦因议论之横而为正统派学者所侧目，

1　姚之骃：《好古堂书目序》，载姚际恒：《好古堂书目》卷首。

以致乖违时尚，孑然无友，终清一代而湮没不闻。

关于姚际恒的生平学行，清代官修载籍，所述甚略，且多讹误。譬如《清国史》，虽以姚际恒入《儒林传》，但于传主学行则有误植。据云：

> 姚际恒，字立方，浙江仁和人。诸生。少折节读书，泛滥百氏。既弃词章之学，专事于经。年五十，曰："向平婚嫁毕而游五岳，予婚嫁毕而著《九经》。"遂屏绝人事，阅十四年，成《九经通论》。时太原阎若璩力辨晚出《古文》之伪，际恒持论不谋而合。萧山毛奇龄作《冤词》，攻若璩之说。奇龄故善际恒，因数与争论，际恒守所见，迄不为下。奇龄尝作《山阴何氏记》，毛际可见之，曰："何氏藏书有几，不及立方腹笥耳。"其为时所推如此。又著《庸言录》，杂论经史、理学、诸子，末附《古今伪书考》一卷，持论虽严，足以破惑，学者称之。然祖欧阳修、赵汝楳之说，以《周易·十翼》为伪书；本同时颜元之论，谓周、程、张、朱皆出于禅，未免好为异论云。[1]

据考，此段传文所述《山阴何氏记》事，源出毛奇龄《西河诗话》卷四。记中赞许姚际恒学养者，并非毛际可，而是奇龄兄毛万龄。奇龄原记为：

> 亡兄大千，为仁和广文，尝曰："仁和只一学者，犹是新安人。"谓姚际恒也。予尝作《何氏存心堂藏书序》以似兄，兄曰："何氏藏书有几，不过如姚立方腹笥已耳。"[2]

1 《清国史·儒林传》下卷，卷三，《姚际恒传》。

2 毛奇龄：《西河诗话》卷四。

据毛奇龄之所记，推许姚际恒腹笥之富者，本是奇龄亡兄毛万龄大千。大千生前做过仁和教谕，故而深知姚氏学养。而毛际可，字会侯，虽与奇龄兄弟同时，且亦系浙江籍人，但以进士而为官河南，康熙十八年，又举博学鸿儒，后罢官返乡，从无在仁和任教职经历。《清国史》纂修者读奇龄书，以奇龄字大可，遂误以际可为其亡兄，张冠李戴，纰缪显然。

再以《四库全书总目》为例。该书虽以姚著《庸言录》入子部杂家类存目，但所评际恒学行，蓄意贬抑，未为公允。据云：

> 际恒生于国朝初，多从诸耆宿游，故往往剽其绪论。其说经也，如辟《图》、《书》之伪，则本之黄宗羲；辟《古文尚书》之伪，则本之阎若璩；辟《周礼》之伪，则本之万斯同；论小学之为书数，则本之毛奇龄，而持论弥加恣肆。至祖欧阳修、赵汝楳之说，以《周易·十翼》为伪书，则尤横矣。其论学也，谓周、张、程、朱皆出于禅，亦本同时颜元之论。至谓程、朱之学不息，孔、孟之道不著，则益悍矣。[1]

粗读此一提要，言之凿凿，理直气壮，殊不知稍作检核，则似是而非。姑举二证，以明其误。

其一，姚际恒之辨《古文尚书》为伪作，虽因《古文尚书通论》不传，而不能得其详，但所幸姚氏揭出之证据20余条，已为阎若璩录入《尚书古文疏证》。对于此段因缘，阎若璩交代得很清楚。他说：

> 癸酉冬，薄游西泠，闻休宁姚际恒字立方，闭户著书，攻伪《古文》。萧山毛大可告余："此子之廖偁也，日望子来，

1 《四库全书总目》卷一二九，子部三十九，杂家类存目六。

> 不可不见之。”介以交余，少余十一岁。出示其书，亦有失有得，失与上梅氏、郝氏同，得则多超人意见外。喜而手自缮写，散各条下。[1]

癸酉为康熙三十二年，阎、姚二人在杭州初识。此时，姚著《古文尚书通论》已成，而阎著《尚书古文疏证》尚在结撰之中，因之而始有阎录姚证入己书之事。事情分明如此清楚，而《四库》馆臣视而不见，反主为客，颠倒是非，自然是不能令人信服的。

其二，关于姚际恒论小学为文字学事，确与毛奇龄有关，奇龄于此有明晰记录，见于所著《西河诗话》卷四。他说：

> 予归田后，作《大学证文》。偶言：“小学是写字之学，并非少仪、幼学之谓。不知朱子何据，竟目为童学，且裒然造成一书，果是何说？”立方应声答：“朱所据者，《白虎通》也。然《白虎通》所记，正指字学，诚不知朱子何故袭此二字！”因略举唐、宋后称小学者数处，皆历历不谬。坐客皆茫然，则度越时贤远矣。

毛奇龄睥睨一世，少所许可，他的这段话，分明是推许姚际恒，引以为同调，丝毫没有姚氏本其说立论的意思。《四库》馆臣杜撰故事，淆乱真相，实难取信于后世。

有清一代，姚际恒虽未获公正评价，然清亡以降，研究和表彰姚氏学行者，则代不乏人。自20世纪20年代初，梁启超、胡适、钱玄同、顾颉刚诸先生创辟先路，中经日本学者坂井焕三、村山吉广先生等续事表彰，迄于近年台湾学者简启桢、张晓生、林庆彰诸位先生的精勤搜讨，尤其是林庆彰先生主持编纂的《姚

1　阎若璩：《尚书古文疏证》卷八。

际恒著作集》的出版，一个深入研究的基础业已奠定。梁任公先生早年著《清代学术概论》和《中国近三百年学术史》，曾经赞许姚际恒的“怀疑精神”，称之为“疑古的急先锋”[1]。同时，梁先生亦以除《古今伪书考》之外，未能尽读姚际恒著述而引为憾事。如今，《姚际恒著作集》六册既已问世，久已误认为失传的《仪礼通论》亦行将出版，文献有征，期以时日，定然将会有一批新的研究成果涌现。

二　《仪礼通论》管窥

《仪礼》一书，专记上古仪节礼制，多涉先秦名物度数，文古义奥，素称难读。东汉经师郑玄作注，唐初贾公彦加以疏解，考证训诂，用力极勤。惜郑文古质，贾说蔓衍，终非尽善。北宋中，理学勃兴，考证训诂演为论辨之学，辨郑、贾而立新论，遂成一代风气。熙宁间，崇《周礼》而黜《仪礼》，传习乏人，其学寝微。南宋初，朱熹承亡继绝，复加表彰，以《仪礼》为经，《礼记》为传，结撰《仪礼经传通解》。立意虽善而天不假年，遂告赍志而殁。朱子故世，黄榦承其遗志，克成完书，唯割裂旧文，取舍失当，亦难免后世訾议。元大德间，敖继公崛起，撰《仪礼集说》。其书不落朱、黄窠臼，逐字研求，务畅厥旨。虽立异郑玄，好胜前人，但确不失为善本。明代，礼学不振，《仪礼》几成绝学。晚明，理学盛极而衰，以经学济理学之穷的潮流，悄然孕育，潜滋暗长。万历间，郝敬遍疏群经，成《九经解》160卷，一时有穷经巨擘之称。所著《仪礼节解》17卷，每凭臆见，强作解人，然接武敖氏《集说》，承前启后，亦未可废。入清，理学微而经学兴，张尔岐《仪礼郑注句读》唱先声于北，姚际恒则以《仪礼通

1　梁启超：《中国近三百年学术史》六，《清代经学之建设》。

论》而异军突起于江南，北呼南应，后先而鸣，遂揭开一代《仪礼》学复兴的序幕。

姚际恒著《仪礼通论》，凡 17 卷。篇第一如郑注、贾疏旧本，依次为卷一《士冠礼》，卷二《士昏礼》，卷三《士相见礼》，卷四《乡饮酒礼》，卷五《乡射礼》，卷六《燕礼》，卷七《大射仪》，卷八《聘礼》，卷九《公食大夫礼》，卷十《觐礼》，卷十一《丧服》，卷十二《士丧礼》，卷十三《既夕礼》，卷十四《士虞礼》，卷十五《特牲馈食礼》，卷十六《少牢馈食礼》，卷十七《有司彻》。卷首有《自序》及《论旨》各一篇。《自序》彰明著者礼学主张，直抒胸臆，宋、汉兼采。《论旨》32 条，则逐条阐发己见，兼述全书大旨，不啻一书纲要。

姚氏治《仪礼》，受敖继公、郝敬旧著影响甚深。由于从宋学营垒出，故而际恒于敖、郝二家书极意推尊。于《仪礼集说》，《论旨》中有云："元敖君善《集说》，颇称精密，未许粗心人领会，于是书大有裨益。"[1]姚书卷九，更称敖氏治《仪礼》之精细为"千古无两"。而于郝敬《仪礼节解》，姚际恒尤为服膺。姚氏家富藏书，郝氏《九经解》即为入藏重要经部书籍。际恒治经，步趋郝敬，郝氏有《九经解》，姚氏则有《九经通论》，郝著《仪礼节解》，姚亦成《仪礼通论》。际恒说："郝仲舆《节解》，训释详明，为《仪礼》第一书，亦其《九经解》中第一书也，优于《仪礼》注疏多矣。"[2]

姚著《仪礼通论》，沿敖、郝二家路径而行，不取朱熹《仪礼经传通解》旧法，明确反对朱子以《仪礼》为经、《礼记》为传之说。于此，他既在《自序》中讥朱书为"冠履倒置"，又在《论旨》中辟专条加以抨击。姚氏认为：

1　姚际恒：《仪礼通论》卷首《论旨》第三十条。
2　姚际恒：《仪礼通论》卷首《论旨》第三十一条。

《仪礼经传通解》一书，经传颠倒，前已言之。然吾实不解作者意指，以为尊《仪礼》耶？全录注疏，毫无发明，一抄书吏可为也，尊之之意安在？以裁割《礼记》、《周礼》、史传等书附益之为能耶？检摘事迹可相类者，合于一处，不别是非同异，一粗识文字童子亦可为也，又何以为能？其于无可合者，则分家、乡、学、邦国、王朝等名，凭臆变乱，牵强填塞，此全属纂辑类书伎俩。使经义破碎支离，何益于学？何益于治？[1]

安其所习，轻议前贤，姚氏意欲何为？观此条所议，取朱子书而代之，其意已跃然纸上。

《仪礼》一书，唐宋以还，先儒皆认为系周公所作。敖继公著《仪礼集说》，于此已有“或然”之疑，且将其性质判定为“此书乃为侯国而作”[2]。而郝敬《节解》虽回避作正面判断，但却委婉其辞，否定了周公的作者地位。他先是说：“昔之作者举所尝闻，润色补缀，使后世知礼之仪文如是，古人陈迹如是。”继之又以对朱子的“《仪礼》为经”说的批评，进而釜底抽薪，指出：“大抵冠昏、丧祭，朝聘、燕飨，礼之大端止此。饮食男女，养生送死，人生日用止此。升降进退，周旋规矩，行礼节文止此。天子诸侯同此人伦，同此仪则，隆杀多寡，因时制宜，此皆行礼节目。朱仲晦欲以《仪礼》为经，夫仪之不可为经，犹经之不可为仪也。”[3]姚际恒循此以进，断言《仪礼》非周公作，而是成于春秋以后的衰周之世，“为周末儒者所撰”[4]。因此，际恒认为，《仪礼》不可为经，只可称之为“辅礼之书”。他说：“古礼不传，

1 姚际恒：《仪礼通论》卷首《论旨》第二十八条。

2 敖继公：《仪礼集说》卷首《自序》。

3 郝敬：《仪礼节解》卷首《自述》。

4 姚际恒：《仪礼通论》卷首《自序》。

亦无专经。《礼记》后起杂出，未足当经之目。而辅礼之书则固具在焉，学者由所辅而推之所主，思过半矣。惜乎其中多衰世之制，未为尽善耳。"[1]

由《仪礼》而议《周礼》，姚际恒则较敖、郝二家激进，公然指斥为伪书。由此出发，姚际恒对"三礼"之目提出异议，认为不可将《仪礼》、《礼记》和《周礼》等量齐观而并称"三礼"。他说：

> 自马、郑诸儒创为"三礼"之目，考之小戴，荟萃言礼之文，以为《礼记》，虽纯驳杂收，然其为礼犹近之。《仪礼》则仪也，非礼也。《周礼》原名《周官》，非礼也，况又伪书。是"三礼"者，实为妄说。[2]

唯其如此，姚际恒著《仪礼通论》，一方面沿敖、郝二家旧辙，专以攻驳郑注、贾疏为务；另一方面又一改二家对《周礼》的态度，不唯于郑、贾引《周礼》解《仪礼》尽行否定，而且就是敖、郝书援《周礼》为据，亦痛加攻驳，乃至直斥为"变乱古义"[3]。由宋明迄清初，学风演进，于此似可窥见消息。

在姚际恒看来，历代经师之所以传习《仪礼》者少，症结就在于"难读"二字上。他认为此实为一个误会，指出：

> 《仪礼》虽不足为经，而其文固三代之文也。三代之文，世人但知《左传》，而不知有《仪礼》，幽闭者几二千年。其间，韩昌黎间一及之，惜其书无传，而卒亦不著。又昌黎谓，尝苦其难读。又云，奇辞奥旨著于篇。则是终不以为难，特

1 姚际恒：《仪礼通论》卷首《论旨》第五条。
2 姚际恒：《仪礼通论》卷首《自序》。
3 姚际恒：《仪礼通论》卷八《聘礼》。

用作起语耳。后人不详文义，误泥为口实，以为昌黎尚苦难读，吾则安能？往往以是自沮，而《仪礼》因此愈不著。[1]

《仪礼》的罕所传习，原因究竟是否如同姚际恒之所见，另当别论。但句读本治经先务，亦中国古代治学良法。因此，姚氏著《仪礼通论》，分章析条，标题句读，务期仪节明晰，文义畅通，实与张尔岐《仪礼郑注句读》不谋而合。如果姚际恒执著以往，锲而不舍，那么他在清代《仪礼》学、乃至经学史上的地位，恐怕就不会是后来的那个模样。然而，浮躁不实的学风驱使姚际恒步入歧途，愈走愈远。他的《仪礼通论》移一时时文选家手法于《仪礼》，评析其谋篇布局，圈点其遣词造句，赞作“自成一家，为前古后今之所无”[2]。因而《仪礼通论》一书，不唯在姚著《九经通论》中自成一格，而且在清儒解经诸书中亦属罕见。

姚际恒生当清初，时移势易，正朔虽改，而晚明时文评选遗风犹存。浙水东西为人文渊薮，此风尤盛。晚明，余姚文士孙鑛由时文而评经，已然登峰造极。姚际恒的评析《仪礼》，乃至稍后再圈《诗经》，正是一方风气使然。关于这一点，姚氏在《论旨》中有专条议及。据云：

孙文融评点《诗》、《书》、《礼》三经，是其创法。然惟《礼记》为宜，若三百篇多佳，似无藉于评点，而《尚书》有真伪之不同，概施之亦混。此法于《仪礼》为尤宜，乃独不之及，岂亦以其难读而沮耶？[3]

孙鑛当年所未曾涉足者，姚际恒却恃能而上，其疑经之勇，可谓

1 姚际恒：《仪礼通论》卷首《论旨》第十七条。
2 姚际恒：《仪礼通论》卷首《论旨》第十九条。
3 姚际恒：《仪礼通论》卷首《论旨》第二十二条。

无以复加。然而物极必反，走得太远，唱和无人，自然只能落得个孤芳自赏。

《仪礼通论》成，姚际恒颇为自负，视作“若增一人间未见书”。他说：

> 《左传》无人不读，《仪礼》则无寓目者，即有一二穷经之士，亦惮其艰涩，玩索殊不易。今是编较若列眉，又为之赞说文义，一洗俗儒拘牵之陋，遂足与《左传》方驾齐驱。穷经之士固不可无，摛辞之家亦不可少，若增一人间未见书，良快事也。[1]

姚际恒认为，《仪礼通论》集敖、郝二家经说为一堂，加以一己发明文义，“分节标题，句读钩画，圈点评语，读者一开卷而可了然，自无难读、难通之患矣”[2]。殊不知一厢情愿，物议沸腾，结果事与愿违，书稿既不得刊行，朝野抨击更历久不绝。康熙三十六年十一月，河北学者李塨南游抵杭，姚际恒欣然以《仪礼通论》未竟稿请益。翌年，李塨就此致书毛奇龄，愤然表示：“此圣道人心之大患，岂能坐视不言！”[3]针对姚际恒之诋《周礼》为伪书，毛奇龄亦撰为专书《周礼问》，痛加攻驳。此后，随着清廷“崇尚经学”文化政策的推行，姚际恒及其著述的遭遇，也就可想而知了。

管窥蠡测，难得要领。不过姚书梗概，或已可见。《仪礼通论》一书，好为异说，轻于立论，虽多可商榷处，但该书在清代学术史上的历史价值，却未可因之而抹煞。姚际恒在其间所付出的诸多努力，譬如分章剖节，离析句读，以使难书可读；探讨其

1　姚际恒：《仪礼通论》卷首《论旨》第二十三条。

2　姚际恒：《仪礼通论》卷首《论旨》第三十二条。

3　冯辰等：《李恕谷先生年谱》卷三，四十岁条。

成书时代，断定非周公所作；贯彻“礼时为大”的礼学思想，既不泥古而非今，又不据今而臆古等等，皆属作者对一代学术发展的贡献。尽管姚际恒生前不得知音，故世后又多遭非议，然而两百多年后，他的著述和思想，竟得在新的历史条件下而激起共鸣，成为梁任公、胡适之、顾颉刚等学术大师表彰的对象。这大概就叫做历史自有公论吧。

三　顾颉刚与《仪礼通论》

姚际恒著《仪礼通论》之能得以保存，已故顾颉刚先生，其功不朽。

顾颉刚先生一生，皆与姚际恒有不解之缘。早年，顾先生求学伊始，藩篱初奠，即得益于姚际恒遗著。据颉刚先生女公子顾潮教授著《顾颉刚年谱》载，顾先生 17 岁得读姚际恒著《古今伪书考》，读后受极大震动。因见姚氏辨《孝经》为伪书，服膺其疑古之勇，于是亦步亦趋，立《读孝经日抄》一册，一一搜寻其作伪之证。之后，遵胡适之先生嘱，点校《古今伪书考》。顾先生始而伏案梳爬，继之勤加注释，最终更发愿编纂《辨伪丛刊》，成为姚际恒事业的发扬光大者。关于这段因缘，1926 年，顾颉刚先生撰《古史辨第一册自序》，记得很清楚。他说：

> 姚际恒这人，我在十年前读《古今伪书考》时就知道，那时并因他辨《孝经》为伪书，说得极痛快，而立了一册《读孝经日抄》，去搜寻它的伪证。后来草《清代著述考》时，找不到他的传状，他的著述除了一册很简单的《伪书考》之外，也见不到别的，所以不曾列入。这时适之先生询问及之……嘱我标点《伪书考》。……这书篇帙既少，加上注解也算不得困难，大约有了二十天工夫也可蒇事了。不料一

经着手，便发生了许多问题……一本薄极的书就牵引到无数书上。……这样，我便想把前人的辨伪的成绩算一个总账。我不愿意单单注释《伪书考》了，我发起编辑《辨伪丛刊》。[1]

4年之后，顾先生再度述及《古今伪书考》给他的深刻影响，称该书“注定了我毕生的治学的命运，我再也逃不出他们的范围了”[2]。

1932年1月，顾颉刚先生南旋省亲，兼为燕京大学洽购杭州崔永安先生藏书。后购书事虽未得如愿，顾先生却在崔氏藏书中发现了姚著《仪礼通论》抄本12册。先前两年余，姚际恒著《春秋通论》残抄本在京中发现，顾先生曾向伦哲如先生借抄。此番见《仪礼通论》抄本，“纸张行格与《春秋》书悉同”，顾先生顿知亦是姚氏“海峰阁中清稿”，于是雇人抄出一部，“为之喜而不寐”[3]。是年6月1日，顾先生离杭北归。行前，他以两周时间将抄本校阅一过，旋即携书稿启程[4]。抵京之后，北京大学马裕藻先生闻讯，向顾先生把抄本借去。此后，日寇燃起侵华战火，杭州沦陷，崔止园先生藏书为侵略者攫掠。顾先生先前所得之《仪礼通论》抄本，亦因顾先生被迫离京南下，马裕藻先生故世而去向不明。迄于1980年顾颉刚先生病逝，顾先生寻觅此书数十年而不得。

有关顾颉刚先生与《仪礼通论》的喜忧聚散，顾先生于抄本发现之初，曾在卷首留有未竟《题记》一段。据云：

立方先生《九经通论》，生前未刻，没遂散失。道光中，蜀中刻《诗经通论》，始见传其一经。前年，在北平觅得《春

1　顾颉刚：《古史辩》第一册卷首《自序》。

2　顾颉刚：《古今伪书考序》，载姚际恒《古今伪书考》点校本卷首。

3　顾颉刚：《诗经通论序》，载姚际恒《诗经通论》点校本卷首。

4　顾潮：《顾颉刚年谱》“四十岁”条。

> 秋通论》残本，快甚。今年春日，暴日犯沪，予侍养在杭，受燕京大学之嘱，接洽崔止园先生藏书。（下阙）[1]

1978年9月，顾先生以86岁高龄，草拟《工作规划》，发愿编纂《姚际恒遗书汇辑》。他说：

> 姚氏为清初最富批评性之学者，不肯为传统思想所束缚，以是受正统学派之压迫。其《九经通论》及其笔记，都不得刊出，以是一百数十卷的大著作，其名仅见于对他表示同情的杭世骏所编之《浙江通志》。其中，除《诗经通论》一种，曾在四川刊印外，其他俱已散失。

顾颉刚先生拟议中的《姚际恒遗书汇辑》，以《九经通论》和“杂著”为类，提出了汇辑姚氏遗著的线索。

在《九经通论》一类中，顾先生所列书目依次为：

> 一、《古文尚书通论》。可从阎若璩《尚书古文疏证》中辑出数条。
>
> 二、《诗经通论》。中华书局已出版本人标点本，待汇入本辑。
>
> 三、《仪礼通论》。本人前借得杭州崔永安家所藏姚氏写定本，抄录一部，旋为北大马裕藻教授借去。抗日战争中，马氏逝世，遗书由其子捐赠北京大学图书馆。但现查北大图书馆《善本书目》中尚未见，有待续找。至崔家藏书，则已全部为日军攫去。或将来能在日本书目中见到，当请本院交涉借抄。

1　顾颉刚：《仪礼通论抄本题记》，载姚际恒《仪礼通论》抄本卷首。

四、《礼记通论》。杭世骏《续礼记集说》中，辑录（中）比较完全，可从抄出。

五、《春秋通论》。北京图书馆善本部藏有残本五册，拟请本院向之借出晒蓝，加以标点付印。

"杂记"一类，则列书目四种，依次为：

一、《古今伪书考》。已有本人标点本，当编入本辑。

二、《庸言录》。原书未刻，但清代中叶尚在杭州流传，如孙志祖《读书脞录》、梁章钜《浪迹丛谈》中所引可见。近世似已不存，可从《四库提要》及他书所引者辑出，以见大凡。又毛奇龄集《西河诗话》中，亦记及姚氏事，并可补充。

三、《好古堂书目》。本人已向南京图书馆借抄。

四、《好古堂书画记》。有《读书斋丛书》本，可编入。

顾颉刚先生晚年所拟《工作规划》，现存中国社会科学院历史研究所王煦华先生处。承王先生盛谊，以影印件一份相赠，谨致谢忱。

为编纂《姚际恒遗书汇辑》，1978年9至11月间，顾颉刚先生委托他人，将姚际恒著《礼记通论》自杭世骏《续礼记集说》中辑出[1]。惜病魔缠身，天不假年，顾先生竟于1980年12月25日溘然长逝。

顾颉刚先生虽然赍志而殁，但是在姚际恒学行研究方面，则有两件喜事可以告慰于老人家。一是顾先生编纂《姚际恒遗书汇辑》的遗愿，已得台湾学者林庆彰教授主持而付诸实现。二是顾先生寻觅数十年而不得的《仪礼通论》抄本，即庋藏于中国社会科学院历史研究所图书馆。顾先生当年的亲笔题签、未竟《题

1　顾潮：《顾颉刚年谱》"八十六岁"条。

记》、整理手迹和校毕识语等，皆一一在目，完好无损。北京图书馆文津街分馆，早年，亦曾过录该本一部入藏。近者上海古籍出版社编印《续修四库全书》，即据北京图书馆过录本影印。

清初江南三奇儒

康熙十七年，清廷诏举博学鸿儒。乱后特科，旷世盛典，其得人之众，每为后世儒林中人所艳称。然而九州广袤，人才济济，又岂是几次特科所能网罗尽净。当时流寓江南的费密、唐甄和阎若璩，或拒不就荐，或寂寞自甘，或失之交臂，虽未入特科录取俊彦之列，然无一不在清代学术史上占有一席重要地位。取三人生平学行合而并观，足觇一时儒林之千姿百态。

一 费密与《弘道书》

费密，字此度，号燕峰，四川新繁（在今新都西）人，生于明天启五年七月二十三日，卒于清康熙四十年九月初七日，享年77岁[1]。他一生志存经世，早年以诗文闻名蜀中，后举家离蜀，流

1 此处系合费锡璜《贯道堂文集》中之《中文先生家传》及费冕《费燕峰先生年谱》考定。关于费密生卒年，其说有二：一、生于明天启三年，卒于清康熙三十八年；二、生于明天启五年，卒于清康熙四十年。前说误，不足为据。致误原因，始于《中文先生家传》误置干支及明清纪年。《家传》称，费密“生于明天启六年乙丑，卒于清康熙三十八年辛巳，年七十有七”。天启六年为1626年，康熙三十八年为1699年，则密终年仅74岁，非《家传》所记“七十有七”。又乙丑应为天启五年，辛巳应为康熙四十年，而此正与《家传》所记得年相合。咸同间，戴望撰《费舍人别传》，疏于检核，撇开费密生年不考，遂据《家传》纪年误，定密卒年为“康熙三十八年，年七十七”。已故姜亮夫先生编《历代人物年里碑传综表》，偶有疏失，误信望说，又据以上推密生年，定为天启三年。此说经今本《辞海》沿用，遂流行于世。

寓他乡，晚年定居扬州，专意经史，讲求实学，成为清初学风转化过程中一个有影响的学者。

明清之际的四川，天灾迭起，战乱频仍。在干戈扰攘之中，费密度过了自己的青少年时代。他 6 岁从师求学，10 岁随父读《资治通鉴》。崇祯十七年二月，密父经虞以举人出任云南昆明知县。经虞只身赴任，密奉母家居。此时正值明亡在即，农民军李自成部挺进北京，张献忠部挥戈入蜀。四月，明亡消息传入蜀中。七月，张献忠兵临成都。八月初，费密上书明巡按御史刘之勃，提出练兵、守险、蜀王出军饷、停征近两年钱粮等四项主张，时年 20 岁。未待之勃采纳，蜀中文武已成农民军阶下之囚。献忠军兵锋四出，陷没州县，震动全川。顺治二年，密举家避居于彭县、什邡山村。战乱中，他的伯、叔父都死于非命。于是翌年正月，密在什邡结飞来营，以与农民军对抗。十月，只身入滇寻父。四年四月，密偕父离滇返蜀，一路多历艰险。

顺治五年二月，密至越隽卫（今四川越西）。当时的四川，由于张献忠在与入川清军交战中阵亡，军事形势陡然变化。农民军余部转移川南，清军与南明永历政权乘虚而入，加以蜂然而起的地主武装自为战守，竞相逐鹿，全川一片混乱。五月，费密应聘入嘉定（治所在今四川乐山）镇将杨展幕。面对经济残破、民不聊生的乱局，他力劝杨展屯田自救，并以救全蜀之民，再显经邦济世之才。十一月，南明兵部尚书吕大器督师川南，费密前往叙府（今宜宾市）拜谒。大器署以中书舍人，密辞而不受。翌年二月，他再谒南明都御史范文光于雅州（今雅安）。当时，费密与成都丘履程、雅州傅光昭同以诗词齐名，有西南“三子”之称。范文光得读费密诗文，喜而称道：“始以为吾此度有经济才，不知吾此度词客也。”[1]

1　费锡璜：《贯道堂文集》卷二《中文先生家传》。

六年秋，杨展在内部倾轧中被杀，密与展子璟新整师复仇。兵败，璟新奔保宁（今四川阆中）降清，密连年转徙于荥经、芦山、邛州（今邛崃）、崇庆间。他曾一度落入杨展宿敌武大定手，几遭不测。九年四月，脱身归里，历经兵燹，旧宅皆为灰烬。当时，清军以吴三桂为统帅，大举入川，连下成都、嘉定、叙府等地。南明川南巡抚范文光、川北巡抚詹天颜等，或自杀殉职，或被逮身死。费密见故土已无所作为，遂举家北行，踉跄出蜀。翌年三月，抵达汉中沔县（今勉县），权以为安身之地。在途经川陕交界处的朝天驿时，费密触景生情，写有《朝天峡》诗一首，诗云："一过朝天峡，巴山断入秦。大江流汉水，孤艇接残春。暮色愁行客，风光惑榜人。明年在何处？杯酒慰艰辛。"[1]此后，费密流寓扬州，即因此诗而为扬州府推官王士禛赞赏，赋诗定交。士禛有诗推许道："大江流汉水，孤艇接残春。十字须千古，胡为失此人。"[2]

客居沔县，转眼5年过去。5年间，费密在当地诗文会友，执教授徒。他在此时所写五言长歌《北征》，以深沉淡雅的笔触，如实地记录了战乱中的遭遇。蜀道艰难，历历在目；避匿苦情，如泣如诉。这首长歌同《朝天峡》一样，都成为他后来蜚声江南的名作。当时江南文坛耆宿钱谦益，曾评该诗为"必传之作"[3]。与此同时，费密还在沔县师从刘时雨，学习医术。日后，他即据时雨所教，于治经史余暇，究心中医典籍《内经》、《伤寒论》和《金匮要略》等，撰为《长沙发挥》一书。迄于晚年，皆始终以医术自诊疗人。

1 费冕：《费燕峰先生年谱》"二十九岁"条。诗中"暮色愁行客，风光惑榜人"一联，抄本《燕峰诗抄》作"暮色偏愁客，风光易感人。"

2 王士禛：《渔洋诗话》卷上《费密诗》。该诗末联，《燕峰诗抄》附录为"十字须千古，何为失此人"。

3 费锡璜：《贯道堂文集》卷二《中文先生家传》。

在客居沔县的后期，费密志不得伸，苦闷彷徨，一度误入禅门。十三年春，他与说法汉中的蜀僧通醉论禅，遂移志禅宗。四月，竟入静明寺杂僧徒静坐。百日之后，追求虚无飘渺境界的结果，费密虽似有所得，但现实生活中的苦痛却又是无法超脱的。严酷的现实，最终还是使之省悟过来，追悔道："静坐，二氏之旨，吾儒实学当不在是。"[1]经过这一番迷途求索，费密在为人为学的道路上趋于成熟，他拒绝吴三桂邀请入幕的千金重聘，开始致力于经世致用实学的追求。

十四年十月，费密举家东迁扬州投亲。物换星移，岁月如流，当翌年二月抵达扬州时，他不觉已届中年。中年时代的费密，或应聘执教，或游幕为食，长年转徙于大江南北。北至山西、河北、山东，南达广东、江西、浙江、福建，西抵湖北，足迹遍布十余省。由于在诗文方面的造诣和对经史实学的讲求，在当时的学术界，他的声名逐渐传开。一时名儒如钱谦益、林古度、杜濬、魏禧等，都曾与他纵论经史，多有往还。流寓江南的四川学者李长祥、唐甄舅甥，也以"千里无家客"而与费密在异乡结为知己。长祥评密古文道："君文已成，可追踪古人矣。"[2]

"苦吟成底事，四十始传经"[3]。自康熙三年起，费密将家国之痛深藏心底，专意经史，埋头著述。五年，《史记补笺》成。七年，他着手撰写巨著《中传正纪》。十年，密父经虞去世。经虞邃于经学，著有《毛诗广义》、《雅伦》等书，生前读北方大儒孙奇逢《岁寒居集》，服膺奇逢学术，遗命密前往师事。十二年正月，密从父遗嘱，以几近半百之年，到河南辉县投师于孙奇逢门下。奇逢不顾90高龄，与密论朱陆异同，考证历代礼制变迁。费密无意朱陆之争，强调汉唐诸儒有功后世，不可泯灭。由于此一

1 费锡璜：《贯道堂文集》卷二《中文先生家传》。

2 费冕：《费燕峰先生年谱》四十一岁条。

3 费密：《燕峰诗抄》不分卷，《四十感怀》。

见解与奇逢《理学宗传》对汉儒传经之功的表彰不谋而合，奇逢欣然色喜，赞密为“汉儒知己”。二月，密辞师南归。临行，奇逢书“吾道其南”四字条幅并口占一绝相送，七绝云：“若翁遗命令从游，北地南天喜应求。闻所闻兮见所见，归携何物慰冥幽？”[1]密也赋诗回赠，诗云：“千里孤征谒闭关，荒台寂寞古村间。远从夫子期闻道，老作徵君不愧山。隐几久忘蕉叶梦，开门时见鹿群斑。巴人久失文翁化，自喜田何受易还。”[2]

“自拜徵君后，归来又闭门。”[3]十三年四月，三藩之乱波及江东。为避战祸，密移居江苏江都野田村（在今江都宜陵镇东北）。从此，江都便成为费密的第二故乡。入清以后，费密虽不忘明室，绝意仕进，但对吴三桂挑起的战火，他却冷眼相视，采取了萧然物外的态度：“如今老大重兵火，难得松风一觉眠。”[4]这以后，他在江都设教授徒，专意著述。十六年十一月，因山东提督柯永蓁一再迎请，他又开始北游。翌年，清廷诏举博学鸿儒。永蓁意欲荐密应试，他拒不受荐，辗转于饶阳、北京、定兴间。十八年二月，返回江都。时值《明史》馆重开，清廷明令征集明代史书。于是费密重理旧稿，撰为《荒书》一部。该书专记明清之际蜀中史事，于张献忠部及夔东十三家，所记甚详。“虽一方之事，实一代之事；虽草野之遗闻，亦史册之掌故。”[5]密子锡琮于此书作这样的评价，是可信的。

二十四年六月，费密年逾花甲，再上京城，专程送其父《行状》入《明史》馆。时当海宇底定，渐致升平，《明史》、《一统志》、《会典》诸馆次第开设，天下学者济济一堂。随着清廷统治

1 费冕：《费燕峰先生年谱》四十九岁条。
2 费密：《燕峰诗抄》不分卷，《谒孙徵君》。
3 费密：《燕峰诗抄》卷末附录陆御：《燕峰先生谒容城孙徵君受易还》。
4 费密：《燕峰诗抄·寄李毓蕃乱中》。
5 费锡琮：《荒书跋》，载费密《荒书》卷末。

的巩固，清初以经邦济世为宗旨的实学，逐渐向通经致用，以经学济理学之穷的方向转化。费密在京中逗留半年多，同南北名儒如万斯同、朱彝尊、阎若璩等交往，这对他把握一时学术界的趋向不无助益。南归后，他一如既往，顺应学风转换的趋势，为表彰汉唐经学，抨击宋明理学，在自己的晚年呕心沥血，进行了不懈的努力。

费密在转移风气方面的努力，首先是从对宋明理学毫不妥协的批判开始的。他认为宋明以来，“数百年儒道悉成浮谈”，究其原因，就在于理学家将佛、老之说引入儒学。他说：“自宋性理之说兴，发源二氏，始以理为至极，而居未有天地之先。圣门何尝有此！诸公别立支派，名为道学。”[1]又说：“(明) 永乐得位，专用朱熹之说……生徒恐畏趋时，专习宋传，性理浮说盛行。递相祖受，古义尽废，七十子所遗，汉唐相传共守之实学殆绝。”[2]在费密看来，宋明理学与魏晋玄学，其流虽异，其源则同。他指出：“自魏晋老氏之说始入于儒，吾道杂乱之所由起，浮虚之所由出也”；“自宋佛氏之说始入于儒，吾道杂乱之所繇盛，浮虚之所以日炽也”[3]。费密将理学与玄学相比，认为理学的弊害较之玄学更深。他说：

> 魏晋之清谈，虽老庄显行，而传经诸儒守圣门之遗，尚得撑抵。宋之理学，则改经更注，以就其流入佛氏之曲说，而儒害益深益大。[4]

对理学家所反复辩难的若干基本论题，诸如“心性”、“天理”、

1 费密：《弘道书》卷下《陶九成三教一源图》。

2 费密：《弘道书》卷上《道脉谱论》。

3 费密：《弘道书》卷下《圣门定旨两变序记》。

4 费密：《弘道书》卷下《圣门定旨两变序记》。

“即物穷理”、“本心良知”、“主静无欲”、“无极而太极”等等，他一概加以否定，指为“后儒窜杂谬诞，而非圣门之旧”。他说：“即物穷理、格物致知，有何补于救世，岂古经之定旨哉!”[1]针对理学家割断历史，无视汉唐诸儒的“道统”说，费密不仅痛加挞伐，斥为“杜撰私议”，而且对互争“道统”所属的程朱与陆王两派，他都一概鄙视为禅学，指出：

> 学者疑九渊为禅，其踵相接；疑二程静坐为禅，十之四五而已。盖王安石之“性命”，二程略加改换。朱熹，二程之巨浪也；王守仁，九渊之馀焰也。四家之书具在，与古经相睽者远矣。[2]

在全面否定宋明理学之后，费密提出“中”、“实”的为学之道，高高地扬起了通经致用的旗帜。对所谓“中”、“实”，他解释道:“通诸四民（士、农、工、商）之谓中”，“见诸日用常行之谓实”，“既中且实，吾道事矣”[3]。费密认为，“中”、“实”之道就包含在世代相传的儒家经典中，他说:“圣人之道，惟经存之，舍经无所谓圣人之道。”据此出发，他把“教实以致用”归结为“古经之定旨”，主张“学实以致用”，“根源圣门，专守古经，从实志道”[4]。

费密的主张在当时的学术界激起反响，南北诸儒如刘献廷、王源、毛奇龄、王复礼等，都曾与他往复论学。康熙二十六年，北方后起之秀李塨致书论学。翌年，费密在复书中指出：

---

1 费密：《弘道书》卷上《弼辅录论》。
2 费密：《弘道书》卷下《圣门定旨两变序记》。
3 费密：《弘道书》卷中《吾道述》。
4 费密；《弘道书》卷中《圣门传道述》。

“即物穷理”承讹既久，“良知”哗世又百有馀年。朱也王也，各自为旨，违悖古经，蔽锢后世，陷溺胶庠，而其言在天下，已如江如河，莫之可遏。密著《中传录》、《圣门旧章》，而世习宋传，举科已久，未求古注，反似创言，易生毁谤。虽然，乌有圣人之古经，任后世颠倒窜乱，遂为臆说所绝，而不重还旧观与！今得有道师弟，以高明沉深之才，出而力追古学，拨正支离。自兹以后，鸿儒硕识，必剖诤满世，宁非圣学一大快乎！[1]

三十二年，费密南游福建，长汀学者黎士弘专为他的诗文集作序，赞誉为“当世所不讲之学，所不问之书”，“其精神固在千百世”。士弘表示:“予即视此度五年以长，犹将舍所学而愿学焉。”[2]三十四年，费密至安徽宣城访梅文鼎，文鼎赠以文秉所著《烈皇小识》及《吴桐忠节记》，以示对他著述事业的支持。

垂暮之年的费密，衣冠言动不改其常，朴貌古心，望之如耕野石农，深山道士。虽然故乡路遥，归计无着，但是他甘于村野，勤奋著述。三十八年，《中传正纪》120卷竣稿。该书博采经史，依据古代儒学发展源流，自孔子门人子夏始，迄于清初，共列历代学者传记800余篇，所涉学者多达2000余人。费密于此书，殚精竭力，历时30余年始成。在这之前，他曾摘取书中主要论述，撰为《弘道书》10卷、《圣门旧章》24卷。费密一生著述甚富，经学、史学、诗文、医道，都在他论列的范围，多达30余种，200余卷。可惜由于家贫，生前多未刊行，以致年久散佚。乾隆间，修《四库全书》，仅有《燕峰文抄》一卷及所选《唐宫闺诗》和增订本《雅伦》得以著录。今日习见者，就只有《弘道书》、

1　冯辰：《李恕谷先生年谱》卷二“戊辰三十岁”条。

2　黎士弘：《托素斋集》卷四《燕峰集序》。

《荒书》和《燕峰诗抄》等数种了。

二　从《衡书》到《潜书》

唐甄，原名大陶，字铸万，晚年改名甄，号圃亭，四川达州（今达县）人，生于明崇祯三年二月二十八日，清康熙四十三年二月十五日病逝，享年75岁。他一生以能文著称，但也因文章忤时招忌，以致穷困潦倒，终老异乡。在凄楚的晚景中，唐甄陶然著述，假《潜书》以阐发经世之志，留下了久远的影响。

明代，唐氏为达州望族，号称有万金之产。崇祯间，为与入川农民军张献忠部对抗，甄祖自华不惜捐出巨额家产，用以纠集一方武装。十年，甄父阶泰举进士，授苏州府吴江知县。甄自此随父宦居吴江。后来，阶泰宦海沉浮，历任江西按察司经历、都察院经历，甄也相随转徙于南昌、北京间。十六年，阶泰迁南京礼部精膳司郎中，甄又随父南下，附居于其舅父李长祥南京寓庐。其母知书达理，唐甄则得母课督，夜以继日，学文习诗，虽仅十四五岁少年，但却已善为歌诗，落笔卓有端绪。

明亡，唐甄的官宦子弟生涯中断。顺治二年五月，南京城破。甄随父避难浙江山阴（今绍兴市），后又南迁新昌。当时，面对清军压境，浙东各地义师蜂起。甄叔祖自彩，原任明浙江临安知县，清军入浙，弃官入山。后因闻浙东起兵，暗中遣人联络，准备内应，事泄被执，慷慨就义。甄叔父阶豫同时死难。甄舅父李长祥此时也在浙东起兵，官监国鲁王政权右佥都御史。顺治三年，浙东兵败，鲁王君臣溃逃入海。长祥率部转战上虞东山。翌年，浙东诸义师推李氏为盟主，密谋攻取宁波、慈溪等地。后因事机不密，为清军侦知，发兵进剿，长祥亡命舟山。在这次未遂的反清军事秘谋中，甄父阶泰一度受到牵连，甄兄弟二人曾因此随原明御史何纶离家藏匿。事情平息后，阖家北迁吴江。这时，他的祖父早于明亡后在达州绝食身死，故土不能回归，于是吴江便成了唐甄的第二故乡。

顺治七年，阶泰病故。甄歧路彷徨，四顾茫茫，家境日陷拮据。为生活所迫，他决意步入仕途。顺治十四年，只身返回四川，在阆中参加乡试，居然一举克捷。十五年，赴京会试，竟颓然受挫。幸而当时沿明旧例，落第举人可考选授官。唐甄经吏部考试后，以知县候缺。清初选政，弊端甚多，候选者往往充斥于道，饥寒旅邸。正如康熙八年御史田六善所言："半载以来，截留推官八十选一人，知县三百选三十一人，馀须守候三四年，陪掣空签，选取难料。"[1]唐甄的候选期，久经延宕，直到康熙十年，始实授山西长子知县。

长子为晋东南一小县，地瘠民贫，赋税经常逾期不能完纳。唐甄莅任后，以奖劝农桑为首务，颇见成效。该县璩里村由于养蚕获利，五个月便能完纳一年的赋税。他通过实地调查，掌握这一情况后，便将璩里的成功经验在全县广为传布。唐甄身体力行，深入农家，讲述养蚕兴利的道理，又选派璩里蚕农分赴各乡，教民植桑。短短三月，全县植桑已达 800000 株。在奖劝农桑的同时，他针对当对社会风气中存在的问题，以经术饰吏事，从教育入手，积极进行整顿。由于一方社会风气的明显改善，为巡抚达尔布赞作"山西循良之冠"[2]。

清初，逃人之禁甚严，为一时弊政之一。不仅逃人、窝主有峻法惩治，而且株连所及，各级官员亦在所难免。唐甄虽治县有术，但却不知逃人法为清廷根本利益之所在，后竟因处理一桩逃人案不力，以致在任 10 个月便丢了官。罢职后，他心有不甘，依然幕游四方，试图重获实现政治抱负的机会。然而，四处碰壁，

1 《清史稿》卷一一〇《选举》五。

2 王闻远：《西蜀唐圃亭先生行略》第九则。

屡遭羞辱，他只好无可奈何地喟叹："甄，下士也。貌朴而言讷，人皆易之，以为窒焉而不知天下之务者也。学非今学，言非今言，人皆略之而不与之言，而亦不得有言也。天薄吾貌而违吾才，虽欲贾所长，岂可得哉！"[1] 严酷的现实，最终把他无情地驱回吴江，旋即再迁苏州。

荆棘满路，岁月如流。当唐甄迁居苏州时，不觉已年及半百。20多年来，在仕途上的南北奔波，到头来虽然仍以失意而结局，但是连年的宦游，却也加深了他对社会的认识，从而走上以著述去"权衡天下"的道路。为了抒发郁结于胸中的政治主张和学术见解，早在40岁以后，唐甄即已发愤为文，开始了《衡书》的撰写。关于这部书，他的女婿王闻远作过这样的介绍："天道人事，前古后今，具备其中。曰'衡'者，志在权衡天下也。"[2] 康熙十八年，《衡书》初成13篇，名士魏禧成为这部书的第一位知音。当时，魏禧因避博学鸿儒科的征召，正客居苏州城外枫桥吴传鼎家。唐甄获悉魏氏行止，持《衡书》书稿专程拜谒。吴氏家仆以衣貌取人，见他身材矮小，衣冠破旧，只收下书稿和名片，竟不允入门。唐甄败兴而去，饥肠辘辘，正徘徊枫桥小憩，吴氏家仆忽一改故态，匆匆赶来恭请。原来魏禧接书，信手翻至其中之《五行篇》，不读则已，一读则为之叹服，遂命家仆将唐甄追回。唐甄登堂，魏禧施以大礼，称《衡书》为"五百年无此文矣"[3]。后来，正是得魏禧帮助，《衡书》始刊刻行世。

清初文坛，唐宋八大家古文风行一时，唐甄客居的苏州，人文荟萃，众口一词，非八家古文莫道。当地文士，论文者宗欧阳修，论诗则宗苏轼、陆游。唐甄刚直亢爽，不作媚俗文字，对此很不以为然，他独喜《孟子》、《战国策》、《管子》、《列子》诸

1 唐甄：《潜书》下篇下《潜存》。

2 王闻远：《西蜀唐圃亭先生行略》第十二则。

3 杨宾：《杨大瓢先生杂文残稿·唐铸万传》，载中华书局1963年版《潜书》附录。

书，落笔为文，则师法《左传》、《战国策》、《史记》和先秦诸子。《衡书》出，一扫因袭模仿积习，凡天时人物之变，以及街谈巷谑，无不入文，光怪陆离，气厚力雄，不啻异军突起，独树一帜。继魏禧之后著称文坛的王源，读唐甄书虽多有保留，但也如实地指出："其论学、论兵诸篇，卓识伟论，非近代所有，文亦驾唐宋而上，为之狂喜。"[1]然而，由于唐甄的孤高不群，论文、论诗，乃至论学、论治，多不合时尚，因之日与一方儒林中人相牴牾。

唐甄为学，尊孟法王，力斥宋明以来理学家的主静无欲之谈。他服膺王阳明的"致良知"说和"知行合一"说，认为："阳明子有圣人之学，有圣人之才，自孟子而后，无能及之者。"[2]不过，唐甄的主张"法王"，却并非亦步亦趋，而是立足社会现实，将王学廓而大之，以事功之学去救世。他说："儒之为贵者，能定乱、除暴、安百姓也。若儒者不言功……何以异于匹夫匹妇乎？"因此，他对明末以来的空疏学风猛烈抨击道："若今之为学，将使刚者韦弱，通者圆拘，忠信者胶固，笃厚者痹滞，简直者丝棼。天实生才，学则败之矣。"[3]唐甄立志取法王阳明，去做建功立业的大儒。在当时程朱之学复起，王学已成众矢之的的学术氛围中，他的上述主张，自然要忤时招忌。直到晚清，文士李慈铭依然在攻击唐甄，诋斥为"文无根柢，伤于剽锐，亦间为涩体而弥不工"[4]。

唐甄虽以能文著称，但他却不是寻常的骚人词客，而是志在经世的学者。他志不得伸，愤世嫉俗，很有些生不逢时的牢骚。

1　王源：《居业堂文集》卷二〇《书唐铸万〈潜书〉后》。

2　唐甄：《潜书》上篇上，《法王》。

3　唐甄：《潜书》上篇上，《辩儒》。

4　李慈铭：《越缦堂日记》第四三册，《荀学斋日记》巳集下，"光绪十年十一月初八日戊申"条。

不仅为人为学不随俗沉浮，直抒胸臆，而且论治论兵更不苟时尚，别具一格。对明亡的历史教训进行沉痛反省，这是唐甄论究治道的出发点。针对崇祯帝的君权专擅，他提出了“抑尊”的主张，认为“天子之尊，非天帝大神也，皆人也”。倘若“人君之尊，如在天上”，其结果势必造成“臣日益疏，智日益蔽，伊尹、傅说不能诲，龙逢、比干不能谏，而国亡矣。”[1]因此，唐甄不仅大胆地论证了“治天下者唯君，乱天下者唯君”的道理，而且还道出了“自秦以来，凡为帝王者皆贼也”[2]的惊世骇俗之论。在唐甄看来，明朝之所以灭亡，除了君权独尊之外，还在于“不知兵”。他认为“兵者，国之大事，君子之急务也”。“不知兵，则仁义无用，而国因以亡矣”。因此，他的结论是：“君子之为学也，不可以不知兵。”[3]唐甄的这些见解，皆一时俗士所不能望其项背，曲高和寡，自在情理之中。这样，自康熙十九年魏禧故世后，唐甄就再也没有能够找到一个足以使其景服的知音。由于自视过高，他竟然发出吴中无贤人、天下无贤人的大言，这样一来，当然就更感孤独无友了。

康熙二十五年，“驱蜀人归蜀”的风波，给身陷困境的唐甄增添了新的困扰。六月，四川巡抚姚缔虞为恢复蜀中经济计，疏请流寓外省绅衿，归籍复业。这一奏请经清圣祖批准，颁文各省执行。谕旨传到地方，本当秉公行事的一项指令，却为贪官污吏所利用，变作勒索扰民的口实。唐甄久居吴中，置有田宅，而四川故籍的产业，又早在明清更迭的战乱中丧失殆尽。加以一家数口，长途迁徙，也非易事。因而他宁肯孑处异乡，也不愿还籍复业。为了躲避官府的追逼勒索，唐甄搬离旧居，而且从此改大陶名为甄，继续在困境中挣扎。

1　唐甄：《潜书》上篇下，《抑尊》。
2　唐甄：《潜书》下篇下，《室语》。
3　唐甄：《潜书》下篇下，《全学》。

晚年的唐甄，家境每况愈下。他自迁居苏州，尚置有田产40亩，但由于田薄赋重，每每入不敷出。迫不得已，他将田产尽行变卖，改贩蚕丝。后因货源短缺，货款又不慎遗失，他只好再迁苏州城东，以堂屋作为牙行，靠收取商人佣金以度日。结果遭遇又太不幸，住在他牙行中的一个商人，金钱失窃，以盗金为由把他告到官府。唐甄有口难辩，诉讼失败，牙行就此破产。年老力衰，生计无着，只得寄人篱下，或为塾师坐馆授徒，或为幕宾求食于人。但是他生性孤傲，虽饥寒交迫而不愿仰人鼻息。友人见他老而无子，遂推荐他到前江苏布政使顾献征宅为塾师，宾主相处甚洽，顾氏还打算"赠妾以生子"。后顾氏举行家祭，嘱唐甄代撰祭文，他不堪驱使，愤然拂袖而去。这样一来，依旧一贫如故，衣服典尽，败絮蓝缕，甚至食不果腹，以野菜充饥。

政治的失意，晚景的凄楚，使暮年的唐甄形貌枯萎，志气销亡。他无法抗拒生活的重压，只好去追求一种超然物外的"悦入"境界，试图从中得到精神上的解脱。他说："甄晚而志于道，而知即心是道，不求于外而一于心。"而"求心之方"，唐甄称之为"悦"，认为："不悦为戕心之刃，悦为入道之门，无异方也。"[1]这虽然是一种自求解脱的弱者哲学，但是也正是在这种"悦入之功"的追求中，唐甄安于贫困，陶然著述，历时30年而完成《衡书》的撰写。书成，他已年届古稀，因一生遭际坎坷，遂改题《潜书》存诸陋室。全书以论学、论治为类，分为上下两部，共97篇。关于这部书的撰述宗旨，唐甄曾在卷末写道："上观天道，下察人事，远正古迹，近度今宜，根于心而致之行，如在其位而谋其政，非虚言也。"[2]唐甄去世后，《潜书》刊行。当时的江苏学政张廷枢特为撰文，称该书"必传于后无疑，而不忧其覆瓿且弃于路也"。

1 唐甄：《潜书》上篇上，《悦入》。

2 唐甄：《潜书》下篇下，《潜存》。

江苏吴江著名学者潘耒，也在《序》中指出："斯编远追古人，貌离而神合，不名《潜书》，直名《唐子》可矣。"他认为《潜书》"论学术则尊孟宗王，贵心得，贱口耳，痛排俗学之陋；论治道则崇俭尚朴，损势抑威，省大吏，汰冗官，欲君民相亲如一家，乃可为治。皆人所不及见、不敢言者。"[1]这样的评价，不失为中肯之见。

三　阎若璩与经史考据

阎若璩，字百诗，号潜丘，祖籍山西太原，因为自五世祖后南迁山阳（今江苏淮安），所以又以山阳为侨籍。他生于明崇祯九年十月十四日，清康熙四十三年六月初八日在北京病故，终年69岁。若璩活跃于康熙中叶的学术舞台，在清初诸大师相继谢世之后，他笃志经学，潜心考据，以考订晚出《古文尚书》为伪书，成为名重一代的学者。

明正德间，若璩祖上以在淮安经营盐业起家，渐至富有，万历中达于极盛。祖世科为万历进士，官至辽东宁前兵备道参议。后在明清更迭的社会动荡中，家道日落。父修龄，字再彭，号牛叟，崇祯间为淮安府学生员，明亡，绝意仕进，寄情诗文，名噪一方。一时南北过往名士，如杜濬、傅山、魏禧、阎尔梅等，途经淮安，多下榻阎寓，赋诗吟咏，唱和不绝。若璩耳濡目染，自幼便受到诗文唱和的熏陶。但是，少年时代的阎若璩，天赋并不好，不仅口吃，而且接受能力很差。为了弥补这方面的缺陷，他刻苦攻读，反复背诵，甚至将书册拆散，逐页粘贴于课桌，背熟一页即揭去一页。日积月累，成效初见。顺治八年，为淮安府学录取，时年16岁。这以后的四五年间，若璩一面在府学习举子

1　潘耒：《潜书序》，载《潜书》卷首。

业，一面师从其父友靳应升，赋诗作文，浏览儒家典籍，将十三经次第读完。

在长期流传的儒家经典中，《尚书》一经，聚讼最多，通行本《古文尚书》的是否伪作，便是其中一个久争不决的问题。这个问题自南宋初吴棫起，中经朱熹、吴澄，直到明人梅鷟等，多所考索，但却未有定论。顺治十二年，由于经学知识的积累，阎若璩开始留意东晋梅赜所献《古文尚书》的真伪，着手撰写《尚书古文疏证》，跨进了经学研究的门槛。多年来在词场中的周旋，虽然使他声名渐起，然而考经证史却是与赋诗吟唱截然不同的路数。十七年，若璩经过几年的苦心摸索后，又拜同里举人吴一清为师，学习经史考据之学。明人邵宝的《简端录》和宋人王应麟的《困学纪闻》，把他逐渐导向经史考据的殿堂。

康熙元年秋，若璩离淮安，取道北京，返回祖籍参加来年的乡试。在京逗留期间，他得名臣龚鼎孳赏识，于是在京中士流知名。二年，若璩返晋，入太原县学为廪膳生。乡试落第，南归。此后相继于五年、八年、十一年、十七年四度返晋应试，皆遭败绩。

十余年间，若璩南北奔走，汲汲功名，虽终未得如愿，但由于广交一时南北名士，经史考据之学为之大进。十一年，他曾在太原同耆儒傅山论学，因正杜预注《左传》“古者见君解袜”之误，改为“古者燕饮解袜”，深得青主赞许，誉为：“此一段直可以正杜注，补孔疏，为刘炫、赵汸所未及。”[1] 同年冬，名儒顾炎武客游太原，若璩与之相识，并为其订正所撰《日知录》初刻八卷本。十二年，若璩西游秦陇，又以博极群书而炫耀一方。

在频年的南北论学中，《古文尚书》的辨伪，始终是阎若璩与各地学者论究的重要议题。康熙四年，杜濬曾就此赠长歌一首，

1　阎若璩：《尚书古文疏证》卷五，第六七条。

鼓励若璩的大胆疑经。歌中有云："城南荒草寓，城北古旗亭。君来我往谈六经，出未日出归戴星。白头老子陡一惊，今世乃复有阎生。不贵子博观，贵子秉确识。吾子必自爱，如子实难得。"[1]到十一年，若璩在这方面已取得可喜突破，判定通行本《古文尚书》为魏晋之间假托。他喟叹："梅氏晚出书，自东晋迄今岁次壬子（即康熙十一年——引者），一千三百五十六年，而屹与圣经贤传并立学官，家传人诵，莫能以易。"[2]于是慨然以拨乱反正自任，决意效法宋人欧阳修，为辨证伪书而不惜向传统偏见挑战。翌年，若璩自西北南归，途经安徽灵璧。时值山东学者马骕在当地任知县，若璩过其府中，秉烛纵谈，就行文风格历数《古文尚书》伪迹。马骕闻所未闻，当即取出两部《尚书》文本，一为南宋蔡沈注本，一为单行经文本。马、阎各执一册，校读指证，取得完全一致的见解。临别，若璩还向骕建议："公著《绎史》，引及《尚书》处，不可不分别标出今文、古文。"[3]马氏欣然同意。

康熙十七年，清廷诏开博学鸿儒科，命内外大员荐举海内"奇才硕彦"赴京应试。秋，若璩在乡试中再遭挫折后，即经大理寺左寺副邱象升保荐，离晋赴京。此时的京中，才士云集，号称旷典。若璩得以跻身其间，喜不自胜，贺为"野无遗贤"[4]。在住地，他以博物洽闻，精于考据经史，独为诸君所推重。过从质疑，多所切磋。可是，一如历年在科场角逐中的遭遇，翌年春天的特科考试，他依旧名落孙山。若璩恃才傲物，对这样的结局耿耿于怀，久滞京中不去。在特科录取的五十人中，除吴任臣、徐嘉炎外，其余诸人多为他所轻视。试前与之往复论学的李因笃、汪琬，更被指名讥刺。他说："有来问五十人人物何如者，弟答以吴志伊

1　张穆：《阎潜丘先生年谱》，"四年乙巳三十岁"条。

2　阎若璩：《尚书古文疏证》卷二，第十七条。

3　阎若璩：《尚书古文疏证》卷八，第一一五条。

4　阎若璩：《潜丘札记》卷五《与刘超宗书》。

之博览，徐胜力之强记，可称双绝。若李天生之杜撰故事，汪苕文之私造典礼，恐亦未必有三。”[1]李因笃以母老告归后，汪琬成为阎若璩抨击的主要对象。琬为翰林院修撰缪彤父撰墓志，因文中叙缪氏家世远及高祖，若璩指为不合书法；琬著《五服考异》，若璩又拈出纰缪，大加揶揄。琬恨而相争，以若璩有亲在，不得言丧礼反驳。若璩寸土不让，引证古史，斥汪氏为拾人唾余。汪、阎二人自此结怨，终身不解。这场关于古代丧礼的争论，引起詹事府儒臣徐乾学的注意，徐氏询问若璩，能否在经籍中找出驳斥汪说的依据。若璩以《礼记》中《曾子问》一篇作答，徐氏大为叹服，于是邀至宅邸，延为上客。

这时，阎若璩的《尚书古文疏证》已成前4卷。对这4卷书稿，他十分得意，竟以司马迁的《史记》自况，录写了4本，一寄陕西，请友人王弘撰藏于太华山；一寄广东，请友人屈大均藏于罗浮山；另二本则一存江南黄虞稷千顷堂；一送宦居北京的传是楼主人徐乾学，以求“藏之名山”，“副在京师”[2]。为了扩大影响，他曾将该书送请在京学者朱彝尊审阅。彝尊对这部书的“小心对缝掖，馀勇刺古人”虽作了肯定，但终因不主张怀疑东晋晚出《古文尚书》，所以仅给了该书以“其言狂且醇”的有保留的评价[3]。后来，若璩又将书稿寄往浙江，请著名学者黄宗羲撰写序言。宗羲对若璩的穷经之功十分赏识，认为这四卷书“取材富，折衷当”，“可以解史传连环之结”，“足以祛后儒之蔽”[4]。

康熙二十一年，若璩离京南下，作客福建。翌年，又应徐乾学的邀请再到京师。此后近10年中，除二十五年短期南归外，若璩一直作为徐邸上宾，逗留京师。乾学每当诗文著述成，多请若

1 阎若璩：《潜丘札记》卷五《与徐电发书》。
2 阎若璩：《尚书古文疏证》卷四，第六四条。
3 朱彝尊：《曝书亭集》卷十《酬阎若璩》。
4 黄宗羲：《南雷文定三集》卷一《尚书古文疏证序》。

璩裁订，凡若璩考据、辨析、议论，辄手录成帙，题为《碎金》。由于徐乾学的尊信，阎若璩名闻朝野。内阁学士李天馥有云："生平文笔，非得阎某校定，不克免误。"[1]时值徐乾学在宦途春风得意，炙手可热，以文学优长，身兼《一统志》、《会典》、《明史》三馆总裁。乾学颇好招引，聚集在幕中的文士虽多有蝇营蚁附之辈，但也有像顾祖禹、胡渭、黄仪等确具真才实学的儒者。顾、黄精于地理学，胡渭也是一时经学名家。若璩与他们的朝夕相处，问学论难，治学门径大为开拓。在潜心经史考据的同时，他又涉足于地理、历算等学的研究。若璩认为，穷经者须知地理，而朱熹的《四书集注》，其瑕疵恰好就在于"不甚娴地学，又臆解字义"。于是他撰写了《四书释地》，对古地名多有考释。同时，若璩又利用身为徐幕上宾之便，与在《明史》馆供职的吴任臣，以及以布衣修史的万斯同等多有往来。任臣以历算学见长，斯同为黄宗羲高足，以史学最称专精。二十二年至二十四年间，若璩向任臣虚心求教，专攻历算学。后来，他之所以能在《尚书古文疏证》中以步算考证经义，据算术以证《古文尚书》之伪，便多得益于此数年之所学。万斯同关于历史编纂学的若干见解，尤其是"撰《一统志》奚必及人物，人物自有史传诸书"的主张，也成为日后阎若璩撰著时的准绳。

康熙二十八年，徐乾学在官场倾轧中失势，被迫疏请去官回乡。圣祖命"携书籍即家编辑"。翌年春，若璩随乾学南归。夏，乾学开书局于太湖东洞庭山。两年后，徐氏因招权纳贿事发，再被弹劾夺职。书局裁撤，同人四散。作为徐氏的主要幕宾，若璩曾相随避居浙江嘉善及江苏苏州。三十二年，他见颓局已成，再难撑持，遂与徐氏分手。作幕他人，光阴荏苒，倏尔已近花甲之年。这年冬天，若璩带着继续撰写中的《尚书古文疏证》南游杭

1　阎若璩：《潜丘札记》卷六《敬赋》。

州，开始了他晚年徜徉湖山，访友论学的闲适生活。

在南游苏杭的近10年间，若璩不但与旧日友好朱彝尊、毛奇龄等问学论难，不时过从，而且还结识了浙江学者王复礼、姚际恒，以及远游钱塘的北方学者李塨等。他广为宣传东晋晚出《古文尚书》为伪书的主张，既以找到姚际恒这样的同调共鸣者而喜得裨益，却也因毛奇龄、李塨的唱为别调，尤其是毛奇龄在这个问题上的蓄意立异而穷于应付。阎毛二人习性强项，在名誉之前素不甘于人后，清初诸学术大师凋谢之后，他们更是以一时大儒自命。若璩公开表示，他平生服膺的学者仅有三人，一为钱谦益，一为黄宗羲，一为顾炎武，三者去世，海内无人，读书种子已绝。可是，就是钱、黄、顾三人，依然免不了要为他所臧否。若璩论钱谦益道："此老之春秋不足作准。"[1]论顾炎武则称："余遇之太原，持论岳岳不少阿，久乃屈服我。"[2]而对黄宗羲，他虽以不得师从引为憾事，却又认为"太冲之徒粗"[3]。于宗羲的论著，若璩亦多所批评，认为《明文案》选文失当，《明儒学案》"似是而非"，《明夷待访录》"不通经术"、"不通古今"[4]。若璩承清初博赡经世学风之后，置前贤经世之志于不讲，独将博学风气加以发展。他鄙薄文人和理学中人的孤陋寡闻，宣称"素鄙薄道学先生不博学"，又说"诗人、道学皆寡陋可耻者"。他不仅诋斥王学，将王阳明的"致良知"说归结为明代学术不盛的重要原因，而且对时兴的朱子学，也多有微词。在若璩看来，唯有他所专意的经史考据，才是度越今古的绝学。他说："训诂之学，至宋人而亡，朱子尤其著者。"因此，这门学问"在古人中亦属绝学，不论今人不识"。若璩自视甚高，他曾集晋人陶弘景、皇甫谧语为一联，自题

1 阎若璩：《潜丘札记》卷五《又与戴唐器》。

2 阎若璩：《潜丘札记》卷四《南雷黄氏哀辞》。

3 阎若璩：《潜丘札记》卷五《又与石企斋》。

4 阎若璩：《潜丘札记》卷五《又与戴唐器》。

寓庐柱云："一事不知，以为深耻；遭人而问，少有宁日。"甚至借他人之口大肆张扬："吾书欲无所不有，志在驾轶古人。"[1]

阎若璩的睥睨当代，毛奇龄自然是不愿接受的。奇龄从阳明学中来，对若璩的贬斥陆九渊、王守仁，更是不能坐视。因此，当康熙三十二年冬，他们会晤于杭州的次日，奇龄便致书若璩，指出："昨承示《尚书疏证》，此不过惑前人之说，以《尚书》为伪书耳。其于朱陆异同，则风马不及，而忽诟金溪，并及姚江，则又借端作横枝矣。"[2]后来，奇龄又在李塨的启发下，专为撰写《古文尚书冤词》，以驳诘《尚书古文疏证》。三十八年夏，李塨携该书北返，途经淮安，出示阎若璩。若璩见书大惊，然而由于《尚书古文疏证》未为尽善，奇龄据隙以攻，自难反击；加之毛氏辩才雄劲，词锋犀利，若璩骤然间也无可奈何，于是只好以"付之闵默"来自我解嘲。不过，阎若璩并未就此罢休。事后，他曾与旧日幕友胡渭商议，准备同往浙江嘉兴，利用朱彝尊家中的藏书，将宋明以来，历代学者对《古文尚书》的致疑汇为一辑刊行。四十二年，胡渭因故未能成行，若璩只身南下，在朱彝尊寓所检出明人焦竑所撰《废古文策》，试图据以反驳毛奇龄。奇龄闻讯，赶至朱寓，先发制人，一番舌战，若璩遂告败北。翌年，若璩病故，阎、毛之间关于《古文尚书》的这场争论，戛然而止，其间的是非，只好留给后人去评说。乾隆、嘉庆间，惠栋、戴震、王鸣盛、孙星衍等相继而起，完成若璩未竟之志，东晋晚出《古文尚书》为伪作终成定论，不可翻覆。毛奇龄所挑起的意气之争，也以"百计相轧，终不能以强辞夺正理"[3]而得到定评。

晚年的阎若璩，虽因寄人篱下而客随主败，失去了昔日周旋显贵的荣耀，但追逐声名的痼疾却使他不能寂寞自甘。康熙四十

1　阎若璩：《潜丘札记）卷五《又与石企斋》。

2　毛奇龄：《毛西河先生文集》，《书》卷七《与阎潜丘论尚书疏证书》。

3　《四库全书总目》卷一二，经部书类二，《古文尚书疏证》。

二年春，圣祖南巡，舟泊淮安。经随行通政使李铠及江苏巡抚宋荦推荐，传旨召见阎若璩。待若璩应召赶至河岸，御舟已经远去。这次未遂的召见，促使若璩为改变穷老不遇的晚景而去作最后的挣扎。他先让长子咏在京中畅春园进献《万寿诗》和所著《四书释地》，接着又敦促阎咏在京郊跪迎出巡归来的圣祖，恭恳御书。结果，这些努力都付之枉然。十一月，正当阎若璩望眼欲穿之时，传来皇子胤禛聘请进京的消息。接到胤禛手谕，若璩受宠若惊，他认为："贤王下招，古今旷典，乃斯文之幸也，其可勿赴？"[1]尽管此时他正患病在床，也决意冒死北行。翌年正月离淮安，二月抵京。若璩自幼多病体弱，经此次抱病远行，身体越发衰弱。三月，病体稍愈，匆匆住进王府。胤禛相待甚厚，逾于宾友。若璩"临老遭逢梁园西邸之下"[2]，虽在他及其后人看来，荣耀已极，但他所付出的代价也实在太高。若璩进入王邸不及三月，病情加剧，自知不起。六月初，移居京郊，数日后即离开了人世。

阎若璩一生著述凡9种。他毕生致力的《尚书古文疏证》，至死没有完成，直到乾隆年间才由他的后人据遗稿刊行。已完成的八种著述，则没有一种足以同该书匹敌。同时结集刻写的，还有若璩生前与友朋的论学书札、诗文等，题为《潜丘札记》刊行。

1 张穆：《阎潜丘先生年谱》六十八岁条。

2 张穆：《阎潜丘先生年谱》六十九岁条。

《榕村语录》发微

在清代历史上，李光地是一个既有影响，又有争议的人物。一方面作为名臣兼大儒，他在政治和学术上的建树，使之成为研究清初政治史、学术史不可忽视的重要对象。另一方面又由于他为人诈谲不信，触怒清议，加以深陷于党派政争，因而酿成对他“疑谤丛集”[1]的复杂后果，从而也增加了研究的难度。雍正、乾隆间学者全祖望，曾以所谓“三案”赅括光地生平，认为：“初年则卖友，中年则夺情，暮年则居然以外妇之子来归”，乃“万无可逃者”。[2]之后，每有议及李氏大节者，则多归诸小人一类。久而久之，贬斥日甚，以致妨碍了对这一历史人物实事求是的深入研究。以下，拟就《榕村语录》及其续编，对李光地学行的研究谈一些意见。

一 《榕村语录》及其续编的成书

《榕村语录》30卷、《榕村续语录》20卷，著者为清初理学名臣李光地。前书由其门人徐用锡及其孙李清植辑，后书的纂辑者，前人时贤尚未见论及。据光地孙清馥所撰《榕村谱录合考》

1 《清史稿》卷二六二《李光地》。

2 全祖望：《鲒埼亭集外编》卷四四《答诸生问榕村学术帖子》。

卷上四十四岁条云:“孙思哉，属公之甥，手录有《榕村语录》一本，疑在此时。及己巳（康熙二十八年——引者）侍公京邸所记，其稿藏彼家数十年，馥于乾隆癸亥（八年——引者）从季弟清泰处检得，云得之其曾孙庄敬藏本。今已录出，增入《榕村续语录》中。”则《续语录》的纂辑，似出李清馥手。

李光地，字晋卿，号厚菴，学者尊为安溪先生，卒谥文贞，福建安溪人。生于明崇祯十五年，卒于清康熙五十七年，终年77岁。光地以康熙九年进士，由翰林院编修累官至直隶巡抚、吏部尚书、文渊阁大学士，位极人臣，显赫一时。他一生不唯以在官场角逐中的委蛇进退引人注目，而且勤于治学，于《周易》、乐律、音韵诸学皆确有所得。当其晚年，尤以工于揣摩帝王好尚，一意崇奖朱子学，深得康熙帝宠信，先后奉命主持《朱子全书》、《周易折中》、《性理精义》诸书的纂辑事宜，俨若一时朱学领袖。著有《周易通论》、《周易观象》、《古乐经传》、《韵书》及《榕村全集》、《榕村语录》等，故世后，由其后人辑为《榕村全书》刊行。

《榕村语录》的主要纂辑者徐用锡，字坛长，号昼堂，一号鲁南，江苏下相（今宿迁）人。康熙四十八年进士，官翰林院编修，后因事夺职。乾隆初复起，授翰林院侍读，终以年事太高，旋起旋落而归老乡里。著有《圭美堂集》行世。用锡早年工于文词，康熙三十三年以后，从学于李光地，究心经史，旁及乐律、音韵、历数，尤以书法著称于世。他追随李光地二十余年，凡光地日常讲论，皆留意记录，日积月累，手稿居然“富溢囊箱”[1]。于是自康熙五十四年起，徐用锡将记录稿整理誊清。康熙五十七年竣稿，送请李光地审阅，被李光地赞为“可存之书”[2]。李光

1　李光地：《榕村语录》卷末，徐用锡《跋》。
2　李光地：《榕村语录》卷末，徐用锡《跋》。

地逝世后，用锡将书稿交光地孙李清植。清植据其祖遗著及他人记录复加增补，以《榕村语录》为书名，于雍正七年付梓。十一年五月初成，再送徐用锡撰写题跋。乾隆八年，又由李光地后学张叙冠以《序言》，至此，《榕村语录》遂成完书。

李清植，字立侯，号穆亭，为光地三子钟佐子。由于早失怙恃，李清植自幼随祖父宦居保定、北京，亲承謦欬，学业日进。雍正二年成进士，先后以翰林院编修、侍读主持江南乡试，提督浙江学政。后因事降职，告假回乡。乾隆初再出，官至礼部侍郎。李光地遗著多为清植整理刊行，《年谱》亦出其手。

同《榕村语录》相比，《续语录》的纂辑则要略后一些。该书的纂辑者李清馥，字根侯，号逊斋，为光地长子钟伦子。清馥与其从兄清植一样，自幼失怙，栖身于祖父膝下。后以荫入仕，官至广平知府。他祖述家学，“质厚安雅”[1]，著有《闽中理学考》、《闽学志略》、《榕村谱录合考》等。至于《续语录》的编纂过程及竣稿时间，由于李清馥等人并未留下只字序跋或其他专门记载，因而仅能据相关线索，试作爬梳。

根据前引《榕村谱录合考》所记，早在徐用锡之前，李光地的外甥孙襄于康熙二十四年即已开始记录光地讲论，留下过《榕村语录稿》一部。4 年后，孙襄入光地幕，继续前记，又成记录稿一部。前稿大概早为光地后人所得，而后稿，李清馥则得之于乾隆八年。就现存《榕村续语录》的编次情况看，这两部稿子无疑都成了李清馥从事纂辑的重要依据。又据徐用锡《榕村语录跋》称，李光地逝世前夕，曾就用锡记录稿表示过要为之“汰存十之五六”的意向。光地为人多疑，瞻前顾后，谨小慎微，他之所以作出上述表示，居于政治利害上的考虑当是主要原因。将今本《语录》及《续语录》比照，不难看出，这一遗愿在李清植增订徐

1　方苞：《方苞集》卷一二《李世得墓表》。

稿时已获实现。凡《续语录》中未注明“自记”或“孙襄”及他人所记字样者，大概即多源自当年李清植删存稿。再据李清馥《榕村谱录合考跋》记，他依《续语录》对李清植所辑《文贞公年谱》进行订补，事在乾隆二十一年。

由上述诸点似可得出如下认识：《续语录》的纂辑，其起讫虽尚难准确判定，但上限不会早于乾隆八年，竣稿则当在乾隆二十一年以前。想是因为李清馥及其亲属对如何处理书稿所涉朝局时事、大臣臧否心存忌讳，尤其是对李光地一生“疑谤丛集”经历的洗刷，意见不一，因而未能及时刊行。而后，李氏后人虽将书稿叠加修改，然终因时移势易而深藏不出。直到一百多年后的光绪二十年，始由安溪知县黄家鼎据李氏家藏稿录出副本。民国初，黄氏抄本辗转传归著名文献学家傅增湘先生，于是沉潜多年的《榕村续语录》方才得以付梓行世。

二　由《语录》看李光地为学大要

在中国学术史上，语录体著作源远流长，《论语》、《孟子》早已开其先河。《法言》、《中说》诸家继起，接武孔孟，后先相承。及至两宋，理学勃兴，讲学诸儒为佛门风气习染，纷纷以语录传授师法，张大门墙。于是《二程遗书》、《上蔡语录》、《朱子语类》比肩接踵，风行海内。积习既成，历元明两代，经久不衰。明清之际，理学虽已成强弩之末，语录体文风亦为有识之士群起挞伐而奄奄待毙，但固守壁垒者则依然视若家珍。宋明数百年间，语录既为理学中人所重视，因而也就自然成为研究理学家学术思想的重要依据。在李光地现存近 40 种 200 余卷著述中，《榕村语录》及其续编，便以其内容的广泛和卷帙的繁富而成为他的代表作品之一。

如何评价李光地的学术地位？在清代学术史研究中久存争议，

迄无定论。誉之者推为“儒林巨擘”[1]、“学博而精”[2]，毁之者则讥作“纸尾之学”[3]、“不学无术”[4]。二者之间的距离显然是很大的。平心而论，“儒林巨擘”云云，褒扬过当，名与实乖，当然不足取。事实上，就连受李光地搭救之恩的方苞，在论及其学问时，也只是给了“平平”二字的评价。李光地对此亦无可奈何，只好用“吾何以当平平二字”[5]聊以解嘲。然而“纸尾之学”、“不学无术”却也还可商量。回顾李光地研究的历史和现状，我们会注意到，凡訾议其学问者，每多从讥斥其为人出发。的确，李光地的人品并不高尚，正如方苞忆其逸事时所述：“自公在位时，众多诮公，既殁，诋讦尤甚。”[6]这种所谓“疑谤丛集”局面的酿成，一方面固然与当时的官场倾轧分不开，自有党派政争的深刻背景；另一方面也在于李光地触怒清议，咎由自取。但是倘若把李光地为人的那些可訾议之点，同他对康熙朝国家统一、社会稳定、文化发展诸方面所作的贡献相比，则显然是其局部的、次要的方面。何况学问之与为人，毕竟不可等量齐观，尤不应以人而废学。在这一点上，《榕村语录》及其续编，提供了解决问题的良好依据。

《榕村语录》大致以经义、性理、诸儒、诸子、史书史事、治道、诗文为类，记录了李光地一生与门人子侄的讲学问答。《续语录》则于诸项之外，复增本朝时事、本朝人物二大类，对李光地自述生平行事、议论朝局是非、大臣得失等内容，均作了详尽记载。就所涉及的学术领域而论，不唯有对理学传统范畴的讨论，

1 《四库全书总目》卷一七三《榕村全集提要》。
2 徐世昌：《清儒学案》卷四〇《安溪学案》。
3 全祖望：《鲒埼亭集外编》卷四四《答诸生问榕村学术帖子》。
4 张舜徽：《清人文集别录》卷三《榕村全集》。
5 李光地：《榕村续语录》卷一八《治道》。
6 方苞：《方苞集·集外文》卷六《安溪李相国逸事》。

而且博及经学、史学、子学、文学、天文历算、律吕、音韵诸学。其论究内容之广泛，自《朱子语类》之后，在理学家众多的语录体著述中，实属罕见。固然一意求博，学力不济，以致时有浮光掠影的空泛之论，甚至是穿凿附会，强为解人。但是无可否认，其中亦确有真知灼见。

朱陆学术之争，这是宋明理学史上的一桩公案。自元代理学家吴澄以尊德性、道问学赅括二家学术特征，将陆九渊一派归诸尊德性，分朱熹一派为道问学，从此尊德性与道问学之争数百年不绝。李光地在《榕村语录》中明确地否定了这样的区分，就尊德性与道问学的关系阐述了与前人不尽一致的见解。尊德性与道问学，语出《中庸》，云："君子尊德性而道问学。"讲的是儒家在道德修持上，既主张从宏大处着眼，立定脚根，同时又要从细微处入手，循序渐进。李光地对这一问题的讲论，试图逾越前人的成见，还儒学以本来的面目。他重申："君子既要尊德性，又要道问学，存心，致知，一面少不得。"但他又认为，尊德性与道问学相比，毕竟是根本而更其重要。所以他说："尊德性是道问学之基。"在李光地看来，朱陆学术同属既尊德性又道问学的儒家正统，只是陆九渊不如朱熹平正，失之偏激。因而他评价陆学说："象山不可谓不高明，只是少'道中庸'一边耳。"[1]这样的去讲解儒家经典并进而讨论朱陆学术，尊朱的倾向固然很鲜明，但是不唯摆脱了前人的窠臼，而且较之同时朱学中人如张烈、陆陇其辈的一味诋斥陆王学术，显然要冷静得多，理智得多。同样的道理，对于王守仁的学术主张，李光地虽然从根本上作了"终入邪魔"[2]、"诐淫邪遁"[3]一类的抨击，但是也能在局部上作出某些肯定。譬如王守仁关于"立志"、"万物一体"诸儒学命题的讲

1 李光地：《榕村语录》卷一《经书总论》。

2 李光地：《榕村语录》卷一八《宋六子》。

3 李光地：《榕村语录》卷二〇《诸子》。

论，李光地便详细称引，评为“皆极精”[1]。这当然是实事求是的见解。

《榕村语录》及其续编，以大量篇幅，依次对《易》、《书》、《诗》、《礼》、《春秋》诸儒家经典作了训释。就总体而言，李光地的经解以宋学为宗尚，侧重义理，疏于考证。然而他也不废汉儒经学，且能取其所长，融为已有。一方面，他从尊朱的立场出发，确认：“解经在道理上明白融会，汉儒自不及朱子。”另一方面，又肯定了汉儒经学的不可偏废。他说：“至制度名物，到底汉去三代未远，秦所澌灭不尽，尚有当时见行的。即已不存者，犹可因所存者推想而笔之，毕竟还有些实事。不似后来礼坏乐崩，全无形似，学者各以其意杜撰，都是空言。此汉儒所以可贵。”[2]

李光地一生，在经学上最为用力者，是他的《周易》研究。他在《语录》中说过：“某治《易》，虽不能刻刻穷研，但无时去怀，每见一家解必看。今四十七年矣，觉得道理深广，无穷无尽。”[3]正是由于长期究心，博采众长，因而使他成为康熙一朝大臣中最深通《易》学者。康熙中叶以后，李光地之所以日渐宠信，原因固然是多方面的，但是他在《易》学上的远胜熊赐履、汤斌诸人，从而可以随时为康熙帝提供学术咨询，则是一个不可忽视的因素。随着康熙帝学术修养的加深，李光地这种无可取代的地位便越发突出。所以对于他的故世，康熙帝深感痛惜，给他以“学问渊博，朕知之最真，知朕亦无过光地者”[4]的盖棺定评，就不是没有道理的。

至于全祖望批评李光地的“以筹算言《图》、《书》，则支

1　李光地：《榕村续语录》卷一六《学》。

2　李光地：《榕村语录》卷一九《诸儒》。

3　李光地：《榕村语录》卷九《周易》。

4　《清史稿》卷二六二《李光地》。

离之甚者；言互体更谬，不合古法”[1]，则属似是而非之论。在经学史上，对《周易》的训释，素有象数、义理二派之分。汉儒说《易》，走的是象数一路，讲术数，论互体，乃汉《易》家法，从焦赣、京房到马融、郑玄，一脉相承。魏晋以后，象数学衰微，晋人王弼注《易》，一改汉儒旧辙，专以义理为依归，开宋明《易》学义理派风气之先河。宋明数百年，是义理派的天下，程颐的《伊川易传》，朱熹的《周易本义》，以讲求义理而高踞正统地位。其间虽有邵雍、朱震诸象数学大家承汉儒衣钵，然而涓涓细流终究以“《易》外别传”而不能汇为巨川。李光地治《易》，既重在义理，赞成朱熹关于《易》为卜筮之书的判断，同时又受其乡先辈黄道周象数学影响。由黄道周而朱震、而邵雍，一直溯源至汉儒《易》学，从而形成荟萃众长，自成一家的《易》学风尚。渊源有自，不悖古法，巧容有之，支离则无。因此，全祖望拘执宋《易》矩矱对李光地所作的讥弹，我们就没有理由去赞成它。

三　李光地学术宗尚的转变过程

谈李光地学术宗尚者，无不以程朱为说。倘若依理学家的习惯用语来讲，称做“晚年定论”，那无疑是正确的。但是，如同历史上众多的学者和思想家那样，李光地的学术思想也经历了一个复杂的演变过程。探讨这一过程，不仅是全面评价李光地学术的一个重要方面，而且对于透视清初的理学界也是有意义的。在这个问题上，《榕村语录》及其续编所提供的资料，足以补李光地的文集及其他著述之所未备。

作为一个从科场角逐中跻身仕途的知识分子，由于朝廷功令

1　全祖望：《鲒埼亭集外编》卷四四《答诸生问榕村学术帖子》。

所在，士子风气所趋，李光地的学问由《四书》起家，自是不言而喻。尽管他对此的追述不尽一致，一说："某年十八，手纂《性理》一部；十九，手纂《四书》一部。"[1]一说："予十八岁看完《四书》，十九岁看完本经，廿岁读完《性理》。"[2]然而以《四书》为根柢，则并无歧异。20岁以后，李光地把治学范围扩及《周易》。由于受象数学的影响，因而当时他并不以朱熹的《易》注为然，正如他所自述："某少时好看难书，如乐书、历书之类。即看《易》，亦是将图画来画去，求其变化巧合处。于《太极图》，不看其上下三空圈，却拣那有黑有白、相交相系处，东扯西牵，配搭得来，便得意，觉得朱子注无甚意味。"[3]与之同时，他则为陆九渊、王守仁的著述所吸引，为此整整用去了五年功夫。李光地尔后对《大学》的训释，反复称引陆王的见解，主张恢复古本，认为朱熹补格物传为多余[4]，显然就是受了王阳明学说的影响。以上，是李光地治学的第一个阶段，其基本特征可以大致归纳为四个字，即兼收并蓄。

自康熙九年中进士入翰林院，李光地开始了他治学的第二个阶段。青少年时代的理学根柢，使他一度赢得当时任掌院学士的熊赐履的重视，将其以"有志于理学"[5]推荐给康熙帝。随后，他又奉命向康熙帝进呈著述，表示："臣之学，则仰体皇上之学也，近不敢背于程朱，远不敢违于孔孟。"[6]尽管如此，早先陆王学说的影响毕竟一时难以尽去，因而在他于康熙二十四年前后所纂辑的《朱子学的》、《文略内外编》中，王学的影子依然若隐若现。到李光地晚年，他之所以要对《朱子学的》进行全盘修订，改题

1 李光地：《榕村语录》卷二四《学》。
2 李光地：《榕村续语录》卷一六《学》。
3 李光地：《榕村语录》卷二四《学》。
4 李光地：《榕村语录》卷一《大学》。
5 《康熙起居注》"康熙十一年八月十二日甲寅"条。
6 李光地：《榕村全集》卷十《进读书笔录及论说序记杂文序》。

《尊朱要旨》录入全集，原因大概就在这里。据《榕村谱合考》称，《文略内外编》即《理学略》，凡 3 卷，卷三即专载陆九渊、王守仁选文。犹如《朱子学的》改为《尊朱要旨》一样，李光地后来为了掩饰自己这一段在程朱、陆王间徘徊的学术经历，也重辑该书为《榕村讲授》，将王守仁文尽数摈而不录[1]。康熙二十五、二十六年，他两度为清圣祖召见，咨询《易》学，并擢任翰林院掌院学士。然而直到此时，李光地的学术宗尚并未明朗，换句话说，亦即与清圣祖崇奖朱子学的趋向尚未合拍。因此，康熙二十八年五月，当他因深陷党争而被撤销掌院学士职，降为通政使司通政使时，清圣祖便当众斥责他为“冒名道学”，指出：“古来道学如周、程、张、朱，何尝不能文？李光地等冒名道学，自谓通晓《易经》卦爻，而所作文字不堪殊甚，何以表率翰林！”[2]同年九月，更明确地把他归入朝臣中的王学派，断言：“许三礼、汤斌、李光地俱言王守仁道学，熊赐履唯宗朱熹，伊等学问不同。”[3]足见，从 29 岁进入翰林院，到 48 岁掌院学士职被罢免，前后 20 年间，就学术宗尚而论，李光地一直游移于程朱、陆王间，还不能以学宗程朱来赅括。

失去翰林院掌院学士职，对李光地是一次很大的打击。清初，由翰林院掌院学士而拜相，俨若成例。李光地深知朝廷掌故，他早先投靠武英殿大学士明珠，二人间就曾经对谋取这一职位的时机作过策划[4]。如今掌院学士职的得而复失，促使他对其中的缘由去进行反省。其结果，作为政治上的抉择，便是以“积诚致谨，耐事慎交”[5]为座右铭，力图摆脱党争的羁绊。在学术宗尚方面，

1 李清馥：《榕村谱录合考》卷上，“四十四岁”条。
2 《康熙起居注》，“康熙二十八年五月初七日壬寅”条。
3 《康熙起居注》，“康熙二十八年九月十八日辛亥”条。
4 李光地：《榕村续语录》卷一三《本朝时事》。
5 李清馥：《榕村谱录合考》卷上，“五十岁”条。

则是迅速做出调整，一改先前在程朱、陆王间的徘徊，向朱子学一边倒。

为此，李光地首先对自己数十年的理气观作了否定。理，这是宋明理学的最高哲学范畴。与其相对而存在的是气，理与气之间究竟是一个什么样的关系，在理学史上长期争论，莫衷一是，成为困扰理学家的一个根本哲学课题。根据朱熹的学说，理作为宇宙的本源，天下的万事万物无不为之所派生，所以他说："未有天地之先，毕竟也只是理。有此理，便有此天地。若无此理，便亦无天地，无人无物，都无该载了。有理，便有气流行，发育万物。"[1]这样的理气观，正是全部朱熹学说的出发点。然而恰恰也就是在这样一个根本问题上，李光地受明代理学家蔡清、罗钦顺、薛瑄等人的影响，对朱熹的阐释一直持怀疑态度[2]。于是为了表明自己的尊崇朱子学，李光地在51岁那年撰为《初夏录》一篇，以卫道士的姿态批判明儒，表彰朱熹的理先气后论。他指出："先有理而后有气，有明一代，虽极纯儒，亦不明此理。"而光地此时的主张则是："理在先，气在后。理能生气，气不能生理。"[3]这样，李光地就从为学的根本之点入手，树起了尊朱的旗帜。紧随其后，他又着手精选程朱语录，于康熙三十四、三十五年辑为《朱子语类四纂》、《程子遗书纂》。接着便是改订旧稿，以朱子学为准绳，重辑《尊朱要旨》、《榕村讲授》，将阳明学踪迹洗刷殆尽。与此相一致，李光地又于康熙四十二年将当时的著名学者梅文鼎聘入幕署，讲求天文历算学，以便同清圣祖的学术好尚全然吻合。借助于十余年来的这一系列苦心经营，李光地在自己的晚年完成了学术宗尚的根本转变，以恪守朱子学的面貌出现于朝野，并据此博得清圣祖的宠信而荣登相位。随后，他又通过主持编纂《朱子

1　朱熹：《朱子语类》卷一《理气》。
2　李清馥：《榕村谱录合考》卷下，"五十一岁"条。
3　李光地：《榕村语录》卷二六《理气》。

全书》，终于给自己戴上了朱子学领袖的冠冕。

剖析李光地一生学术思想的演变过程，我们可以看到，他尊崇朱子学的学术宗尚的确立，并不是建立于踏实而严密的学术研究基础之上的。相反，以帝王好尚、政治得失为转移依据的投机色彩则十分浓厚。因此，尽管李光地在其晚年竭力表彰朱子学，但无非朱熹学术主张的复述而已，在理论思维上则是苍白无力的。他没有，也不可能对朱熹的学术体系作出任何发展。历史地看来，在清初学术史上，李光地的贡献并不在于理学，而是他顺乎潮流，对经学研究的提倡和身体力行。后来乾嘉汉学家誉之为“儒林巨擘”，也正是由此出发的。

清初，在阳明学已成众矢之的，朱子学经朝廷的提倡而高踞庙堂的历史条件下，李光地学术宗旨的转变，实在就是当时理学界状况的一个缩影。清廷的崇奖朱子学，事实上只是把理学视为维系其统治的道德规范罢了。所以，清圣祖一再告诫理学儒臣，“果系道学之人，惟当以忠诚为本”，绝对不能“务虚名而事干渎”，并且还以《理学真伪论》为题，考试翰林院全体官员[1]。李光地先前的因“冒名道学”而被逐出翰林院，后来的以“才品俱优”[2]而荣登相位，都是清廷最高统治者这种理学观的典型反映。康熙一朝，理学的提倡者将其视为道德教条而用以桎梏臣民，尊奉者或如陆陇其、汤斌等的以之律身自省；或如李光地、熊赐履辈的借以沽名邀宠。这样严酷的事实，当然不是一种学术体系兴旺的标志，为这一历史现象所折射出来的，则是理学僵化、日暮途穷的深刻本质。由于当时中国的具体历史条件的制约，汉学的崛起，理学之为经学所取代，便成为学术发展的必然趋势。

1 《清圣祖实录》卷一六三，“康熙三十三年闰五月癸酉”条。

2 《清圣祖实录》卷二二三，“康熙四十四年十一月己巳”条。

四 知人论世的文献依据

《榕村语录》及其续编，既是研究李光地学术思想的重要依据，同时作为历史文献，它们又提供了据以知人论世的大量资料。李光地一生，几乎同康熙一朝相始终。三藩之乱、郑氏回归、朝廷党争、储位角逐、朱学独尊……凡数十年间治乱兴革，或详或略，二书中皆有记载。其中，尤以《续语录》所记最为详细。由于事出著者亲身经历，因而去伪存真，去粗取精，则多可补清代官修史书之所阙略。但是也正因为著者所亲历，一则受客观条件的限制，难免以偏概全，失于片面；再则许多时事、人物又都与著者荣辱攸关，主观上便心存讳饰，抑彼扬己，甚至不惜淆乱真相以诿过他人。诸如对同时江南学者黄宗羲、毛奇龄等的无端讥弹；论李颙、李塨诸北方学者的似是而非；视政敌陈梦雷、徐乾学、熊赐履若不共戴天而百般诋毁等等，或信口臆说，或过甚其词，真伪杂陈而难以信据。加以《续语录》又迭经著者后人改窜，为替李光地文过饰非而肆意践踏著述道德，以致前后两歧，破绽百出。正如已故著名史家孟心史先生所评："词繁意复，矛盾舛戾，不可了解。"[1] 因之每遇书中自相牴牾处，则简直令人愕然，不禁顿生"尽信书不如无书"之叹。以下，仅以《续语录》中的记陈梦雷事为例，略加剖析。

李光地毕生最招惹物议者，莫过于他在三藩之乱中同陈梦雷的关系。全祖望所列李光地"三案"中之"卖友"一案，即缘此而生。康熙十二年十一月，吴三桂倡乱滇中，翌年三月，耿精忠遥相呼应，在福州举起叛旗。当时，李光地与同年进士陈梦雷皆以翰林院编修告假在乡。据陈梦雷称，康熙十三年，李陈二人曾

1 孟森：《明清史论著集刊》下册，《题江安傅氏近刻〈榕村续语录〉》。

在福州陈寓密谋，决意里应外合，陈出任伪职，“阴合死士以待不时之应”，李则“遁迹深山，间道通信”，以“稍慰至尊南顾之忧”[1]。此后，李光地即于十四年五月遣人上《蜡丸疏》，向清廷献攻取福建策。乱平，李光地因此而擢升内阁学士，而陈梦雷则因《蜡丸疏》中未曾具名，李光地又拒不澄清真相，反以从逆罪受审。于是陈梦雷遂揭露事情原委，将李光地“卖友”劣迹公诸朝野。这就是李光地“卖友”一案的由来。对陈梦雷的指责，李光地矢口否认，坚持《蜡丸疏》为己出，与陈梦雷毫不相干。最后，这场诉讼终以陈梦雷的流放关外而不了了之。

在《榕村续语录》中，李光地及其后人以卷十的全卷篇幅，对“卖友”一案极尽洗刷、诬枉之能事。开卷第一条本来记得很清楚，福建乱起，李光地之所以到福州见耿精忠，是“为伪官群小所逼迫”，与陈梦雷无关。然而第二条则节外生枝，嫁祸于陈梦雷，记为:“变起，而陈已戴纱帽矣。陈后以书招予……予如其言，至其家，无他语。予次日辞欲去，陈曰:‘君安得去？一入城门，门卒即有报某某进城矣。’予曰:‘奈何？’陈曰:‘且见耿王再商’。”这样，李光地的见耿精忠，便成了陈梦雷设置的圈套。可是十分奇怪，同卷末条却又弃后说于不用，将初说明确化，承认:“到福州省城，是耿精忠泉州知府王者都荐去的，逼著不许还家，只得去。”孰是孰非？如此一口两舌，翻云覆雨，实是令人无所适从。好在该书卷十五又述及往福州事，依然重申系伪官所荐，“耿王即以令箭来调”。综观上述四条，李光地康熙十三年夏的福州之行，乃是应耿精忠调令而去，实非陈梦雷所设骗局。这才是事情的真相。

至于上《蜡丸疏》一事，《续语录》为了否定陈梦雷的实际参与，于卷十第五条云:“陈则震（梦雷字——引者）至今闹不已。他临发遣时，魏环溪为大司寇，杜肇余为少司寇，则震怀中出一

1　陈梦雷：《松鹤山房文集》卷五《与李厚菴绝交书》。

纸告予说，《蜡丸》本是他做的，我删去他名字。杜最长厚，亦能穷诘他，云：‘那时老先生在福州，他在安溪，中间关津颇多，老先生有此《蜡丸稿》，如何得达与李老先生？或是他差某人来，老先生差人去，将此人指出姓名来，就可质审。’他说：‘他差人来，偶然不曾问其姓名’。”这就是说，陈梦雷连李光地所遣人员都道不出姓名，则商议疏稿便是谎言无疑。于是同条末更振振有词，不惟指出所遣家仆张诰并非与陈梦雷商议《蜡丸疏》事，而且还煞有介事地声称：“今日张诰现在此，子等可背我问之，便知其详。”气壮如牛，咄咄逼人！其实，所有这些都是经不住检验的。陈梦雷与杜臻的问答，当出李光地杜撰，所谓“今日张诰现在此”云云，则为李氏后人窜入。首先，陈梦雷不仅知道张诰的姓名，而且他所记嘱张诰转李光地诸事，并不涉前述《蜡丸疏》。这在他抵达流放地后，于康熙二十二年写给詹事府官员徐乾学的信中所述甚详，尽可驳倒《续语录》之诬枉[1]。其次，陈梦雷记与李光地商定密疏，事在康熙十三年夏，先于李光地遣张诰联络半年多。这屡见于他早年所撰《与李厚菴绝交书》，及赦罪回京后，于康熙四十四年五月所拟《沉冤未白疏》等，后先一词，毫无牴牾。《续语录》将商定密疏与遣家仆联络混为一谈，显然是在蓄意制造混乱。再次，据《续语录》卷十第二条称，张诰自陈梦雷处回，因为陈所蛊惑，遂“辞予他往”。既然家仆星散，心腹张诰亦断然出走，那么前述“张诰现在此”云云，则无从谈起。关于这一点，还可以著者嫡孙李清馥所撰《榕村谱录合考》为证。该书卷上“四十五岁”条引述《续语录》旧稿，前后文字均与今本卷十第二条同，唯独无“今日张诰现在此”至“便知其详”18字。据此，清馥之后，李氏后人对《续语录》的改窜已经昭然若揭。

1　陈梦雷：《松鹤山房文集》卷五《抵奉天与徐健菴书》。

以上所举，虽然只是择其大要，但是《续语录》中关于陈梦雷的记载，其可靠程度究竟有多少，实在大可怀疑。涉及他人的类似事例，只要过细检核，无论是在《语录》，还是《续语录》中，都不难发现。因此，我们一方面肯定《榕村语录》及其《续编》的史料价值，另一方面也认为，倘若要把书中所记引为论史依据，则应取慎重态度，以多方取证为宜。

关于乾嘉学派的几点思考

清代学术以经学为中坚，两百数十年间，最能体现此一中坚地位者，莫过于活跃在乾隆、嘉庆间学术舞台上的乾嘉学派。乾嘉学术由博而精，自成体系；乾嘉学派大师辈出，各领风骚。对此一时期的学术史，尤其是乾嘉学派进行深入研究，是一个大有作为的课题。

一　乾嘉学派的形成

清代乾隆、嘉庆两朝，无论是经学、史学、语言文字学，还是金石考古、天文历算以及舆地、诗文诸学，几乎整个知识界皆为考证学风所笼罩。高踞庙堂的程朱“正学”形同枯槁，“家家许、郑，人人贾、马”[1]，拔宋帜而立汉帜，在中国学术史上，形成了与先前的周秦子学、两汉经学、魏晋玄学、隋唐佛学和宋明理学后先比美的清代汉学。于是治学术史者遂将以考证为学的清代汉学称为乾嘉学派，因其学风为朴实考经证史，所以又有朴学之称。

乾嘉学派何以会在清代中叶形成，这是治清代学术史必须解决的问题。清朝初叶，清廷一再崇奖宋明理学中的朱子学，可是

1　梁启超：《清代学术概论》二十一。

理学却始终发展不起来,倒是与之异趣的考证学不胫而走,以致在乾隆、嘉庆之世风靡朝野而有乾嘉学派之谓。如何去解释这样的历史现象？仁者见仁，智者见智，由于视角不同而结论各异。历来谈乾嘉学派成因者，多归之于如下两个方面，即第一，清廷统治的趋于稳定；第二，冤滥酷烈的文字狱。二说皆言之有据，不为无理。唯只是停留于形成乾嘉学派外在原因的探讨，忽略了对中国古代学术自身发展内在逻辑的认识，因之尚嫌说服力不够。

中国古代学术，以儒学为主体。作为一个历史范畴，在中国古代社会发展的不同阶段，儒学又具体地表现为不同的学术形态。迄于清朝初叶，以儒学哲学化为特征的宋明理学，已经走完了它的历史路程。因而以新的学术形态去寻求古代学术的发展，便成为客观的社会现实所提出的历史课题。乾嘉时期考证学的勃兴，以至最终取代理学的地位而成为一代学术主流，并不是一个偶然的历史现象。汉宋学术在中国古代社会后期的更迭，是多方面的、错综复杂的历史因素交互作用的结果，其间存在着内在的必然逻辑。从理论思维的演进过程来看，这种内在逻辑可以溯源于清初的批判理学思潮。

顺、康之际，伴随理学的衰微，理论思维领域逐渐酝酿起同传统的理学无论在内容上，还是在方法上都不尽一致的新思潮。这一思潮发端自明末以来的实学思潮，以朴实考经证史为方法，以经世致用为宗旨，试图据以达到挽救社会危机的目的。因此在思想史上，习惯地把这一思潮称为经世致用思潮。近期以来，一些研究者又称之为实学思潮。从学术发展的实际着眼，因为明清之际的这一思潮正是理学没落的产物，具有愈益鲜明的批判理学色彩，并最终成为乾嘉汉学的先导，所以我们把它称为批判理学思潮。

清初的批判理学思潮之所以能够成为乾嘉汉学的先导，这是为其自身的内容其所反映的历史特征所决定的。批判理学思潮是一个具有两重性的思潮。一方面它以经世致用为宗旨，对理学进行批判和总结，这对于打破几个世纪以来理学对思想界的束缚，无疑是具有历史积极意义的。因此，这是一个进步性的思潮。另一方面，清初思想家对理学的批判又具有浓厚的法古倾向。由于历史的局限，在当时的中国大地上，新的生产方式尚深藏于地平线之下。他们用以批判理学的思想武器，并不是，也不可能是建立在新的经济因素之上的理论形态，而是较之理学更为古老的汉代经学。这种法古倾向，导致清初知识界在方法论上逐渐抛弃宋明理学的哲学思辨，走向了朴实考经证史的途径，从而为乾嘉学派的形成在理论思维上提供了内在的逻辑依据。

经世致用的鲜明宗旨，是决定清初批判理学思潮的性质及其历史价值的基本方面,也是使它既有别于之前的宋明理学，又不同于其后的乾嘉汉学的根本依据所在。至于朴实考经证史，则只是这一思潮中人的为学方法论而已，并不是决定其性质的主要方面。但是，随着清初历史的发展，尤其是清廷文化专制的加剧，批判理学思潮的上述两方面特征却发生了地位的转换，朴实考经证史最终成为其主要方面，而经世宗旨则继响乏人。于是经过清初诸儒对理学的批判，中国古代儒学并没有超越理学而大步前进，只是以一次“研究法的运动”[1]，走向对传统学术的全面整理和总结。迄于乾隆中叶，伴随经济的发展，社会的相对稳定，考证学终于风靡朝野，形成了中国古代社会晚期继宋明理学之后的主要学术流派——清代汉学，亦即乾嘉学派。

二　吴皖分派之商榷

乾嘉学派，惠栋、戴震齐名。因惠栋为江苏苏州人，戴震为

1　梁启超：《清代学术概论》十一。

安徽休宁人，故论者据地望名学而有吴、皖二派之分。吴、皖分野，究其立说所自，当以近代著名学者章太炎先生的《訄书》为滥觞。书中，太炎先生论清儒有云："其成学著系统者，自乾隆朝始。一自吴，一自皖。吴始惠栋，其学好博而尊闻；皖南始戴震，综形名，任裁断。此其所异也。"[1]其后，梁启超先生著《清代学术概论》、《中国近三而年学术史》再加阐发，遂成"惠、戴两家中分乾嘉学派"[2]之说。自章、梁二先生说出，前哲时贤之述乾嘉学史，吴、皖分野，俨若定论。

笔者早年读章、梁二先生书，于此深信不疑。后再读钱穆先生著《中国近三百年学术史》则发现宾四先生之所论，与章、梁二家不尽相同。在论及惠栋、戴震二大师学术时，钱先生先是云："惠、戴为当时汉学两大师，后世分言吴皖，即推溯之东原、定宇两人也。"继之对惠、戴二家学术详加考证，得出如下三点重要结论。即第一，"惠学渊源与戴学不同者，戴学从尊宋述朱起脚，而惠学则自反宋复古而来"。第二，"以徽学与吴学较，则吴学实为急进，为趋新，走先一步，带有革命之气度。而徽学以地僻风淳，大体仍袭东林遗绪，初志尚在阐宋，尚在述朱，并不如吴学高瞻远瞩，划分汉宋，若冀越之不同道也"。第三，"东原于乾隆丁丑（原注：二十二年，东原年三十五）南游扬州，识松崖于盐运使卢雅雨见曾署，自是客扬州者四年。东原论学宗旨，其时以后盖始变"。用宾四先生的话来说，就叫做："东原论学之尊汉抑宋，则实有闻于苏州惠氏之风而起也。"因此，钱先生最后断言："惠主求古，戴主求是，并非异趋。"他认为："其时不徒东原极推惠，而为惠学者亦尊戴，吴皖非分帜也。"[3]自得读钱穆先生书，

1 章炳麟：《訄书》十二，《清儒》。后经改订，题作《检论》，于"戴震"前加"江永"二字。

2 梁启超：《中国近三百年学术史》十三，《清代学者整理旧学之总成绩》。

3 钱穆：《中国近三百年学术史》第八章，《戴东原》。

吴皖分派之确否，遂蓄疑于胸。

1978年，学业中断13载之后，又得求学京城机会，师从杨向奎先生攻读清代学术史。杨先生授以旧作《谈乾嘉学派》，开篇即发论云："历来谈乾嘉学派的，总是说这一个学派有所谓吴派、皖派之分。其实，与其这样按地域来划分，还不如从发展上来看它前后的不同，倒可以看出它的实质。"[1]本拱宸师之教，1983年夏，笔者应北京师范大学历史系邀，同该系高年级年轻学人讨论清代学术，即贸然提出乾嘉学派吴皖分野说尚可商量的主张，希望引起有志者注意，加以探讨。1990年春，笔者又据中央广播电视大学与敝所合办之助教进修班安排，同来自南北各地的年轻教师论学，再度提出吴皖分派不尽合理一说。唯其间笔者尚沉潜于清初学术的董理，故此一想法久久未能形成专文，以请学术界同仁批评。同年夏，敝院近史所喻松青先生主编《清代全史》第六卷，约笔者撰《清中叶学术》一章，于是此说便撰入书稿。翌年10月，该书由辽宁人民出版社出版。适值《贵州社会科学》杂志约稿，笔者即以《乾嘉学派吴皖分野说商榷》为题撰文，在该刊1992年第7期载出。1992年冬，笔者应邀初访台湾，此说亦成为提交"清代经学研讨会"拙文的中心议题。

笔者认为，在中国学术史上，乾嘉学派活跃于18、19两个世纪的学术舞台，其影响所及，迄于20世纪中而犹存。作为一个富有生命力，且影响久远的学术流派，它如同历史上的众多学派一样，也有其个性鲜明的形成、发展和衰微的历史过程。这个过程错综复杂，跌宕起伏，显然不是用吴皖分野的简单归类所能反映的。因此，既然乾嘉学派和乾嘉学术是一个历史过程，那么梳理其间的演进轨迹，理所当然就应是我们必须把握的基本方面。而吴皖分野的主张，虽然有这样那样的历史依据，但是恰恰就是在

1　杨向奎：《谈乾嘉学派》，载《新建设》一九六四年七月号。

这样一个根本之点上，无形中掩盖了乾嘉学派和乾嘉学术的发展轨迹。所以，要把乾嘉学派的研究引向深入，认真还原其作为一个历史过程的本来面目，也就是一个可取的思路。

三　从惠学到戴学是一个历史过程

惠栋与戴震，皆为乾隆间学术大师。唯惠栋成名于乾隆初叶，而戴震崛起则已在乾隆中叶以后。就年辈而论，惠栋长戴震27岁，二人不在一个年龄层次，相去已然隔辈。而据为学言，则惠、戴两家并非对立的学派，由惠学到戴学，实为乾嘉学派从形成到鼎盛的一个缩影。

惠栋，字定宇，号松崖，江苏吴县（今苏州）人。生于康熙三十六年，卒于乾隆二十三年，终年62岁。祖周惕，父士奇，经学传家，三世相承。他早年为诸生，随父宦居广东，以工于文词著称。乾隆初，僻居苏州，课徒自给。九年，乡试被黜，从此息意仕进，潜心治《易》。同年，承父志，撰《易汉学》7卷。后又续撰《周易述》。

复原汉代《易》学，这是乾嘉学派登上学术舞台的标志。承清初黄宗羲、宗炎兄弟及毛奇龄、胡渭等人对宋儒《易》学的批判，惠栋于乾隆初率先而起，专注于汉儒《易》说的钩沉辑佚。除《易汉学》、《周易述》外，尚著有《周易本义辨证》、《易例》、《易大义》等。由《易》而《诗》、而《书》、而《春秋》，稽考所至，遍及九经。他倡言："汉经师之说，立于学官，与经并行。五经出于屋壁，多古字古言，非经师不能辨。经之义存乎训诂，识字审音，乃知其意。是故古训不可改也，经师不可废也。"[1]虽然惠氏梳理汉代经学源流未尽实录，混淆了经学中的今、古文分

1　惠栋：《松崖文抄》卷一《九经古义述首》。

野，但他的唯汉是尊，唯古是信，则在当时的学术舞台上第一次扬起了汉学之帜，成为乾嘉学派的开派宗师。诚如同时稍后著名学者钱大昕评惠氏学风所云："汉学之绝者千有五百馀年，至是而粲然复章矣。"[1]

惠栋故世，戴震崛起。戴震，字东原，安徽休宁人。生于雍正元年，卒于乾隆四十二年，终年55岁。他早年家贫，随父谋食四方。后师从名儒江永，颇知天文历算、典章制度。而于举业则甚隔膜，直至乾隆十六年始补为休宁县学生，时已29岁。3年后，避仇入京，广交纪昀、钱大昕、王鸣盛、王昶、朱筠等新科进士，以"狂生"而耸动诸人，被推为"天下奇才"[2]。

戴震初见惠栋，时在乾隆二十二年。当时，他由京中南旋，途经扬州，适逢惠栋作幕于两淮盐运使卢见曾，二人遂得结为忘年之交。惠、戴间的这次会晤，对戴震的为学影响甚巨。惠栋故世，戴震曾撰《题惠定宇先生授经图》一文以资纪念。文中，他对惠学推崇备至，有云："先生之学，直上追汉经师授受，欲坠未坠，埋蕴积久之业，而以授吴之贤俊后学，俾斯事逸而复兴。震自愧学无所就，于前儒大师，不能得所专主，是以莫之能窥测先生涯涘。"也正是在这篇文章中，戴震承惠栋训诂治经的传统，提出了他的"故训明则古经明"的著名主张。他说："故训明则古经明，古经明则贤人圣人之理义明，而我心之所同然者乃因之而明。贤人圣人之理义非它，存乎典章制度者是也。"[3]

在乾隆中叶的学术界，戴震之所以能与经学大师惠栋齐名，其根本原因不仅在于他能融惠学为己有，而且还因为他进一步把惠学与典章制度的考究及义理之学的讲求相结合，发展了惠学。戴震之于惠学，有过创造性的解释，他说："松崖先生之为经也，

1　钱大昕：《潜研堂文集》卷三九《惠先生栋传》。
2　钱大昕：《潜研堂文集》卷三九《戴先生震传》。
3　戴震：《戴震集》卷一一《题惠定宇先生授经图》。

欲学者事于汉经师之故训，以博稽三古典章制度，由是推求理义，确有据依。彼歧故训、理义二之，是故训非以明理义，而故训胡为！理义不存乎典章制度，势必流入异学曲说而不自知，其亦远乎先生之教矣。”[1]乾隆三十四年，戴震为惠栋弟子余萧客所著《古经解钩沉》撰序，重申前说道：“后之论汉儒者，辄曰故训之学云尔，未与于理精而义明，则试诘以求理义于古经之外乎？若犹存古经中也，则凿空者得乎？呜呼！经之至者道也，所以明道者其词也，所以成词者未有能外小学文字者也。由文字以通乎语言，由语言以通乎古圣贤之心志，譬之适堂坛之必循其阶，而不可以躐等。”[2]唯其如此，所以嘉庆间江藩著《汉学师承记》，在述及戴震与惠栋的关系时，曾经用了“执经问难，以师礼事之”[3]的字样。江氏之所述，显然不是没有根据的。

从惠学到戴学，有继承，也有发展。戴学之继承惠学者，为训诂治经的传统。这一传统导源于清初顾炎武的“读九经自考文始，考文自知音始”[4]，至惠栋而门墙确立。戴震一脉相承，遂成乾嘉学派为学的不二法门。离开文字训诂，乾嘉学派将失去依托。故吴、皖分野说虽注意到惠、戴为学的差异，却忽略了其间的根本共性，这就不尽合乎历史实际了。然而，戴学毕竟发展了惠学，它并不以诸经训诂自限，而只是以之为手段，去探求六经蕴含的义理，通经以明道。由至迟在乾隆二十八年完稿的《原善》3 篇，中经乾隆三十一年扩充为《原善》3 章，再于三十七年前后进行修订，相继补为《孟子私淑录》、《绪言》各 3 卷，尔后再集诸书精粹，删繁就简，区分类聚。积 20 年的努力，终于在戴震逝世前夕，完成其代表之作《孟子字义疏证》。

1　戴震：《戴震集》卷一一《题惠定宇先生授经图》。

2　戴震：《戴震集》卷十《古经解钩沉序》。

3　江藩：《国朝汉学师承记》卷二《惠周惕附惠士奇惠松崖》。

4　顾炎武：《亭林文集》卷四《答李子德书》。

以乾隆三十八年戴震奉召入京，预修《四库全书》为标志，戴学发皇，大行于世。汉学得清廷优容，大张其军，如日中天。一时朝中显贵亦附庸风雅，“皆以考博为事，无复有潜心理学者”[1]。朝野官绅，“竞尊汉儒之学，排击宋儒，几乎南北皆是矣”[2]。至此，乾嘉学派遂臻于鼎盛。

四　地域学术与学派分野

惠栋、戴震之学，卓然自立，流风所被，遍于南北，确乎一代学术宗师。以他们为代表，在当时的苏州和徽州地区，也的确存在由不同学者组成的学术群体，从而发展着各自的地域学术。治乾嘉学术史，对于地域学术的研究，自然应当加强，而按地域来划分学派，则还可商量，尤其不宜以吴、皖两派，或者说惠、戴二家来概括整个乾嘉学派。其理由主要有如下三点：

首先，从治学领域来看。譬如同样治经学，乾隆十五年，清高宗特诏内外大臣荐举经明行修之士，一时众望所归的顾栋高、陈祖范、吴鼎、梁锡玙，不唯治学各异，而且爵里亦不同。顾栋高为江苏无锡人，专治《春秋》；陈祖范为江苏常熟人，兼通群经；吴鼎为江苏金匮人，尤擅《易》学；梁锡玙则是山西介休人，亦以治《易》名。他们的年辈既早于戴震，也多先于惠栋，其为学自然不能说在惠、戴范围之中。又如同样治史学，全祖望、邵晋涵、钱大昕、章学诚等，蹊径各异，地望不同，亦非吴、皖两派所能拘囿。至于扬州名儒汪中，虽经章太炎先生归诸吴派，但他与惠栋实无师承关系，其诸子学研究尤逾越惠、戴而雄视一时。

其次，就学者的地理分布来看。乾嘉时期，苏州和徽州地区，

1　姚莹：《东溟文外集》卷一《复黄又园书》。

2　袁枚：《随园诗话》卷二。

固然出现了一批成就斐然的名儒，但是其他地区也有可以与之媲美的学者，乃至学术群体。姑不论北方的纪昀、周永年、朱筠、孔广森、翁方纲，也不论桐城大师方苞、姚鼐，即以与吴、皖毗邻的江浙而论，常州、无锡、嘉定、扬州、镇江、绍兴、余姚、宁波、杭州等等，亦是人文渊薮，学者如云。关于这一点，梁启超先生撰《中国近三百年学术史》，虽将吴、皖分野说明确化，但同时却也指出："此外，尚有扬州一派，领袖人物是焦（里堂）循、汪（容甫）中，他们研究的范围比较的广博。有浙东一派，领袖人物是全（谢山）祖望、章（实斋）学诚，他们最大的贡献在史学。以上所举派别，不过从个人学风上，以地域略事区分。其实各派共同之点甚多，许多著名学者，也不能说他们专属哪一派。"[1]梁任公先生认为当时才人辈出，不可将众多学者简单地归之于某一派别，这是很中肯的意见。

再次，就学术演进的实际状况来看。戴震学术虽为乾嘉学派臻于鼎盛的标志，但其后乾嘉学术还在继续发展，直至嘉庆、道光间，始由扬州诸儒对之做了一个辉煌的总结。乾嘉迄于道光初叶的扬州诸儒，以王念孙、王引之、焦循、阮元等为翘楚。其为学自有受戴震学术之深刻影响处，然而正是他们以各自的学术实践，将戴学扩而大之，同时也对戴学乃至整个乾嘉学术做了总结。焦循发展戴学讲义理的传统，成为嘉庆间罕有匹敌的通儒。王念孙、王引之父子则专精校勘训诂，较之戴震，实是青出于蓝而胜于蓝。阮元以一代封疆大吏而为汉学护法，他所主持编纂的《十三经注疏校勘记》、《皇清经解》，承先启后，荟萃众长，无异于清代经学的里程碑。

乾嘉时代，璀璨若群星的南北学者，争奇斗妍，并时而鸣，共同描绘了鼎盛一时的学术画卷。他们互为师友，相得益彰，其

1 梁启超：《中国近三百年学术史》三，《清代学术变迁与政治的影响》。

间本无派别之可言。强分门户，或吴或皖，实有违历史实际，我们何必要去做那种自寻紊乱的事呢？其实，以地域来区分学派，本身并不科学，与乾嘉学术发展的实际也不尽吻合，因此，我们没有理由去赞成它。笔者主张，从历史实际出发，对各家学术进行实事求是的具体研究。个中既包括对众多学者深入的各别探讨，也包括对学术世家和地域学术的群体分析，从而把握近百年间学术演进的源流，抑或能够找到将乾嘉学派研究引向深入的途径。

五　汉宋学之争与乾嘉学派的衰微

清代的汉宋学术之争，承袭宋明遗风而来。乾隆间，汉学大行，宋学几不成军。虽当汉学初起，江南文人袁枚即唱为别调，致书惠栋加以商榷，指出："足下与吴门诸士厌宋儒空虚，故倡汉学以矫之，意良是也。第不知宋学有弊，汉学更有弊。宋偏于形而上者，故心性之说近玄虚；汉偏于形而下者，故笺注之说多附会。"[1]然而势单力薄，汉学方兴未艾之势实非个人意志所能转移。尔后，面对汉学风靡，一味复古，宋学营垒中人目击其弊，亦不乏起而颉颃者。程晋芳、姚鼐、翁方纲，皆为《四库》馆臣，而指斥一时学风之弊，则异口同声。程晋芳认为："古之学者日以智，今之学者日以愚。古之学者由音释训诂之微，渐臻于诗书礼乐广大高明之域；今之学者琐琐章句，至老死不休。"因此他喟叹："海内儒家，昌言汉学者几四十年矣。其大旨谓，唐以前书皆尺珠寸璧，无一不可贵。由唐以推之汉，由汉以溯之周秦，而《九经》、《史》、《汉》，注疏为之根本，宋以后可置勿论也。呜呼！为宋学者未尝弃汉唐也，为汉学者独可弃宋元以降乎！"[2]姚鼐、翁方纲

1　袁枚：《小仓山房文集》卷一八《答惠定宇书》。

2　程晋芳：《勉行堂文集》卷一《正学论四》。

皆主张分学问为义理、考订、词章三途，力倡以义理为依归，反对专走考据一路。翁方纲指出："墨守宋儒，一步不敢他驰，而竟致有束汉唐注疏于高阁，叩以名物器数而不能究者，其弊也陋。若其知考证矣，而骋异闻，侈异说，渐致自外于程朱而恬然不觉者，其弊又将不可究极矣。"[1]姚鼐则更诋汉学为"异道"，他说："近时阳明之焰熄，而异道又兴。学者稍有志于勤学法古之美，则相率而竞于考证训诂之途，自名汉学，穿凿琐屑，驳难猥杂。其行曾不能望见象山、阳明之伦，其识解更卑于永嘉，而辄敢上诋程朱，岂非今日之患哉！"[2]

乾隆末、嘉庆初，汉学日过中天，盛极将衰，不唯宋学中人诋斥其病痛无异词，而且汉学中人于自家学派积弊亦多所反省。凌廷堪、焦循、王引之诸儒，不谋而合，此呼彼应，皆有高瞻远瞩之论。

凌廷堪为徽州戴门后学，早在乾隆五十八年夏，他即予一时学风痛下针砭，指出："读《易》未终，即谓王、韩可废。论《诗》未竟，即以毛、郑为宗。《左氏》之句读未分，已言服虔胜杜预。《尚书》之篇次未悉，已云梅赜伪《古文》。甚至挟许慎一编，置九经而不习。忆《说文》数字，改六籍而不疑。不明千古学术之源流，而但以讥弹宋儒为能事，所谓天下不见学术之异，其弊将有不可胜言者。"[3]焦循随之而起，力辨考据名学之非，他说："近之学者，无端而立一考据之名，群起而趋之。所据者汉儒，而汉儒中所据者，又唯郑康成、许叔重。执一害道，莫此为甚。"[4]焦循尤其不赞成以考据补苴来代替经学研究，一如凌廷堪之所为，他亦假梳理一代经学源流，以鞭挞一时学风病痛。焦循就此写道：

---

1 翁方纲：《复初斋文集》卷一一《与曹中堂论儒林传目书》。

2 姚鼐：《惜抱轩全集·文后集》卷十《安庆府重修儒学记》。

3 凌廷堪：《校礼堂文集》卷二三《与胡敬仲书》。

4 焦廷琥：《先府君事略》，载《焦氏遗书》附录。

> 本朝经学盛兴，在前如顾亭林、万充宗、胡朏明、阎潜丘。近世以来，在吴有惠氏之学，在徽有江氏之学、戴氏之学。精之又精，则程易畴名于歙，段若膺名于金坛，王怀祖父子名于高邮，钱竹汀叔侄名于嘉定。其自名一学，著书授受者，不下数十家，均异乎补苴掇拾者之所为。是直当以经学名之，乌得以不典之称之所谓考据者，混目于其间乎！[1]

王引之致书焦循，唱为同调，有云："惠定宇先生考古虽勤，而识不高，心不细，见异于今者则从之，大都不论是非。说《周礼》丘封之度，颠倒甚矣，他人无此谬也。来书言之，足使株守汉学而不求是者爽然自失。"[2]

继惠、戴之后，凌、焦、王皆一时经学大儒。以汉学俊彦而群起批评一己学派之弊短，说明一个学术转变的新时期已经来临。当此风气转换之际，惠栋的再传弟子江藩，独坚守汉学壁垒，鼎力撑持，且以他为一方，演为空前激烈的汉宋学术之争。

江藩，字子屏，号郑堂，晚号节甫，江苏甘泉（今扬州）人。生于乾隆二十六年，卒于道光十一年，终年 70 岁。他自幼长于苏州，先后师从一方经师余萧客、江声。余、江皆惠栋弟子，江藩朝夕相随。尤其是问学江声之后，研读经史《说文》，究心音韵训诂，探源象数制度，颇能传惠氏之学。16 岁即习作《尔雅正字》，后又承惠栋遗志，撰为《周易述补》。嘉庆中，发愿总结一代学术史，相继完成《国朝汉学师承记》并附《国朝经师经义目录》及《国朝宋学渊源记》。

《国朝汉学师承记》凡 8 卷，始撰于嘉庆十五年，十七年稿成，二十三年，得两广总督阮元赞助并撰序刊行。全书依汉代儒

1 焦循：《雕菰楼集》卷一三《与孙渊如观察论考据著作书》。

2 王引之：《致焦里堂书》，载《焦氏遗书》卷首。

林家法为楷模，采取人物传记汇编的形式，合清初迄嘉庆间经师为一堂，以记录一代经学源流。著者鄙夷理学，崇尚经学，推崇汉儒，认为清代经学实是汉代儒学的复兴，因而称清学为汉学。在他看来，汉以后的经学，一坏于东西晋的清谈，再坏于南北宋的理学，至元、明而颓然不振。直到康熙中叶以后，苏州惠氏祖孙之学挺生，皖南江永、戴震诸家继起，始成汉学昌明的局面。于是本此认识，全书上起清初黄宗羲、顾炎武，下讫嘉庆间尚健在的顾广圻、刘逢禄等，将一代汉学诸儒统为一编，共著录清代前期经师凡 111 人。

《国朝宋学渊源记》凡 3 卷，体例一仍《汉学师承记》，合一代理学诸儒于一堂，以记录入清以来理学源流。书成于道光初，七年刊行。所录以“或处下位，或伏田间”者为主，一代理学名臣汤斌、魏象枢、李光地、陆陇其等，皆以官修史书有传而不载。黄宗羲、顾炎武、张尔岐等，亦因见于《汉学师承记》而从略。全书或人自为传，或数人合编，共著录一代理学诸儒 50 人。

江藩的以汉宋两家将儒学判然中分，心存轩轾，扬汉抑宋，虽得封疆大吏阮元为后盾，但汉学颓势已成，不可逆转。《师承记》稿成之初，龚自珍即就“汉学”一语致书商榷，认为：“本朝自有学，非汉学。有汉人稍开门径而近加邃密者，有汉人未开之门径，谓之汉学，不甚甘心。”[1] 在历陈十条质疑之后，他建议江藩改书名为《国朝经学师承记》。江书问世，姚鼐高足方东树针锋相对，撰为《汉学商兑》痛加攻驳。汉宋学术之争，形同水火，不共戴天。

方东树，字植之，晚号仪卫老人。安徽桐城人。生于乾隆三十七年，卒于咸丰元年，终年 80 岁。清初以来，桐城学者多以古文词名世，自康熙迄乾隆、嘉庆间，方苞、刘大櫆、姚鼐，后先

---

1 龚自珍：《定庵文集补编》卷三《与江子屏笺》。

相继，自成一派。方东树少承家学，濡染一方风气，步趋姚氏，究心古文。中年以后，专意理学，宗主程朱，于乾嘉间考据学风多所批评。嘉庆末，应两广总督阮元聘，南下广州，与修《广东通志》。时值江藩《汉学师承记》刊行，方氏于其扬汉抑宋深致不满，遂撰《汉学商兑》驳诘。

《汉学商兑》结撰之初，方东树曾致书阮元，送请审阅，试图争取支持以便刊行。结果求非其人，因学术主张不合而未能如愿。道光六年，阮元奉调离粤，方东树修订初稿，遂将阮元亦列为抨击对象，于道光十一年刊行。全书凡 3 卷，仿照朱熹《杂学辨》体例，选取汉学中人主要学术主张，逐一加以辨析驳难。凡经江藩《师承记》所表彰者，书中皆指疵纠缪，大张挞伐。不唯毛奇龄、阎若璩、戴震、惠栋诸汉学中人首当其冲，而且锋芒所向，由清初顾炎武、黄宗羲、万斯同而上，直刺明儒杨慎、焦竑，乃至宋儒黄震。著者认为清代汉学中人立异程朱，唯汉是信，于学术和世风危害甚大，“名为治经，实足乱经；名为卫道，实则叛道”[1]。对于汉学中人所标榜的“实事求是”之学，书中则以其沉溺故纸、脱离实际而加以否定。方氏就此指出：

> 汉学诸人，言言有据，字字有考，只向纸上与古人争训诂形声。传注驳杂，援据群籍，证佐数百千条。反之身己心行，推之民人家国，了无益处，徒使人狂惑失守，不得所用。然则虽实事求是，而乃虚之至者也。[2]

于是推尊程朱，表彰宋儒，以宋学取汉学而代之，遂成全书归宿所在。著者就此强调：“程朱之道与孔子无二，欲学孔子而舍

1 方东树：《汉学商兑》卷首《自序》。

2 方东树：《汉学商兑》卷中之上。

程朱，犹欲升堂入室而不屑履阶由户也。”[1]

嘉庆、道光之际，国家多故，世变日亟，清王朝已经衰象毕露。时势在变，学风亦随之而变，今文经学若异军突起，汉学考据渐失昔日盛势而趋向偏枯。至道光中叶，以方东树的全面攻驳汉学为标志，清代学术终在愈演愈烈的汉宋之争中翻过了乾嘉学派的一页。

1 方东树：《汉学商兑》卷上。

扬州诸儒与乾嘉学派

扬州为运河枢纽，大江东去，运河纵流，明代以来，这里一直是两淮盐运使官署所在地。入清之初，虽罹兵燹，疮痍满目，但自康熙中叶以后，百废俱兴，经济复苏。便利的交通，富庶的经济，使之成为人文荟萃、商旅辐辏之区。有清一代学术，扬州诸儒皆耕耘其间，由陈厚耀、王懋竑，迄刘文淇、刘师培，后先接武，名家辈出，占有一席重要地位。其中，尤以清代中叶诸大师，总结既往学术，开启晚清先路，贡献最称卓著。将此一时期的扬州地域学术作为解剖对象，通过论究诸大师为学的历史个性，对于深化乾嘉学派和乾嘉学术的研究，无疑是有重要意义的。

一　汪中的先秦诸子研究

乾隆中叶以后的扬州诸儒，接受惠栋、戴震之学影响且卓然成家者，当首推汪中。

汪中，字容甫，扬州府属江都人。生于乾隆九年，卒于乾隆五十九年，终年 51 岁。他自幼丧父失学，随寡母茹苦含辛，备受煎熬。由于生活所迫，自 14 岁起，即受雇于书商。贩书之余，他从学于其父生前友好，浏览经史百家，尤喜为诗，藉以写状孤贫之境。乾隆二十八年，初应童子试，取得附学生员资格。时年 20 岁。此后，他作幕四方，卖文为生，常年往来于大江南北，浙水东西。乾隆四十二年选为拔贡生后，以患怔忡之症而绝迹科场，专意于《述学》一书的撰写。后应聘校勘文宗、文澜二阁入藏《四库全书》，因心脏病猝发逝世于杭州校书处。

乾隆中叶以后的思想界，戴震、章学诚、汪中若三峰鼎峙。从形式上看，三家学虽不尽相同，但实事求是，殊途同归，都力图以各自的学术实践去开辟一时为学新路。戴震从文字训诂入手，以阐发经籍义理为归宿，承先启后，卓然大家。章学诚别辟蹊径，究心史学义例、校雠心法而独树一帜。汪中则以其对先秦子学的创造性研究，领异立新，雄视一时。

春秋战国间，儒墨名法，百家争鸣，在我国古代学术史上，写下了诸子之学并肩媲美的一页。西汉初，罢黜百家，独尊儒术，沿及魏晋六朝，经学盛而子学微。经历唐宋元明，佛学、理学，盛衰更迭，尤其是宋明数百年间，理学一统，诸子百家形同异端。迄于明清之际，在对理学积弊的反省之中，傅山、王夫之、顾炎武诸大师重理子学，傅山更以其经子并尊之说而开一代子学复兴先河。乾隆初，古学复兴，以《四库全书》开馆为标志，对传统学术的全面整理和总结成为一时风气。汪中的子学研究，就是在此一背景之下应运而生的。

汪中之于子学，最先致力的是《荀子》。乾隆四十一年，他幕居南京，与安徽歙县著名学者程瑶田定交。从瑶田处，他得知戴震学术大要，于是接踵戴震对荀子学说的董理，与同时学者王念孙、卢文弨等唱为同调，治戴学而兼及《荀子》。汪中治《荀子》从校勘始，自当年二月至五月，将全书大体校核一遍。后即据校勘所得，撰为《荀卿子通论》一篇，并制成《荀卿子年表》一部。当时，校勘《荀子》者虽不止汪中一家，但敢于肯定荀学为孔学真传，则应属汪中首倡。自宋代理学家推尊孟子“性善”之说，斥荀子“性恶”说为异端，扬孟抑荀，历数百年而不改。汪中以对旧学的批判精神，博稽载籍，提出了富有个性的见解。

据汪中考订，荀子之学源自孔子高足子夏、仲弓，其学以礼见长，兼善《周易》，对于儒家经典的流传，其承先启后之功，尤不可没。他指出，《毛诗》、《鲁诗》、《左氏春秋》、《穀梁春秋》，皆传自荀子，《礼经》则是荀子的支流馀裔，而《韩诗》亦无异于“荀卿别子”。因此他断言:“自七十子之徒既殁，汉诸儒未兴，中更战国、暴秦之乱，六艺之传赖以不绝者，荀卿也。”汪中以一个学术史家的识见，勾勒出他心目中的先秦儒学统绪，这就是:“周公作之，孔子述之，荀卿子传之，其揆一也。”[1]

汪中的《荀子》研究，虽草创未精，以致某些立论贻后世以“武断”之讥，但为他所得出的“荀卿子之学出于孔氏，而尤有功于诸经”的结论，则是不可推翻的。他的研究所得，与同时学者钱大昕、王念孙等对《荀子》“人之性恶，其善者伪也”一语的辨证，异曲同工，互为声援，于一代《荀子》学术的复兴，皆有摧陷廓清之功。

继《荀子》之后，汪中又致力于《商子》、《老子》、《晏子春秋》、《贾谊新书》、《墨子》等诸家学说的研究。其中，尤以《墨子》研究历时最久，用力最勤，创获亦最多。

在我国古代学术史上，自儒学于西汉间取得独尊地位以来，同《荀子》相比，《墨子》的遭遇就更其不公。《荀子》之被视作异端，毕竟是宋代理学勃兴以后的事情，而《墨子》则早在孟子的时代，即已与杨朱并斥，诋为“无父”，声称“杨墨之道不息，孔子之道不著。”唯其如此，汉初，墨学已告衰微，迄于魏晋，则几成绝学。宋明之世，孟子以“亚圣”高踞庙堂，他对墨学的诋斥，经程颐、朱熹表彰而成为儒家经典的构成部分。于是视墨学为异端邪说，众口一词，俨若不可推翻的铁案。承清初诸儒对墨学的阐幽发覆，汪中以求实存真的批判精神，对历史进行

1　汪中：《述学》补遗，《荀卿子通论》。

实事求是的考察，终于还原了先秦时代儒墨并称“显学”的历史真实。

兼爱，这是墨学的一个重要主张，也是孟子据以否定墨子的把柄所在。汪中即由此入手，辨明是非。他首先论证兼爱与“先王制为聘问、吊恤之礼，以睦诸侯之邦交者”实无不同，进而指出：“彼且以兼爱教天下之为人子者，使以孝其亲，而谓之‘无父’，斯已过矣。”同时，于杨、墨并举之说，汪中亦断然否定，他说：“历观周、汉之书，凡百馀条，并孔墨、儒墨对举。杨朱之书，唯贵放逸，当时亦莫之宗，跻之于墨，诚非其伦。”[1]

在为墨子辨诬的基础之上，汪中进而阐明了他的墨学观。汪中认为，墨子之学是旨在救世的仁人之学。在他看来，从学以经世这个意义上说，儒墨两家虽然“不相为谋”，但“其意相反而相成”，其间无所谓正统与异端之别。至于墨子之攻驳孔子，他认为这在春秋战国间不足为奇，“诸子百家，莫不如是”。因此，断不能以之作为诋诬墨子的罪名。汪中引《吕氏春秋》的《去私》、《尚德》二篇和《韩非子》的《显学篇》为证，指出在先秦诸子中，唯有儒家足以同墨子相抗衡。他说：“自墨子殁，其学离而为三，徒属充满天下。”儒、墨并称“显学”，这才是当时学术界的本来面目。

汪中的墨子研究，洋溢于其间的批判精神，在乾隆后期严酷的文化专制之下，显然是不能见容于世的。因此，还在汪中生前，便遭到内阁学士翁方纲的猛烈抨击，詈之为“名教之罪人”，主张“褫其生员衣顶”。[2]而素以识力自负的章学诚，也与翁方纲沆瀣一气，在汪中逝世不久，即撰文肆意讥弹，诋其墨子研究为“好诞之至”，且斥汪中学“不知宗本”，“大体茫然”。[3]

1　汪中：《述学》内篇三，《墨子序》。

2　翁方纲：《复初斋文集》卷一五《书墨子》。

3　章学诚：《文史通义》（遗书本）外篇一，《述学驳文》。

平心而论，尺短寸长，学有专攻，章、汪学术，蹊径各异，未可轩轾。然而汪中的子学研究，能以反传统的批判精神和实事求是的为学态度，道人之所不能道，言人之所不敢言，这在当时不仅需要足够的理论勇气，而且更要具备过人的学术见识。章学诚攻其一点，不及其余，竟统而訾之为“大体茫然”，显然失之轻率。章、汪二人交恶，是乾嘉学术史上的一桩旧案，前哲时贤多有理董。其实，他们之间的分歧，固然有个人恩怨，也有旧时代读书人的痼疾作祟，但是之所以酿成唇枪舌剑，直至“竟欲持刀抵舌锋”，恐怕还有深层的原因。汪中的墨子研究，恰好透露了个中消息。质言之，一个要尽力维护纲常名教，一个则公然蔑视儒家经典，敢于向其挑战，这或许才是问题的症结所在。

二 焦循的易学特质

清代的扬州经学，开风气于康熙、雍正间。泰州陈厚耀，穷究天文历算，接武宣城梅文鼎；宝应王懋竑，精研朱熹学术，撰写《朱子年谱》并《考异》十卷，以经学醇儒为天下重。乾隆朝六十年间，高邮王念孙、贾稻孙、李惇首倡于前，宝应刘台拱、江都汪中，兴化任大椿、顾九苞相继而起，后先辉映，蔚成大观。至焦循出，终以通儒而结成硕果。

焦循，字理堂，一字里堂，晚号里堂老人，扬州府属甘泉人。生于乾隆二十八年，卒于嘉庆二十五年，终年 58 岁。他早年为诸生，攻举子业，习诗古文。科场角逐，叠经颠踬，至嘉庆六年举乡试，时已 39 岁。翌年入都会试，再遭落第。不堪举业蹉跎，自此绝意仕进，托疾不出，蛰居于所葺雕菰楼中，以著述授徒终老乡里。其学博大通达，天文数学、经史艺文、音韵训诂、性理词章、地理方志、医药博物，广为涉足，多所专精。一生所著甚富，卷帙之积，几近 300 卷。其中，尤以《里堂学算记》、《易学三书》、《孟子正义》享盛名于学术界，一时有“通儒”之称。

焦循早年，得一方经学风气熏陶。乾隆四十四年，与讲求经学的同窗顾凤毛结为友好，时年17岁。凤毛为著名经师顾九苞之子，承其家学，每有论说，多精核简要，极为焦循所叹服。两年后，焦循以攻治《毛诗》开始了他的经学研究。乾隆五十二年，顾凤毛将家藏《梅氏丛书》赠与焦循，勉励道："君善苦思，可卒业于是也。"[1]从此，焦循究心梅文鼎遗著，转而研讨数学。

在中国古代，数学为经学附庸，经师而兼治数学，历代皆然。入清以后，梅文鼎、王锡阐、薛凤祚等，就都是以经师而精研数学的名家。到乾嘉学派崛起，江永、戴震、钱大昕等著名经学家，也同时以精于数学名世。戴震在《四库全书》馆所辑校《算经十书》，钱大昕所撰《三统术衍》及《廿二史考异》中于历代《历律志》的补阙正讹，皆是一时引人注目的佳作。焦循继承此一传统，在迄于嘉庆六年的十余年间，从钻研梅氏遗著入手，会通中西，撰写了一批富有成果的数学著作。后汇为《里堂学算记》刊行，成为此一时期数学成就的总结。

在致力于数学研究的同时，焦循还究心《三礼》，撰写《群经宫室图》上下31篇。他又将诠释《毛诗》旧稿六度改易，订为《毛诗鸟兽草木虫鱼释》11卷。这两部著述同他的数学诸作一道，成为焦循步入乾嘉之际学术界的成名作品。如果说数学研究之所得，使焦循在人才如云的乾嘉学术界赢得了一席地位，那么他的《周易》研究，则使之卓然名家，一跃而跻身领先行列。

清代的《周易》研究，经过清初诸《易》学大师对宋儒《易》学的批判，迄于乾隆初叶，惠栋撰《易汉学》、《周易述》，考明古义，表彰汉《易》，已渐向复兴汉《易》一路走去。张惠言继起，专宗虞翻《易》说，推出《周易虞氏义》、《虞氏消息》诸

1　焦廷琥：《先府君事略》，载《焦氏遗书》附录。

书，孤家绝学，大明于世。水到渠成，一呼百应，究心汉《易》遂成一时《易》学主流。风气既成，“唯汉是求”声浪由《易》学推扩，迅速席卷整个经学研究和知识界。历史地看来，中国古代经学，由汉唐注疏演为宋明义理，是一个必然的发展过程。这个过程是历史的进步，而非倒退，理所当然应予肯定。宋儒治经，固有武断臆解之失，因而通过对传统经典的整理和总结，实事求是地还儒家典籍以本来面目，就是一桩很有必要的工作。但是唯古是信，唯汉是求，专以儒家经典疏解的还原为务，则未免失之矫枉过正。

有鉴于此，焦循对“惟汉是求而不求其是”的倾向进行了批评。他认为，乾嘉之际弥漫于学术界的汉学之风，“述孔子而持汉人之言，惟汉是求而不求其是，于是拘于传注，往往扞格于经文。是所述者汉儒也，非孔子也”。对于当时汉学诸家治经的蓄义贬抑宋儒，焦循提出了尖锐的质疑，指出:“唐宋以后之人，亦述孔子者也，持汉学者或屏之不使犯诸目，则唐宋人之述孔子，岂无一足征者乎？学者或知其言之足徵，而取之又必深讳其姓名，以其为唐宋以后之人，一若称其名，遂有碍乎其为汉学者也。噫，吾惑矣！”[1]

焦循治经，一反盲目尊信汉儒的积弊，力倡独立思考，提出了“证之以实而运之于虚”的方法论。他说:“经学之道，亦因乎时。汉初，值秦废书，儒者各持其师之学。守之既久，必会而通，故郑氏注经，多违旧说。有明三百年来，率以八股为业，汉儒旧说，束诸高阁。国初，经学萌芽，以渐而大备。近时数十年来，江南千馀里中，虽幼学鄙儒，无不知有许、郑者，所患习为虚声，不能深造而有得。盖古学未兴，道在存其学；古学大兴，道在求其通。前之弊患乎不学，后之弊患乎不思。证之以实而运之于虚，

1　焦循：《雕菰楼集》卷七《述难四》。

庶几学经之道也。”[1]何谓“证之以实而运之于虚”？用焦循的话来说，就是“博览众说，各得其意，而以我之精神气血临之”[2]。这种精神，一言以蔽之，即学求其是，贵在会通。焦循的《易》学研究，正是这种治经精神的集中反映。

治《易》为焦循家学，其曾祖源、祖镜、父葱，世代相守。其父且兼得岳家王氏说《易》之法，还在焦循14岁时，便给他提出了读《易》的一个值得注意的问题。即为什么“密云不雨，自我西郊”的语句，既见于《小畜》，又见于《小过》。此后，他受这一问题启发，进而探讨“号咷”之再见于《同人》、《旅》；《蛊》、《巽》二卦的重复出现“先甲”、“后甲”、“先庚”、“后庚”；《明夷》、《涣》二卦同有“用拯马状，吉”诸现象。然而历时近30年，四处请教，遍求说《易》之书，终百思而不得其解。嘉庆七年会试落第，决意专力治《易》。自十五年起，更摒除一切外务，潜心《易》学，终于在三年之后，陆续完成了他的《易学三书》，即《易通释》、《易图略》、《易章句》。当三书中的最后一部《易章句》于嘉庆二十年脱稿誊清，焦循时已年逾半百。

在《易》学园囿中，焦循辛勤耕耘数十年。始究程颐、朱熹，渐探服虔、郑玄，自汉魏以来，历唐宋元明，迄于当代惠栋、张惠言诸家，凡说《易》之书，皆摘其精要，记录于册。然后运用其先前数学研究之所得，“以数之比例，求《易》之比例”[3]。同时，又将文字训诂学中的六书假借、转注诸法引入《易》学。终于摆落汉宋，自成一家。焦循说《易》，不赞成朱熹将《周易》视为卜筮之书的界定，将《易》定性为“圣人教人改过之书”。[4]由

1 焦循：《雕菰楼集》卷一三《与刘端临教谕书》。

2 焦循：《里堂家训》卷下。

3 焦循：《易通释》卷首《自序》。

4 焦循：《易通释》卷一。

此出发，他既否定了宋儒的先天《易》学，同时也不取汉儒的纳甲、卦气诸说，而是通贯经传，一意探求卦爻变化的“比例”。焦循将《周易》卦爻的推移法则总结为三条，即旁通、相错、时行。三者的核心，则在变通。他说：“能变通则可久，可久则无大过，不可久则至大过。所以不可久而至于大过，由于不能变通。变通者，改过之谓也。……舍此而言《易》，岂知《易》哉！”[1]这样的变通，其归宿就在于通过《周易》的讲求，达到“己所不欲，勿施于人”的和谐境界。

焦循的《易》学研究，通贯经传固是其所长，而混淆经传也是其所短。他忽略了《周易》经传非一时一人所作这样一个基本认识，加以历史的局限，又过分尊信《周易》为伏羲、文王、周公、孔子“四圣人”之作。因而他的治《易》三法，未免先入为主，多有牵强附会之失。但是会通汉宋，独抒心得，对学术真理的追求，其精神则是可贵的。焦循实事求是的治经精神，不仅体现于他的《易》学研究，而且也贯穿在群经补疏之中。诸如力排众议，肯定王弼《易》注的价值，认为《尚书》伪孔传可据以研究魏晋间经学等，皆不失为通达持平之论。焦循学求其是，贵在会通的经学思想，是对乾嘉汉学的一个批判性总结。它标志着汉学的鼎盛局面已经结束，以会通汉宋去开创新学风，正是历史的必然。

三　高邮王氏父子对乾嘉学术的总结

晚近著名学者王国维先生论清代学术，有一段言简意赅的归纳，他说：“国初之学大，乾嘉之学精，而道咸以来之学新。”[2]王

1　焦循：《易图略》卷三。

2　王国维：《观堂集林》卷二三《沈乙庵先生七十寿序》。

先生以一个“精”字来概括乾嘉学术，实为得其肯綮。乾嘉学术，由博而精，专家绝学，并时而兴。惠栋、戴震之后，最能体现一时学术风貌，且以精湛为学而睥睨一代者，当属高邮王念孙、王引之父子。

王念孙，字怀祖，号石臞，扬州府属高邮人。生于乾隆九年，卒于道光十二年，终年 89 岁。其子引之，字伯申，号曼卿，卒谥文简。生于乾隆三十一年，卒于道光十四年，终年 69 岁。

高邮王氏，为仕宦之家。念孙父安国，以雍正二年进士，官至吏部尚书。念孙则以乾隆四十年进士，历官工部主事、陕西道御史、吏科给事中。引之一如父祖，以嘉庆四年进士，官至吏部尚书。王门祖孙，既以官显，亦以学著，史称:“国朝经术，独绝千古。高邮王氏一家之学，三世相承，自长洲惠氏父子外，盖鲜其匹云。”[1]念孙早年，随父宦居京城，10 余岁即遍读经史，为学根柢奠立甚厚。乾隆二十年前后，戴震避仇入京，王安国聘入家塾，课督念孙。日后念孙父子之为学，即承戴东原而进，发扬光大，卓然名家。王念孙著《广雅疏证》、《读书杂志》，王引之著《经义述闻》、《经传释词》，合称“王氏四种”，博大精微，海内无匹。

王氏父子之学，以文字音韵最称专精。在我国古代学术史上，文字音韵学本为经学附庸，乾嘉诸儒治经，讲求文字训诂，奉“读九经自考文始，考文自知音始”为圭臬，风气既成，共趋一途，终使附庸而蔚为大国。

王念孙初从戴震受声音文字训诂，于《尔雅》和《说文解字》多所用功。本拟各撰专书，后见邵晋涵《尔雅正义》、段玉裁《说文解字注》疏解甚善，遂转治三国魏人张揖著《广雅》，撰为《广雅疏证》32 卷。念孙结撰此书，日以三字为程，历 10 年而始成。

1 《清史列传》卷六八《王念孙》。

著者认为："训诂之旨，存乎声音。字之声同声近者，经传往往假借。学者以声求义，破其假借之字而读以本字，则涣然冰释。"[1]于是博采《仓》、《雅》古训，就古音以求古义，引伸触类，多发义例于《尔雅》、《说文》之外。书成，一时学者多所折服。阮元取与张氏原书及惠、戴二家所著比较，评为"藉张揖之书以纳诸说，实多张揖所未及知者，而亦为惠氏定宇、戴氏东原所未及"[2]。

王引之秉过庭之训，从古音以明古义，与其父唱为同调。所撰《经传释词》十卷，知难而进，专意搜讨经传虚词，比类而观，寻绎义例，于后世读古文者，确有涣然冰释之效。阮元于此书极意推崇，惊叹"恨不能起毛、孔、郑诸儒而共证此快论也"[3]。

乾嘉学派之于音韵学，因系为治经服务，故沿袭清初顾炎武所开路径，不取宋儒叶韵说，专就上古音韵作深入研究，以还经籍原貌。所以一时经师之音韵学成就，主要表现为对古韵部类的离析。顾炎武的《音学五书》，在宋人郑庠以六部分类的基础上，分古韵为 10 部。江永继起，著《古韵标准》，则作 13 部。段玉裁虽为戴震弟子，但于古韵离析则有出蓝之获，所著《六书音韵表》，更加密作 17 部。戴震受其启发，援段说入《声类表》，增作 18 部。至王念孙、王引之父子崛起，则依据《诗经》，博及经传、楚辞之韵，析作 21 部。其中，于支、脂、之三部之分，固为段玉裁《六书音韵表》所见及，而分至、祭、盍、辑为四部，则是段书所未及。同时人江有诰不谋而合，所著《诗经韵读》、《群经韵读》、《先秦韵读》，亦析古韵为 21 部。有此愈阐愈密的古韵离析，宋人叶韵说不攻自破，不唯改经之弊失其依托，且读先秦古籍亦不致因训诂不明而生歧解。晚近学者治古音学，虽有章太炎 23 部、黄侃 28 部之分，但加详而已，终未能出王氏父子

1 王引之：《经义述闻》卷首，《序》引述王念孙语。

2 阮元：《王石臞先生墓志铭》，载《清代碑传集补》卷三九。

3 阮元：《揅经室一集》卷五《王伯申经传释词序》。

之所得。

乾嘉时代，校勘、辑佚之学空前发皇。在中国古代学术史上，运用校勘辑佚于学术研究，并不自乾嘉诸儒始，然而如同乾嘉学派中人的视之为专门学问而蔚成风气，甚至作为一种个人的学术事业，竭毕生心力于其中而不他顾，则是没有先例的。由于好尚相同，用力专一，因而乾嘉诸儒在古籍整理上取得了很大成绩。在这方面，王氏父子以其精湛的校雠学造诣，贡献尤为卓著。

王念孙所著《读书杂志》82卷，为其一生治学精粹之汇辑。其间所精心校勘者，博及子史词章，计有《逸周书》、《战国策》、《史记》、《汉书》、《管子》、《荀子》、《晏子春秋》、《墨子》、《淮南子》、《汉隶拾遗》、《后汉书》、《庄子》、《老子》、《吕氏春秋》、《韩非子》、《法言》、《楚辞》、《文选》等十余家。凡古义之晦误，历代之妄改，在王念孙笔下，皆旁征博引，一一是正。书出，遂以其原原本本，多可据依而成为一代校勘学名著。王引之著《经义述闻》32卷，亦系毕生心力所萃，历时数十年始成完书。其书阐发庭训，断制精审，凡为历代儒林中人所误解者，无不旁征曲喻，而得其本义之所在。引之此书，与其父《读书杂志》若双璧辉映，并称校雠名著。

若专就先秦子书的校雠而言，王氏父子承乾嘉诸儒矩矱，于《荀子》、《墨子》、《管子》三书用力尤勤，所获亦甚巨。

《荀子》32篇，旧有唐人杨倞注，宋明间皆有校刻本，但讹夺不少，有待整理。乾隆中叶以后，王念孙与汪中、卢文弨等共治荀学，开乾嘉诸儒治荀学的先路。后江苏学政谢墉得卢文弨助，校刻《荀子笺释》刊行。至此，《荀子》一书始有善本。卢、谢书出，复经王念孙、顾广圻、郝懿行、刘台拱诸人理董，拾遗补阙，是正文字，荀学始渐复兴。

《墨子》一书，据《汉书·艺文志》载，原有71篇，今存53篇。旧有唐人乐台注，久佚。宋明间虽有刻本，但“阙文错简，无可校正，古言古字，更不可晓”[1]，墨学几成绝学。乾隆中叶以后，汪中、卢文弨、孙星衍、毕沅等人皆治墨学。毕沅集诸家之得，于乾隆四十八年成《墨子注》16 卷刊行。尔后，顾广圻、王念孙等续事校勘训释，于是汉晋以降，潜沉两千年的墨学渐趋复兴。同《荀子》、《墨子》相比，《管子》文字古奥，错简误字，问题更多，“讹谬难读，其来久矣”[2]。书凡 24 卷，原作 86 篇，今存 76 篇。旧有唐人房玄龄注，一题尹知章注，唯牴牾甚多，几不可卒读。嘉庆间，王念孙、王引之父子与孙星衍、洪颐煊等皆潜心于《管子》校勘。洪颐煊据王、孙二家所校，先成《管子义证》8 卷。其后，王念孙续加校补，成《读管子杂志》24 卷，录入所著《读书杂志》中。念孙书出，《管子》理董，风气渐开。晚清，终于演成子学复兴的局面。

四　阮元与《皇清经解》

在乾嘉学派的总结阶段，扬州大儒阮元，以封疆大吏而究心学术，振兴文教，俨然一时学坛主盟。为他所主持编纂的《皇清经解》，将清代前期主要经学著作汇聚一堂，成为近 200 年间经学成就的一个集萃。阮元亦以之对乾嘉学派和乾嘉学术做了一个辉煌的总结。

阮元，字伯元，号云台，一号芸台，又号雷塘庵主，晚号颐性老人，卒谥文达，扬州府属仪征人。生于乾隆二十九年，卒于道光二十九年，终年 86 岁。乾隆五十四年进士，以翰林院编修，历仕乾隆、嘉庆、道光三朝。外而累官山东、浙江学政，浙江、江西、河南巡抚，漕运、湖广、两广、云贵总督，内而叠任詹事

1　俞樾：《墨子序》，载孙诒让：《墨子闲诂》卷首。
2　戴望：《管子校正》卷首《凡例》。

府詹事、都察院都御史、诸部侍郎、尚书等，道光十八年，以体仁阁大学士告老还乡。晚节自重，著述以终。

阮元幼承家学，其父承信，熟悉史籍，究心《资治通鉴》，教以“读书当为有用之学，徒习时艺无益也”。后相继问学于乔椿龄、李道南，乔、李皆通经术，为一方特立独行之儒。家学师教，确立了阮元早年的为学藩篱。自乾隆四十五年起，他在扬州及京城陆续结识经史学家凌廷堪、邵晋涵、王念孙、任大椿等，为一时学术风气习染，训诂治经，终身不改。

乾隆末，阮元初入翰林院，即奉敕编《石渠宝笈》，校勘石经。出任山东学政，留意金石碑刻，主持纂修《山左金石志》。嘉庆初，奉调浙江，倡议并主持编纂《经籍籑诂》、《畴人传》、《淮海英灵集》、《两浙輶轩录》、《两浙金石志》、《十三经校勘记》、《经郛》、《皇清碑板录》诸书，立“书藏”于杭州灵隐云林寺。创建诂经精舍，集两浙有志经学者于其中，风厉实学，作育人才，于一时书院建设影响甚大。他还汇编汉学著述，辑刻《文选楼丛书》。又集《四库全书》未收诸书，主持撰写《四库未收书目提要》。十五年，再入翰林院，兼任国史馆总辑，创编《儒林》、《文苑》二传，开整理当代学术史风气之先声。十九年，巡抚江西，刊刻宋本《十三经注疏》。嘉庆末、道光初，总督两广，沿诂经精舍规制，创学海堂，提倡经史，表率一方。且主持重修《广东通志》，编写《粤东金石略》、《两广盐法志》，赞助刊行《国朝汉学师承记》，辑刻《皇清经解》、《江苏诗徵》等。移节云贵，又有编纂《云南通志》之举。

阮元博学多识，尤长考证。一生为学以研治经学为主，博及史学、金石、考古、方志、谱牒、舆地、天文、历法、数学、音韵、文字、目录、诗文诸学。著述弘富，多达30余种，数以百卷计。除前述主持编纂诸书之外，主要著述尚有《三家诗补遗》、《考工记车制图解》、《曾子注释》、《诗书古训》、《性命古训》、

《积古斋钟鼎彝器款识》、《定香亭笔谈》、《小沧浪笔谈》等。其他诗文杂著，自道光三年起，先后辑为《揅经室一集》、《二集》、《三集》、《四集》、《续集》、《外集》、《再续集》刊行。在乾嘉学派诸大师中，阮元虽不以专学名家，但主持风会，倡导奖掖，其学术组织之功实可睥睨一代。梁启超先生早年著《清代学术概论》，因之而称阮元为汉学"护法神"[1]。钱宾四先生著《中国近三百年学术史》，亦称其"弁冕群材，领袖一世，实清代经学名臣最后一重镇"[2]。大师定评，足称不刊。

阮元一生，于学术事业贡献甚大。其最可表彰者，则是主持纂修《皇清经解》。阮元的发愿纂修《皇清经解》，经历了一个较长时间的酝酿过程。由他早年在浙江创诂经精舍，到总督两广，建学海堂于广州，从各方面为之进行了充分的准备。

诂经精舍为清中叶著名书院。嘉庆二年，阮元任浙江学政，倡议编《经籍籑诂》。五年，书成，升任浙江巡抚，遂以往日修书用屋五十间，选两浙诸生有志经史古学者读书其中，题名为诂经精舍。精舍本汉代生徒讲学之所在，阮元借用古名，意在崇奖汉学，所以舍中立郑玄、许慎木主，师生皆定期拜祀。精舍而称诂经，则是阮氏学术旨趣的体现。他认为"经非诂不明"，"舍诂求经，其经不实"，于是题名学舍，以示"不忘旧业，且勖新知"[3]。精舍初立，阮元并聘王昶、孙星衍主持讲席，且捐俸以为教学费用。每月一次，三人轮番授课，命题评文。舍中不讲八股文，不用试帖诗，重在解经考史，兼及诗词古文。其中的优秀篇章，以《诂经精舍文集》结集刊行。迄于十四年阮元奉调离浙，一时两浙名士多讲学其间，振兴一方学术，作育人才甚众。日后为阮元具体从事《皇清经解》编纂的严杰，即系当时精舍培养的高材生。

1 梁启超：《清代学术概论》十八。

2 钱穆：《中国近三百年学术史》第十章，《焦里堂阮芸台凌次仲》。

3 阮元：《揅经室二集》卷七《西湖诂经精舍记》。

继诂经精舍之后，学海堂成为又一名噪南北的书院。嘉庆二十二年冬，阮元就任两广总督。为倡导经史实学，二十五年三月，沿杭州诂经精舍规制，借广州城西文澜书院旧址，创立学海堂，以经史古学课督一方士子。经数年规划营建，道光四年十二月，堂舍另辟新址，在粤秀山麓落成。就学士子经史诗文，阮元亲为审阅遴选，辑为《学海堂集》刊行。翌年秋，《皇清经解》始修，堂中士子则成为校订协修的干才。

从诂经精舍到学海堂，阮元除为《皇清经解》的纂修培育出众多人才之外，还有过几次重大的经学编纂活动。一是《十三经注疏校勘记》的完成，二是校刻宋本《十三经注疏》，三是编纂大型经学专书《经郛》。其中，以《经郛》同《皇清经解》最为有关。

《经郛》的结撰，始于嘉庆八年夏，实际从事者为阮元弟子陈寿祺及诂经精舍诸高材生。此书取法唐人李鼎祚《周易集解》，以汇集唐以前诸儒经说为务。陈寿祺《上仪征阮夫子请定经郛义例书》，于此有云："乃者仰蒙善诱，俯启梼昧，将于九经传注之外，裒集古说，令寿祺与高才生共纂成之。"可见它是要钩稽古说于九经传注之外。而寿祺所拟之该书义例，则更将其具体化，据称："《经郛》荟萃经说，本末兼该，源流具备，阐许、郑之闳渺，补孔、贾之阙遗。上自周秦，下迄隋唐，网罗众家，理大物博。汉魏以前之籍，搜采尤勤，凡涉经义，不遗一字。"[1]工程如此之浩大，规格如此之崇高，其艰难可想而知，当然成功非易。所以，陈寿祺虽与诂经精舍诸高才生竭其全力，历时数月，但所成初稿却并未达到预期的构想。嘉庆八年冬，陈氏北去，阮元公务繁忙，无人再能挂帅增订，此事也就搁置下来。十五年，阮元因浙江学政舞弊案牵连，左迁翰林院编修。再入词馆，略有闲暇，遂重理

1　陈寿祺：《左海文集》卷四上，《上仪征阮夫子请定经郛义例书》。

《经郛》旧稿。迄于十六年四月，改订一过，得稿一百馀卷。终缘“采择未周，艰于补遗”[1]，以至长期束之高阁，未能付刻。

嘉庆二十二年冬，阮元抵广州接任。翌年除夕，为幕友江藩著《国朝汉学师承记》撰序，遂将先前结撰《经郛》的初衷略加改变，发愿沿用其体例，专辑清儒经解为一书，题为《大清经解》。他说：

> 国朝诸儒，说经之书甚多，以及文集说部，皆有可采。窃欲析缕分条，加以剪截，引系于群经各章句之下。譬如休宁戴氏解《尚书》“光被四表”为“横被”，则系之《尧典》；宝应刘氏解《论语》“哀而不伤”，即《诗》“唯以不永伤”之“伤”，则系之《论语·八佾篇》，而互见《周南》。如此勒成一书，名曰《大清经解》[2]。

至此，《皇清经解》的纂修已然提上日程。

阮元倡议纂修《皇清经解》，其发愿之初，本寄厚望于江藩、顾广圻诸名儒，所以他说：“徒以学力日荒，政事无暇，而能总此事，审是非，定去取者，海内学友唯江君（藩）暨顾君千里二三人。他年各家所著之书或不尽传，奥义单辞，沦替可惜，若之何哉！”[3]然而江、顾等人，或远居三吴，艰于南行，或近在咫尺，他务缠身，皆未能担此重任。时隔七年，托无其人，于是阮元只好依靠南来的弟子严杰并学海堂诸生，放弃旧日所构想的体制，改以丛书的形式，汇编清儒经学著述为一书。

一如早先《经郛》之委以陈寿祺，《皇清经解》的纂修，始终其事者，则是阮元的弟子严杰。杰字厚民，号鸥盟，浙江余杭

1　阮常生续编：《雷塘庵主弟子记》卷四，“四十八岁”条。

2　阮元：《揅经室集》卷一一《国朝汉学师承记序》。

3　阮元：《揅经室集》卷一一《国朝汉学师承记序》。

人，因寄居钱塘，故又称钱塘人。其生卒年未详。据光绪间重修《杭州府志》载，晚清，诸可宝为其撰有传记一篇，唯笔者孤陋寡闻，用力不勤，竟未能觅得一读。严杰初为诸生，曾师从段玉裁问学。阮元督学浙江，聘其助修《经籍籑诂》。继之阮氏抚浙，创诂经精舍于杭州，严杰入舍就读，成为其间之佼佼者。嘉庆十五年，阮元离浙还朝。翌年，厚民远道相随，课督阮元女安，留京师一年余。后阮元与江都张氏联姻，严杰又成为阮安未婚夫张熙师。嘉庆二十五年春，学海堂初开，严杰亦于此时陪伴张熙来粤完婚。熙本患肝疾，体质虚弱，婚后未及一年即告夭亡。之后，严杰遂留于粤中阮元幕署。道光四年冬，学海堂新舍建成。翌年八月，严杰即受阮元之命，集阮氏藏书于堂中，辑刻《皇清经解》。

作为经学丛书，《皇清经解》的纂修体例，既不同于康熙间《通志堂经解》，又有别于乾隆间修《四库全书》。它没有按照前二书的编纂方式，区分类聚，人随书行，而是以作者为纲，按年辈先后，依人著录，或选载其经著，或辑录其文集、笔记。上起清初顾炎武、阎若璩、胡渭，下迄道光初依然健在的宋翔凤、凌曙，终以严杰所辑《经义丛钞》。所录凡 74 家，著述 180 余种，计 1400 卷。

道光六年六月，阮元奉调改任云贵总督。此时，《皇清经解》辑刻将及一载，已得成书千卷。离粤前夕，他将《经解》主持事宜托付给广东督粮道夏修恕。至于编辑重任，则仍委之严杰。道光九年十二月，三十函《皇清经解》寄达滇南，阮元苦心孤诣，数十年夙愿终成现实。

阮元一生为官所至，振兴文教，奖掖学术，于清代中叶学术文化的发展做出了卓越的贡献。《皇清经解》作为他晚年的一项重大学术编纂活动，接武早先的《十三经注疏校勘记》，以其所取得的巨大成功，在清代学术史上写下了辉煌的一页。其继往开来之功，主要在于如下三个方面：

首先，《皇清经解》将清代前期的主要经学著述汇聚一堂，对此一时期的经学成就，尤其是乾嘉学派的业绩，做了一次成功的总结。清代前期的经学，自清初顾炎武诸儒发端，经胡渭、阎若璩、毛奇龄等经师张大旗帜，已然摆脱宋明理学拘绊，向复兴古学，朴实穷经一路走去。乾隆初，惠栋诸儒崛起，以复原汉《易》为职志，拔宋帜而立汉帜，经学遂成一代学术中坚。继惠栋、江永之后，戴震领风骚于一时，其学得段玉裁并王念孙、王引之父子及扬州诸儒发扬光大。在中国古代学术史上，清代经学终得比美宋明理学而卓然自立。与之同时，由庄存与开启先路，中经孔广森、张惠言诸儒阐发，至刘逢禄出，而今文经学异军突起，在清代经学中别辟新境，蔚为大观。从顺治到道光，近二百年间，清代经学所走过的发展历程，在《皇清经解》之中，以著述汇编的形式得以再现。全书编选有法，大体允当，为了解此一时期的经学成就，提出了一个较为集中的依据。

其次，《皇清经解》的纂修，示范了一种实事求是的良好学风，对于一时知识界，潜移默化，影响深远。清儒为学，以务实为旨趣。清初，鉴于明季心学末流泛滥无归而酿成的学术弊端，弃虚就实，学以致用，风气渐趋健实。自康熙中叶，以迄乾隆一朝，务实学风经百余年培养，敦崇实学，实事求是，朝野莫不皆然。阮元师弟训诂治经，学风平实，可谓得康乾诸儒嫡传。以此而编选一代经师解经之作，从顾亭林的《左传杜解补正》始，中经惠定宇的《周易述》、《九经古义》，江慎修的《周礼疑义举要》、《群经补义》，再到戴东原的《杲溪诗经补注》、《考工记图》，又及段若膺的《说文解字注》，王怀祖的《广雅疏证》、《读书杂志》，王伯申的《经义述闻》、《经传释词》，并载刘申受的《春秋公羊经何氏释例》，凌晓楼的《公羊礼说》，终以阮芸台师弟的《十三经注疏校勘记》、《经义丛钞》，原原本本，笃实可依。

洋溢于其间的实事求是学风，对于一时知识界良好学风的培养，产生了积极的影响。之后，《皇清经解》不胫而走，广为流传，成为学术界解经圭臬。咸丰间，版片多为兵燹毁损，复得两广总督劳崇光倡议醵资补刻。迄于光绪中，王先谦以江苏学政承阮元遗风，再事纂辑，既补阮元书之所未收，又录咸、同以降经师著述，终成无愧前哲的《皇清经解续编》。

再次，《皇清经解》集清儒经学精粹于一书，对于优秀学术文化成果的保存和传播，确乎用力勤而功劳巨。清代前期，诸儒经学著作，汗牛充栋，浩若烟海，限于客观条件，流传未广，得书非易。即以当时的广州论，虽为通商口岸，经济繁荣，而士子尚以不能觅得前哲时贤经学著述一读为憾，其他偏远落后地区，则其苦自然更甚。因此，阮元师弟将清代前期经学著述整理比勘，汇辑成册，不唯传播学术，有便检核，而且保存文献，弘扬古籍，亦可免除意外灾害及其他因素造成的图书散佚毁损之虞。一举而兼数得，实为清代学术史上的一桩盛举。

从乾隆初惠栋、江永崛起而辟乾嘉学派先路，中经清廷开《四库全书》馆，戴震、邵晋涵、纪昀、任大椿诸儒云集其间而成乾嘉学派如日中天之势。迄于嘉庆、道光间，此一学派盛极而衰，始由扬州诸儒对之做出历史总结。汪中、焦循、王念孙、王引之、江藩、阮元等，皆此一时期扬州儒林翘楚。乾嘉学派与乾嘉学术之能得一辉煌总结，扬州诸儒辛勤其间，功至伟矣！

赵翼与《陔馀丛考》

在清代学术史上，赵翼的《陔馀丛考》同他的代表作品《廿二史札记》一样，都是足以传之久远的著述。赵翼生前，一方面由于史学成就为诗名所掩，另一方面又因为充斥朝野的考据学风的制约，所以他的这两部书都未能在当时的学术界激起强烈反响。他故世后，《陔馀丛考》还一度受到不恰当的贬抑。后来随着时代的变迁，尤其是对赵翼史学思想研究的深入，赵翼及其史学著作的历史地位终于得到了公正的评价。现在，他不仅作为清代乾嘉时期与钱大昕、王鸣盛齐名的史家而成为重要研究对象，而且其影响所及远播重洋，早已引起海外汉学家的关注。还在 20 世纪初，日本史学界即把赵翼与司马迁等人并称，评为中国史学家十杰之一。60 年代，加拿大著名汉学家浦立本在其主编的《中日史学家》中，更从史学方法论着眼，对赵翼的史学成就作了高度评价。关于这方面的情况，台湾学者杜维运教授所著《赵翼传》，有甚为周详的论究。在迄今的赵翼研究中，杜先生的此部论著，实为最有成就的佳构。以下，准备就赵翼的生平学行，以及同《陔馀丛考》相关的一些问题，聊作绍介，以与杜先生作同调之鸣。

一 赵翼生平学行梗概

赵翼，字云崧，一字耘松，号瓯北，晚号三半老人，江苏常州府阳湖县（今武进县）人。生于雍正五年，卒于嘉庆十九年，终年 88 岁。

早年的赵翼，家境清贫。自 6 岁起，即随在私塾任教的父亲就读于外。15 岁，父卒，迫于生计艰难，他接过父业，过早地挑起了生活的重担。19 岁，入府学，成为秀才。在尔后的数年中，他一直应聘为富家课徒。乾隆十四年，私塾职被解雇，饥寒驱迫他离家北上，投奔作幕于京城的亲戚。时年 23 岁。抵京后，赵翼以其文学才能受知于刑部尚书兼翰林院掌院学士刘统勋，应聘入刘幕协助纂修《国朝宫史》。翌年秋，他在顺天乡试中一举克捷，考中举人。由于主考官汪由敦的器重，自同年冬起，赵翼在结束《国朝宫史》的编写工作之后，又被聘入汪氏幕署。直到乾隆二十三年汪由敦病故，他一直寄居汪寓。汪为清廷重臣，家中富于藏书，赵翼如饥似渴，纵情阅览，见闻日益开阔。加以汪本人深于文学，又极爱赵才，一应诗文乃至有关军国大政的奏章，多委赵翼代笔，不时酌加删削。积以日月，赵翼的诗文修养不觉大进。其间，他虽在会试中连遭败北，但依然以文理畅通而先后考取礼部义学教习、内阁中书。乾隆二十一年，又幸运地被选入军机处供职。当时，正值清廷兴兵征讨西北准噶尔，军事文书往返频繁，这就为赵翼的崭露头角提供了一个极好的机会。他或入值宫禁，或扈从塞外，凡奉命草拟的谕旨及有关奏报，顷刻千言，挥笔而就，无不词简意达，得中肯綮。从此，赵以过人的文才而声名大起，不仅为主持军机处事宜的大学士傅恒倚重，而且朝中大员每有奉谕唱和，也多请代笔。他的第一部诗集《瓯北初集》，即在此时刊行。

乾隆二十六年，为科场功名长期角逐的赵翼，总算如愿以偿。在当年春天的会试中，他的试卷被九名阅卷官一致评为第一名。眼看状元桂冠已经非己莫属，殊不知节外生枝，殿试时竟被挤至第三名。尽管莫名的惆怅一度将他困扰，但是毕竟进入了梦寐以求的翰林院，“弱龄时已期今日，举世人皆艳此官”[1]。这又使他迅速地转忧为喜，沉浸在胜利的愉悦之中。以后数年，他相继参加了《平定准噶尔方略》和《御批通鉴辑览》这两部官修史书的编写，还数度主持乡会试事宜。一帆风顺，志得意满。

正当赵翼在翰林院诗文会友，握手谈艺之时，一纸不可更改的任命，无情地结束了他的词臣生涯。乾隆三十一年冬，他被远放广西，出任镇安（今德保县）知府。翌年七月抵任，未及一年，又奉命带职赴云南，参加筹划与缅甸的战事。一年后，复返镇安。赵翼为官清廉，兴利除弊，深得民心。每当出行，“父老妇稚夹道膜拜”，“至宿处，土�瓦盆、鸡豚酒醴，各有所献”[2]。三十五年，他奉调广州任知府后，镇安人民为纪念他，还特地给他建了一座生祠。在广州知府任上仅得一年，赵翼又奉调贵州，任贵西兵备道。连年转徙，不堪劳顿，赵翼去志初萌，以他母亲年高为由，请两广总督李侍尧代奏“解官归养”[3]。李不允，赵被迫赴任。由商贾骈阗的广州，来到万山丛中的威宁，面对官贫民穷的窘境，赵翼不禁仰天长叹：“天下无此贫署也。”[4]于是他辞官回乡之意愈坚。恰好乾隆三十七年十月，他当初在广州处理失误的一桩旧案被朝廷追究，受到降一级调用的处分。借此机会，赵翼断然辞官回乡，时年46岁。

赵翼才思敏捷，倜傥不羁，一生以工诗著称，与袁枚、蒋士铨鼎峙而立，同是乾嘉诗坛的卓然大家。他的《论诗》绝句：“李杜诗篇万口传，至今已觉不新鲜。江山代有才人出，各领风骚数百年。”[5]英气跃然，脍炙人口，200年来，一直为人们所传诵。但

1　赵翼：《瓯北集》卷九《胪传经恩四首》。
2　赵翼：《檐曝札记》卷三《镇安仓谷田照二事》。
3　赵怀玉：《瓯北先生年谱》四十五岁条。
4　赵翼：《檐曝札记》卷四《仕途丰啬顿异》。
5　赵翼：《瓯北集》卷二八《论诗》。

是由于他禀性兀傲，不屑趋炎附势，嬉笑怒骂每每见诸诗篇，诸如“公卿视寒士，卑卑不足算。岂知漏一尽，气焰随烟散”；“文章千古事，讵可以势争？何哉诸巨公，好以古学鸣”[1]等等。因此，颇招同僚中嫉贤妒能者的忌恨，谗言诽谤，落井下石，皆是情理中事。他先前在汪由敦故世后的一度被挤出军机处，后来的外放边陲，迭经转徙。在所谓“恩遇”、“特简”一类堂皇文词之后，折射出来的严酷现实，则是当时官场根深蒂固的满汉鸿沟和结党倾轧。赵翼是明白人，他深知个中缘由，但是在文化专制极为严酷的乾隆朝，他也唯有以“殊不可解”[2]四字发发无可奈何的牢骚而已。

解任回乡之后，赵翼静心读书，“日夕唯手一编，有所得辄札记别纸”[3]，“里居不出者数年”。[4]在迄于乾隆四十二年六月他母亲逝世前的五年间，赵翼完成了自己的第一部学术著作《陔馀丛考》的初稿。四十五年五月，他不甘先前的挫折，取道山东赴京，打算在宦海竞渡中再决雌雄。结果事情出乎意料，行至台儿庄，他忽患风疾，双臂不由自主。被宿命论深深桎梏的赵翼，只好向命运屈服，掉头南归，“息意荣进，专以著述自娱”[5]。从此开始了他长达三十余年的“水边林下，扶杖逍遥”[6]的归隐生涯。

晚年的赵翼，除于乾隆五十二年，应调任闽浙总督的李侍尧之请，短期赴闽参预军事外，一直潜心于诗文著述。其间，自乾隆四十九年至五十一年、五十三年至五十七年的两度主持扬州安定书院讲席，说史、谈经、论文，更写下了他一生学术活动最为充实的一页。此间及尔后的一段时间里，《陔馀丛考》得以修订

1 赵翼：《瓯北集》卷十《后园居诗》之六、之七。
2 赵翼：《瓯北集》卷一三《奉命出守镇安纪恩感遇之作》自注。
3 赵翼：《陔馀丛考》卷首《小引》。
4 赵怀玉：《瓯北先生年谱》四十七岁条。
5 赵怀玉：《瓯北先生年谱》五十四岁条。
6 王鸣盛：《瓯北诗抄序》，载《瓯北诗钞》卷首。

刊行，赵翼还先后完成了自己的史学名著《廿二史札记》和《皇朝武功纪盛》、《檐曝札记》、《瓯北诗话》等文史著作。他一生作诗近五千首，归隐之初，曾以《瓯北集》编年刊行，后来又精选佳构，辑为《瓯北诗抄》分体付梓。这时，他诗随学变，早年的矜卓之气日趋平和。后来辑《湖海诗传》的王昶，论及赵翼与袁枚二家晚年诗风，曾得绝句一首，诗云："清才排奡更峻嶒，袁赵当年本并称。试把《陔馀丛考》读，随园那得比兰陵。"[1]这样的评论，不仅是对赵翼晚年诗风演变的勾勒，而且也反映了他学风的趋向。

嘉庆十五年，时值赵翼中举60年庆典，他循例获准重赴鹿鸣筵宴，并奉旨赐三品官衔。已届耄耋之年的赵翼，在同辈友好纷纷谢世之后，独以年高而得享盛名。4年之后，终因年迈，以微疾而离开了人世。

二　《陔馀丛考》抄袭说辨析

《陔馀丛考》是赵翼的第一部学术著作，这本来勿庸置疑，自乾隆五十六年该书刊行之后，较长一段时间并未见任何人对此提出异议。然而近人李慈铭则率先发难，煞有介事地声称，《陔馀丛考》和《廿二史札记》，乃是"赵以千金买之一宿儒之子"[2]。由于李见书甚多，于版本目录之学颇称熟悉，在同治、光绪间的文化界亦不无名气，因而民国初，随着他的《越缦堂日记》的问世，《陔馀丛考》的作者是否为赵翼也就成了问题。历史真相如何？关于《廿二史札记》之应为赵翼所著，自20世纪50年代末以来，史学界同仁早有专文考明，恕不赘言。此处只集中讨论

1　王昶：《春融堂集》卷二四《长夏怀人绝句》。

2　李慈铭：《越缦堂日记》同治九年七月初五日。

《陔馀丛考》是否出于赵翼之手的问题。

《陔馀丛考》之为赵翼撰写，证据甚多，主要可归纳为如下三个方面。

首先，在本书卷首《小引》中，赵翼关于全书编写情况的自述是可信的。据称："余自黔西乞养归，问视之暇，仍理故业。日夕唯手一编，有所得辄札记别纸，积久遂得四十馀卷。以其为循陔时所辑，故名曰《陔馀丛考》。"古人把恪尽孝道奉养父母称做"循陔"，语出晋人束皙《南陔》诗，载《文选》卷十九。赵翼辞官养母，事在乾隆三十八年，5年后，他母亲逝世。赵翼的所谓"循陔"，即指此5年间事。既然《陔馀丛考》初成于辞官归养期间，全书又系据读书所得，随手札记而成，题为此名便是理所当然。关于这段自述的真实性，可以赵怀玉所辑《瓯北先生年谱》为证。据赵谱"乾隆三十八年四十七岁"条记，谱主于是年二月二十日返乡后，"视膳之暇，手一卷，披阅不辍。今所刻《陔馀丛考》诸书，皆此数年中所得也"。赵怀玉为谱主族孙，亲承謦欬，且深得赵翼钟爱。乾隆五十七年，赵翼的《皇朝武功纪盛》书稿，即由他携往京中，送请当时任刑部侍郎的友人王昶审阅。他对赵翼学行的记述，应属可信。此外，还可以本书卷首吴锡麒序为证。吴序称誉赵翼："爰于爱日之暇，弥励惜阴之心。七层支白傅之陶瓶，十手佐苏公之笔录。源通河汉，环流太极之泉；药合刀圭，高筑轩光之灶。邮能考异，契乃参同，萌柢百家，喉衿群籍，成《丛考》四十三卷。标以《陔馀》，纪实也。"[1]这段骈文，说的仍然是赵翼在养母期间，出入百家，贯串群籍，而始成《陔馀丛考》事。吴锡麒为浙江钱塘（今杭州）人，较赵翼年少20岁。他于乾隆四十年成进士，由翰林院编修官至太学祭酒。后步赵翼后尘，为养亲而辞官回乡。吴序撰于乾隆五十六年四月，当

1 吴锡麒：《陔馀丛考序》，载《陔馀丛考》卷首。

时他与赵翼同在扬州安定书院执教。翌年，赵翼辞去书院讲席，即由他接主。对吴锡麒说来，赵翼既是昔日翰林院中的前贤，如今又是书院中的主讲，所以他自然要在序中谦称："乃以鸿笔之如椽，下付鲰生而作序"，序末也要自署"同馆后学"了。吴锡麒先前既能荣登翰林院，并以太学祭酒而为四方文士师表，显然不是寡学浮躁之辈；尔后又能视富贵如浮云，辞官还乡而不出，德行当不在赵翼之下。倘若《陔馀丛考》攘自他人，吴锡麒竟然撰序表彰，岂非为虎作伥！无疑，他不会做这样辱没斯文、败坏名节的事情。

其次，赵翼的撰写《陔馀丛考》，在他的著述中也不乏证据。据《瓯北集》卷二十七《即事》诗云："闭门宁厌寂寥居，乱帙纵横獭祭鱼。拙句点金成巧句，古书翻案出新书。一灯红焰花常吐，两袖乌痕墨未除。业就改期传不朽，或同小说比虞初。"在该诗结句后，他即自注道："方辑《陔馀丛考》。"10余年后的嘉庆元年，当赵翼撰写《七十自述》一诗，追忆先前的著述活动时，依然于"订罢史编翻自笑，干卿甚事苦增删"句末，作了这样的自注："方辑《陔馀丛考》。"[1]显然，这已经足以证明《陔馀丛考》的作者应是赵翼。如果再以本书自身为例，那就更有不可移易的铁证。该书卷二十九《五经中式》条记："余亦以五经，中乾隆庚午科顺天乡试。"庚午即乾隆十五年，恰好是赵翼寄籍顺天一举克捷的时候。此其一。其二，同卷《同年》条又记："余庚午乡举，宛平黄叔琳开府系前庚午举人，曾为先后同年之会。"证诸《清史稿》黄叔琳本传，及清人顾镇辑《黄昆圃先生年谱》，黄确为康熙二十九年庚午科举人，翌年成进士，六十年后，因之而奉旨赐侍郎衔。其三，再据同卷《十八房》条记："余分校壬午乡闱。"壬午为乾隆二十七年，是年，赵翼以翰林院编修选乡试主试官，列名一等第

1 赵翼：《瓯北集》卷三八《七十自述》。

九，奉旨出任顺天乡试同考官。明载年谱，考信不诬[1]。其四，该书卷三十三《螺填》条，还有如下记载："今贵州水西一带，即罗甸鬼国，余尝官其地，皆崇山峻岭，并无江河。"赵翼当年任贵西兵备道，设署威宁，即文中"水西一带"之所指。有此四条铁证，《陔馀丛考》之为赵翼撰写，确然无疑。

再次，《陔馀丛考》全书所体现的不拘成说，推陈出新的风格，同赵翼一贯的学术思想是全然吻合的。一如前述，赵翼的史学活动并不自撰《陔馀丛考》始。后来又以翰林院编修的身分，参与编纂《平定准噶尔方略》和《御批通鉴辑览》。至于见诸诗篇的史评，远在他 20 岁时就已经留下过记录。尽管其中尚多幼稚肤浅之见，但是他对历代官修史书的批评："记载较可凭，略少冤鬼哭。是以撰述家，多保名位禄。却嫌文又劣，难继古人躅。金元太缺略，宋又太繁复。"[2]则并无不是之处。这种不拘一格的风尚，随着赵翼阅历的丰富，学问的日增，终于在他进入翰林院之后，演为大胆的疑古思想。诸如"乃知青史上，大半亦属诬"[3]；"呜呼书生论古勿泥古，未必传闻皆伪史策真"[4]等等，卓然挺立，雄视千古，的确远非同时泥古者所能望其项背。如此一位思想开阔、才华横溢的史家，在乾隆时期讲求广涉博览、多方求证的学术空气熏染之下，集中五年的时间，去写一部像《陔馀丛考》这样的学术札记，应当说是绰有余裕的。何况这部书在刊行前，还经过认真修订。譬如本书卷二十八《三元》条所涉乾隆四十六年科场事，即为修订时所补。又如卷十八《汴京始末》、卷三十《银》、《忽丝毫厘分钱》、卷三十一《古人跪坐相类》诸条，都涉及王鸣盛的《十七史商榷》，显然也是在乾隆五十二年王书刊

1 赵怀玉：《瓯北先生年谱》三十六岁条。

2 赵翼：《瓯北集》卷一《古诗二十首》。

3 赵翼：《瓯北集》卷十《后园居诗》。

4 赵翼：《瓯北诗抄·关索插杙岩歌》。

行以后所补。姑无论订补者为何人，或为同在安定书院执教的吴锡麒，或为帮助赵翼校订《廿二史札记》等著述的李保泰，然而修订之与撰写，毕竟不可同日而语。因此，赵翼的作者地位是不可动摇的。

至于“抄袭”的訾议，恐怕也不能令人信服。《陔馀丛考》取法宋末学者王应麟的《困学纪闻》，尤其是受清初大儒顾炎武的《日知录》影响甚深。就编纂形式而言，三书多有类似之处，皆植根于博览群籍的深厚基础。荟萃众说，比较归纳，融前人之得为己有，实为一共同特征。王、顾二大师不掠人之美的优良传统，也为赵书所继承。《陔馀丛考》中，凡引用前人记载，始终恪守著述道德，一一注明来源。显然，这与“抄袭”性质迥异。关于这一点，赵翼在本书卷四十《窃人著述》条实际上已经作了再好不过的回答。他说：“《史记》多采《尚书》、《孟子》、《左传》、《国语》、《世本》、《楚汉春秋》等书，或全用其文，或摘叙其事；班固作《汉书》，凡武帝以前，皆取《史记》而删削之。又《史记·秦本纪赞》，全用贾谊《过秦论》；班书陈胜、项籍传赞，亦全用《过秦论》及史迁项羽赞。此则书各专行，不嫌引用，并非掩其美为己有也。”

三　《陔馀丛考》的历史价值

《陔馀丛考》自乾隆五十六年刊行以后，虽曾在学术界一度有过共鸣，但由于赵翼诗名太盛，本书的影响则为《瓯北集》所掩。直到嘉庆、道光间，始见有人对它提出较为具体的评论。当时的学者周中孚，曾经在其所著《郑堂读书记》中指出：“云崧本词赋家，于经从无所得，故考论经义，率皆门外之谈。唯史家颇称熟悉，曾著有《廿二史札记》。此间十一卷，已得其大略，著作于《札记》之前者。而杂论故事数卷，尚多可取，馀所考证，其细已甚，不足以当大方之一噱。”[1]在周的另一部原不拟发表的《郑堂札记》中，则更对《陔馀丛考》作了尖锐的批评，认为：“《舜典当从月正元日分起》一则，其所引证，颇与毛西河之说相同。朱竹垞有《答萧山毛检讨书》，极以毛说为是。案毛、朱之说本非，赵氏反窃取之，且自诩为‘虽创论而实定论’，直床上安床，屋下架屋耳！”[2]还说：“赵耘松词章之士，于经本无所得。其《陔馀丛考》首列考经四卷，大都取前人之说改头换面。即如考《易》，只有《画卦不本于河图》、《易不言五行》、《河图刻玉》三则，全袭《易图明辨》，其馀概可见矣。”[3]继周中孚之后，于本书评论影响最大者，便是前述同治、光绪间文人李慈铭。他先是赞许《陔馀丛考》和《廿二史札记》为赵翼“生平杰作”，认为二本“周密详慎，卓然可传”[4]。然而九年之后，他又推翻前说，传播流言，声称二书“非赵自作”。还说：“赵识见浅陋，全不知著书之体，此两书较为贯串，自非赵所能为。”[5]在这个问题上，李慈铭之说，轻于立论，不足为凭。而周中孚则是一个严肃的学者，他对于《陔馀丛考》的评论，又当如何看？

平心而论，赵翼之于经学，的确所得未深，因此本书论经诸卷，支离而不成体系，显然不能自成一家。对此，赵翼后来撰《廿二史札记》时，也曾经坦率承认：“资性粗钝，不能研究经学。”[6]但是周中孚所谓本书前四卷，全袭清初胡渭、毛奇龄、朱彝尊诸人经说，则未免失之以偏概全，不是恰如其分的评价。事实上，讨论经义，并非本书重点。就全书内容而言，作者未分门目，仅于

1 周中孚：《郑堂读书记》卷五五。
2 周中孚：《郑堂札记》卷三。
3 周中孚：《郑堂札记》卷四。
4 李慈铭：《越缦堂读书简端记·廿二史札记跋尾》。
5 李慈铭：《越缦堂日记》同治九年七月初五日。
6 赵翼：《廿二史札记》卷首《小引》。

编次先后上以类相从。大体说来，不外乎是三大部分，即经义、史学、博闻。而经义部分，不过全书十分之一而已。如果再区分细致一些，那么本书之所侧重就更清楚了。全书卷一至卷四论经义，卷五至卷十五论史籍编纂，卷十六至卷二十一杂论故事，卷二十二至卷二十四论艺文，卷二十五论年号，卷二十六至卷二十七论官制，卷二十八至卷二十九论科举，卷三十至卷三十一杂论名义，卷三十二论丧葬礼俗，卷三十三论器物，卷三十四至卷三十五论术数神佛，卷三十六至卷三十八论称谓，卷三十九至卷四十三为杂考证。

本书中坚，确如周中孚所评，在论史诸卷。但其范围并非只是周所说的五至十五卷，而下限应当延至二十九卷。因为这 20 余卷，其学术价值不仅在于日后即成为《廿二史札记》的雏形。而且倘若逾越所谓“正史”的局限，那么其间所辑录的关于历史掌故、艺文、年号、官制、科举等方面的资料，以及作者所由以做出的归纳和判断，都与治史息息相关，同样是全书的精华所在。至于本书三十卷以后的内容，周中孚以“不足以当大方之一噱”而轻加贬抑，则是不能令人赞成的。

赵翼学如其人，不唯旷达无拘，而且志存经世。而周中孚偏爱考据，以助阮元辑《经籍籑诂》得名，于钱大昕的考史，尤为服膺。因此周之评赵书，为考据家成见障蔽视野，以致舍其大而识其小，不能见到《陔馀丛考》论社会风俗诸卷的历史价值。应当指出，本书三十以后诸卷，所涉内容广泛，举凡中国古代社会生活习尚、名物制度、语言文字、称谓演变等等，赵翼皆综贯异说，考镜源流，一一作了辑录。固然这些记载确有琐细之嫌，但是此乃全书性质使然，未可厚非。何况社会生活多姿多彩，人类历史斑驳陆离，作者博览群籍，兼以为官两广、云贵的见闻所得，别择去取，始绘制出这一幅历史风情画卷。它为人们提供了了解中国古代社会的生动素材，这本身就是值得肯定的历史贡献。

《陔馀丛考》的这种历史作用，显然是摆出一副道貌岸然的面孔，为封建帝王将相隐恶扬善的官修史书所不能比拟的。因此，本书迄今不仅受到史学工作者的重视，而且也广为文学艺术、语言文字、社会学、民俗学等诸多学科工作者所利用。近人著《中国文化史》，虽受有西学东渐的深刻影响，但无疑从本书也得到过有益的启示。今人倘有意再撰类似著作，《陔馀丛考》仍不失为一部有价值的参考书。

当然，就如同赵翼史学著作中最称成熟的《廿二史札记》一样，《陔馀丛考》也存在若干疏失，甚至是糟粕。譬如本书卷三十四、三十五、四十二诸卷所涉怪异仙佛，虽源自前人笔记，或据传闻成文，非出杜撰，但如此选材、渲染，则反映了作者根深蒂固的封建迷信意识，当属糟粕，实不可取。其他如封建正统偏见、对民众的鄙视等等历史局限，亦不难发现。至于疏失，由于考据非赵翼之所长，也所在多有。譬如本书卷十七《六朝重氏族》条，述南朝故事，将齐武帝误作宋孝武帝；卷二十九《关节》条，记明末科场舞弊，将举人钱千秋的除名、谪戍误为同时等等。但是类似的情况，毕竟只是局部的细节，同全书的学术价值相比，则瑕不掩瑜。去粗取精，去伪存真，读者自能从中取其所需，获致益处的。

康雍乾时期的儒林与文苑

学者能文，文士擅学，此在康、雍、乾时期，所见甚多。其间，且不乏成就斐然，名垂史册者。以下所述之孔尚任、方苞、吴敬梓三人，则无疑皆是卓然成家的出类拔萃之辈。由他们的经历，似可窥见在对传统学术进行总结和整理的大环境之中，先前儒林与文苑中人的壁垒，悄然自拆，彼此渗透，界限趋于模糊，实已呈合一之势。

一　孔尚任与《桃花扇》

孔尚任，字聘之，一字季重，号东塘，又号岸堂，自署云亭山人，山东曲阜人。生于顺治五年九月十七日，卒于康熙五十七年正月十五日。他以一出《桃花扇》享盛誉于清代戏曲史，与同时著《长生殿》的洪昇齐名，有“南洪北孔”[1]之称。

尚任是孔子的第64代孙。清初，循明旧制，赐孔子裔孙衍圣公爵。在庞大的孔氏家族中，虽同属“圣裔”，但除大宗能独享恩赐外，其他小宗支庶要想跻身仕途，依然须沿科举取士的阶梯拾级而上。为了这一艰难的攀登，尚任耗去了自己的整个青少年时代。到康熙二十年，他利用捐纳田产换得一个国子监监生的资格时，已经34岁。举业上的蹭蹬，使年青的孔尚任一度消沉。于是

1　杨恩寿：《词馀丛话》卷二。

他结庐于曲阜东北五十里的石门山，“诛茅叠石”[1]，读书其中，以求“安善其体，明哲其心”[2]。然而遁世之想对于涉世未深的孔尚任来说，无非一时兴之所至，毕竟是不现实的，更禁不住功名利禄的诱惑。康熙二十一年，石门山的闭户读书宣告结束。这年秋天，他为衍圣公孔毓圻束书加币，敦请出山。在此后的两年间，他先是料理孔府丧事，继之主持纂修《孔子世家谱》和《阙里志》，随后又集邹鲁弟子700人，教习礼乐，在孔庙成功地举行了隆重的万人祭祀。事毕，正拟还山，康熙帝将巡视曲阜的消息传来，尚任终于以其良好的儒学素养和对儒家礼仪的谙熟，赢得了崭露头角的机会。

二十三年十月，圣祖首次南巡。北返途中，拜谒孔庙列入重要日程。十一月十五日，行至山东费县，经与扈从内阁诸臣商议，决定在曲阜的谒庙活动中，增加“讲明经义，研究心传”[3]的内容。为此，翰林院掌院学士常书、侍读学士朱玛泰于次日赶赴曲阜，选定讲书官，“令撰次应讲经义，预期进呈”[4]。十六日深夜，为准备迎接事宜奔忙了一天的孔尚任刚就寝又被人唤起，告知钦差召见。原来二钦差及山东巡抚张鹏与衍圣公孔毓圻，已遵旨选定他为此次谒庙的御前讲书官。尚任在衍圣公府跪接圣旨，当常、朱等人之面，连夜将讲章稿撰成，已是凌晨四更时分。翌日傍晚，圣祖一行抵达曲阜城南。尚任又应召赶往行幄，由翰林院掌院学士孙在丰传谕改订讲章。三更回城，再至孔庙诗礼堂，随鸿胪寺官员演习经筵仪节。天明之后，一切按部就班。谒庙祭祀礼结束，圣祖步升诗礼堂御座。早就恭候一侧的孔尚任，由赞礼官引入行礼，礼毕，北面对立，陈书开卷，进讲《大学》首节。

1 孔尚任：《孔尚任诗文集》卷六《出山异数纪》。

2 孔尚任：《孔尚任诗文集》卷六《告山灵文》。

3 《康熙起居注》，“康熙二十三年十一月十五日丙子”条。

4 孔尚任：《孔尚任诗文集》卷六《出山异数纪》。

由于准备工作做得很充分，因而这次御前讲书深得皇帝赞许，评为“经筵讲官不及也”[1]。随后，又传谕让孔尚任作向导，遍览孔子遗迹。于是他随侍御侧，亦步亦趋，有问必答，文史才能得到了淋漓尽致的表现。行至孔林，当康熙帝询及孔府坟地面积时，尚任敏捷地把握时机，奏请将原有十八顷坟地扩展。这一大胆的即席发挥，不仅没有激起皇帝的反感，反而加深了对他的良好印象，以致三次问起他的年龄，还向近臣笑语：“此秀才好胆子，知朕敬重先师，尽力乞请。既到其家，皆依所奏可也。”[2]于是“讲书秀才”的佳话，在随行官员中迅速传开。十二月，尚任即因此次御前讲书及随侍的经历，由吏部“钦奉上谕”，“从优额外授为国子监博士”。[3]

康熙二十四年正月，尚任进京就职。时值会试在即，他到任后，便奉命以誊录官入闱。会试事毕，在国子监正式登坛讲经，八旗及十五省满汉弟子数百人，绕座三拜。之后，他又随孔毓圻入朝谢恩，赴礼部盛宴，观皇家舞乐。这一系列的意外遭际，使尚任受宠若惊。三月二十八日，他怀着深切的感恩戴德之情，将这一段步入宦海的经历撰为《出山异数纪》，决意“犬马图报，期诸没齿”[4]。

河务为清初大政，二十三年，康熙帝第一次南巡，视察河工就是首要内容。当时，疏浚黄河入海口工程的进行与否，是河务中一个久存争议的问题。几经反复，二十五年七月，圣祖作出抉择，发帑金二十万，遣工部侍郎孙在丰率员疏浚下河。尚任奉命随行。陛辞时，“天语劝劳，卿相赞勉”[5]，激起他作为治河使臣

1 孔尚任：《孔尚任诗文集》卷六《出山异数纪》。

2 孔尚任：《孔尚任诗文集》卷六《出山异数纪》。

3 孔尚任：《孔尚任诗文集》卷六《出山异数纪》。

4 孔尚任：《孔尚任诗文集》卷六《出山异数纪》。

5 孔尚任：《孔尚任诗文集》卷六《待漏馆晓莺堂记》。

的责任感。八月，南渡黄河，面对滚滚东流，他赋诗抒怀："踟躇何计救桑麻，立马堤头唤渡槎。八月荒蒲飞白鸟，孤城落日照黄沙。南开清口分淮少，东阻云梯去海赊。此处源流谁探取？秋风初动使臣嗟。"[1]可是抵达下河署所在地扬州后，呈现在眼前的，却是治河官员无视下河灾民安危的纸醉金迷。面对河局的腐败现状，尚任心中不禁升起疑云："为问琼筵诸水部，金尊倒尽可消愁？"[2]三个月过去，下河工程一筹莫展。围绕是否关闭上河坝闸的问题，以孙在丰和漕运总督慕天颜为一方，以河道总督靳辅为另一方，相互掣肘，明争暗斗，分歧日趋激化。而早先因治河与靳辅积怨的在任直隶巡抚于成龙，又频频插手，推波助澜，人为地加剧了河工的复杂局面。下河工程进退维谷，杳无成期。尚任如堕五里雾中，只有听凭流逝的岁月去剥蚀自己的一腔热忱。"酬报久思无计是，吴天冷雨意消磨"[3]。这样的诗句，正是他此时心境的真实写照。

严峻的现实，再度把尚任推向人生的歧路。他不愿卷入河臣的无谓党争，视之为"宦海中之幻海"，[4]一如既往，选择了回避矛盾的消极方式。于是他或在扬州，或利用督工外出之便，在泰州、兴化、仪征、苏州等地广交骚人墨客，诗酒唱和，寄情山水。尚任素有诗文根底，走出书斋就任河臣，现实的感染，民生的疾苦，开阔了他的视野，赋予他的诗文以积极的现实内容。同江南文坛名士的频繁往还，又使他艺随时进，诗文造诣日深。岁月蹉跎，三易寒署。到康熙二十八年暮冬，下河局裁撤，拔足北归，仅就诗歌而言，他已经写下630余首之多。这些诗篇挥洒自如，不事雕琢，既有对灾民疾苦的同情，又有对官场积弊的憎恶，充

1　孔尚任：《孔尚任诗文集》卷二《湖海集》卷一，《渡黄河》。
2　孔尚任：《孔尚任诗文集》卷二《淮上有感》。
3　孔尚任：《孔尚任诗文集》卷二《湖海集》卷一，《维扬舟中即事》。
4　孔尚任：《孔尚任诗文集》卷七《答秦孟岷》。

溢着“呻吟疾痛之声”[1]。后来，尚任将这些作品以《湖海集》结集刊行，使他在清初诗坛闻名遐迩。

三年多的河臣生涯，是尚任人生观趋于成熟的一个重要阶段。这一期间，他所广为结交的诗友，多属隐居不仕的明朝遗民。其中，如冒襄、杜濬、邓汉仪、许承钦、宗元鼎等人，都是傲骨凛然的佼佼者。尚任虽为清廷使臣，但是在他的身上却体现出若干同冒、杜诸人相似的立身旨趣。他的父亲贞璠，入清以后，戢影家园，就是一个拒不出仕的遗民。贞璠挚友贾应宠，也是“高尚不出”[2]的狂狷之辈。他的族兄尚则，明末做过河南洛阳知县，弘光初立，又擢任刑部主事，官至江西司郎中。他的岳父秦光仪，为尚则姻亲，曾随寓南京，同样是明清易代的亲历其事者。尚任早年的结庐石门山，父兄辈的影子若隐若现。出山之后，他既涉足宦海未深，较少沾染腐败习气，又能不随俗浮沉，洁身自好，加以还是颇有诗文素养的“圣裔”。于是这些因素便成为把他与众多明遗民联结在一起的无形纽带。朝夕与共，形影相随，尚任不仅得以领略前辈文士的诗文技巧，细心体味而融为已有，而且兴亡代谢之感，每每成为酒酣耳热之际的话题。康熙二十六年夏，杜濬冒暑于扬州舟中晤孔尚任，假酒剧谈，痛饮至日落才依依而别。事后，他就此致书杜濬:“冒暑过舟，痛饮至夕。先生岂嗜酒哉?实有一段倾吐不了之衷，特借杯酌以淹其时耳。”[3]同年九月，他在兴化四十初度，冒襄专程而至，“远就三百里，同住三十日”[4]。一个是已届耄耋的老翁，一个是年方不惑的晚辈，能成如此忘年之交，绝非偶然。翌年盛夏，他在泰州与许承钦共饮话旧，老先生一席兴亡掌故，居然能使他于“浮名”淡然，喟叹道:“所话朝皆换，其时我未生。追陪

1 孔尚任：《孔尚任诗文集》卷七《与田纶霞抚军》。

2 孔尚任：《孔尚任诗文集》卷六《木皮散客传》。

3 孔尚任：《孔尚任诗文集》卷七《与杜于皇》。

4 孔尚任：《孔尚任诗文集》卷七《与冒辟疆先生》。

炎暑夜，一半冷浮名。”[1]明遗民对尚任影响之大，于此可见一斑。3年治河，耗民脂膏，结果“淮流尚横，海口尚塞”，“而庙堂之上，议论龃龉，结成狱案。胥吏避匿，视为畏途。”[2]放眼下河灾区，天水相连，汪洋一片，依然惨不忍睹。抚今追昔，历史的教训同现实的强烈对比，深化了孔尚任早年的兴亡之感，从而为他日后的创作《桃花扇》奠定了深厚的思想基础。

带着江南耆旧的深刻影响，二十九年二月，尚任返回北京。离京不过三年余，心理的鸿沟竟使他感到一切都是那么的生疏。“重随佩剑趋新步，乍入班行认旧僚。事事生疏资笑柄，向人难折病时腰。”[3]这以后，他依旧供职于国子监，只是作为长久之计，在宣武门外海波巷寻了一个幽静去处定居下来。后来，诗坛盟主王士禛为这处寓庐题额岸堂，深惬尚任心意，于是他便欣然以“岸堂”为号。岸堂也便成为他此后十年宦海沉浮的见证。

国子监本属冷署闲曹，事情不多，加以每月又只入署6次，尚任因而有了大量的闲暇。他不仅一如扬州旅居，诗文会友，广事结交，而且对古彝器尤为嗜好。正如他所自述:“喜的是残书卷，爱的是古鼎彝，月俸钱支来不够一朝挥。”[4]由于他既不屑趋炎附势，愤世嫉俗，又耽于文酒之会，无意钻营，以致在国子监一搁便是5年过去。5年间，尚任虽在仕途上并不得意，时发牢骚不平之声，但是他所收藏的鼎彝字画则已颇为可观。他还一一题跋，撰为《享金簿》一卷。其中如汉玉羌笛、汉铜尺、魏太和钟、唐文宗内库胡琴小忽雷、宋绍兴间方炉、明万历宫中琵琶小吟蝉等，都是不可多得的珍藏重器。尤其是小忽雷，长期以来一直流传着关于唐宫女郑中丞与梁厚本的悲欢离合。历史的传说，勾起尚任

1 孔尚任：《孔尚任诗文集》卷二《又至海陵》。

2 孔尚任：《孔尚任诗文集》卷六《待漏馆晓莺堂记》。

3 孔尚任：《孔尚任诗文集》卷四《庚午二月自淮南还朝》。

4 孔尚任：《小忽雷传奇》卷首《商调集贤宾·博古闲情》。

兴亡感的共鸣，于是他于康熙三十三年与友人顾彩合作，撰成《小忽雷传奇》，试图以郑、梁的离合之情，写晚唐兴亡时事。这部传奇虽一度“欲付梨园，竟无解音”[1]，但是它的完成，则为随后《桃花扇传奇》的创作做了直接的准备。

三十四年九月，尚任赶上一次部院属员的调整，终于离开了国子监冷衙，升转户部主事，任宝泉局监铸。监理铸钱，这在官场中的贪墨之辈看来，确属肥缺，足以中饱私囊。因而上任伊始，借贷者纷至沓来，把为官清廉的尚任弄得啼笑皆非。他在《燕台杂兴三十首》中，就此吟道:“铜山金埒势峥嵘，暴富乞儿恬不惊。每日垂鞭归邸第，有人来看孔方兄。”诗后自注:“予畏监仓而得监铸，免累可矣，寒如故也。泛交者不知，多来称贷。”[2]其实理财并非孔尚任之所长，因此在宝泉局任内虽已属忙官，但他依然故我，邀友集饮，纵情诗文。酬唱之余，则致力于《桃花扇传奇》的创作。

《桃花扇传奇》的轮廓，在尚任腹中已酝酿多年。还在出山之前，当他得闻南明弘光遗事，深感秦淮歌妓李香君誓不辱于权奸而“面血溅扇”，杨龙友以画笔点之而成桃花扇一事的“新奇可传”，遂萌生将“南朝兴亡”“系之桃花扇底”之想。但又“恐闻见未广，有乖信史”[3]，所以仅有构思而未敢贸然动笔。3年的江南旅居，遍交南明耆旧，闻见开阔，史料盈箧。北归前夕，为了获得更多的感性体验，他又南游金陵，过明故宫，拜明孝陵，流连于秦淮河畔，凭吊遗迹，走访隐逸。当时，南明遗臣张怡，以道士隐居于南京城外栖霞山白云庵，尚任特为绕道拜访，“数语发幽微，所得实不浅”[4]。后来，这个张怡经过艺术加工，成为在

1 孔尚任：《孔尚任诗文集》卷四《燕台杂兴三十首》。

2 孔尚任：《孔尚任诗文集》卷四《燕台杂兴三十首》。

3 孔尚任：《桃花扇》卷首《桃花扇本末》。

4 孔尚任：《湖海集》卷七《白云庵访张瑶星道士》。《孔尚任诗文集》文字略有异同，作“数语发精微，所得已不浅”。

《桃花扇》中体现全剧创作思想的特殊角色张薇。回京后，再经与顾彩合著《小忽雷传奇》的艺术实践，无论是思想、文学，还是艺术技巧诸方面，《桃花扇》的创作时机都业已成熟。就在《小忽雷》脱稿之后，应新任刑部侍郎田雯之请，尚任“挑灯填词”[1]，三易其稿，康熙三十八年六月，终于完成了他的文学巨著《桃花扇》。

《桃花扇》以江南名士侯方域与秦淮歌妓李香君的爱情悲剧为线索，“借儿女之情，写兴亡之感”[2]，真实地再现了南明弘光一朝的兴亡史。在对环境氛围的如实描绘中，作者塑造了性格各异的诸多人物形象，有血有肉，栩栩如生。全部矛盾冲突的发展，跌宕起伏，真实可信。愤激处，可令人推案而起；哀婉处，即使铁石男儿也不禁为之动情。曲终人散，张道士对侯、李痴情的当头棒喝:“两个痴虫，你看国在那里，家在那里，君在那里，父在那里？偏是这点花月情根，割他不断么？”苏昆生的一套《哀江南》，“放悲声，唱到老”[3]，似断似续，寓意深远，留给了读者以无穷尽的遐想。明清更迭，身历国破家亡的知识界和封建官场中人，对这一段历史本来就耿耿于怀。尚任的《桃花扇》所要召唤读者和观众去思索的，又正是明朝“三百年之基业，隳于何人，败于何事，消于何年，歇于何地”？[4]因而它的强烈感人力量激起一时知识界的共振，便是势所必然。《桃花扇》脱稿伊始，若一夜春风吹绿京中万树，“王公荐绅，莫不借抄”，竞相招戏班上演，“名公巨卿，墨客骚人，骈集者座不容膝”。更不知有多少人掩袂拭泪，“唏嘘而散”[5]。

---

1 孔尚任：《桃花扇》卷首《桃花扇本末》。

2 孔尚任：《桃花扇》卷一《试一出》，《先声》。

3 孔尚任：《桃花扇》卷四《续四十出》，《馀韵》。

4 孔尚任：《桃花扇》卷首《桃花扇小引》。

5 孔尚任：《桃花扇》卷首《桃花扇本末》。

《桃花扇》的巨大成功，使之与洪昇的《长生殿》若双璧争辉，夺目于清初文坛。当时京中“岁演无虚日”[1]，出现了“纵使元人多院本，勾栏争唱孔洪词”[2]的盛况。然而正当尚任了却夙愿，沉浸在胜利喜悦中的时候，他万万没有料到，也正是一出《桃花扇》，竟然招来谗言诽谤，以致把他永远逐出仕宦之列。同年秋，《桃花扇》问世的消息迅速传入宫廷，由于当局索要甚急，尚任手头的清本又为他人借走，还是设法在浙江巡抚张敏的京邸觅了一部抄本，连夜进呈。此后虽然音讯杳然，吉凶未卜，翌年正月中旬以后，他居然又获晋升户部清吏司员外郎。但是升迁不及两月，尚任便被以“莫须有”[3]的原因解职。

事情来得如此突然，其中缘由又是那么扑朔迷离，尚任一时简直不知所措，深深地陷入了“被谪疑案”[4]的困惑之中。为了期待真相的澄清，他滞留京中，两年未归。结果，幻想被无情的现实所否定。经济拮据，诬枉难明，他唯有“挥泪酬知己，歌骚问上天”[5]而已。四十一年冬，尚任被迫怆然南归。临行，故友新交旗亭送别，欲行又止，徘徊难舍。“车上回头别故人，斜阳照面各沾巾。”[6]目送消失在夕阳古道尽头的车影，旗亭翘首的友人无不“俯仰天地，眷怀今昔”而“凄然泣下”[7]。

结束18年的宦海沉浮，尚任须发似雪，已入晚年。在一生的最后十余年间，他一度遨游南北。北上河北真定（今正定），西去

1 孔尚任：《桃花扇》卷首《桃花扇本末》。

2 金埴：《巾箱说》，中华书局1982年版，第135页。

3 刘中柱：《真定集》卷三《送岸堂》。关于孔尚任罢官的原因，迄今未见足以澄清真相的史料。汪蔚林《孔尚任诗文集后记》及袁世硕《孔尚任年谱》，于此均有严谨的揣测，认为无疑是因著《桃花扇》而以文字肇祸。我赞成这样的推断。

4 孔尚任：《孔尚任诗文集》卷四《和蔡纲南赠扇原韵送之南还》自注。

5 孔尚任：《留别王阮亭先生》。转引自刘叶秋：《孔尚任诗和桃花扇》，中州画社1982年版，第8页。

6 孔尚任：《孔尚任诗文集》卷四《旗亭口号赠送行者》。

7 王源：《居业堂集》卷一六《送孔东塘户部序》。

山西平阳（今临汾），南下湖北武昌，逝世前夕，还重游扬州，泛舟红桥。其间，最令尚任欣慰的莫过于三件事情。一是康熙四十五年，与故旧刘中柱在真定聚首，观演《桃花扇》两日，以此度过自己的 59 岁生日。二是得天津诗人佟鋐资助，自康熙四十七年三月起，将《桃花扇》刊刻行世。三是康熙五十三四年间重游淮南，访神交多年的挚友刘廷玑，不仅得遂近 20 年心愿，而且还将自己的诗作上千首汇为《长留集》付梓。作为一个创作繁富的诗人，尚任给后世留下了《湖海》、《岸堂》、《石门》和《长留》诸诗文集。今人汪蔚林据以辑为《孔尚任诗文集》，由中华书局于 1962 年 8 月印行。尚任在一生的诗歌创作中所追求的“天真”境界，虽然天地并不是那样开阔，晚年且有趋于狭窄之势，但比之同时以“神韵”说驰名诗坛的王士禛，异曲同工，毫不逊色。刘廷玑因之而评孔诗为“当代之大家”[1]，并非夸饰溢美。作为一个杰出的文学家和戏剧家，孔尚任继承明代戏剧大师汤显祖所开创的现实主义道路，以艺术真实和历史真实相结合，使他的《桃花扇》成为清代戏曲史上的一座丰碑。

二　桐城初祖方苞

方苞，字凤九，一字灵皋，晚年自号望溪，江南安庆桐城县（今安徽省桐城县）人。生于康熙七年四月十五日，卒于乾隆十四年八月十八日。他集达官、文士、学者于一身，以倡导古文义法影响一代文风，成为清代桐城古文的开派宗师。

桐城方氏为一县望族，素以宦达著称。明末，自方苞曾祖象乾迁居南京后，家道中落。入清，每况愈下。康熙初，苞祖帜尚为学官，先后出任芜湖、兴化二县训导、教谕。到他的父亲仲舒，

1　刘廷玑：《长留集序》，载孔尚任《长留集》卷首。

就不过一名国子监生而已。由于家庭经济拮据，无力外出求学，方苞以他的父亲为启蒙教师，在家中度过了少年时代。方仲舒，字南董，号逸巢，工于吟咏，与一时耆旧钱澄之、方文及杜浚、杜岕兄弟相唱和，作诗多达三千余首。尽管如此，方仲舒却不让方苞步其后尘，而是始终以古文相引导。根据方仲舒的文学主张，"必读书之深而后见道也明，取材也富，其于事变乃知之也悉，其于情伪乃察之也周，而后举笔为文，有以牢笼物态而包孕古今"[1]。方苞以这样的思想为指导，自幼读《四书》、古文，接受了"文以载道"的传统教育。在将他父亲的文学主张付诸实践的过程中，方苞的哥哥方舟走在他的前面。方舟，字百川，虽年长方苞仅3岁，但天资过人，八、九岁时即已开始读《春秋》。方苞7岁那年，方舟还背着父亲取出祖上留下的《史记》，讲述古代战争胜负的原因。到方苞13岁时，他的哥哥"以诸生之文而横被六合"，[2]成为他的时文教师。方舟认为，做时文不可苟且随俗，应当"理正而皆心得，辞古而必己出"[3]。在方舟的影响下，方苞起步伊始，便用古文的法度来写时文，逐渐形成具有个性的文章风格。

康熙二十五年，方苞随父到安庆参加科举士子入学考试。3年后，他以岁试第一名取得了举人考试资格。在来年的乡试中，他虽然落选，但是所写的应试时文"深醇而朴健"[4]，大为学政高裔所赏识。当时正在江苏的内阁学士韩菼见到方苞的考卷后，更是叹为"近世无有"[5]，并且立即推荐给在京的原刑部尚书徐乾学，以便编入当年乡试文选。三十年，方苞得到高裔的资助，随同北上，寄居于北京高裔寓所，准备改应顺天府乡试。这时的北

1　戴名世：《戴名世集》卷二《方逸巢先生诗序》。
2　方苞：《方苞集》卷七《兄百川墓志铭》。
3　方苞：《方苞集》卷四《储礼执文稿序》。
4　方苞：《方苞集外文》卷四《余西麓文稿序》。
5　韩菼：《有怀堂文稿》卷五《方百川文序》。

京，名士云集。戴名世、王源的古文，刘齐、徐念祖的时文，都名噪一时。方苞以文会友，同他们相继结为友好。他“学行继程、朱之后，文章介韩、欧之间”[1]的立身趋向，不仅在作幕宾的文士中产生共鸣，而且也引起了公卿显贵的注意。当时任兵部侍郎的李光地就此评价道：“当与韩、欧争列，北宋后无此人也。”[2]独有以布衣预修《明史》的学者万斯同不以为然，他告诫方苞切莫沉溺于古文，指出：“唐、宋号为文家者八人，其馀道粗有明者，韩愈氏而止耳，其馀则资学者以爱玩而已，于世非果有益也。”[3]三十五年，方苞在两度为顺天乡试淘汰后，颓然南归。临行，万斯同在寓所为他送别，语重心长，将完成《明史》的希望寄托给方苞。万斯同说：“子诚欲以古文为事，则愿一意于斯，就吾所述，约以义法而经纬其文，他日书成，记其后曰：‘此四明万氏所草创也’，则吾死不恨矣。”[4]尽管后来方苞并没有去继承万斯同的事业，但是前辈的信赖却给了他以很大的激励，“每诵知己之言而忻与惕并”[5]。从此，他“收敛其才气，浚发其心思，一以阐明义理为主，而旁及于人情物态”。[6]正如他后来缅怀万斯同时所说：“余辍古文之学而求经义，自此始。”[7]

三十八年秋，方苞在江南乡试中荣登榜首。他踌躇满志，试图以自己的文章去改变一时的科场文风，于是第一次将他的应试时文刊行于世。随着文章的四处流传，方苞声名大起。当时的文士甚至把方氏兄弟比作宋代四川眉山的苏轼、苏辙兄弟[8]。然而八

---

1 王兆符：《望溪先生文集序》见《方苞集》附录三。

2 雷铉：《经笥堂文钞》卷下《方望溪先生行状》。

3 方苞：《方苞集》卷一二《万季野墓表》。

4 方苞：《方苞集》卷一二《万季野墓表》。

5 方苞：《方苞集》卷六《与万季野先生书》。

6 戴名世：《戴名世集》卷二《方灵皋稿序》。

7 方苞：《方苞集》卷一二《万季野墓表》。

8 戴名世：《戴名世集》卷七《方舟传》。

股时文积习难除，在方苞向进士攀登的路途中，他因此而迭遭挫折。四十五年，方苞总算如愿以偿，在当年春天的会试中，他以贡士第四名获准殿试。眼看成功在即，却发生了一桩意外的事情，他母亲病危的消息忽然从家中传来，这样他未等殿试举行，便匆匆南归。第二年，因为他父亲的病故，随后又是戴名世《南山集》案的株连，参加殿试的事也就长期搁置下来。

康熙五十年十月，左都御史赵申乔挟嫌弹劾翰林院编修戴名世，指责戴的文集《南山集》“肆口游谈，倒置是非，语多狂悖”[1]。康熙帝下令“严察审明”，于是演为文字冤狱。方苞因曾为《南山集》作序[2]，于同年十一月被逮，随即押解京城关入刑部监狱。翌年一月，刑部提请对戴名世“即行凌迟’，“汪灏、方苞为戴名世悖逆书作序，俱应立斩。”[3]四月，康熙帝颁谕：“汪灏在内廷纂修年久，已经革职，著从宽免死，但令家口入旗。”[4]方苞的文学才能素来为大学士李光地器重，由于有了宽宥汪灏的先例，因而也就为李光地搭救方苞提供了可能。十月，翰林院修撰汪霦病故，清圣祖在召见李光地时不无惋惜地喟叹：“汪霦死，无复能为古文者矣。”李光地趁机保奏方苞，他说：“必如班、马、韩、柳，诚急未得其人，若如霦者才固不乏，即若某案中之方苞，其古文词尚当胜之。”[5]这次搭救果然奏效，五十二年二月，《南山集》案结案，三月，康熙帝即就方苞的去向作出批示：“戴名世案

1 《清圣祖实录》卷二四八，中华书局1985年影印《清实录》第6册，第455页。

2 关于《南山集》卷首的方苞序，在案件审理过程中，据戴名世供词：“《南山集》系尤云鄂刻的，云鄂是我门生，我作了序，放他的名字。汪灏、方苞、方正玉、朱书、王源序是他们自己作的。”方苞也供认不讳，他说：“我不合与戴名世作序收板，罪该万死。”但结案出狱后，据李塨《恕谷后集》卷三《甲午如京记事》载，方苞却又矢口否认，说：“田有文不谨，予责之，后遂背予梓《南山集》，予序亦渠作，不知也。”此说显然不足信。

3 《清圣祖实录》卷二四九，《清实录》第6册，第465页。

4 《清圣祖实录》卷二五〇，《清实录》第6册，第433页。

5 李清植：《李文贞公年谱》“七十一岁”条。

内方苞，学问天下莫不闻，下武英殿总管和素。”[1]以这次朱批为转机，方苞不仅得以死里逃生，而且也为他进入官场铺平了道路。

方苞获赦的次日，应召进入南书房，奉命撰成《湖南洞苗归化碑文》。第二天，又撰成《黄钟为万事根本论》。第三天，再度写成《时和年丰庆祝赋》。三篇体裁各异的文章，显示了他不同寻常的文学才能，尤其是第三篇赋更是得康熙帝嘉赏，称赞道："此赋即翰林中老辈并旬就之，不能过也。”[2]经过连续三天的考核，方苞便以一个没有任何官职的文士，陡然间成为皇帝的文学侍从。八月，康熙帝授意编纂乐律、数学等书，由诚亲王胤祉领衔，开书馆于畅春园内蒙养斋。方苞又奉命供职蒙养斋，预修《律吕正义》。蒙养斋是当时诸皇子读书的地方，方苞得以深入皇家禁地，预修御制图书，使他不得不格外小心翼翼。无论寒暑，他总是头戴一顶黑布小帽，谨守职责，除了按命令答复询问，“外此不交一言”[3]。由于在书馆共事的徐元梦、顾琮等都是满人，学识涵养远不及方苞，久而久之，他便以自己的学行赢得了诚亲王的信任，还当上了王子的老师。在内廷立定脚根之后，方苞于修书余暇，沉潜经学，致力于《春秋》和《周礼》的考索。自康熙五十五年至六十年间，他先后完成了《春秋通论》、《周官集注》、《周官析疑》等著作。六十一年六月，他被任命为武英殿修书总裁，并奉旨校勘《御制分类字锦序》。按照惯例，以皇帝的名义颁发的诗文，事先往往责成有关大臣会同校勘，能够获得独阅信任的，在康熙一朝的文臣中，仅有熊赐履和张英二人。方苞得此殊荣，身价倍增。

世宗即位，颁诏大赦，方苞全家恩准出旗，“赦归原籍”。雍正元年三月，方苞就此拜札谢恩，庄亲王胤禄传谕："朕以苞故，

1 方苞：《方苞集》卷一八《两朝圣恩恭纪》。
2 方苞：《方苞集》卷一八《两朝圣恩恭纪》。
3 方苞：《方苞集》卷十《翰林院编修查君墓志铭》。

具知此事，其合族及案内肆赦皆由此，其功德不细。”[1]三年三月，世宗在养心殿破例召见方苞，尊他为“老学”，并且重申圣祖给他的武英殿修书总裁的任命，进一步肯定了方苞在朝廷中的特殊地位。这时，他已经年近花甲，因患足疾，行走艰难，世宗又特“赐柱杖入朝”。从此，方苞扶摇直上，九年冬，特旨授官詹事府左春坊左中允。翌年，进入翰林院，官侍讲学士。十一年，擢升内阁学士兼礼部侍郎，教习庶吉士，相继以总裁、副总裁主持《一统志》馆和《皇清文颖》馆编纂事宜。

高宗即位后，方苞以先朝旧臣，连上《请定征收地丁银两之期》、《请定常平仓谷粜籴之法》和《请复河南漕运旧制》等三疏，就国计民生攸关的赋税、漕粮等陈述意见，请求恢复康熙旧制。乾隆元年，他再入南书房，奉命编选明代及清初《四书》制义，任《三礼义疏》馆副总裁。同年九月，博学鸿词科在京举行。方苞自恃学问优长，为他所荐举应试的，竟达十五人之多。结果一无录取，同僚中对此事多有訾议。方苞素喜结交朝廷显贵，康熙时的大学士李光地，雍正朝显赫一时的徐元梦、鄂尔泰、张廷玉等，无不与他有密切往来。他不仅通过这些人奏陈政见，影响国事，而且还利用文学侍从的便利，在奉旨召见时，进行秘密陈奏。这种趋炎附势的痼疾和诡秘莫测的劣习，日渐激起同僚憎恶。同河道总督高斌的倾轧，更把他假道学的虚伪面孔暴露无遗。方苞早年供职于蒙养斋时，便与高斌结识，当时他曾经恭维高斌日后必然跻身显贵，二人间一度相好无间。雍正十三年，高斌任河道总督后，方苞秘密致书，要求提拔他在高斌手下任职的一个门生。这件事高斌未予照顾，方苞耿耿于怀。乾隆元年，因黄河下游连年水患，高斌疏请在南岸砀山毛城铺开河分洪。御史夏之芳、甄之璜、钟衡等相继上疏反驳。经廷臣集议，高宗采纳了高斌的

1 方苞：《方苞集》卷一八《两朝圣恩恭纪》。

意见，并将抗颜力争的夏、甄等人监禁。方苞就此事找到徐元梦，通过徐说情使夏、甄获释。同时，他又密呈奏章，告讦高斌刚愎自用。高斌获悉内情，便把方苞先前营私的信件上呈乾隆帝。方苞一败涂地。这以后，凡是他所上的奏章，诸如禁烟草、禁烧酒等，乾隆帝批交九卿议奏，无不以迂阔难行而“合口梗之”。

已届70高龄的方苞，在官场倾轧中受挫后，于乾隆二年十二月，以老病为由，疏请辞去礼部右侍郎任。高宗准许了他的请求，命他在翰林院以原衔教习庶吉士。如果方苞自此专意课徒授业，或许还可望争取一个较好的晚景，但是封建官僚以权营私的痼疾驱使他不能甘于寂寞，最终搬起石头砸了自己的脚。方苞与原任礼部尚书魏廷珍早年同为李光地亲信，关系密切。世宗安葬后，魏廷珍奉命以尚书衔守护泰陵，京中魏邸交由方苞居住。乾隆三年十一月，方苞故态复萌，向高宗上呈秘折。在召见过程中，高宗向他征求对魏廷珍的看法，透露了打算任命魏廷珍为左都御史的意向。方苞很快搬离魏邸，迁居城外，暗示魏廷珍将有新的任命。魏廷珍上任后，他又私下泄露召见机密，说此次任命为他所推荐。流言既出，朝议纷纷，高宗下令追查，并派大学士对他传旨训饬。这次人事任免风波还未过去，方苞又给自己制造了新的麻烦。四年五月，庶吉士学习期满，考选日期早经确定上报，可是方苞却又临时补请耽误考期的吴乔龄参加考试。由于他搬离魏邸后，即移居吴乔龄宅，因此他的敌对势力便据以参奏，指责他受托营私。接连发生的上述事情，终于激怒了高宗。乾隆帝严斥方苞“假公济私，党同伐异”，下令“将侍郎职衔及一切行走之处悉行革去，专在《三礼》馆修书，效力赎罪”[1]。同年冬，方苞完成了《周官义疏》的纂修。一则年事已高，再则20余年的宦海浮沉，树敌太多，最后竟连自己推荐修书的人也加入了敌方营垒。

1 《清高宗实录》卷九二，《清实录》第10册，第417页。

这样，方苞于第二年春天得到高宗的宽宥，以翰林院侍讲衔告老还乡。

在迄于逝世的8年间，方苞专意于《仪礼》的研究。他还在南京建宗祠，定祭礼，设义田，将早年购置的田产“尽捐为祭田”。据他声称：“服官后未增一亩。”[1]一说他告归后，“唯以殖财为事，菲薄科目，讥刺时政，至与民争龙潭鱼利，举其生平而尽弃之”[2]。十四年秋，方苞撰成毕生的最后一部经学著作《仪礼析疑》，以此结束了自己的人生途程。

方苞一生，以“学行继程、朱之后”标榜于世，他治经学虽与后来汉学家路数有别，但原原本本，训诂简明，于《周礼》、《春秋》研究都确有所得。乾隆中叶修《四库全书》，对他的经学著述多有著录，除《礼记析疑》被讥为“不效宋儒之所长，而效其所短，殊病乖方”[3]之外，其他则都有肯定评价。在论及他的《春秋通论》时，曾比之于元儒吴澄，认为方苞“以经求经，多有协于情理之平，则实非俗儒所可及，譬诸前修，其吴澄之流亚欤”。[4]然而方苞一生所长，则主要在于文学。由于他有经学和史学为根底，因而在长期的文学实践中，形成了具有鲜明的时代特征和个性的文论，创作出大量恬淡、雅洁的散文。诸如《狱中杂记》、《左忠毅公逸事》等，都一直是脍炙人口的佳构。方苞对《春秋》和《史记》都从文学角度作过较深入的研究，依据《周易》“言有物”、“言有序”的经义，概括出散文创作的义法说。他早年读《史记》即指出：“《春秋》之制义法，自太史公发之，而后之深于文者亦具焉。义即《易》之所谓‘言有物’也，法即《易》之所谓‘言有序’也。义以为经而法纬之，然后为成体之

1 方苞：《方苞集外文》卷十《与陈占咸》。
2 萧奭：《永宪录》卷三，第224页，中华书局，1959年。
3 《四库全书总目》卷二一，经部二十一礼类三，《礼记析疑》。
4 《四库全书总目》卷二九，经部二十九春秋类四，《春秋通论》。

文。”[1]中年以后，对此说不断重申。晚年评阅门生文稿，他又加以具体化，认为：“南宋、元、明以来，古文义法久不讲，吴越间遗老尤放恣。或杂小说家，或沿翰林旧体，无一雅洁者。”他进而指出：“古文中不可入语录中语，魏、晋、六朝藻丽俳语，汉赋中板重字法，诗歌中隽语，《南、北史》佻巧语。”[2]后来他的古文义法说，经过他的弟子刘大櫆和再传弟子姚鼐等人的充实和发挥，在清代的散文创作中，由涓涓细流而蔚为大国，形成源远流长的桐城文派。方苞一生所写文章，在他生前，曾由其弟子王兆符、程崟两次结集。故世后，历经后人摭拾散佚，广事收寻，于咸丰初以《望溪先生文集》和《望溪先生集外文》合并刊行，后附苏惇元辑《方望溪先生年谱》。近年，上海古籍出版社又据以校订排印，改题《方苞集》刊行。

三　《儒林外史》的作者吴敬梓

吴敬梓，字敏轩，一字粒民，号文木，又号秦淮寓客，安徽全椒人。生于康熙四十年五月，卒于乾隆十九年十月二十八日。他的名字同其所著长篇讽刺小说《儒林外史》相联，在中国文学史上熠熠生辉，永垂不朽。

全椒吴氏，自明末以来，累代科甲。吴敬梓的曾祖国对，顺治十五年以一甲三名进士及第，官至翰林院侍读，康熙初，先后典试福建，提督顺天学政，一时名公巨卿若李光地等多出其门下。国对兄弟五人，四人皆为进士。“家门鼎盛”，历五十年未衰。到吴敬梓诞生时，吴氏家族已越过巅峰下滑。他的父辈弟兄十余人中，竟无一人考中举人而出仕，仅有嗣父霖起以拔贡生出任江苏

1　方苞：《方苞集》卷二《又书货殖传后》。

2　沈廷芳：《隐拙斋集》卷四一《方望溪先生传书后》。

赣榆县教谕。霖起为吴国对长孙，两世单传，由于无嗣，所以吴敬梓遵生父雯延命，自幼随姊过继长房。

富有的书香门第，为少年时代的吴敬梓提供了良好的读书条件。然而他志气卓荦，爱好广泛，并不拘泥于科举士子用以猎取功名的《四书》、《五经》。13岁那年，他母亲病逝，吴敬梓如同成人般“屏居一室”，以读书寄托哀思。他不仅“穿穴文史”，而且还为描写男女私情的所谓“淫词小说”所吸引，沉溺其中，爱不释手，“从兹便堕绮语障，吐丝自缚真如蚕”。翌年，他随嗣父宦游赣榆。赣榆地处苏北海滨，与全椒相去上千里。吴敬梓虽自幼育于水乡，但无论是故乡的襄河，还是咫尺之隔的长江，都远远没有浩瀚天际的沧海那样的宏大气魄。极目远眺，天水相连，大自然的壮观孕育了少年诗人的激情，于是他写下了留存至今的第一首诗《观海》。诗中写道：“浩荡天无极，潮声动地来。鹏溟流陇域，蜃市作楼台。齐鲁金泥没，乾坤玉阙开。少年多意气，高阁坐衔杯。”[1]诗意虽无奇特，且嫌幼稚，但作者难以羁縻的个性已经跃然纸上。这以后，他遵嗣父命，回乡从师学习，以期接武先人，耀祖光宗。为了取得一个秀才资格，吴敬梓长年“往来江淮北复南”，奔忙于赣榆、全椒间。只是由于他心思所寄并不专在举业，多为诗文词曲，枰上对弈，因而八年过去，一事无成，依然被拒之县学门外。

康熙六十一年，吴霖起因获罪上司，被无端罢任，翌年，含恨辞世。一个“守规矩与绳墨”的举业教师，仅仅因为不能阿谀逢迎，就这样淹没于尔虞我诈的宦海。吴敬梓从他嗣父的遭际，第一次尝到了人生的苦味。尽管此时进学的喜报已到，但是“青衫未得承欢笑，麻衣如雪发鬔鬖”，区区秀才名分又怎能告慰死者于九泉！

1　吴敬梓：《文木山房集》卷二《观海》。

吴霖起死后，留下了“二万馀金”的家业田产。这笔丰厚的遗产，引起家族中人的觊觎。“兄弟参商，宗族诟谇”，吴敬梓茕茕孑立，身陷重围。同胞骨肉挑起的“家难”，让他再度领略了世间的辛酸苦辣。吴敬梓本来就愤世嫉俗，旷达不羁，莫名的怅惘和愤恨把他推向极端：挥金如土，放浪形骸。“一朝愤激谋作达，左䪺史妠恣荒耽”；“迩来愤激恣豪侈，千金一掷买醉酣”。[1]

雍正七年八月，眼看中举在即，殊不知榜发竟名落孙山。“文澜学海，落笔千言徒洒洒。家世科名，康了惟闻毷氉声”[2]。与之同时，呻吟病榻的妻子永远舍他而去，过早地离开了人世。昔日呼前拥后的家仆，也随着家境的败落，纷纷离去。田宅变卖，坐吃山空，数十年的祖业家声，就此化为乌有。

吴敬梓生性豪爽，视金钱若粪土，一方面他固然由于纵情声色而一掷千金，另一方面也确实“遇贫即施”，周济了不少穷愁困顿的友人。然而以此换来的，却是“似以冰而致蝇，若以狸而致鼠”，格格不入，去之唯恐不远。其中的势利之辈，见他已非往日富贵公子，更是一反故态，“造请而不报，或至对宾而杖仆”，蓄意怠慢羞辱。这一切在吴敬梓心中留下了巨大的创伤。于是他几经徘徊，终于决意离开这个龌龊的环境。雍正十一年二月，他偕新婚妻子叶氏移家南京。

选定南京作侨居地，这是吴敬梓的多年心愿。秦淮河上，“歌吹沸天，绮罗扑地”，使之朝思暮想。还在30岁那年，他再游南京，除夕不归，就萌发出迁居之念，表示：“秦淮十里，欲买数椽常寄此。”[3]抵达南京后，吴敬梓果然在十里秦淮觅得一处名称秦淮水亭的园宅。秦淮水亭位居秦淮与青溪汇流处的淮青桥畔，南朝梁陈间，这一带曾经是尚书令江总的宅邸，占地三亩余。北

1　吴檠：《为敏轩三十初度作》，金榘《泰然斋集》卷二附。

2　吴敬梓：《文木山房集》卷四《减字木兰花》。

3　吴敬梓：《文木山房集》卷一《移家赋》。

宋时，又成为职方郎中段缝致仕颐养之地。历尽沧桑，至明中叶衰而复振，经正德间南京刑部尚书顾璘修葺一新，题额息园，再成一方名胜。入清，兵燹之后，虽改称秦淮水亭，已非昔日名园华贵气象，但良好的地理环境，使它依然不失诱人魅力。康熙间，儒臣施闰章就曾于此邀集文士听艺人度曲，尽欢而散。秦淮水亭与秦淮河相连一端，“笙歌灯火称极盛”，自是一派熙熙攘攘。而“路入青溪”一段，“两岸皆竹篱茅舍，渔唱樵歌，互答于冷烟衰草之外，耕夫扶犁，渔家晒网”[1]，又宛若桃源般的宁静幽雅。吴敬梓精心寻觅的这一侨居园宅，正是他此时矛盾重重心境的集中反映。一方面虽家已中落，但仍旧不能忘却昔日的富贵；另一方面既悲观厌世而欲与隐居林泉的古人为伍，却又割舍不掉那声色所在的十里秦淮。

移家之初，由于吴敬梓手头还有一些钱财，因而道贺乔迁的友人充溢门庭。他邀集诗文友好，借酒浇愁，喟叹：“南北史，有几许兴亡，转眼成虚垒。……人间世，只有繁华易委。”表示：“身将隐矣，召阮籍、嵇康，披襟箕踞，把酒共沉醉。”[2]四方的文酒之士也投其所好，共推他为诗坛“盟主”，“登高舒啸，临流赋诗”，使之沉浸在虚假的移家之乐中。朝斯夕斯，不觉冬去春来。随着钱财的耗尽，借诗觅食的酒肉相好悄悄散去，“泥沙一掷金一担”的秦淮美梦已成海市蜃楼。“残灯高枕夜，梦里故山遥”，秦淮水亭短短一年间所经历的聚散，勾起了吴敬梓的思乡之情，生发出对昔日放浪形骸的忏悔和“失计辞乡土”的反省。他在此时所写的《古意》诗中，以已过盛年的女子自况，不胜哀惋地写道：“岂知盛年去，空闺自长嗟。五陵轻薄儿，纷纷斗骄奢。遂言邻女美，弃妾不复夸。”[3]面对眼前的窘境，吴敬梓虽已意识到

1　吴敬梓：《文木山房集外·青溪》。
2　吴敬梓：《文木山房集》卷四《买陂塘》。
3　吴敬梓：《文木山房集》卷二《古意》。

“近市居原误，无由学灌园”，但他心犹未甘，依旧眷恋那“家声科第从来美”的富贵家世，幻想有朝一日科场折桂，功成名就，“也略解，此时耻”。

乾隆元年，吴敬梓终于赢得了一次重温昔日富贵旧梦的极好机会。还在此前 3 年，清世宗仿圣祖于康熙十七年诏举博学鸿儒故事，颁谕内外大臣荐举“枕经葄史，殚见洽闻”的博学真才。然而事过二年，应者寥寥。十三年八月，世宗死，高宗即位，重申前谕，令应荐人员一年内齐集京城。当时任江宁县学训导的唐时琳与吴敬梓相友善，便将他推荐给上江督学郑江和安徽巡抚赵国麟。乾隆元年二月，吴敬梓赴安庆预试。他所作三诗二赋，为赵、郑二人“交口称不置”，欣然应允向朝廷举荐。对这样的知遇之恩，吴敬梓念念在怀，久久不忘。他在当时及随后所写的诗篇中，诸如“知遇真难报”、“感恩望霄汉”和“旌门幕府，有多少感恩知遇”等诗句，就都是感恩心理的真实抒发。五月，吴敬梓回到南京。赵国麟也同时颁文全椒，责令地方官绅为吴敬梓出具保证。正当荐举事宜如期进行的时候，旧病的复发却使他功败垂成。吴敬梓素来多病，虽然当时他不过 36 岁，但已为难以根治的糖尿病困扰多年。而这次病魔纠缠，其来势之猛竟折磨得他卧床不起。由于行期迫促，他只好向安徽地方当局告病辞荐。赵国麟闻讯，自然就从荐牍将他除名。两月之后病体初愈，再去会晤唐时琳，面对“躬膺盛典，遇而不遇”的现实，二人唯有相向叹息而已。

荐举良机的得而复失，把一个严峻的选择推到吴敬梓面前：要么一如既往，在科场角逐中去为富贵功名作无休止的搏击；要么毅然拔足，摆脱科举制度的桎梏，去充分发挥自己的诗文素养。为了作出生活道路上的这一重要抉择，吴敬梓经历了整整 3 年的痛苦思索。其间，他不仅对家族和自己的既往进行反思，而且也把周围友人的境遇作为镜子。从这一面面镜子中，他看到在经学上比自己造诣深邃的程廷祚，在文学上足与自己匹敌的从兄吴檠，以及当初同在安庆预试的江其龙、梅兆颐、李常稷等人，虽都有幸应荐进京，但又皆无一例外地受黜而归。尤为痛心的是，李常稷抱病应试，试毕即病逝京城。同友人们的遭际相比，吴敬梓反而感到自己的因病却聘倒是一桩幸事。他吟道："亦有却聘人，灌园葆真素。"到乾隆四年，吴敬梓最终完成了这一艰难的抉择。这年五月，是他的39岁生日，他特地写下《内家娇》词一阕。词中，他清醒地认识到："壮不如人，难求富贵。老之将至，羞梦公卿。"因此毅然作出决断："恩不甚兮轻绝，休说功名。"[1]从此，吴敬梓放弃秀才资格，不再参加科举考试，迈上了创作《儒林外史》的人生新路。

释去科举制度加予的多年重负，吴敬梓感到从未有过的轻松，正如他在《儒林外史》中借主人公杜少卿之口所痛快地道出的："好了，我做秀才有了这一场结局，将来乡试也不应，科、岁也不考，逍遥自在，做些自己的事吧！"[2]在此后的十年间，吴敬梓把全部身心倾注于《儒林外史》的创作。无论是在秦淮水亭，还是南来北往的日日夜夜，他广泛交友，留心观察生活，收集见闻，然后经过艺术加工而典型化，不断地去丰富自己的创作。

倡议并捐款修复南京雨花台先贤祠，是吴敬梓在创作《儒林外史》期间的一项重要活动。南京旧有先贤祠，宋明以来，迭经兴废，清初又复荒芜。康熙间，江苏地方当局为推崇儒学，抑制释道，曾事重建。吴敬梓挚友程廷祚的父亲京萼，便是当时的积极首倡者。程廷祚既秉承其父重视儒家礼乐的遗教，又师从李塨，接受颜李学派力主恢复"周孔正学"的影响。于是对礼乐的探讨，成为吴敬梓与他交往中的重要内容。乾隆五年，吴、程二人经与

1　吴敬梓：《文木山房集》卷四《内家娇》。
2　吴敬梓：《儒林外史》第三十四回。

樊明征、周榘、吴培源等商议，集资修葺业已倾圮的先贤祠，试图“借此大家习学礼乐，成就出些人才，也可以助一助政教。”[1]吴敬梓慨然将故里仅存的“江北老屋”出卖，捐作修缮费用。这次修祠的倡议及祭祀过程，后来吴敬梓都写进了《儒林外史》。同年，他的一个毕生困于场屋的舅父去世。对老人“弱冠为诸生，六十犹迍邅”的可悲境遇，吴敬梓产生强烈共鸣，同样加以采摘成为他作品的创作素材。乾隆十一年前后，江宁知县袁枚审议松江才女张宛玉逃婚一案。张宛玉的不嫁俗商匿身尼庵，扣动吴敬梓的心弦，他把“瑰琦俶傥，不少概见”的“茸城女士”，与具有同样品格的少女相糅合，在《儒林外史》中塑造出叛逆女性沈琼枝的崭新艺术形象。此外，他数十年生涯中所接触的形形色色的人物，以及耳闻目睹的斑驳陆离的事情，都通过他创造性的艺术思维，熔铸进《儒林外史》中去。

乾隆十四年前后，《儒林外史》脱稿。全书56回，[2]紧紧扣住抨击科举取士制度弊病的主题，通过对这一制度桎梏之下知识界状况的真实描绘，活画出一时官场情态、人际关系以至整个社会风俗。在作者的笔下，儒林群丑，或如汤知县、王太守一类出仕为贪官污吏；或如严贡生、严监生之辈居乡为土豪劣绅，鱼肉百姓，横行四方，一个个都成为败坏社会风气的毒菌。贪婪成风，贿赂公行，“钱到公事办，火到猪头烂”，“有了钱就是官”。《儒林外史》所揭露的如此黑暗的现实，激起读者跟随作者的思想轨迹去沉思。吴敬梓认为，这一切的罪恶渊薮便是八股取士制度，因此他在小说第一回楔子中，通过主人公王冕的口说道：“这个法

1 吴敬梓：《儒林外史》第三十三回。

2 关于《儒林外史》的卷数，有五十、五十五、五十六、六十回诸说。五十回本迄未发现，可以存疑。六十回本晚出，其中四回系他人妄增，此点前人已有定评。通行本为五十六回本，祖本系该书现存最早刻本，即嘉庆八年卧闲草堂巾箱本。某些研究者认为，末回“幽榜”系伪作，故删除而成五十五回。固然末回的真伪尽可讨论，以求一是，但在取得定论之前，作为文献原貌，似不宜轻改，故从五十六回说。

却定的不好，将来读书人既有此一条荣身之路，把那文行出处都看轻了。”对儒林中人的绝望，使吴敬梓把希望寄托于市井“奇人”。靠卖字为生，而“任你王侯将相，大捧的银子”也不屑一顾的季遐年；在棋枰上让帮闲文士先行，中盘即迫使其推棋认输，奉酒不饮，扬长而去的卖火纸筒子小贩王太；自食其力的茶馆主人盖宽；“又不贪图人的富贵，又不伺候人的颜色，天不收，地不管”的裁缝荆元，等等。他们都成了作者心目中的理想人物。正是在对这些凡夫俗子饱含倾慕的赞美和表彰之中，吴敬梓豁然推出了自己的叛逆性格和追求自由平等的社会理想。

完成《儒林外史》之后，吴敬梓已经年届50。此时，正值清高宗崇奖经学，颁谕荐举“纯朴淹通之士”，经学特科举行在即。以吴敬梓的学术修养，他完全有资格列名荐牍。因为他不仅诗文做得精彩，而且对经学也多有留意，尤其是作为家学的《诗经》，更属当行。在他业已完成的《诗说》中，就超然于汉宋学门户之外，出入前人经说，“抉其奥，解其症结，猎其精英”，提出了既不同于郑玄、孔颖达等人的笺疏，又不盲从朱熹《诗集传》的治经主张。与之相一致，他在给友人江昱所著《尚书私学》作序时，也同样阐述了实事求是的治经风格。他重申：“若兢兢乎取先儒之成说而坚守之，失之儒；必力战而胜之，亦失之躁也。”[1]然而与十五年前截然相反，吴敬梓“企脚高卧向栩床”，心如死灰，深藏不出。这以后，虽然他的长子吴烺于乾隆十六年一月高宗南巡时，因献赋行在而获赐举人，授官中书舍人，但家境却每况愈下，贫寒不堪，甚至“贳饼而食”。尽管如此，吴敬梓依然故我，豁达无忧。冬夜无钱购炭取暖，他每每邀集友好乘月出游，歌吟啸呼，且戏称为“暖足”。一次秋雨连绵，三四日不绝，南京城中米价陡涨，友人程丽山想起居住市郊的寒友吴敬梓，便令家人持米三斗、

1　吴敬梓：《尚书私学序》，载江昱《尚书私学》卷首。

钱二千前去探望。粮钱送至，始知他家已断炊二日。得钱之后，吴敬梓“饮酒歌呶，未尝为来日计”。

乾隆十九年，吴敬梓携妻及幼子客游扬州。十月，挚友程廷祚的族孙晋芳由淮安来扬。程晋芳早先时常接济吴敬梓，还曾将他迎至淮安小住，如今这个盐商子弟家境也已败落。客舍再晤，相对欷歔。平素从未为自己的贫苦而落泪的吴敬梓，却愁友人之所愁，不禁老泪盈眶。临别，他握着程晋芳的手喟叹：“子亦到我地位，此境不易处也，奈何？”[1]送别友人之后，吴敬梓酣饮如常，只要怀中有几文钱，他总是倾囊而出，邀友集饮。糖尿病人最忌饮酒，而吴敬梓却嗜酒成癖，终老不舍，久而久之，更把身体糟踏坏了。面对越来越坏的健康状况，他大概自知不久于人世，于是酒酣之际，唐代诗人张祜《纵游淮南》诗中“人生只合扬州死，禅智山光好墓田”的诗句不由脱口而出。十月，吴烺的同僚王又曾由京中南还停舟扬州。王又曾久慕吴敬梓的学行，以不得一见引为憾恨。吴敬梓登舟见访，二人“纵谈古今，且订又曾作客邸销寒，竭欢乃已”。舟中归来，吴敬梓余兴未尽，置酒“薄醉”而卧。不料，顷刻间“痰壅如流澌”，未留下片言只字就遽然长逝。

吴敬梓一生卓越的文学才能，不仅集中反映在他的不朽杰作《儒林外史》中，而且他于诗词歌赋、传奇度曲莫不当行，“奇情勃发”，“力追汉唐”，每多名篇警句传诵一时诗坛。乾隆初所刻《文木山房集》及今本《吴敬梓集外诗》，皆可窥见一斑。

1　程晋芳：《勉行堂文集》卷六《文木先生传》。

乾嘉时期的思想界

清代乾隆、嘉庆两朝的 80 余年，是朴学的天下，经史考据，声音训诂，成为一时朝野学术主流。相形之下，此一时期的思想界则甚为沉寂，以致稍后而有龚自珍“万马齐喑究可哀”[1]的喟叹。因此，如何从整体上去把握乾嘉时期思想界的基本面貌，进而对其做出实事求是的评价，就成为一桩颇费斟酌的事情。以下，拟选取大致后先相接的三位思想家为分析对象，试图据以提供一些参考意见，请各位批评。

一　戴震与《孟子字义疏证》

戴震是活跃在乾隆中叶学术界的一位杰出大师。他继惠栋之后，与之齐名而主持一时学术坛坫风会。关于戴震毕生的学术追求，他曾经对其弟子段玉裁做过一个形象的比喻。据称：“六书、九数等事，如轿夫然，所以舁轿中人也。以六书、九数等事尽我，是犹误认轿夫为轿中人也。”[2]这就是说，文字音韵、训诂考证以及天文历算等等，无非戴震为学的工具而已，他的根本追求则别有所在。至于这一追求之具体目标，用戴震的话来说，就叫做“理义”。他说：

1　龚自珍：《定盦续集·己亥杂诗》第 125 首。

2　段玉裁：《戴东原集序》，载《戴震集》卷首。

> 夫所谓理义，苟可以舍经而空凭胸臆，将人人凿空得之，奚有于经学之云乎哉？惟空凭胸臆之卒无当于贤人圣人之理义，然后求之古经。求之古经而遗文垂绝，今古县隔也，然后求之故训。故训明则古经明，古经明则贤人圣人之理义明，而我心之所同然者，乃因之而明。[1]

由此可见，戴震所主张追求的“理义”，并非凿空臆说，不根游谈，而是要以《六经》为依据，通过讲求经籍的训诂，来彰明古经理义，确立实现社会和谐的规范。

目标既定，于是自乾隆二十二年在扬州与惠栋相识之后，戴震便开始致力于《六经》理义的阐发。由至迟在乾隆二十八年完稿的《原善》3篇，中经乾隆三十一年扩充为《原善》3章，再于乾隆三十七年前后进行修订，相继增补为《孟子私淑录》、《绪言》各3卷。尔后再集诸书精粹，删繁就简，区分类聚，终于在乾隆四十二年逝世前夕，完成了自己的代表作品《孟子字义疏证》。

《孟子字义疏证》凡3卷，卷上释理，卷中释天道、性，卷下释才、道、仁义礼智、诚、权。全书以文字训诂的方式，就宋明理学家在阐发孟子学说中所论究的上述诸范畴，集中进行探本溯源。尤以对程颐、朱熹等理学大师学术主张的针砭，形成了具有鲜明个性的思想体系。

理与气的关系，这是宋明数百年理学家反复论究的一个根本问题。入清以后，迄于戴震的时代，理学中人重复前哲论究，陈陈相因，依然如故。就这一论究的终极目的而言，它所要解决的，是世界的本原问题。在这个根本的问题上，戴震不赞成朱子“理

1　戴震：《戴震集》卷一一《题惠定宇先生授经图》。

先气后”的主张，尤其反对把“理”界定为“如有物焉，得于天而具于心”。《孟子字义疏证》从对理的集中诠释入手，以朱子学说为排击目标，提出了有力的辩诘。

戴震认为，理字的本义很平实，并非如宋儒所说出自上天的赋予，而是可以在事物中把握的条理。他称引汉儒郑玄、许慎“理，分也”的解释以证成己说，指出：“理者，察之而几微，必区以别之名也，是故谓之分理。在物之质，曰肌理，曰文理（亦曰文缕，理、缕，语之转耳）；得其分则有条而不紊，谓之条理。”[1]这就是说，归根结底，所谓理就是事物的条理。他进而把理和情结合起来，加以解释道：“理也者，情之不爽失也。”戴震的结论是：“苟舍情求理，其所谓理无非意见也。”因此，他否定以一己的意见为转移的私理，主张在事物中求条理。他说：“物者事也，语其事，不出乎日用饮食而已矣。舍是而言理，非古圣贤所谓理也。”这样，戴震通过对儒家经典中“理”字本来意义的还原，把理从“得于天”的玄谈召唤到现实的人世。沿着这样的逻辑程序走下去，“理在事中”、“理在情中”的命题，则已呼之欲出。

事实上，理气之辨的是非，在戴震著《绪言》时即已解决。他在那部书中说得很明白：

> 举凡天地、人物、事为，不闻无可言之理者也，《诗》曰“有物有则”是也。就天地、人物、事为求其不易之则，是谓理。后儒尊大之，不徒曰天地、人物、事为之理，而转其语曰“理无不在”，以与气分本末，视之如一物然。岂理也哉！

因此，戴震断言，“理先气后”说，“将使学者皓首茫然，求其

1 戴震：《孟子字义疏证》卷上《理》。

物不得，合诸古贤圣之言牴牾不协”[1]。随着他思想的发展，《孟子字义疏证》出，其论究重点已转移到对天理、人欲关系的探讨，试图以此去对宋学进行彻底清算。

天理、人欲关系的辨证，这是《孟子字义疏证》全书的论究核心，也是戴震思想最为成熟的形态。虽然这一思想在他早先撰写《原善》时即已萌芽，但是作为一种完整的系统的思想主张揭出，则是由《孟子字义疏证》来完成的。

在宋明理学的精致体系中，天理是最高的哲学范畴。理学家将传统的纲常伦理本体化，使之成为至高无上的天理，用以主宰天下的万事万物。在他们看来，与之相对而存在的，便是万恶之源的人欲，因此必须竭尽全力加以遏制。于是“存天理，灭人欲”遂成宋明数百年理学中人标榜的信条。入清以后，经过康熙后期确立朱子学独尊的格局，到戴震的时代，已是“理欲之分，人人能言之”。戴震对此深恶痛绝，为了正人心，救风俗，他与之针锋相对，在《孟子字义疏证》中，系统地提出了自己的理欲一本论。

如同对理气之辨的探讨一样，在理欲观的论证上，戴震也采取了由训诂字义入手的方法。根据以情释理的一贯思想，他对天理的诠释也丝毫没有离开情。他说:“天理云者，言乎自然之分理也。自然之分理，以我之情絜人之情，而无不得其平是也。”又说:“情得其平，是为好恶之节，是为依乎天理。”这就是说，谈天理不能与人情对立，天理就在人情之中。戴震认为，这才是天理的原始界说。用他的话来说，就叫做:“古人所谓天理，未有如后儒之所谓天理者矣。”显然，这同宋儒所说的天理就不是一回事情了。至于人欲，戴震同样没有如理学家那样视若洪水猛兽，他反复称引《诗经》“民之质矣，日用饮食”；《礼记》“饮食男女，人之大欲存焉”的儒家经典中语，以论证人的欲望存在的合理性。

1 戴震：《绪言》卷上。

在他看来，人欲并不可怕，也不存在有无的问题，关键只是在于节制与否。所以他说："天理者，节其欲而不穷人欲也。是故欲不可穷，非不可有。有而节之，使无过情，无不及情，可谓之非天理乎！"也就是说，只要能以情为尺度加以节制，那么天理就存在于人欲之中。

至此，天理、人欲的鸿沟，在戴震的笔下顿然填平，宋儒"截然分理欲为二"的天理、人欲之辨，也就理所当然应予否定。于是戴震"理者，存乎欲者也"的理欲一本论便宣告完成。他的结论是："凡事为皆有于欲，无欲则无为矣。有欲而后有为，有为而归于至当不可易之谓理。无欲无为，又焉有理！"戴震进而指出，宋儒所喋喋不休的理欲之辨，"适成忍而残杀之具"，是为祸天下的理论根源。因此他断言：

> 古之言理也，就人之情欲求之，使之无疵之为理。今之言理也，离人之情欲求之，使之忍而不顾之为理。此理欲之辨，适以穷天下之人尽转移为欺伪之人，为祸何可胜言也哉！[1]

以天理、人欲之辨为突破口，戴震一改先前著《原善》和《孟子私淑录》、《绪言》时的闪烁其词，对宋明理学进行了不妥协的批判。他既不再肯定程、朱之学"远于老、释而近于孔、孟"[2]；也不再承认"宋儒推崇理，于圣人之教不害"。[3]而是明确指出：

> 自宋儒杂荀子及老、庄、释氏以入《六经》、孔、孟之

1　戴震：《孟子字义疏证》卷下《权》。
2　戴震：《孟子私淑录》卷下。
3　戴震：《绪言》卷下。

书，学者莫知其非，而《六经》、孔、孟之道亡矣。[1]

依戴震之所见，既然程、朱之学的流行，导致《六经》、孔、孟之道的中绝，那么这样一种学说高踞庙堂的局面，自然就不该继续下去了。晚近著名学者王国维先生评戴学，认为戴震"晚年欲夺朱子之席，乃撰《孟子字义疏证》"，[2]根据大概就在于此。不过，仅以"夺朱子之席"而赅括戴著宗旨，恐怕还可商量。《孟子字义疏证》的批判精神，绝不仅仅在于与朱熹立异，它还表现为对当权者"以理杀人"黑暗现状的不满和抨击。应当说这才是戴震著述的最终落脚之点。《孟子字义疏证》于此有过一段集中表述：

尊者以理责卑，长者以理责幼，贵者以理责贱，虽失，谓之顺。卑者、幼者、贱者以理争之，虽得，谓之逆。于是下之人不能以天下之同情、天下所同欲达之于上，上以理责其下，而在下之罪，人人不胜指数。人死于法犹有怜之者，死于理其谁怜之！[3]

这样的社会政治格局，在戴震看来，同样不能再继续下去。因此，他在书中提出了"体民之情，遂民之欲"的政治主张，憧憬"与民同乐"；"省刑罚，薄税敛"；"必使仰足以事父母，俯足以畜妻子"；"居者有积仓，行者有果囊"；"内无怨女，外无旷夫"的"王道"。戴震的政治思想，虽然并未逾越孟子的"仁政"学说，但是它在乾隆中叶的问世，实质上正是清王朝盛极而衰现实的折射，蕴涵于其间的社会意义是不当低估的。

作为一个杰出的思想家，戴震在《孟子字义疏证》中的理性

1　戴震：《孟子字义疏证》卷上《理》。

2　王国维：《观堂集林》卷一二《聚珍本戴校水经注跋》。

3　戴震：《孟子字义疏证》卷上《理》。

思维，既是严峻社会现实的反映，也预示着深刻的社会危机已经来临。然而这种盛世危言，在戴震生前不仅没有引起共鸣，反而招致非议，甚至“横肆骂詈”。以进士而事佛学的彭绍升，读《孟子字义疏证》后，专为致书戴震，指斥该书势将“使人逐物而遗则，徇形色，薄天性，其害不细”[1]。戴震接信，于乾隆四十二年四月抱病复书驳诘，表明学术旨趣与彭氏“尽异，无毫发之同”。重申正是因为宋儒淆乱《六经》、孔、孟之道，“不得已而有《疏证》之作”[2]。戴震去世后，其同郡后学洪榜为他撰写行状，文中全录答彭绍升书。翰林院编修朱筠见之，竟称:“可不必载，戴氏可传者不在此。”[3]一如朱筠的曲解戴学，戴震的生前友好，诸如钱大昕、王昶等，为他撰写的纪念文字，也对《孟子字义疏证》的学术价值不置一词。私淑戴震的凌廷堪撰《东原先生事略状》，虽然肯定《疏证》为“至道之书”，但却以“其书具在，俟后人之定论云尔”[4]，回避做具体的评价。就连戴震的高足段玉裁，对《疏证》精义也若明若暗，当他著《戴东原先生年谱》时，竟然把该书的成书时间误植于乾隆三十一年。《孟子字义疏证》在当时的遭遇，以及一时学术界的好尚，于此可见一斑。

二　章学诚“六经皆史”说发微

章学诚年少戴震 15 岁。乾隆四十二年戴震辞世，学诚正当 40 盛年。在乾隆中叶以后的学术界，如果说戴震以究心经学理义而睥睨一世，那么章学诚则是倡言“六经皆史”，以讲求“史学义例、校雠心法”而独步一时。章学诚史学思想的出类拔萃处，主

1　彭绍升：《二林居集》卷三《与戴东原书》。
2　戴震：《戴震集》卷八《答彭进士允初书》。
3　江藩：《国朝汉学师承记》卷六《洪榜》。
4　凌廷堪：《校礼堂文集》卷三五《东原先生事略状》。

要可归纳为如下两个方面。

第一，反对因循，救正风气。

乾嘉学风，以经学考据为主流，“风气所趋，竞为考订”[1]。乾隆二十五年，章学诚初入京城，时值汉学大师惠栋谢世未久，戴震沿波而起，名噪朝野，经学考据方兴未艾。京中学风，迥异于他所僻居的湖北应城，与其早年的为学趋向，尤显格格不入。章学诚为学之始，深受其浙东乡先辈邵廷采影响，主张“读书当得大意”，走的是“马、班之史，韩、欧之文，程、朱之理，陆、王之学，萃合以成一子”[2]的为学路径。由于为学取径的不合时尚，因而他不仅屡困科场，而且在国子监中茕茕孑立，被“视为怪物，诧为异类”。然而置身风靡朝野的经学考据之中，章学诚并没有向一时风气屈服。相反，随着文史素养的与时俱进，他对考据学风的积弊展开了不妥协的批评，决意以自己的史学主张去辟除榛莽，开创新路。

章学诚认为:“天下事，凡风气所趋，虽善必有其弊。君子经世之学，但当相弊而救其偏。”他大声疾呼:“君子之学，贵辟风气，而不贵趋风气。”[3]因此，为了救正一时风气，章学诚发愿结撰《文史通义》。于著述之始，他即坚决地表示，即使“逆于时趋”，“乖时人好恶”，也在所不惜。乾隆三十七年，在给当时著名学者钱大昕的信中，他写道:“惟世俗风尚必有所偏，达人显贵之所主持，聪明才隽之所奔赴，其中流弊必不在小。载笔之士不思挽救，无为贵著述矣。”[4]在章学诚看来，当时学风之弊，症结就在于沉溺考据训诂，买椟还珠，不识大义。他说:“近日考订之学，正患不求其义，而执形迹之末，铢黍较量，小有同异，即嚣

1　章学诚：《文史通义》（遗书本）外篇三《与族孙守一论史表》。
2　章学诚：《文史通义》（遗书本）外篇三《家书三》。
3　章学诚：《文史通义》（遗书本）外篇一《淮南子洪保辨》。
4　章学诚：《章氏遗书》卷二九外集二《上钱辛楣宫詹书》。

然纷争，而不知古人之真不在是也。”[1]由此出发，他虽然并不抹煞考据学的基本作用，但是只是视之为治学的功力而已，不承认那是学问。对于那些不识大义的考据学家，他则讥之为“有如桑蚕食叶而不能抽丝”，甚至诋作“竹头木屑之伪学”[2]。

针对汉学考据的积弊，章学诚曾经提出过如下主张：“今日之患，又坐宋学太不讲也。”这样的见解，乍一看去，似乎是主张恢复宋学，以宋济汉。其实，综观章学诚的学术趋向，则又不尽然。一方面，他为学之所从入手，固然是宋学，因此他肯定：“宋儒之学，自是三代以后讲求诚正治平正路。”但是另一方面，他于宋学流弊亦看得很清楚，他指出：

> 第其流弊，则于学问文章、经济事功之外，别见有所谓道耳。以道名学，而外轻经济事功，内轻学问文章，则守陋自是，枵腹空谈性天，无怪通儒耻言宋学矣。[3]

这就是说，章学诚所主张讲求的宋学，并非性与天道的空谈，而是诚意、正心、治国，平天下的儒学传统。显然，这已经不是对宋学的简单复原，而是一个学术史家从历史实际出发，对既往学术的积极修正。这种修正表现为学术主张，便是两条救正之道的提出，一是古文辞，一是史学，而归根结底还是史学。章学诚说：“近日颇劝同志诸君多作古文辞，而古文辞必由纪传史学进步，方能有得。”他还说：“辞章记诵，非古人所专重，而才识之士必以史学为归。为古文辞而不深于史，即无由溯源六艺而得其宗。”

章学诚竭毕生心力所结撰的《文史通义》，就是贯彻这一学术主张的具体实践。该书自乾隆三十七年始撰，迄于著者嘉庆六年

1　章学诚：《章氏遗书》卷八，《文史通义》外篇二，《说文字原课本书后》。
2　章学诚：《文史通义》外篇三，《与邵二云书》。
3　章学诚：《章氏遗书》卷九，《文史通义》外篇三，《家书五》。

逝世，30年如一日，辛勤耕耘，死而后已。而救正风气，开辟新路，则始终不渝，首尾一贯。正如他晚年就此致书友人汪辉祖所述："拙撰《文史通义》，中间议论开辟，实有不得已而发挥，为千古史学辟其榛芜。"[1]

第二，六经皆史，学以经世。

章学诚一经选定史学为救正风气之道，便义无反顾，矢志以往，倾注全身心于《文史通义》的撰写。从乾隆五十三年致函孙星衍，首次提出："盈天地间，凡涉著作之林，皆是史学"；中经五十四年至五十七年间所写《经解》、《原道》、《史释》、《易教》及《方志立三书义》诸篇的系统阐释而深化；到嘉庆五年撰成《浙东学术》篇，彰明"史学所以经世"的为学宗旨，他完成了以"六经皆史"为核心的史学思想的建设。

在中国古代学术史上，"六经皆史"的思想萌芽甚早。据钱钟书教授著《谈艺录》考证，其远源可追溯至《庄子》的《天道》、《天运》诸篇，其近源则为王守仁《传习录》，顾炎武《日知录》等明清间人著述。[2]当然，章学诚的《六经皆史》说是否源自老、庄思想，还可以做进一步研究，但是王守仁、顾炎武思想于他的影响，则屡见于《文史通义》，确然无疑。还应当指出，唐代史家刘知几所撰《史通》，也是章学诚史学思想的重要来源。

章学诚28岁始读《史通》，在严峻的现实面前，经过痛苦的抉择，他终于确定取径刘知几的史学评论，专以探讨史学义例为业。尽管后来章学诚曾声称："刘言史法，吾言史意，刘议馆局纂修，吾议一家著述，截然两途，不相入也。"然而《史通》于他思想的影响，则随处可见，欲加掩饰而不能。诸如《文史通义》之把史籍区分为撰述与记注二家，强调史才、史学、史识与史德的

1　章学诚：《文史通义》外篇三《与汪龙庄书》。

2　钱钟书：《谈艺录》（补订本）86，《章实斋与随园》。

统一，反对文人修史，主张详近略远、据事直书、学以经世等等，皆与《史通》一脉相承。[1]至于“六经皆史”，作为《史通》总纲的《六家》篇，即把儒家经典《尚书》、《春秋》视为史籍编纂的两家，与《左传》、《国语》、《史记》、《汉书》并称“六家”。这无疑应是章学诚史学思想的重要远源。其实，《文史通义》之以《史通》为立说的一个源头，早在其撰述之初，章学诚就曾直言不讳。在致友人严长明的信中，他说：“思敛精神为校雠之学，上探班、刘，溯源《官》、《礼》，下该《雕龙》、《史通》。甄别名实，品藻流别，为《文史通义》一书。”[2]这封信后来虽未录入《文史通义》，但历史事实毕竟是不能抹煞的。

章学诚的“六经皆史”说，就其主要方面而言，恐怕还不是尚存争议的尊经、抑经问题，贯穿于其间的一个中心思想，实为复原中国儒学的经世传统，倡导以史学去经世致用。所以，他在阐明《六经》即史的同时，就再三强调《六经》作为“先王政典”的基本特质。他说：“《六经》皆史也。古人不著书，古人未尝离事而言理，《六经》皆先王之政典也。”又说：“若夫《六经》，皆先王得位行道，经纬世宙之迹，而非托于空言。”作为一个史学思想家，章学诚还从学术史的角度论证古代学术初无经史之别，《六经》乃后起之称，他指出：

> 古之所谓经，乃三代盛时，典章法度见于政教行事之实，而非圣人有意作为文字以传后世。

因此，章学诚反对“舍器而求道，舍今而求古，舍人伦日用而求学问精微”的倾向，主张把立足点转移到现实社会中来。他说：

1　傅振伦：《傅振伦方志论著选》，第238～254页，浙江人民出版社，1992年。
2　章学诚：《章氏遗书》卷二九《与严冬友侍读》。

君子苟有志于学，则必求当代典章，以切于人伦日用；必求官司掌故，而通于经术精微；则学为实事，而文非空言，所谓有体必有用也。

这种厚今薄古，学以经世的史学思想，在章学诚晚年所写《浙东学术》篇中，得到了集中的阐发。他指出：

史学所以经世，固非空言著述也。且如《六经》，同出于孔子，先儒以为其功莫大于《春秋》，正以切合当时人事耳。后之言著述者，舍今而求古，舍人事而言性天，则吾不得而知之矣。学者不知斯义，不足言史学也。[1]

三　焦循的经学思想

同戴震、章学诚相比，焦循是名副其实的晚辈。当戴震谢世之时，他尚在童稚之年，而章学诚亦要长他 25 岁。所以在焦循的心目中，戴震、章学诚二位皆是足以引为楷模的学术大师。他的《读书三十二赞》，于戴、章所著《孟子字义疏证》、《文史通义》，皆有倾心推许。

焦循的时代，汉学如日中天的盛景业已成为过去，乾嘉学术揭开了批判和总结的篇章。焦循以"证之以实而运之于虚"的经学方法论，会通汉宋，学求其是，成为乾嘉经学的杰出总结者之一。

焦循治经，从数学起步。自乾隆五十二年始，迄于嘉庆六年的十余年间，他先后精读我国古代数学名著，如刘徽注《九章算

1　章学诚：《文史通义》（遗书本）内篇二《浙东学术》。

术》，李冶著《测圆海镜》、《益古演段》和秦九韶著《数学九章》等，参以戴震、钱大昕等人的著述，撰写了一批富有成果的数学著作。其间，诸如《释弧》、《释轮》、《释椭》和《加减乘除释》、《天元一释》等，皆深得一时学术界好评。由数学而进，潜心《周易》，遍治群经。经历数十年艰辛，“通儒”之誉，最终实至而名归。

一如戴震、章学诚，焦循也是以转移风气为己任的杰出学者。对于弥漫于乾嘉之际学术界的汉学之风，接武章学诚，焦循提出了有力的质疑和批评。他尖锐地指出：“述孔子而持汉人之言，惟汉是求而不求其是，于是拘于传注，往往扞格于经文。是所述者汉儒也，非孔子也。”[1]将孔子的经学同汉代经师的传注相区别，从而否定唯汉是求而不求是的积习，给一时经学园囿带来了一股清新之风。焦循尤其不赞成以考据补苴来代替经学研究，他说：

> 本朝经学盛兴，在前如顾亭林、万充宗、胡朏明、阎潜丘，近世以来，在吴有惠氏之学，在徽有江氏之学、戴氏之学。精之又精，则程易畴名于歙，段若膺名于金坛，王怀祖父子名于高邮，钱竹汀叔侄名于嘉定。其自名一学，著书授受者，不下数十家，均异乎补苴掇拾者之所为。是直当以经学名之，乌得以不典之称之所谓考据者，混目于其间乎！[2]

焦循认为，酿成盲目尊信汉儒经说之弊的根源，就在于一时学者的缺乏独立思考。因而他修正考据补苴的治经方法，提出了“证之以实而运之于虚”的经学方法论。他说：

> 经学之道，亦因乎时。汉初，值秦废书，儒者各持其师

1　焦循：《雕菰楼集》卷七《述难四》。

2　焦循：《雕菰楼集》卷一三《与孙渊如观察论考据著作书》。

之学。守之既久，必会而通，故郑氏注经，多违旧说。有明三百年来，率以八股为业，汉儒旧说，束诸高阁。国初，经学萌芽，以渐而大备。近时数十年来，江南千馀里中，虽幼学鄙儒，无不知有许、郑者，所患习为虚声，不能深造而有得。盖古学未兴，道在存其学；古学大兴，道在求其通。前之弊患乎不学，后之弊患乎不思。证之以实而运之于虚，庶几学经之道也。[1]

从戴震经章学诚到焦循，三位学术大师留下的历史足迹，为我们认识乾嘉时代的思想界，提供了具有典型意义的依据。在严酷的封建文化专制桎梏之下，同当时俊彦辈出的学术界相比，此一时期的思想界，其成就则未免逊色得多。而较之先前的顺康时期以及其后的道咸同光诸朝，就更是相形见绌。

戴震崛起，正值乾隆中叶汉学发皇。他试图以《孟子字义疏证》去开创一种通过训诂以明义理的新学风。然而在当时的历史条件下，以复兴古学为职志的汉学方兴未艾，知识界沉溺于经史考据之中，如醉如痴，无法自拔。风气既成，要想扭转它，亦绝非一朝一夕可以成就，更非个人意志所能转移。何况训诂之与义理，规律各异，不可取代。戴震所示范的训诂方法，并非探讨义理之学的必由之路。加以清廷文化专制的沉重制约，要企求知识界改弦易辙，实在是不实际的一厢情愿而已。因此，在戴震生前，他的《孟子字义疏证》罕有共鸣。他逝世之后，其文字训诂、天文历算、典章制度诸学，得段玉裁、王念孙、孔广森、任大椿诸弟子张大而越阐越密，唯独其义理之学则无形萎缩，继响乏人。直到嘉庆间焦循脱颖而出，以《读书三十二赞》对《孟子字义疏证》加以表彰，并称引其说于所著《孟子正义》中，始肯定戴震

1　焦循：《雕菰楼集》卷一三《与刘端临教谕书》。

“生平所得力，而精魄所属，专在《孟子字义疏证》一书”[1]。不过，此时与戴震辞世相去近四十年，时移势易，学风将变，显然已不可同日而语了。

章学诚在考据学风弥漫朝野的乾嘉之际，高唱“《六经》皆史”，也是一位以转移风气为己任的大师。他为之而付出的毕生努力，在思想史上的价值是不朽的。然而一如戴震的义理学之不能为一时经学中人所认同，章学诚的治史路径，亦因与一时考据风尚凿枘不合，故而其史学思想在他生前不唯知音寥寥，且多遭訾议而“为人隐恨”[2]。直到晚清学风丕变，《文史》、《校雠》二通义不胫而走，他治史的革新精神始得昭显于世。

戴震与章学诚的遭遇，并非一时学坛主盟者的无识，而是时代的悲剧。然而历史总是要前进的，到焦循继起而领风骚于学术舞台，已是嘉庆中叶。他以“证之以实而运之于虚”的经学方法论，对考据学风提出了有力的质疑和批评。学求其是，贵在会通，焦循的经学思想无异乾嘉汉学的一个批判性总结。它标志着汉学的鼎盛局面已经结束，以会通汉宋去开创新学风，正是历史的必然。因而与之不约而同，先是凌廷堪抨击一时考据学风于前，继之则有王引之作同调之鸣，对“株守汉学”积习进行鞭挞。嘉庆末、道光初，遂有方东树的《汉学商兑》、《书林扬觯》出，而对清代前期的汉学进行否定式的清算。到龚自珍呼唤社会改革风雷，发出“与其赠来者以劲改革，孰若自改革”[3]的呐喊，一场亘古未有的社会和学术变动，已经滚滚而来了。

---

1 焦循：《雕菰楼集》卷七《申戴》。

2 章学诚：《章氏遗书》卷二九《论文示贻选》。

3 龚自珍：《龚自珍全集》第一辑《乙丙之际著议第七》。

孔子仁学与阮元的《论语论仁论》

孔门之教，以求仁为本。为探寻孔子仁学义蕴，古往今来，几多贤哲后先相继，孜孜以求，可谓著述如林，汗牛充栋。然而由于视角不同，方法各异，以致仁者见仁，智者见智，结论亦每多歧出。清儒阮元，当朱子《四书章句集注》大行之后，摒《集注》不取，远承汉儒郑玄遗说，独辟蹊径，训诂解经，撰为《论语论仁论》。阮氏之所著，以朴学释仁，虽立异理学，心存门户，但原原本本，务实切己，于把握孔子仁学精要多所裨益。兹谨就管见所及，试述如后，以请诸位先进批评。

一　《论语论仁论》杂识

阮元撰《论语论仁论》，一卷，未见单行刊本，道光三年辑《揅经室集》，录入一集卷八。唯无序跋、题记一类文字，故此篇何时撰成未得明确。阮氏弟子、后人所辑年谱，于此亦未做明文交代。据张鉴辑《雷塘庵主弟子记》卷一记，嘉庆三年，阮元任浙江学政，成《曾子注释》10篇，时年35岁。元三子阮祜，于此条有注云："是时，《论语论仁论》、《性命古训》三卷尚未撰。"可见《论语论仁论》的结撰应在嘉庆三年以后。后于何时？据阮元致其门人陈寿祺札称："生近来将胸中数十年欲言者，写成《性命古训》一卷。大抵欲辟李习之复性之书，而以《书·召诰》节性为主，少暇当再抄寄。又《论仁论》二卷奉政。”[1] 此札写于道光元年四月，《揅经室集》未录，见于陈氏《左海全集》卷首。据此，则《论语论仁论》的脱稿不会晚于道光元年。再检江藩著《国朝汉学师承记》，则此一问题的解决又可前进一步。江氏书述阮元学行有云："伯元名元，一字芸台，仪征人。乾隆丙午举人，己酉进士，授编修，官至浙江巡抚，今官詹事府少詹事。于学无所不通，著有《考工车制考》、《石经校勘记》、《十三经注疏校勘记》、《曾子注》、《论语论仁论》、《畴人传》等书。”[2] 据考，江藩书稿初成于嘉庆十七年，而阮元自上年七月二十三日至是年五月初八日，适任詹事府少詹事。江氏书“今官”云云，应属实录。因此，《论语论仁论》的完稿时间，当可提前至嘉庆十六七年间。倘若辅以焦循、凌廷堪诸儒对阮元仁学思想的影响，那么此一判断与历史实际相去大致不会太远。

阮元何以要在此时撰写《论语论仁论》？就篇中所涉及的内容看，这个问题似可从两个方面来思考。一个是当时大的学术环境，另一个是阮元在仁学方面所接受的具体学术影响。

嘉庆末，国家多故，世变日亟。学术随时势而移易，以江藩《国朝汉学师承记》的结撰为标志，汉学已然日过中天，趋向批判和总结。而与之同时，宋学的颉颃则日渐强劲。尽管如此，自清初毛奇龄《四书改错》发端，迄于乾隆后期戴震《孟子字义疏证》推出，竞尊汉儒，排击宋儒，非议朱子学的风气却依然并未过去。阮元虽未能见到毛奇龄、戴震，但他为学伊始，即读过毛奇龄的著述。督学浙江，因服膺毛氏学说，更将《西河全集》撰序刊行，加以表彰。据称："国朝经学盛兴，检讨首出，于东林、蕺山空文

1　阮元致陈寿祺札，《揅经室集》未录，载于陈寿祺《左海全集》卷首。

2　江藩：《国朝汉学师承记》卷七《凌廷堪》。

讲学之馀，以经学自任，大声疾呼，而一时之实学顿起。当是时，充宗起于浙东，朏明起于浙西，宁人、百诗起于江淮之间，检讨以博辨之才，睥睨一切，论不相下，而道实相成。迄今学者日益昌明，大江南北著书授徒之家数十，视检讨而精核者固多，谓非检讨开始之功则不可。”[1]至于戴震之学，阮元虽尚有所保留，但由训诂以明义理，此一戴氏所倡治经方法论，则是一脉相承，笃信谨守。身为汉学后劲，且主持风会，领袖四方，阮元当然要与江藩作同调之鸣，去为自己的学派固守壁垒。唯其如此，晚近梁启超先生撰《清代学术概论》，称阮元为汉学“护法神”[2]，实在是再恰当不过的。

在阮元仁学思想的形成过程中，予他影响较大者，主要是四个人。第一个是他的姻亲刘端临。端临为一时著名经师，学术、人品为学坛备极推重，卒于嘉庆十年。所著《论语骈枝》，阮元在浙江巡抚任上即已刊行，而且曾携往京中，送请前辈学者翁方纲审阅。翁氏《复初斋集》中，于此有过记录。据云：“刘台拱深于《论语》，昨阮侍郎元以所锓台拱之书来示，其《论语》卷中有精审者，亦有偏执者。”[3]第二个是臧庸。庸为康熙间经师臧琳的后人，又从学于一时名儒卢文弨、钱大昕、王昶、段玉裁等，家学渊源，师承有自，经学根柢甚为坚实。阮元督学浙江，曾聘庸助辑《经籍籑诂》。后巡抚浙江，再延臧氏入幕府。臧庸卒于嘉庆十六年，所著《拜经日记》即有涉及《论语》仁学之见，为阮元所钦佩。

第三个直接影响阮元的仁学观者，则是先于他将《论语》区分类聚，撰为专书的焦循。焦循与阮元同里同学，且系其族姊夫，一生潜心治学，博识多通。嘉庆二十五年病故，阮元为之撰传，

1 阮元：《揅经室二集》卷七《毛西河检讨全集后序》。

2 梁启超：《清代学术概论》十八。

3 翁方纲：《复初斋集》卷七《考订论》中之二。

冠以“通儒”之称，誉为“儒林大家”。据云：“焦君与元年相若，且元族姊夫也。弱冠与元齐名，自元服官后，君学乃精深博大，远迈于元矣。”[1]焦循私淑戴震，早在嘉庆九年，即仿戴氏《孟子字义疏证》，撰为《论语通释》。该书类聚孔子论学语，凡分圣、大、仁、一贯忠恕、学、知、能、权、义、礼、仕、君子小人等十二门，“仁”即为其中之一门。

第四个，也是影响阮元仁学思想的最大者，当为凌廷堪。阮元 18 岁即与廷堪订交，时当乾隆四十六年，迄于嘉庆十四年凌氏病逝，论学问难，终身莫逆。廷堪亦私淑戴震，尤以礼学最称专精。嘉庆十三年，应阮元邀南游杭州，尽出所著书相示。阮元大为折服，命长子常生师从问学。所著《礼经释例》及《校礼堂文集》中《复礼》三篇，于阮元《论语论仁论》的结撰，影响最为巨大，不啻阮氏立论依据。凌廷堪认为：“圣人之道，至平且易也。《论语》记孔子之言备矣，但恒言礼，未尝一言及理也。”他指出：“夫仁根于性，而视听言动则生于情者也。圣人不求诸理而求诸礼，盖求诸理必至于师心，求诸礼始可以复性也。”因之断言：“夫《论语》，圣人之遗书也，说圣人之遗书，必欲舍其所恒言之礼，而事事附会于其所未言之理，是果圣人之意邪！”[2]阮元据以立论，亦步亦趋，《论语论仁论》开宗明义，即指出：“《论语》言五常之事详矣，惟论仁者凡五十有八章，仁字之见于《论语》者，凡百有五，为尤详。若于圣门最详切之事，论之尚不得其传而失其旨，又何暇别取《论语》所无之字，标而论之邪！”[3]

阮元自青年时代即入宦海，之后虽因公务缠身，其学不能如前述诸家之专精，但朝夕切磋，历有年所，加以得天独厚的特殊

1　阮元：《揅经室二集》卷四《通儒扬州焦君传》。

2　凌廷堪：《校礼堂文集》卷四《复礼》。

3　阮元：《揅经室集》卷八《论语论仁论》。（以下凡引阮元语而未注出处者，皆为此篇）。

地位，亦使他在学术上能多有所成。嘉庆十六年前后，阮元于论学诸友择善而从，沿凌廷堪“以礼代理”遗意，取焦循类聚《论语》旧规，合众家之长而成《论语论仁论》，高扬“以仁代理”的大纛，就宛若水到渠成，不期而然。其间学术发展的内在逻辑，实非个人意志所能转移。

二　阮元的仁学观

《论语论仁论》由汉儒郑玄对“仁”的训释入手，凡三部分。第一部分为发凡，提纲挈领，绍介撰述宗旨。第二部分为《论语》论仁诸章分类辑录，兼有作者按语，以阐释各章大要。第三部分为结语，重申古训，以与篇首宗旨相呼应。阮元的仁学观寄寓其间，概括起来，主要有三个方面。

（一）“仁”字本训

阮元释仁，溯源古训，极力从古籍中去寻觅字源。据他考证，“仁”字既不见于《尚书》中的虞、夏、商书，又不见于《诗经》中的三颂和《周易》的卦爻辞。儒家经典中最早出现此字，当为《诗经》小雅的《四月》篇。篇中所云“先祖匪人，胡宁忍予”，此“人”字即为“仁”字。其后则是郑风《叔于田》篇的“洵美且仁”。因此，阮元认为，就由语言到文字的次第而言，仁在“周初，有此言而尚无此字”，当时，凡仁字，“但写人字，《周官礼》后始造仁字也。”[1]

周初以后的仁字，又当作何解释？阮元先是引许慎《说文解字》为据，许书释仁云：“仁，亲也，从人二。”继之又引段玉裁《说文解字注》为解：“亲者，密至也，会意。”随后则是郑玄的

1　阮元：《揅经室集》卷八《论语论仁论》。

《中庸注》。《中庸》曰:“仁者人也。”郑玄注云:“人也，读如相人偶之人，以人意相存问之言。”何谓“相人偶”？阮元于此，旁征博引，证成己说。《仪礼》中《大射仪》“揖以耦”，郑玄注:“以者耦之事成于此，意相人耦也。”《聘礼》“每曲揖”，郑玄注亦云:“每门辄揖者，以相人耦为敬也。”《公食大夫礼》“宾入三揖”，郑玄同样注云:“相人耦”。《诗经》桧风中的《匪风》篇，有“谁能烹鱼”、“谁将西归”诸句，郑玄笺诗亦称:“人偶能割烹……人偶能辅周道治民。”贾谊《新书》的《匈奴篇》曰:“胡婴儿得近侍侧，故贵人更进得佐酒前，上时人偶之。”阮元备举诸多例证。归纳出如下结论:“古所谓人偶，犹言尔我亲爱之辞，独则无偶，偶则相亲，故其字从人二。”于是他据以重申仁字本训:“仁字之训为人也，乃周秦以来相传未失之故训，东汉之末，犹人人皆知，并无异说。康成氏所举相人偶之言，亦是秦汉以来民间恒言，人人在口，是以举以为训。”据此，阮元推本古训，对《论语》中的仁字提出了新的界说，他说:“春秋时，孔门所谓仁也者，以此一人与彼一人相人偶，而尽其敬礼忠恕等事之谓也。”

（二）对孔子仁学的把握

阮元之学，切己务实，以实事求是为特征。他曾经说过:“儒者之于经，但求其是而已矣。是之所在，从注可，违注亦可，不必定如孔、贾义疏之例也。……株守传注，曲为附会，其弊与不从传注，凭臆空谈者等。”[1]他对孔子仁学的把握，实最能体现这一为学个性。阮元认为，探讨孔子仁学，切忌“务为高远”，“当于实者、近者、庸者论之”。本此宗旨，他将《论语》论仁诸章区分类聚，由《雍也》、《述而》二篇始，迄于《子罕篇》终，或章自为类，或多章并析，对孔子的仁学做了广泛而深入的探讨。

1　阮元：《揅经室集》卷一一《焦里堂（循）群经宫室图序》。

阮元之论孔子仁学，大要有三。

（1）“己欲立而立人，己欲达而达人。”

阮元既以“相人偶”为释仁出发点，因而《论语·雍也篇》孔子与子贡间的问答，便成为他心目中孔子仁学的核心。孔子说：“夫仁者，己欲立而立人，己欲达而达人。”阮元紧紧抓住这一核心，取《雍也篇》此章冠于诸章之首，使之同“相人偶”的古训水乳交融，从而俨若贯穿全篇的一根红线。他先是说：“所谓仁者，己之身欲立则亦立人，己之身欲达则亦达人，所以必须两人相人偶而仁始见也。”继之再说：“圣贤之仁，必偶于人而始可见。故孔子之仁，必待老少始见安怀。若心无所著，便可言仁，是老僧面壁多年，但有一片慈悲心，便可毕仁之事，有是道乎？”随后又说：“但能无损于人，不能有益于人，未能立人达人，所以孔子不许为仁。”篇末还说：“夷、齐让国，相偶而为仁，正是己立立人，己达达人之道。”首尾照应，三致意焉，足见孔子此一命题在其仁学思想中的极端重要。

（2）“克己复礼为仁”

“克己复礼为仁”，是孔子在《论语·颜渊篇》中，就仁学所提出的又一个重要命题。孔子说：“克己复礼为仁。一日克己复礼，天下归仁焉。为仁由己，而由人乎哉？”如何解释这个命题，在学术史上，汉宋歧说，莫衷一是。汉儒马融，训“克己”为约身。后儒虽间有异解，但多从其说。南宋间，朱子注《论语》，别出新解，释云：“仁者，本心之全德。克，胜也。己，谓身之私欲也。复，反也。礼者，天理之节文也。”[1]阮元于此最为不满，视之为儒释分野之所在，因而据理力争，详加辨析，成为《论语论仁论》中篇幅最大，亦最为突出的部分。他首先考证，“克己复礼”本为古语，故既见《论语》，又见《左传》。孔子以人己对称，正是

1 朱熹：《论语集注》卷六《颜渊第十二》。

尔后郑玄以“相人偶”释仁之所本，断不能如朱子所训，释己为私欲。否则乖违《论语》原意，实是方枘圆凿。所以阮元推本古训，指出：“‘克己’己字，即自己之己，与下‘为仁由己’相同。言能克己复礼，即可并人为仁。一日克己复礼，而天下归仁，此即‘己欲立而立人，己欲达而达人’之道。仁虽由人而成，其实当自己始，若但知有己，不知有人，即不仁矣。”

（3）“无求生以害仁，有杀身以成仁。”

在孔子的仁学中，仁的涵盖浸润至为广大深厚，它发源于孝悌，既兼恭、宽、信、敏、惠于一体，又合忠、清、敬、恕诸德于一堂，最终成为一种崇高的精神境界和理想的追求。所以孔子说：“志士仁人，无求生以害仁，有杀身以成仁。”（《论语·卫灵公》）又说：“富与贵是人之所欲也，不以其道得之，不处也。贫与贱是人之所恶也，不以其道得之，不去也。君子去仁，恶乎成名？君子无终食之间违仁，造次必于是，颠沛必于是。”（《论语·里仁》）还说：“民之于仁也，甚于水火。水火，吾见蹈而死者矣，未见蹈仁而死者也。”（《论语·卫灵公》）因而孔子主张：“当仁不让于师”（《论语·卫灵公》）对于齐国管仲“不以兵车”，“相桓公，霸诸侯，一匡天下”的历史功绩，孔子倾心赞许，叹为“如其仁！如其仁！”（《论语·宪问》）阮元罗列诸章，阐发精要，据以归纳出对孔子仁学的宏观把握。他指出，“仁之有益于人民者甚大”，“为富贵生死所不能夺”。针对孔子之论管仲功过，阮元尤为强调：“仁道以爱人为主，若能保全千万生民，其仁大矣。故孔子极许管仲之仁，而略其不死公子纠之小节也。”

（三）求仁的途径

一如前述，根据阮元的探讨，仁在孔子的思想体系中，细而言之，当为处理人际关系的准则，“己欲立而立人，己欲达而达人”，“己所不欲，勿施于人”，意在谋求人与人之间的和谐。宏观而论，因其涵盖浸润之深广，它又是一种崇高理想的追求。因而如何去求仁，既是孔子仁学的一个组成部分，也是实践孔子仁学的重大课题。

对于求仁的途径，孔子或者说“能近取譬”（《论语·雍也》），或者说“能行（恭、宽、信、敏、惠）五者于天下”（《论语·阳货》），或者说“用其力于仁”（《论语·里仁》），讲的都是平实的道德践履，身体力行。至于他的弟子之所论，亦同样笃实不虚。子夏说：“博学而笃志，切问而近思，仁在其中矣。”（《论语·子张》）曾子也说：“士不可以不弘毅，任重而道远。仁以为己任，不亦重乎？死而后已，不亦远乎？”（《论语·泰伯》）阮元本之而论求仁，认为其途径唯在身体力行。他说：“凡仁必于身所行者验之而始见，亦必有二人而仁乃见。”因而他反对闭户修持，虚悟远求，指出：“一部《论语》，孔子绝未尝于不视、不听、不言、不动处言仁也。”又说：“仁必须为，非端坐静观即可曰仁。”阮元进而断言：“若一人闭户斋居，瞑目静坐，虽有德理在心，绝不得指为圣门所说之仁矣。”

至此，阮元通过学理的探讨，确立了积极经世、身体力行的仁学观。

三　余论

仁学是一个历史范畴。在中国思想史上，这一学说自孔子创立，尔后不同的历史时期，不同的学术流派和思想家，皆就各自的经济、政治和学术利益，对其进行阐释，从而使之得到发展，成为中国古代儒学的一个重要组成部分。清代学术，以总结和整理中国传统学术为其基本特征。阮元的《论语论仁论》，正是对孔子仁学的一次历史总结。他的总结，直接导源于宋儒对孔子仁学的阐释。因其对宋儒释仁的不满，故而力图通过对孔子仁学的表彰，以恢复儒家仁学的本来面目。

宋儒释仁，以朱子为集大成者。朱熹曾撰有《仁说》一篇，文中发展二程、尤其是小程子的仁学思想，以“爱之理”、“心之德”释仁，对两宋间诸儒的仁学思想作了批评和总结。他说：“故语心之德，虽其总摄贯通，无所不备，然一言以蔽之，则曰仁而已矣。”又说：“程子之所诃，以爱之发而名仁者也。吾之所论，以爱之理而名仁者也。”[1]后来著《论语集注》，于《学而篇》“其为仁之本与”一句，朱子释仁更为简截，他说：“仁者，爱之理，心之德也。”

朱子故世，其高足陈淳撰《北溪字义》阐发师说，于古代仁学源流，有过梳理。陈氏说：“自孔门后，人都不识仁。汉人只把做恩惠说，是又太泥了爱。又就上起楼起阁，将仁看得全粗了，故韩子遂以博爱为仁。”唐儒韩愈著《原道》，称“博爱之谓仁”[2]，二程、朱熹皆所不取。程颐答弟子问，主张“将圣贤所言仁处，类聚观之，体认出来。”于韩愈之论仁，明斥其非，指出：“仁者固博爱，然便以博爱为仁，则不可。”[3]陈淳之说，即源此而来。接下去，陈氏又本程颐“爱自情，仁自是性”之教，对宋儒仁学进行总结。他说：“至程子始分别得明白，谓仁是性，爱是情。然自程子此言一出，门人又将爱全掉了，一向求高远去。不知仁是爱之性，爱是仁之情，爱虽不可以正名仁，而仁亦岂能离得爱？”于是遵朱子遗训，对程门弟子谢良佐、杨时等的仁学主张，陈淳断然否定，评为“殊失向来孔门传授心法本旨”。他的结论是：“程子论‘心譬如谷种，生之性便是仁’，此一语说得极亲切。只按此为准去看，更兼所谓‘仁是性，爱是情’及‘仁不可训觉与公，而以人体之，故为仁’等数语相参照，体认出来，则主意不差而

1 朱熹：《朱文公文集》卷六七《仁说》。

2 韩愈：《昌黎先生集》卷一一《原道》。

3 程颐：《河南程氏遗书》卷一八《伊川先生语》四。

仁可得矣。”[1]

从二程经朱熹到陈淳，宋儒的仁学，其主流无疑是应当肯定的。宋儒为学善演绎，正是在对先哲学理的演绎之中，以“生之性便是仁”、“爱之理，心之德”等等思想，发展了孔子的仁学。

清儒之为学，其门径虽由宋儒而来，但自清初顾炎武、阎若璩一辈大师，已别张一军，向朴学一路走去。至乾隆间戴震崛起，遂唱以朴学释仁先声。戴氏名著《孟子字义疏证》，专辟“仁义礼智”一门，书中释仁云：“仁者，生生之德也。‘民之质矣，日用饮食’，无非人道所以生生者。一人遂其生，推之而与天下共遂其生，仁也。”本此而合四德于一体，戴震进而指出：“自人道溯之天道，自人之德性溯之天德，则气化流行，生生不息，仁也。由其生生，有自然之条理，观于条理之秩然有序，可以知礼矣。观于条理之截然不可乱，可以知义矣。在天为气化之生生，在人为其生生之心，是乃仁之为德也。在天为气化推行之条理，在人为其心知之通乎条理而不紊，是乃智之为德也。唯条理，是以生生；条理苟失，则生生之道绝。”[2]戴震不取宋儒天理说，而释理为条理，别开新境，自成一家，显示出其理论探索的勇气。而他又独能把握住宋儒关于仁有生意的卓见，赋予仁以生生不息之德，从而发展仁学，则是戴震在乾嘉时代的卓绝过人处。

戴震为学之初，本受乡里宋学遗风熏陶，尽管力图弃宋而归汉，但是探寻义理，始终如一，因而他的释仁，颇多演绎而非尽归纳。唯其如此，所以朴学家阮元并不赞成这条路子。于是私淑戴氏的凌廷堪，本郑玄“相人耦”之说释仁，遂成阮元结撰《论语论仁论》的先导。阮元以朴学释仁，与宋儒的以理学释仁，各尽其得，殊途同归，同样有功于仁学的发展。孔子仁学以道德修

1　陈淳：《北溪字义》卷上《仁义礼智信》。
2　戴震：《孟子字义疏证》卷下《仁义礼智》。

持为入手，其归宿则在积极经世。从恢复孔子仁学本来面目的意义上说，阮元的《论语论仁论》无疑取得了成功，而且也较之宋儒前进了一步。然而不分精华糟粕，一味揶揄宋儒，尽弃程朱仁说于不取，亦是阮元的缺乏识见处。这就难怪曾经做过他幕宾的方东树一度与之辩难，在所著《汉学商兑》中，要集矢于阮元的仁论了。[1]晚清，朱一新著《无邪堂答问》，仍旧故案重理，原因也在于此[2]。

自孔子倡导仁学，数千年来，中华民族一直有着讲求和实践仁学的好传统。仁学在中国历史上的演进，深刻地作用于中国社会，使之成为我们的民族自强不息的一个深层依据。积数千年的历史经验，归结到一点，便是求仁的好传统断不可丢弃。我想，无论未来的社会如何发展，亦无论后世如何释仁，作为一种积极的经世学说，仁学终将同我们的民族、同我们的子孙后代所生活的世界共存。

1　方东树：《汉学商兑》卷中之上。

2　朱一新：《无邪堂答问》卷一。

读《清学案小识》札记

嘉庆、道光间，中国古代学术即将翻过乾嘉汉学的一页，步入近代学术门槛。于是相关史籍应运而生，以对自明清更迭以来，近200年间学术进行批判总结。江藩的《国朝汉学师承记》，阮元的《皇清经解》、《国史儒林传稿》，方东树的《汉学商兑》等，后先而起，各抒己见。至唐鉴《清学案小识》出，体例自成，表彰朱子，既总结一代学术盛衰，亦寄寓著者学术好尚，且可觇一时学术趋向。

一　著者生平学行述略

唐鉴，字栗生，号敬楷，又号镜海。湖南善化（今长沙）人。生于乾隆四十三年，卒于咸丰十一年，终年84岁。故世之后，清廷赐谥确慎。

著者出身于官宦世家。鉴祖焕，乾隆初，以举人官至山东平度州知州。父仲冕，乾隆五十八年进士，由知县官至陕西布政使。嘉庆十年，唐鉴以廪生入赀为临湘县学训导。十二年，举乡试。十四年，成进士，为翰林院庶吉士。十六年散馆，授翰林院检讨，充国史馆协修。二十三年，迁浙江监察道御史，疏劾湖南武陵知县顾烺圻贪劣，一时称快。后因疏奏淮盐事宜失当，以六部员外郎改补。道光改元，得诸城刘镮之荐，出知广西平乐府。道光四年之后，连遭父母丧，守制庐墓，后应聘主持山东泰安书院讲席。九年进京，仍补广西旧任。之后十余年间，历任安徽徽宁池太广道、江安粮道、山西按察使、贵州按察使、浙江布政使、江宁布政使。所至革除陋规，百度毕张，以清廉著称一时。道光二十年，奉旨内转太常寺卿，入都供职。鸦片战争起，疏劾琦善、耆英等，直声震天下。二十五年，遇车祸伤肘。翌年，即以老病奏请回籍。晚年，历主江苏尊经、钟山及江西白鹿洞诸书院讲席。后病殁于湖南。

唐鉴早年研摩文史，中年勤劳民事，乞假家居，潜心理学，以朱子为宗，笃信谨守而不移。生平著述有《朱子学案》80卷、《清学案小识》15卷、《畿辅水利备览》8卷、《读易反身录》2卷、《易牖》2卷、《读易识》2卷、《读礼小事记》2卷、《四书拾遗》4卷、《省身日课》14卷等。其诗文杂著，后人辑为《唐确慎公集》10卷刊行。

湖湘地区为理学之邦，北宋中叶，周敦颐开风气于先，两宋之际，胡安国、胡宏、胡寅父子传洛学于衡麓，湖湘学统奠定。南宋间，张栻、朱熹讲学于岳麓书院，湖湘理学为之大振。历元明诸朝，理学在湖湘地区久传不衰，终于在明清之际孕育出杰出的学术大师王夫之。乾嘉以还，复以地理环境的制约，理学独能世代相承。唐鉴承其家学，步入仕途之后，将理学风气带至京中。据其嗣子尔藻所撰《镜海府君行述》记，还在初任职翰林院时，公事之余，唐鉴即与戚人镜、贺长龄等以理学相切磋。道光二十年后再次供职京都，他又时常与倭仁、何桂珍、窦垿等，讲求性理体用之学。唐鉴论学，深嫉陆九渊、王阳明，一以二程、朱子为依归。他认为："圣人之学，格致诚正，修齐治平而已。离此者畔道，不及此者远于道者也。"又说："夫学之所以异，道之所以歧，儒之所以不真，岂有他哉！皆由不识格致诚正而已。习空谈者，索之于昭昭灵灵而障于内；守残编者，逐之于纷纷藉藉而蔽于外。斯二者皆过也。”由此出发，他于乾嘉考据学深不以为然，斥之为“以剩馀糟粕，夸为富强”的务外之学。唐鉴就此阐述道：

> 圣人之言典章也，莫大于颜子之问为邦，曰夏时、殷辂、周冕、韶乐；曰放郑声，远佞人。是必有顺天应人，长治久安，大经济，大功业，以运用于两间。岂唯推天文，考舆服，讲求乐律而已哉！其言政事，莫大于哀公之问政，曰达道五，行之者三；曰九经，行之者一。是必有事亲知天，明善诚身，真本原，真学问，以弥纶于无际。岂唯考官禄，别等差，讲明礼节而已哉！

所以他断言：“沾沾焉辨论于粗迹者，不知圣人之学也，外之故也。”在唐鉴看来，唯有一秉朱子之教，格致诚正，合内外于一体，始是圣人之道。他说：“《中庸》曰，成己仁也，成物知也。性之德也，合外内之道也，故时措之宜也。治国平天下之事，岂在外哉！不障于内，不蔽于外，唯格致诚正者能之。”[1]以此为准绳，自道光二十三年初开始，唐鉴对前此二百年的清代学术进行总结，宗主程朱，卫道辨学，于道光二十五年夏，完成了《清学案小识》的结撰。稿成，经儒臣曾国藩、何桂珍及著者外甥黄倬等校核，于同年冬在京中刊行。

唐鉴平生所结撰的两部学案体著述，即《朱子学案》与《清学案小识》，后者刊行在先，故得以流传于世。而《朱子学案》虽纂修有年，咸丰初，唐氏应召入京，还曾就此奏报于登极伊始的清文宗。据称：“臣读《朱子全集》，别为义例，拟分格致、诚正、修齐、治平为八大案，而以朱子之文分隶之。则学者缕析条分，了然心目。”文宗亦欣然面谕：“尔书出时，必呈朕览

1　唐鉴：《清学案小识》卷首《叙》。

为要。”[1] 但终因卷帙浩繁，未及刊行。著者故世后，遗稿又为后人遗失，仅有《朱子学案目录序》留存于今本《唐确慎公集》中。

二　全书内容举要

《清学案小识》由五大学案组成，即《传道学案》、《翼道学案》、《守道学案》、《经学学案》和《心宗学案》。全书凡15卷。卷一、二为《传道学案》，著录陆陇其、张履祥、陆世仪、张伯行等四人学行。卷三、四、五为《翼道学案》，著录汤斌、顾炎武、张尔岐、王夫之等十九人学行。卷六、七、八、九为《守道学案》，著录于成龙、魏象枢、李光地等44人学行。卷十、十一为《守道学案》之《待访录》，著录应扮谦、张贞生、刁包等68人学行。卷十二、十三、十四为《经学学案》，著录黄宗羲、朱鹤龄、梅文鼎等104人学行。后附《待访录》，著录张惠言、金榜、王鸣盛等8人学行。卷末为《心宗学案》，著录张沐、潘用微、赵宽夫等3人学行。后附《待访录》，著录邵廷采、魏一鳌、彭绍升等6人学行。全书著录200年间学者，凡256人。卷末一案虽未称做卷十五，实独立为一大案，故全书实应为15卷。

《清学案小识》何以要作五大学案的区分？著者于卷首撰有《提要》一篇以作解释。于《传道》一案，唐鉴开宗明义即云：

> 传何由而得其道乎？曰孔、孟、程、朱。道何由而传得其人？曰述孔、孟、程、朱。述孔、孟、程、朱何由而遽谓之传乎？曰孔、孟、程、朱之道晦，而由斯人以明；孔、孟、程、朱之道废，而由斯人以行。孔、孟、程、朱之道何由而遽明、遽行乎？曰辨之严，异说不能乱；行之力，同志服其

1　唐尔藻：《镜海府君行述》，载《唐确慎公集》卷首。

> 真。虽未必遽能大明与行，而后之学者，可由是而进于明、进于行也。则谓之明可，谓之行可，谓之传可。

这就是说，所谓传道者，指的是传承孔、孟、程、朱之道。换句话说，也就是陆九渊、王阳明之学，皆不在此道之中。于此，著者接下去说得很清楚，他说："明自正、嘉以后，讲新建者大肆狂澜，决破藩篱，逾越绳检。人伦以坏，世道日漓，邪说诬民，充塞仁义。逮及鼎革，托为老师宿儒者，尚欲以诐淫邪遁，淆乱人心，伤何如哉！"因而唐鉴认为："世有欲正人心以熄邪说者，即谓之孟子可也，即谓之朱子可也。道之传也，非斯人其谁与归！"

于《翼道》一案，著者的解释是：

> 传道者少，未尝不为道忧；翼道者众，又未尝不为道喜。非翼道之重于传道也，翼之则道不孤矣。道不孤，则乱道者不能夺其传矣。不能夺其传，而后统纪可一，法度可明。学术正而人心端，教化肃而风俗美，人道与天道、地道并立矣。然则道之传也，传者传之，翼者亦相与传之也。

意即因有翼道诸人，传道者其势始得不孤。为此，唐鉴取南宋朱熹之与张栻、吕祖谦为例，指出："孔子尚矣，曾子、子思、孟子尚矣，朱子又岂易得耶？"

著者认为，道之所以不绝于天下，除传道、翼道诸儒外，尚有守道而不渝诸儒。于是他于《守道》一案论道：

> 今夫救时者人也，而所以救时者道也。正直可以慑回邪，刚健可以御强梗，庄严可以消柔佞，端悫可以折侵侮，和平可以息横逆，简易可以综繁赜，抱仁戴义可心淑心身，周规折矩可以柔血气，独立不惧可以振风规，百折不回可以定识

力，守顾不重乎哉！

因此，唐鉴于守道诸儒亦至为推崇，表示："吾每得一人焉，未尝不正襟而起敬，端坐而缅思也。虽其人已往，而其流风馀韵愈久而愈真，炳炳焉在天壤间也。"

以上三案，为全书主干，占至三分之二以上篇幅。相形之下，《经学》、《心宗》二案，或轩轾早定，或意存贬抑，实则无足轻重，陪衬而已。所以于《经学》一案，著者借题发挥，对乾嘉考据学痛下针砭，指出：

> 得其一字一句，远搜而旁猎之，或数十百言，或数千百言，曼衍而无所底止。……乃或以辞意之别于今，度数之合乎古，遂至矜耀，以为得所未得，而反厌薄夫传圣人之道以存经者。是其所以自处，亦太轻矣。

由此而进，著者引秦人论尊师之道为喻，对崇汉抑宋的学风加以抨击，认为："秦人有敬其老师而慢其师者，或问之，曰老师衣紫，师衣褐。或曰然则非敬其老师也，敬紫也。今之尊汉经师而诋朱子者，是亦敬紫之类也，又乌足与校哉！"

著者视陆王心学为异己，于《心宗》一案，则上起王阳明，下讫孙奇逢，皆以唱心学而有异朱子，遂同遭诋斥。他说："天泉一会，为阳明之学者，推阐师说，各逞所欲，各便所私。此立一宗旨，彼立一宗旨，愈讲愈诞，愈肆愈狂，愈名高而愈无礼。沦澌流荡，无所底极，而人心亡矣。人心亡，世教裂，而明社亦遂墟矣。有徵君孙先生者，与鹿伯顺讲学于明者也。入国朝，年已七十，遁影韬形，枯槁以终其身宜矣，而乃移讲席于苏门山，仍以其旧闻号召天下，是亦不可以已乎！"[1]

1 唐鉴：《清学案小识》卷首《提要》。

三　编纂体例及其评价

《清学案小识》是继《明儒学案》和《宋元学案》之后，在清中叶问世的一部学案体著述。这部史书虽为门户之见拘囿，于《明儒学案》和《宋元学案》蓄意贬抑，诋为“千古学术之统纪由是而乱，后世人心之害陷由是而益深”[1]。但是，自《明儒学案》以来所确立的学案体史籍编纂格局，却是欲超脱其外而不能。该书卷首的《提要》，实脱胎于《明儒学案》各案之总论，无非变通旧观，取以为全书之冠冕而已。与《宋元学案》卷首之《序录》相比，则如出一辙。各学案案主学行的编纂，则又合《明儒学案》及《宋元学案》之案主传略及学术资料选编为一体，而以学术资料介绍为主干，一分一合，形异而实同。以下，仅以《传道学案》为例，略加剖析。

《传道学案》卷首为《提要》一段，其内容已如前所述，兹不复赘。全案著录凡 4 人，卷一为陆陇其、张履祥，卷二为陆世仪、张伯行。《平湖陆先生》一传，先以 20 余字略述传主字号开篇，随即大段征引传主论学主张，凡足以反映其学术风貌者，诸如《评定四书大全自序》、《太极论》、《学术辨》等，皆详加征引。接着才是传主政绩介绍。最后则以“门人”为目，附列王前席等四人姓名，以示学术传衍。一如《陆陇其传》，《桐乡张先生》一传，亦先是数十字的字号一类内容，以下即接以传主论学语要。由于著者对传主的倾心推崇，所以这一部分篇幅几多于陆氏一传二倍。随之才是张履祥生平梗概的介绍。传末，且立论一段，盛赞张履祥为“朱子后之一人”。最后，则分别以“同学”、“从游诸子”为目，附列颜士凤等七人姓名。《太仓陆先生》亦然。全

1　唐鉴：《清学案小识》卷一二《经学学案·余姚黄先生》。

篇以传主所著《思辨录》前后集的引述为中心，比较突出地体现了学案体史籍的基本特征，即以汇编案主论学资料为主干，辅以小传及论断。篇末，同样以“同学”、“从游诸子”为目，附列盛圣传等24人姓名。《仪封张先生》一传，与之前三传无异，传主论学语要亦占全传四分之三以上篇幅。篇末，且有评论云：“自稼书、杨园两先生倡正学于南，稍知所趋向。而独河洛间，龂龂焉竞而不为之屈，则以夏峰之主持故也。先生能不惑溺于乡先生，而卓然归于至正，兢兢以程朱为法守，则今日之有志于洛学者，非先生之师而谁师乎！”[1]

《传道学案》中诸人传记，所引资料一般皆指明出处，而《经学学案》以下，因非著者表彰所在，所以引录资料皆不标所出。著者于此指出：“经学三卷，有本《四库书目》者，有采取先辈文集者，有就本人所著书论次者。参互成篇，未便揭明所出。”[2]唐鉴以短短两年的时间，理董二百年间数以百计的学者著述，加以深陷门户之中，固执己见，一意表彰程朱一派，故粗疏漏略实亦在情理之中。所以，一部《清学案小识》，于《守道》、《经学》、《心宗》三案，皆有《待访录》一目。著者就此解释说：“一时搜求未得其著述，则于别集之所论及者，随详随略，录以待访。”[3]可见，《待访录》一目之所辟，在编纂体例上并无新意，无非据以藏拙而已。

就具体编纂次第而言，《清学案小识》虽意在表彰道学，但《传道》、《翼道》、《守道》三案之分，其间根据何在，理由并不充分。而既不顾历史实际，又不问学术造诣，仅据卫道之勇，即拔陆陇其于全书卷首，亦多可商榷。为官清廉，鲠直不阿，固是陆陇其高风。但陆氏之学，执拗偏狭，拘守门户，比之于陆世仪

1 唐鉴：《清学案小识》卷二《传道学案·仪封张先生》。

2 唐鉴：《清学案小识》卷一二《经学学案题注》。

3 唐鉴：《清学案小识》卷十《待访录题注》。

为学的博大通达，志存经世，相去简直不可以道里计。因此，二陆并编，实是不伦。事实上，陆陇其的尊朱黜王，并非一时首倡，张履祥、吕留良的表彰朱熹学说，都要先于他。据私淑于陆陇其的吴光酉所辑《陆稼书先生年谱定本》载，直到40岁前后，陆陇其尚在朱王学术间徘徊。后来在康熙十一二年，他四十三四岁时，结识吕留良，受张、吕二人学术影响，始成为朱子学笃信者。对于这一层关系，陆陇其本人也并不讳言。康熙二十二年十月，当他在京中获悉吕留良逝世的噩耗，曾撰文遥为祭奠。据称："陇其不敏，四十以前，以尝反复程朱之书，粗知其梗概。继而纵观诸家语录，糠秕杂陈，珷玞并列，反生淆惑。壬子、癸丑（康熙十一、二年——引者），始遇先生，从容指示，我志始坚，不可复变。"可见吕留良的为学主张对陆氏学术趋向影响之大。文中，陆陇其还对吕氏于阳明学的"破其藩，拔其根"备加推崇，指出："先生之学，已见大意。辟除榛莽，扫去云雾，一时学者获睹天日，如游坦途，功亦巨矣。"[1]颇具讽刺意味的是，同样为黜王尊朱的学者，陆陇其因为清廷所用，遂于其身后，以理学名臣而获从祀孔庙的殊荣。吕留良却因不与清廷合作，而被清世宗斥为："狎侮圣儒之教，败坏士人之心，真名教中之罪魁也。"[2]以致故世四十一年之后，还为文字冤狱祸及，惨遭戮尸枭首。唐鉴于此当然十分清楚，正因为对专制淫威心存余悸，所以《清学案小识》不敢有片言只字涉及吕留良。这一点，我们当然不必苛求于他。但是，陆陇其并非清初大儒，其学本受张履祥、吕留良影响，唐鉴也不会不知道。因而，仅以清廷好恶为转移，拔陆陇其于全书卷首，显然是不足取的。

清初理学界，在顺治及康熙初叶的二三十年间，主持一时学

1 陆陇其：《三鱼堂文集》卷一二《祭吕晚村先生文》。

2 《清世宗实录》卷八一，"雍正七年五月乙丑"条。

术坛坫风会者，实为王学大儒。这便是以孙奇逢为代表的北学，以李颙为代表的关学和以黄宗羲为代表的南学。而《清学案小识》无视历史实际，既以入清以后首倡“心宗”而黜孙奇逢于不录，又强学宗陆、王的李颙入程朱“翼道”者之列以张大门墙，于黄宗羲则贬入《经学学案》之中。如此编次史籍，以门户之见而淆乱历史真相，其谬误是显而易见的。汤斌、耿介、魏一鳌，同为孙奇逢弟子，恪守师教，终身不渝，而《清学案小识》则分三人于三案。汤斌以《翼道》首席而居正统之列，耿介次之，得入《守道》一案，而魏一鳌则黜置程朱对立面，编于《心宗学案》。著者如此任意分割，亦不识根据何在。他如颜元、李塨师弟，并入《经学学案》已属不妥，而弟子李塨则擢至前列，其师颜元反名落乾嘉诸经师后。颠倒错乱如此，实是令人不解。

清代学术，以经学为中坚。经过清初诸儒的倡导，迄于乾嘉之世，遂呈鼎盛之势。其间，理学虽不绝如缕，但强弩之末，非同往昔，作为一种学术体系，实已失去发展生机。总结既往学术，表彰理学可，而歪曲历史，贬抑经学则不可。《清学案小识》先入为主，意存轩轾，每每强人就我。譬如顾炎武、王夫之，虽然皆有引据程朱以排击陆王的倾向，但是两家精深的经学造诣以及博大的为学体系，已远非理气心性的论究所能拘囿。江藩著《国朝汉学师承记》，强顾炎武入汉学营垒固属不当，而唐鉴的《清学案小识》一反其道，强顾、王二家入程朱“翼道”者之列，同样并不实事求是。唐鉴学案，既以经学命名，就当介绍清初以来诸经学名家大师，此本情理中事，不言而喻。然而两卷《经学学案》，则遗漏太多，殊不可解。乾嘉以还，大师辈出，如段玉裁、王念孙、王引之、焦循、庄存与、刘逢禄等，皆影响一代经学甚巨，尽人皆知。而唐书只字不录，视若不见，真不知如何取信于人！

综观《清学案小识》全书，虽力图变通《明儒学案》编纂格局，但亦未能尽脱旧轨，无非学案体史籍的变异而已。这种变异带着由学案向纪传体史籍之儒林传回归的色彩，就历史编纂学而论，应当说并不是一种前进。所以清亡以后，徐世昌主持《清儒学案》的纂修，便否定了《清学案小识》的变异，以对《明儒学案》和《宋元学案》的继承，为中国古代学案史做了一个名副其实的总结。

四　余论

《清学案小识》在道光中叶的问世，不是一个偶然的学术现象。此时，正值鸦片战火余烬灼人，时局动荡，学随世变，曾几何时，风靡朝野的乾嘉汉学已失昔日的鼎盛之势，迅速成为知识界批判审视的对象。当时的中国学术，面临一个何去何从的严峻抉择。

江藩著《国朝汉学师承记》，固守汉学壁垒，不啻一曲挽歌。阮元辑《皇清经解》，表彰一代经师经学，亦无异于为汉学招魂。“无可奈何花落去，似曾相识燕归来。”方东树一反其道，著《汉学商兑》以针砭时弊。方氏书指出：

> 江氏作《汉学师承记》，阮氏集《经解》，于诸家著述，凡不关小学，不纯用汉儒古训者，概不著录。……欲扫灭宋儒，毒罪朱子，鼓怒浪于平流，振惊飚于静树，可已而不已。斯风一煽，将害及人心学术。[1]

“扫灭宋儒，毒罪朱子”云云，固然过甚其词，文士习气太重。但是于江、阮病痛之所在，方东树可谓旁观者清，无疑已得症结。

1　方东树：《汉学商兑》卷上。

如同《汉学承师记》和《皇清经解》一样，《汉学商兑》亦是对乾嘉汉学进行总结的著作。所不同者，只是前二书为肯定式的褒扬，而方氏书则是否定式的批判罢了。汉学中人，沉溺考据训诂，远离世事，如醉如痴，为历史潮流淘汰势所必然。《汉学商兑》的抨击，确能令对手无言以答。所以《汉学商兑》出，颇能激起共鸣。唐鉴《清学案小识》的问世，即是一至为强烈的反映。面对汉学颓势的不可逆转，方东树、唐鉴皆欲以理学取而代之，试图营造一个宋学复兴的局面，故有清中叶以后愈演愈烈的汉宋学术之争。然而时代在前进，不唯汉学日过中天，非变不可，而且宋学一统亦早已成为过去，方、唐等人为其勾画的复兴蓝图，不过一厢情愿而已。中国近代学术，既非“汉学的粲然复彰”，亦非“宋学的振然中兴”，它带着鲜明的时代印记，随着亘古未有的历史巨变而演进、激荡。对此，方东树没有料到，唐鉴也是无从预见的。因此，他们所留下的著述，并非晚清学术的理智展望，不过是既往历史的思索而已。

清中叶今文经学的复兴

我国古代经学，自两汉肇始，即因文字与说解的不同而有今古文学派之分。东汉末，经学大师郑玄遵古文家说，兼采今文说遍注群经，郑学大行而今文说衰。魏晋以降，学分南北，玄学风起而经学破碎。唐初，撰定《五经正义》，经学归于一统，今文说若潜流于地下，几成绝学。宋明数百年，是理学时代，性理学盛而经学衰微。明清之际，有鉴于理学家空言说经积弊，以经学济理学之穷的风气渐开。入清以后，治经复汉，南北共倡，迄于乾嘉间，古文经学遂成鼎盛之势。乾嘉学术以总结整理传统学术为特征，经学本有今古，古学独盛究非正常。于是伴随时势的变迁，自嘉道二朝起，一时经学家多究心今文经说，形成了今文经学复兴的局面。

一 庄存与和《春秋正辞》

清代今文经学的复兴，以江苏常州为中心。庄存与首倡于前，经其侄述祖传衍，至其外孙刘逢禄、宋翔凤而大张其帜，遂自成一独立学派。论学术史者，或因此一学派所治之《春秋》公羊学而称之为公羊学派，或以其郡望命名而径呼常州学派。

庄存与，字方耕，晚号养恬，江苏武进（今常州市）人。生于康熙五十八年，卒于乾隆五十三年，终年 70 岁。乾隆十年一甲二名进士，由翰林院编修累官至内阁学士兼礼部侍郎。其间，曾供职于上书房十余年，授高宗十一子成亲王永瑆经史。又历任湖北、直隶、山东、河南诸省学政及乡会试正副考官，乾隆间著名学者邵晋涵、孔广森皆为其所识拔。五十一年，因其“年力已衰，难以供职”，获准“原品休致”[1]。

乾隆间，经学考据之风大盛。一时经师，莫不推崇东汉古文经学家贾逵、马融、许慎、郑玄经说，以《说文》、《尔雅》为治经门径，“风气所趋，竞为考订”[2]。庄存与虽亦治经学，且早年为学之始，即得益于阎若璩《尚书古文疏证》，但他却不沿此道进，而是“博通六艺，而善于别择”[3]。存与治经以“实用”为宗旨，“笃志深邃，穷源入微，独有会心”，既不分今古，亦不别汉宋，走的是“荟萃于六经、四子之书”[4]的独特路径。当时，阎若璩对通行《古文尚书》的辨伪，朝野颇多共鸣，言官学臣甚至“议上言于朝，重写二十八篇于学官，颁赐天下”。于此，庄存与独持异议，昌言：

> 古籍坠湮什之八，颇藉伪书存者什之二。……《大禹谟》废，“人心道心”之旨、“杀不辜宁失不经”之诫亡矣；《太甲》废，“俭德永图”之训坠矣；《仲虺之诰》废，“谓人莫己若”之诫亡矣；《说命》废，“股肱良臣启沃”之谊丧矣；《旅獒》废，“不宝异物贱用物”之诫亡矣；《冏命》废，“左右前后皆正人”之美失矣。今数言幸而存，皆圣人之真言。[5]

1 《清高宗实录》卷一二四七，“乾隆五十一年正月丙寅”条。
2 章学诚：《文史通议》（遗书本）外篇三，《与族孙守一论史表》。
3 《清史列传》卷六八《庄述祖》。
4 庄勇成：《少宗伯养恬兄传》，载《毗陵庄氏族谱》卷二〇。
5 龚自珍：《龚自珍全集》第二辑，《武进庄公神道碑铭》。

这是一段很能体现庄氏经学特色的议论。唯其如此，所以存与治经，“不专为汉宋笺注之学，而独得先圣微言大义于语言文字之外”。也唯其如此，因“所学与当时讲论或枘凿不相入，故秘不示人”[1]。由于存与生前“未尝以经学自鸣，成书又不刊板行世，世是以无闻焉”[2]。直到故世30余年后，其经学论著始结集刊行。庄存与之学至此而显，不唯有“当代之儒宗，士林之师表”[3]、“昭代大儒”[4]一类赞誉，而且还被推为一代今文经学之祖。

庄存与学贯六艺，阐抉奥旨，于群经皆有论著。据民国间增修《毗陵庄氏族谱》卷十六《著述》一门载，存与所著计有《易说》、《尚书既见》、《尚书说》、《毛诗说》、《周官记》、《周官说》、《春秋正辞》、《乐说》、《算法约言》、《味经斋文稿》等共77卷。其中，专论经学诸书于道光间汇为《味经斋遗书》刊行。于一代今文经学复兴最有影响者，则为《春秋正辞》。

《春秋正辞》11卷，系据元明间赵汸所著《春秋属辞》掇拾而成。卷一为《奉天辞》，卷二为《天子辞》，卷三至卷五为《内辞》上中下，卷六为《伯辞》，卷七为《诸夏辞》，卷八为《外辞》，卷九为《禁暴辞》，卷十为《诛乱辞》，卷十一为《传疑辞》。卷末附《春秋要指》、《春秋举例》各一卷。全书本赵汸以《春秋》求“圣人经世之义”[5]的思路，“义例一宗《公羊》，起应实述何氏，事亦兼资《左氏》，义或拾补《穀梁》”[6]，是一部旨在阐发《春秋》微言大义的著作。庄存与不赞成当时学术界视《春秋》为“记事之史”的看法，他认为：“《春秋》非记事之史，不书多于书，以所不书知所书，以所书知所不书。”进而指出“《春秋》无

1　阮元：《庄方耕宗伯经说序》，载《味经斋遗书》卷首。
2　董士锡：《易说序》，载《味经斋遗书》卷首。
3　朱珪：《春秋正辞序》，载《春秋正辞》卷首。
4　阮元：《庄方耕宗伯经说序》，载《味经斋遗书》卷首。
5　赵汸：《春秋属辞》卷首，《自序》。
6　朱珪：《春秋正辞序》，载《春秋正辞》卷首。

空文”，他说：“《春秋》治乱必表其微，所谓礼禁未然之前也。凡所书者有所表也，是故《春秋》无空文。”也就是说，《春秋》自成义例，其间蕴涵着“至圣之法”。所以庄存与强调：“《春秋》以辞成象，以象垂法，示天下后世以圣心之极。观其辞，必以圣人之心存之。史不能究，游、夏不能主，是故善说《春秋》者，止诸至圣之法而已。”[1]

庄存与之治《春秋》，是他经学风格的一个缩影。一方面，他受宋元以来以儒家名教讲《春秋》风气的影响，在《春秋正辞》中引入宋儒二程语录，认为：“天理灭矣，天运乖矣，阴阳失序，岁功不成矣，故不具四时。”[2]显然是在用理学思想解经。另一方面，在当时汉学鼎盛的氛围之中，庄存与亦不能超然其外，因而他并未步宋人摆落三传、别出新解的治《春秋》后尘，走的已是表彰汉儒经说的途径。只是他虽以今文《公羊》说解《春秋》，但为阐发其间的“微言大义”，却又逾越家法拘囿，引古文《周礼》以济《公羊》之穷。为此，他既撰有《周官记》、《周官说》二书，又在《春秋正辞》中借《周礼》以证成其说。《周礼》尚法重农，庄存与引以解《春秋》谓：“王事唯农是务，无有求利于其官，以干农工，谷不可胜食，由此道也。”[3]

庄存与所处的时代，虽然为清廷标榜为太平盛世，但危机萌发，衰象渐显。乾隆中叶以后，民变渐起固是其表征，层见叠出的文字冤狱，亦折射出清廷的虚弱本质。于是庄存与揭出《春秋》公羊说“大一统”义，他说：“周公欲天下之一乎周也，二之以晋则不可，其不可于是始。君子谨而志之，欲天下之一乎周也。”[4]对于齐桓、晋文二公的“尊王攘夷”之功，他予以肯定评价，指

1 庄存与：《春秋正辞》附录《春秋要指》。
2 庄存与：《春秋正辞》卷一《奉天辞第一·审天命兴废》。
3 庄存与：《春秋正辞》卷三《内辞第三·土功》。
4 庄存与：《春秋正辞》卷二《天子辞第二·大夫见天子》。

出:"诸侯无伯，亦《春秋》之所恶也。则其不主晋何？曰，诸侯之无伯也，晋襄公始为之也。不主晋于是始，而王道行矣。桓、文作而《春秋》有伯辞，实与而文不与也。"[1]

"大一统"，这是《春秋》公羊学的千古绝唱，"实与而文不与"，亦是其重要义法之一。[2]在公羊学沉沦千年之后，庄存与重新发现了它。尽管还只是停留于"内诸夏而外夷狄"的阶段，未能与"张三世"、"通三统"诸理论相结合，因而难免粗疏，但是这种发现的创辟之功，则是十分巨大的。正如稍后龚自珍为庄存与撰《神道碑铭》所评:"以学术自任，开天下知古今之故，百年一人而已矣。"[3]

二　几个承先启后的经学家

清中叶今文经学的复兴，当然不是庄存与个人登高一呼即可成就，它是当时学术界众多学者共同努力的结果。作为开风气者，孔广森、张惠言、庄述祖等人的承先启后之功，同样不可忽视。

（一）孔广森

孔广森，字众仲，号㢧轩，又号抝约，山东曲阜人。生于乾隆十七年，卒于乾隆五十一年，得年仅35岁。他是孔子后裔，其祖传铎，袭封衍圣公，贵显一方。广森少年科第，乾隆三十六年成进士，不过20岁。继之入翰林院为庶吉士，散馆授检讨。后辞官回乡，家难骤起，加以丁忧伤恸，竟郁郁早逝。

乾隆末，以治《春秋公羊》学名世者，独推孔广森。广森之

1　庄存与：《春秋正辞》卷七《诸夏辞第五·侵伐》。
2　杨向奎：《大一统与儒家思想》八，《清代前期的大一统论与公羊学》。
3　龚自珍：《龚自珍全集》第二辑，《武进庄公神道碑铭》。

治《公羊》，一则祖述家学，是为远源，再则受庄存与影响，可称近因。乾隆三十六年，孔广森成进士，庄存与即为当年会试副主考。后广森入庶吉士馆，存与亦在馆中任教习。所以庄孔二人间不唯有座主门生之谊，且存在学术上的师承关系。关于这一点，孔广森的名著《春秋公羊通义》亦有辙迹可寻。就总体而言，孔氏《公羊》说与庄氏同源，即皆推崇赵汸所著《春秋属辞》。广森于《春秋公羊通义》卷末《叙》中，在综论《公羊》学义例之后，明确断言："自唐迄今，知此者惟（赵）汸一人哉。"[1]而该书卷五文公十年"楚子、蔡侯次于屈貉"条，则大段征引庄存与经说，指出：

> 座主庄侍郎为广森说此经曰，屈貉之役，左氏以为陈侯、郑伯在焉，而又有宋公后至，麇子逃归。《春秋》一切不书主，书蔡侯者，甚恶蔡也。蔡同姓之长，而世役于楚，自绝诸夏。……若蔡庄侯者，所谓用夷变夏者也。

广森服膺师说，他表示："三复斯言，诚《春秋》之微旨。"[2]

《春秋公羊通义》11卷，并《叙》一卷，始撰于孔广森辞官后丁忧之时，所谓"杜门却扫，循陔著书"[3]，即依此而言。乾隆四十八年冬，书成。该书是著者毕生"最为惬心"的"属意之作"。正如他逝世前夕告其弟广廉语所道："余生平所述，讵逮古人？《公羊》一编，差堪自信。"[4]全书以补释何休《春秋公羊解诂》为职志，先引何说，后以"谨案"伸述己意。著者认为："《左氏》之事详，《公羊》之义长，《春秋》重义不重事。"故其书本

1 孔广森：《春秋公羊通义》卷末《叙》。
2 孔广森：《春秋公羊通义》卷五《文公十年》。
3 孔广廉：《校勘公羊春秋通义叙略》，载《春秋公羊通义》卷首。
4 孔广廉：《校勘公羊春秋通义叙略》，载《春秋公羊通义》卷首。

《公羊》立论，兼采《左》、《穀》，旁通诸家，择善而从，试图阐发《春秋》大义微言。嘉庆三年付梓，阮元因之评为“醇会贯通”，“成一家之言”[1]。

《春秋公羊》学，以倡大一统为要义。《公羊传》于隐公元年载之甚明：“元年，春，王正月。元年者何？君之始年也。春者何？岁之始也。王者孰谓？谓文王也。曷为先言王而后言正月？王正月也。何言乎王正月？大一统也。”[2]西汉初，董仲舒据以发挥，提出著名的“天人三策”，演为“罢黜百家，独尊儒术”的文化国策。《公羊》学经两汉经师的发展，到东汉末何休出，著《春秋公羊经传解诂》，对其义例作了精彩的总结。其中首要的一条，亦即为大一统。孔广森的《公羊》学，虽然较庄存与前进了一步，注意到了何休的《解诂》，但是他以朴学解《公羊》，终未能明了何氏学的精义所在。所以他的《公羊通义》不讲大一统，却去谈“分土而守，分民而治”，且就此议何休“自蹈所云反传违例之失”[3]。

何休著《春秋文谥例》，总结出《春秋》一经“三科九旨”的重要义例。休书指出：

> 三科九旨者，新周故宋，以《春秋》当新王，此一科三旨也。所见异辞，所闻异辞，所传闻异辞，二科六旨也。内其国而外诸夏，内诸夏而外夷狄，是三科九旨也。

孔广森于此亦大不以为然，他说：“治《公羊》者，旧有‘新周故宋’之说。‘新周’虽出此传，实非如注解。‘故宋’传绝无文，唯《穀梁》有之，然意尤不相涉。是以晋儒王祖游讥何氏‘黜周

1　阮元：《研经室一集》卷一一《春秋公羊通义序》。

2　何休：《春秋公羊经传解诂》卷一《隐公第一》。

3　孔广森：《春秋公羊经传通义》卷一《隐公元年》。

王鲁，大体乖硋，志通《公羊》，而往往还为《公羊》疾病者也'。"[1]于是他别出新解，将"三科九旨"归纳为：

> 《春秋》之为书也，上本天道，中用王法，而下理人情。不奉天道，王法不正；不合人情，王法不行。天道者，一曰时，二曰月，三曰日。王法者，一曰讥，二曰贬，三曰绝。人情者，一曰尊，二曰亲，三曰贤。[2]

以此为"三科九旨"而解《春秋》，自然是小题大作，不得要领。正如晚清今文经学家皮锡瑞所评，孔广森过尊赵汸《春秋属辞》，"深取其书，而亦不免有误"[3]。先师杨向奎教授也说："孔广森是朴学大师，是以朴学方法治《公羊》，而不本何休。虽然他以为是就《公羊》而论《公羊》，不作'非常异议可怪之论'，但实失《公羊》之宏伟思想内容。"[4]

（二）张惠言

张惠言，字皋文，号茗柯，江苏武进人。生于乾隆二十六年，卒于嘉庆七年，得年仅42岁。他于乾隆五十一年举乡试，后七试礼部不第，嘉庆四年成进士，已是39岁。六年，庶吉士散馆，授官翰林院编修。正当有为之年，竟不幸遽然长逝。

张惠言之学，始从诗文词赋入。年近30，退而治经，潜心于《周易》虞氏学及《仪礼》郑玄说，并问学于歙县经学家金榜。既有经学为根底，又得桐城刘大櫆为文义法，故其文由桐城文派而演变，与同郡恽敬齐名，成为清代散文中阳湖文派的开派宗师。

---

1 孔广森：《春秋公羊经传通义》卷六《宣公十六年》。

2 孔广森：《春秋公羊经传通义》卷末《叙》。

3 皮锡瑞：《经学通论》卷四《春秋》。

4 杨向奎：《大一统与儒家思想》八，《清代前期的大一统论与公羊学》。

惠言治经，虽承苏州惠学考古遗风，但“务守大义”，不喜琐屑考订。他认为：“近时考订之学，似兴古而实谬古。”[1]又说：“数十年之间，天下争为汉学，而异说往往而倡。学者以小辨相高，不务守大义。或求之章句文字之末，人人自以为许、郑，不可胜数也。”[2]对于惠栋复原汉《易》的考古之功，张惠言虽作了肯定，但同时也指出：“其所自述，大抵祖祢虞氏，而未能尽通。”[3]他认为：“治《易》者如传《春秋》，一条之义，各从其例。”[4]于是他以传《春秋》之法治《易》，“求其条贯，明其统例，释其凝滞，信其亡阙”[5]，对东汉末今文《易》学家虞翻的学说进行了系统阐发，先后撰为《周易虞氏义》、《虞氏消息》、《虞氏易礼》、《虞氏易候》、《虞氏易言》等《易》学著作。张惠言以其对《周易》今文虞氏学的表彰和研究，使之成为一代《易》学大家。

晚近著名学者梁启超先生论常州学派，说过如下一段别具只眼的话：

> 常州派有两个源头，一是经学，二是文学，后来渐合为一。他们的经学是《公羊》家经说，用特别眼光去研究孔子的《春秋》，由庄方耕（存与）、刘申受（逢禄）开派。他们的文学是阳湖派古文，从桐城派转手而加以解放，由张皋文（惠言）、李申耆（兆洛）开派。[6]

梁先生之所论，是很有见地的。稍后于张惠言的常州今文经学大师刘逢禄，在谈到清代今文经学的复兴时，就已经明确张惠言为

1 张惠言：《茗柯文补编》卷上《与陈扶雅书》。
2 张惠言：《茗柯文三编》不分卷，《安甫遗学序》。
3 张惠言：《周易虞氏义》卷首《自序》。
4 张惠言：《茗柯文二编》卷上《丁小雅郑氏易注后定序》。
5 张惠言：《周易虞氏义》卷首《自序》。
6 梁启超：《中国近三百年学术史》四，《清代学术变迁与政治的影响》下。

开风气者之一。他说:“皇清汉学昌明，通儒辈出，于是武进张氏治虞氏《易》，曲阜孔氏治公羊《春秋》，今文之学萌芽渐复。”[1]

（三）庄述祖

庄述祖，字葆琛，号珍艺，晚号檗斋，学者称为珍艺先生。江苏武进人。生于乾隆十五年，卒于嘉庆二十一年，终年 67 岁。述祖乾隆四十五年中进士，后归班谒选，直至五十六年始得山东昌乐知县任。翌年调潍县。治潍五年，五十九年以卓异引见，擢曹州府同知。嘉庆二年奉母归养，从此不出，著述终老。

述祖之学，从究心《说文解字》入。既与同时汉学诸家如王念孙、引之父子、孙星衍等唱为同调，又承其伯父庄存与所传《春秋》公羊学，并援以治《夏小正》而名家。《夏小正》本为《大戴礼记》中的一篇，按月记录古代物候，文句简奥，素称难读。其文大致成于先秦时代，西汉初戴德为之作注，与《大戴礼》并行。唐人修《隋书》，始别为一卷著录于《经籍志》。尔后注与正文混淆，错讹难辨，治者日稀。北宋间，傅崧卿撰《夏小正戴氏传》4 卷，始将经传厘正区分。宋明数百年，理学风行，三礼学微，《夏小正》几成绝学。入清，朴学渐起，张尔岐《仪礼郑注句读》合辑传注为一篇，附以己说，开清人治《夏小正》之先河。徐世溥、黄叔琳、姜兆锡、诸锦等人后先而起，相继撰有《夏小正解》、《夏小正注》、《大戴礼删翼》、《夏小正诂》诸书。乾隆中叶以后，治《大戴礼》并《夏小正》已成风气。孔广森的《大戴礼记补注》，汪中的《大戴礼记正误》，孙星衍的《夏小正传校正》，毕沅的《夏小正考注》等，皆是其间佼佼者。庄述祖沿波而起，独辟蹊径，先后撰为《夏时明堂阴阳经》、《夏时说义》、《夏小正等例文句音义》、《夏小正等例》共 10 卷，合称《夏小正

1　刘逢禄：《刘礼部集》卷九《诗古微序》。

经传考释》，成为这一领域中的卓然大家。

述祖之治《夏小正》，一依庄存与治《春秋》公羊学之法，重在义例的阐发。他认为："《夏时》亦孔子所正，《夏时》之取夏四时之书，犹《春秋》之取鲁史也。"在他看来，《春秋》一经，"至何邵公作《解诂》，悉檃括就绳墨，而后《春秋》'非常异义可怪之论'皆得其正"[1]。因此，庄述祖主张："读《夏时》经传，必先条其等例，然后正其文字，离其句度，辨其音声，各以类从。"[2]这一主张见诸《夏小正经传考释》，便是步趋何休，探求等例。于是"准何氏《公羊春秋》条例，悉檃括就绳墨"[3]，亦成全书根本风格。述祖书出，颇得学者推重，臧庸致书称："大著《夏时说义》，迩日读习，精确不刊之论，略有所窥。洵足与董子《春秋繁露》、程子《易传》二书相并，余子所道，概不能及。今后《夏时》得与六籍同传者，《说义》之功也。"[4]此后，述祖之学得其外甥刘逢禄、宋翔凤光大，常州庄学蔚为大观，遂为晚清今文经学的发皇奠基。

三 刘逢禄的《春秋》公羊学

刘逢禄，字申受，又字申甫，号思误居士，江苏武进人。生于乾隆四十一年，卒于道光九年，终年54岁。逢禄为世家子弟，其祖纶，乾隆间仕至文渊阁大学士，卒谥文定，入祀贤良祠。其伯父跃云，嘉庆间官至工部左侍郎。独其父召扬无意仕宦，屡主湖南、陕西讲席，课徒授业，后卒于山东济南书院。逢禄于嘉庆

1 庄述祖：《夏小正经传考释》卷首《夏小正音读考序》。

2 庄述祖：《夏小正经传考释》卷六《夏小正等例文句音义》第三。

3 庄述祖：《夏小正经传考释》卷一《夏时明堂阴阳经》。

4 臧庸：《致庄珍艺书》，载《珍艺宧文抄》卷六《与臧在东说虞庠四郊西郊异同》附录。

十九年成进士，官至礼部仪制司主事，因病在京中寓庐逝世。

刘逢禄是庄存与的外孙，自幼禀其母“家学不可废”[1]之教，于从塾师治举子业之余，随母讲求外祖“经史大义”。乾隆五十一年，庄存与致仕归里，询及逢禄学业，喜云：“而子可教。”[2]逢禄时年仅11岁。在家学濡染之下，他自少年时代即究心于汉儒董仲舒、何休经说。嘉庆二年，其从舅庄述祖由山东奉母南归，他又跟随治经，尽传家学。刘逢禄认为：“学者莫不求知圣人，圣人之道备乎五经，而《春秋》者五经之管钥也。先汉师儒略皆亡阙，惟《诗》毛氏、《礼》郑氏、《易》虞氏，有义例可说，而拨乱反正，莫近《春秋》。董、何之言，受命如响，然则求观圣人之志，七十子之所传，舍是奚适焉！”[3]于是本之以遍治群经今文说，先后撰为《易言补》、《易虞氏变动表》、《书序述闻》、《尚书今古文集解》、《诗说》、《诗声衍》、《石渠礼议》、《礼议决狱》等。

诸经之中，刘逢禄用力最久，最有心得，所谓“自发神悟”[4]者，则是他的《春秋》公羊学。嘉庆十年，逢禄承其父业，应聘执教山东兖州书院。从这一年起，直到十七年，他潜心于何休《春秋公羊解诂》的研究。先寻其条贯，正其统纪，成《春秋公羊何氏释例》10卷30篇。随后又析其凝滞，强其守卫，为《笺》1卷、《答难》2卷。与之同时，他还致力于孔广森《春秋公羊通义》的笺释，撰有《公羊通义条记》。

据《后汉书》载，何休笃守《公羊》家法，于《左传》、《穀梁》多所驳诘。他“与其师博士羊弼，追述李育意以难二传，作《公羊墨守》、《左氏膏肓》、《穀梁废疾》”[5]。同时经师郑玄入室

1 刘逢禄：《刘礼部集》卷十《先妣事略》。
2 刘逢禄：《刘礼部集》卷十《记外王父庄伯公甲子次场墨卷后》。
3 刘逢禄：《春秋公羊何氏释例》卷首《叙》。
4 刘承宽：《先府君行述》，载《刘礼部集》卷一一附录。
5 《后汉书》卷七九下《何休传》。

操戈，著《发墨守》、《箴膏肓》、《起废疾》，专与何休立异[1]。对于学术史上的这一场争议，刘逢禄站在何休一边，于《榖梁传》，他“申何氏《废疾》之说，难郑君之所起”[2]，相继撰成《榖梁申废疾》、《榖梁广废疾》。于《左传》，他则认为该书乃史籍，并非解经之作，主张应与《春秋》别行，“离之则双美，合之则两伤”。至于通行本《左传》，刘逢禄断言已经刘歆窜乱，他说:“歆以秘府古文书经为十二篇，曰《春秋古经》。不知《公》、《榖》、《邹》、《夹》皆十一篇，乃夫子亲授旧本。歆惟既造古经，故遂敢于续经。书至三家分晋，尤妄作之显证”。[3]于是撰为《左氏申膏肓》、《左氏春秋考证》，“欲以《春秋》还之《春秋》，《左氏》还之《左氏》，而删其书法、凡例及论断之谬于大义，孤章绝句之依附经文者，冀以存《左氏》之本真”[4]。此外，针对钱大昕关于《春秋》据事直书，并无义例可循的意见，以及孔广森对《公羊传》三科九旨的误解，刘逢禄还撰有《春秋论》上下二篇[5]。据其子承宽所撰《先府君行述》记，逢禄尚著有《论语述何》、《中庸崇礼论》、《夏时经传笺》、《汉纪述例》、《纬略》、《春秋赏罚格》等，“凡为《春秋》之书十有一种”[6]。

《春秋公羊何氏释例》稿成20余年后，在刘逢禄生前，曾于道光八年重校。他故世后，遗稿交由魏源整理，《公羊解诂笺》改题《公羊申墨守》，《答难》及《公羊通义条记》合为《公羊广墨守》，《左氏春秋考证》改题《左氏广膏肓》，与《左氏申膏肓》、《榖梁申废疾》、《榖梁广废疾》一并辑为《春秋公羊释例

1 《后汉书》卷三五《郑玄传》。

2 刘逢禄：《春秋公羊释例后录》卷五《申榖梁废疾叙》。

3 刘逢禄：《春秋公羊释例后录》卷四《左氏春秋考证原叙》。

4 刘逢禄：《春秋公羊释例后录》卷三《申左氏膏肓叙》。

5 《春秋论》上下两篇，载《刘礼部集》卷三，无疑应属刘逢禄撰。今本《魏源集》所录《春秋论》上下二篇，一字不易，全文照抄，视为魏源文，显然误植。

6 刘承宽：《先府君行述》，载《刘礼部集》卷一一附录。

后录》刊行。《春秋论》和诸通例笺释及诗文杂著，则以《刘礼部集》11卷结集刊行。

刘逢禄的《春秋》公羊学，既师承有自，由其外祖父及从舅庄存与、述祖之学起步，又接受了孔广森《春秋公羊通义》的深刻影响。但他却能入乎其里而出乎其外，以“神悟”之思而取得了超越庄、孔诸家的成就。刘逢禄没有把自己局限在赵汸的《春秋属辞》此一起点之上，而是追根寻源，推本于董仲舒、何休、专意于何休《公羊》学的表彰。这正是他在乾嘉时代的《春秋》公羊学研究中，后来居上的关键所在。《公羊传》产生于战国末叶，阐发“大一统”思想是其学说的核心。西汉初，董仲舒的“天人三策”、《春秋繁露》于此有过正确发挥。东汉何休，集两汉经师之所得，著《春秋公羊解诂》，以其所总结的“三科九旨”掩董氏学而上，成为《春秋》公羊学的“天下第一解人”[1]。正如刘逢禄所说：“无三科九旨则无《公羊》，无《公羊》则无《春秋》，尚奚微言之与有！”[2]庄存与的《春秋》学，筚路蓝缕，虽肯定了“大一统”精义，但并未找到何休的总结，结果在拓荒的路上不可能走得更远，欲阐发其间的“微言大义”而不得要领。孔广森继之而起，他虽然发现了何休的《公羊解诂》，但却立异何说，对“三科九旨”作了曲解，最终于《公羊》精义亦无所发挥。关于这一点，晚清今文经学家皮锡瑞叹为“不无买椟还珠之憾”[3]，就不是没有道理的。所以，从庄存与到孔广森，严格地说来，还不足以构成一代独立的《春秋》公羊学派。

刘逢禄出，局面豁然改观。他从正确阐发何休总结的“三科九旨”入手，对“张三世”、“通三统”诸《春秋》义例作了系统笺释，从而显示了《春秋》公羊学作为在应变中求发展的政治学

1　杨向奎：《大一统与儒家思想》六，《何休对于公羊学的总结》。

2　刘逢禄：《刘礼部集》卷三《春秋论》下。

3　皮锡瑞：《经学通论》卷四《论三传皆专门之学》。

说的历史价值。至此，始为一代《春秋》公羊学的复兴奠定了坚实的根基。逢禄表兄弟宋翔凤作同调之鸣，撰为《论语说义》、《大学古义说》、《过庭录》诸书，常州庄学为之大盛而有常州学派之谓。稍后，凌曙闻风而起，著《春秋繁露注》，以明董仲舒之学。他的弟子陈立毕其未竟之志，著《公羊义疏》。乾隆时代的“孤家专学”，终在晚清彰显于世。而龚自珍、魏源既从刘逢禄问《公羊》学，又立足现实，接过其据经议政的经世思想，大大加以发挥，从而成为鸦片战争前后经世思潮再起的开风气者。

四　龚自珍的经世思想

清中叶今文经学的复兴，一方面是入清以后“通经学古”学术潮流的必然延续，自有学术发展内在逻辑的无形作用。正如钱穆先生著《中国近三百年学术史》所论，“常州之学，原本惠氏”，无非据以转手，“自朴而转于奇”[1]罢了。另一方面，它又具有深刻的经济政治原因，是当时中国社会状况的历史折射。因而以之为契机，自康熙中叶以后已然沉寂的经世思潮再度崛起，在鸦片战争前后空前高涨。龚自珍、魏源，皆是其间的杰出代表。

龚自珍，又名巩祚，字璱人，号定盦，浙江仁和（今杭州市）人。生于乾隆五十七年，卒于道光二十一年，得年50岁。嘉庆末，以举人官内阁中书。道光九年成进士，因“楷法不中程”[2]仍归中书原班。后擢宗人府主事，官至礼部主客司主事，兼祠祭司行走。十九年，迫于仕宦艰险，托名避其叔父出任礼部尚书之嫌，拔足南旋。返乡后，置别业于江苏昆山徐元文故园，应聘主持杭州紫阳书院讲席，兼职江苏丹阳县云阳书院。二十一年八月，在

1　钱穆：《中国近三百年学术史》第十一章，《龚定盦》。

2　吴昌绶：《定盦先生年谱》，“道光九年三十八岁”条。

丹阳暴病而卒。

龚自珍出身于浙江望族，父祖簪缨文史，世代为官，其外祖父段玉裁更是著称一时的文字学家。他自幼随父宦居京城[1]，在家学濡染之下，为学之始即受乾嘉朴学影响。12岁从外祖习《说文解字》。14岁究心古今官制沿革。16岁读《四库全书总目》，致力于目录学研究。17岁进而治金石古文。21岁以副榜贡生考充武英殿校录，再攻校雠掌故之学。后其父外放徽州知府，自珍于同年春随侍南行。段玉裁专致一札，勉其“锐意读书”，“博闻强记，多识蓄德，努力为名儒，为名臣，勿愿为名士”[2]。然而置身日趋加剧的社会危机之中，家庭影响毕竟是不能与社会的力量相抗衡的。此后龚自珍的为学道路，却有违于他外祖父之所期许。他既没有作名臣，也没有作名儒，而是“但开风气不为师”，选择了一条特立独行的学以救世的途径。

（一）从《明良论》到《乙丙之际著（塾）议》

嘉庆十八年四月，龚自珍入京应顺天乡试。九月，天理教民变爆发，林清率民军攻击紫禁城。至此，所谓太平盛世已成历史陈迹，清王朝衰象毕露。“日之将夕，悲风骤至”[3]，江河日下的国运，志不得伸的际遇，终于驱使龚自珍走上了社会批判的道路。

翌年，他撰成著名的《明良论》四篇，喊出了“更法”的时代呼声。龚自珍认为，面对日深一日的社会危机，清王朝业已回天乏术，乃使人“卧之以独木，缚之以长绳，俾四肢不可以屈伸”。他呼吁冲破这种令人窒息的压抑，主张“仿古法以行之”，去“救今日束缚之病”。龚自珍之所谓古法，是讲求廉耻，培养士大夫的正气。他说：“士皆知有耻，则国家永无耻矣；士不知耻，

1　樊克政：《关于龚自珍生平事迹中的几个问题》，载《清史论丛》第七辑。

2　段玉裁：《经韵楼集》卷九《与外孙龚自珍札》。

3　龚自珍：《龚自珍全集》第一辑，《尊隐》。

为国之大耻。”[1]因此，他主张士大夫不可追逐财富，应当“忘其身家以相为谋”。二是破除以资格论人的积习，激发士大夫的生气。他认为：“一限以资格，此士大夫所以尽奄然而无有生气者也。”三是解脱对各级官吏的束缚，使之充分发挥积极性。他并非危言耸听地发出警告：“待其敝且变，而急思所以救之，恐异日之破坏条例，将有甚焉者也。”龚自珍敏锐地感觉到一场历史大动荡的行将来临，于是在随后写成的《尊隐》一文中，他再度向清廷敲响警钟：“山中之民，有大音声起，天地为之钟鼓，神人为之波涛矣。”由于历史和阶级的局限，龚自珍看不到问题的深层根源，他只是将社会危机的酿成归结为贫富不均，于是专以此为题撰为《平均篇》。文中写道：

> 至极不祥之气郁于天地之间，郁之久乃必发为兵燧，为疫疠，生民噍类，靡有孑遗，人畜悲痛，鬼神思变置。其始，不过贫富不相齐之为之尔。小不相齐渐至大不相齐，大不相齐即至丧天下。

嘉庆二十一年前后，龚自珍益肆意著述，贯串百家，究心经世之务，再成《乙丙之际著（塾）议》25篇。文中，他深刻地描绘出一幅“将萎之华，惨于槁木”的“衰世”景象。他说：

> 衰世者，文类治世，名类治世，声音笑貌类治世。……左无才相，右无才史，阃无才将，庠序无才士，陇无才民，廛无才工，衢无才商……当彼其世也，而才士与才民出，则百不才督之缚之，以至于僇之。僇之非刀、非锯、非水火。文亦僇之，名亦僇之，声音笑貌亦僇之……徒僇其心，僇其

1　龚自珍：《龚自珍全集》第一辑，《明良论》一。

> 能忧心、能愤心、能思虑心、能作为心、能有廉耻心、能无渣滓心。[1]

对于这样一个是非颠倒，黑白混淆，欲使一世之人皆麻木不仁的衰世，龚自珍痛心疾首，他惊呼："起视其世，乱亦竟不远矣！"因此，龚自珍对现存秩序的合理性大胆提出质疑，他说：

> 居廊庙而不讲揖让，不如卧穹庐；衣文绣而不闻德音，不如服橐键；居民上、正颜色而患不尊严，不如闭宫庭；有清庐闲馆而不进元儒，不如辟牧薮。[2]

一如《明良论》之倡言"更法"，在《乙丙之际著议》中，龚自珍再次提出了"改革"的主张，他强调："一祖之法无不敝，千夫之议无不靡，与其赠来者以劲改革，孰若自改革！"[3]

（二）援《公羊》以经世

嘉庆二十四年春，龚自珍入京应会试，落第后，即留京师问《春秋》公羊学于刘逢禄。之前一年，庄存与之子绶甲应聘执教于龚氏家馆，故自珍对常州庄学当多有了解。所以初识刘逢禄，他即谦然从之问学。自珍当年所写的一组杂诗，于服膺刘氏学说的心理，有过真实抒写。据云："昨日相逢刘礼部，高言大句快无加。从君烧尽虫鱼学，甘作东京卖饼家。"（原注："就刘申受问《公羊》家言。"）[4]道光九年，刘逢禄故世。10年后，龚自珍又在他著名的《己亥杂诗》中追忆道："端门受命有云礽，一脉微言我敬

1 龚自珍：《龚自珍全集》第一辑，《乙丙之际著议》第九。
2 龚自珍：《定盦续集》卷二，《乙丙之际塾议》第二十五。
3 龚自珍：《龚自珍全集》第一辑，《乙丙之际著议》第七。
4 龚自珍：《龚自珍全集》第九辑，《杂诗》。

承。宿草敢祧刘礼部，东南绝学在毗陵。”（原注：“年二十有八，始从武进刘申受受《公羊春秋》。近岁成《春秋决事比》六卷，刘先生卒十年矣。”）[1]在问学于刘逢禄的同时，龚自珍又结识了庄存与的另一外孙宋翔凤。这次晤面印象之深，在3年后他所写《投宋于庭》一诗中，欣喜之情犹跃然纸上。“万人丛中一握手，使我衣袖三年香”[2]，这是何等的眷恋与推重啊！后来的《己亥杂诗》，也有专记与宋翔凤交往的篇章，诗云：“玉立长身宋广文，长洲重到忽思君。遥怜屈贾英灵地，朴学奇材张一军。”（原注：“奉怀宋于庭丈作。于庭投老得楚南一令。‘奇才朴学’，二十年前目君语，今无以易也。”）[3]

龚自珍之景仰常州今文经学，并非欲取法刘、宋之为今文经师，而是《公羊》学中强调“变”的“非常异义可怪之论”，与其经世思想的恰相吻合。所以，龚自珍在接受刘、宋之学影响后，虽然写了一些经学著作，诸如《春秋决事比》、《泰誓答问》、《五经大义终始论》等，但是他既不以经师自限，也不为今文家法绳墨所拘，走的依然是博大通达的为学道路。他的《春秋决事比自序》，于此说得很清楚：

> 自珍既治《春秋》……独好刺取其微者，稍稍迁回赘词说者，大迂回者。凡建五始，张三世，存三统，异内外，当兴王，及别月日时，区名字氏，纯用公羊氏。求事实，间采左氏。求杂论断，间采穀梁氏，下采汉师。[4]

治《春秋》如此，治《诗》亦复如此。他说：“予说《诗》，以涵泳

1　龚自珍：《龚自珍全集》第十辑，《己亥杂诗》第59首。
2　龚自珍：《龚自珍全集》第十辑，《投宋于庭》。
3　龚自珍：《龚自珍全集》第十辑，《己亥杂诗》第139首。
4　龚自珍：《龚自珍全集》第三辑，《春秋决事比自序》。

经文为主，于古文毛、今文三家，无所尊，无所废。”[1]其实，在龚自珍学术思想的发展过程中，既有常州庄学的影响，同时更有其乡先辈章学诚思想的启发。所以他治学反对“泥乎经史”，主张“通乎当世之务”[2]。这才是龚自珍全部学术思想的出发点。早年，钱宾四先生著《中国近三百年学术史》，在论及龚自珍的学术渊源时，曾经指出：“定盦学问志趣，似不屑屑为经生，而颇有取于其乡人实斋章氏文史经世之意。”[3]这是钱先生的卓识，实为不刊之论。

《春秋》公羊学的核心是讲“大一统”，而龚自珍治经则少言“大一统”，而是多援《公羊》“张三世”、“通三统”诸义以言变革。他始而言：“三统已存，四夷已进，讥仅二名，大瑞将致，则和乐可兴，而太平之祭作也。”[4]继之表彰“古之王者存三统”，再言：“古者开国之年，异姓未附，据乱而作……易世而升平矣，又易世而太平矣。”[5]由据乱而升平，而太平，这就是龚自珍讲的“三世”变异学说。这样的历史进化观尽管是幼稚的，但它却开了假《公羊》以言社会改革风气的先河。晚清，《公羊》学风起云涌，至康有为出，遂以“大同世界”最终取代了“大一统”。

五　魏源通经致用的学风

道光时代的思想界，魏源与龚自珍同以“绝世奇才”[6]而齐名。魏源，原名远达，字默深，一字汉士，晚而学佛，法名承贯，

1　龚自珍：《龚自珍全集》第十辑，《己亥杂诗》第63首自注。
2　龚自珍：《龚自珍全集》第一辑，《对策》。
3　钱穆：《中国近三百年学术史》第十一章，《龚定盦》。
4　龚自珍：《龚自珍全集》第一辑，《五经大义终始论》。
5　龚自珍：《龚自珍全集》第一辑，《古史钩沉论》四。
6　李兆洛：《养一斋文集》卷一八《与郑生守之》。

湖南邵阳金潭（今属隆回县）人。生于乾隆五十九年，卒于咸丰七年，终年64岁。道光二年举乡试，迭经会试而不第，后作幕他人，历有年所。道光二十四年，再与会试，因“文稿草率，罚停殿试”[1]。翌年补行殿试，始以同进士出身外放江苏以知州用。咸丰初，太平军下扬州，以“贻误文报”[2]被劾去职。晚年侨居兴化，后病逝于杭州僧舍。

（一）对乾嘉学风的批评

魏源之学，始自王阳明心学入。及至北上京城，侨寓江南，广交一时耆儒硕彦，视野大开，故于乾嘉汉宋诸学，皆深知其病痛所在。立足动荡的社会现实，他终由《春秋》公羊学而转手，走向了“通经致用”的道路。

对于曾经风靡一时的乾嘉汉学，魏源痛加抨击，斥为“无用”之学。他说：

> 自乾隆中叶后，海内士大夫兴汉学，而大江南北尤盛。苏州惠氏、江氏，常州臧氏、孙氏，嘉定钱氏，金坛段氏，高邮王氏，徽州戴氏、程氏，争治诂训音声，瓜剖钲析。视国初昆山、常熟二顾，及四明黄南雷、万季野、全谢山诸公，即皆摈为史学非经学，或谓宋学非汉学。锢天下聪明知慧，使尽出于无用之一途。[3]

魏源的抨击汉学，形式上虽似与方东树等人的诋斥相类，但其目的则迥然有异。方东树著《汉学商兑》，虽亦能中汉学家病痛，但拘守宋学，门户之见太深。其肆口谩骂处，简直无异悍妇勃谿，

1　孔宪彝：《对岳楼诗续录》卷二《怀人三十二首》自注。
2　《清文宗实录》卷八八，“咸丰三年三月己未”条。
3　魏源：《魏源集》上册，《武进李申耆先生传》。

实不足取。而魏源的批评汉学，则是对新学风的呼唤。所以，他既否定汉学的“浮藻饾饤”，也鄙视宋学的“心性迂谈”。在这个问题上，魏源的态度很明朗，他说：

> 工骚墨之士，以农桑为俗务，而不知俗学之病人更甚于俗吏。托玄虚之理，以政事为粗才，而不知腐儒之无用亦同于异端。彼钱谷簿书不可言学问矣，浮藻饾饤可为圣学乎？释、老不可治天下国家矣，心性迂谈可治天下乎？[1]

与汉、宋学营垒中人异趣，魏源主张“以经术为治术”，倡导“通经致用”。他就此阐述道：“能以《周易》决疑，以《洪范》占变，以《春秋》断事，以礼乐服制兴教化，以《周官》致太平，以《禹贡》行河，以《三百五篇》当谏书，以出使专对，谓之以经术为治术。曾有以通经致用为诟厉者乎？”[2]同将经术与治术、通经与致用合为一体相一致，魏源立足现实，厚今薄古，主张把古与今、“三代以上之心”与“三代以下之情势”相结合，进而提出了“变古愈尽，便民愈甚”的社会改革论。他说：

> 变古愈尽，便民愈甚。……天下事，人情所不便者变可复，人情所群便者变则不可复。江河百源，一趋于海，反江河之水而复归之山，得乎？履不必同，期于适足；治不必同，期于利民。是以忠、质、文异尚，子、丑、寅异建，五帝不袭礼，三王不沿乐。况郡县之世而谈封建，阡陌之世而谈井田，笞杖之世而谈肉刑哉！”[3]

1　魏源：《魏源集》上册，《默觚下·治篇一》。

2　魏源：《魏源集》上册，《默觚上·学篇九》。

3　魏源：《魏源集》上册，《默觚下·治篇五》。

（二）《诗古微》与《书古微》

在魏源的现存经学著作中，《诗古微》和《书古微》自成体系，是最能反映他“通经致用”学风的著述。

《诗古微》初成于道光九年。而据李瑚先生《魏源诗文系年》考订，其始撰则当在道光二年前后。初刻为2卷，后屡经增补，至道光二十年以20卷付梓，是为定本。全书分上中下三编。卷首一卷，述齐、鲁、韩、毛四家《诗》学源流。上编6卷，通论全经大义。中编10卷，逐章答问疑难。下编3卷，其一辑古序，其二演《外传》。著者以阐发《诗经》微言大义为宗旨，发凝释滞，议论雄辩，解说多出人意表。胡承珙称道该书“繁征博引，纵横莫尚”，足以与前辈学者毛奇龄、全祖望“并驱争先”[1]。刘逢禄为初刻本撰序，于魏源《诗》说多加赞许，认为《诗古微》“使遗文湮而复出，绝学幽而复明，其志大，其思深，其用力勤矣”[2]。然而晚清今文经师皮锡瑞则多所保留，一方面肯定魏源表彰今文三家《诗》学，“一扫俗儒之陋”[3]，另一方面也严肃地批评了《诗古微》“用巧思”、“任臆说”，“凭臆武断”[4]。而古文经学大师章太炎更过甚其词，诋魏源经说“杂揉瞀乱，直是不古不今，非汉非宋之学”[5]。

在经学史上，汉儒传《诗》，有齐、鲁、韩、毛四家之别。就今古文分野而言，《毛诗》属古文派，齐、鲁、韩三家则属今文派。“以三百篇为谏书”，这是西汉今文家治《诗》的传统。魏源继承并光大了这一传统，以说《诗》为“谏世”之具[6]。所以，从经世的需要出发，魏源的《诗古微》并不拘泥于家传师法，而是

1 胡承珙：《求是堂文集》卷三《与魏默深书》。
2 刘逢禄：《刘礼部集》卷九《诗古微序》。
3 皮锡瑞：《经学通论》卷二《论三家亡而毛传孤行》。
4 皮锡瑞：《经学通论》卷二《论三家诗大同小异》。
5 章炳麟：《答支伟成书》，载《清代朴学大师列传》卷首。
6 陈耀南：《魏源研究》第四章，《魏源的诗经学》。

着重阐发深微的《诗》教。用他的话来说，就叫做“无声之礼乐志气塞乎天地，此所谓兴、观、群、怨可以起之《诗》，而非徒章句之《诗》也。”[1]这是魏源揭示其《诗》学宗旨的重要表述，也是评价其《诗古微》的出发点。由于治学路数的不同，这样的表述自然是不能为皮锡瑞、章太炎二位先生所赞成的。

在致力于《诗古微》撰写的同时，魏源还完成了他的另一部重要经学著作《书古微》。该书凡12卷，系“据《大传》残编，加以《史记》、《汉书》、诸子所征引”[2]而成。经始于道光二年前后，历时30余年，至咸丰五年得成完书。著者认为：“古学之废兴，关乎世教之隆替。”全书以“发明西汉《尚书》今古文之微言大谊，而辟东汉马、郑古文之凿空无师传”[3]为宗旨，力图据以恢复西汉经师“以《洪范》匡世主”[4]的传统，实现经术、政事、文章的合而为一。他说：“今日复古之要，由诂训、声音以进于东京典章制度，此齐一变至鲁也。由典章制度以进于西汉微言大义，贯经术、政事、文章于一，此鲁一变至道也。”[5]这样的“以经术为治术”的精神，通贯《书古微》全书，充分体现了著者“通经致用”的为学旨趣。因此，尽管一如《诗古微》的逞臆武断，《书古微》的牵强立说亦在所多有，但是学以经世的精神，在道咸时代的大动荡中，则又是很可宝贵的。

（三）《皇朝经世文编》

如果说《诗古微》、《书古微》是魏源在假经术以谈治术，因而还不得不披上神圣的经学外衣的话，那么他的《皇朝经世文编》

---

1 魏源：《诗古微》卷首《自序》。

2 魏源：《魏源集》上册，《两汉经师今古文家法考叙》。

3 魏源：《魏源集》上册，《书古微序》。

4 魏源：《魏源集》上册，《两汉经师今古文家法考叙》。

5 魏源：《魏源集》上册，《刘礼部集序》。

和《圣武记》、《海国图志》，则是呼唤经世思潮的强劲呐喊。

《皇朝经世文编》辑成于道光六年。在我国古代学术史上，以《经世文编》命名的著述，直到明末崇祯十一年始见问世。不过，若论究其渊源，唐宋以还诸名臣奏议的结集，实已开其先河。入清以后，乾隆中叶陆燿辑清初经世文为《切问斋文抄》，此为清人辑《经世文编》之滥觞。唯当时文网严密，顾忌重重，故遗漏太多，但亦不失为开风气的先驱之作。道光五年，魏源应聘入江苏布政使贺长龄幕，即取陆燿《文抄》经世义，确定义例，辑录迄于道光初叶清历朝“硕公庞儒、俊士畸民之言”[1]。翌年冬书成，凡分学术、治体、吏政、户政、礼政、兵政、刑政、工政等 8 纲 64 目，共 120 卷。全书本“欲识济时之要务，须通当代之典章；欲通当代之典章，必考屡朝之方策”[2]为宗旨，计著录近 200 年间经世文 2000 馀篇。其中，包括魏源文 17 篇。《皇朝经世文编》的辑成，不仅反映了魏源经世思想的趋于成熟，而且也是清中叶经世思潮崛起的重要标志。此编既出，同光诸朝，代有续辑，迄于民国，影响历久不衰。

1 魏源：《皇朝经世文编》卷首《皇朝经世文编叙》。

2 魏源：《皇朝经世文编》卷首《皇朝经世文编五例》。

梁启超对清代学术史研究的贡献

20世纪初以来，在治清史的众多前辈之中，梁启超先生以其对清代学术史的开创性研究，使他成为这一领域的卓然大家和杰出的奠基人之一。回顾梁先生在这一领域辛勤耕耘的历程，总结他在开拓道路上的成败得失，对他的研究成果做出实事求是的、科学的评价，是很有必要的。因为这不仅是对中国文化史上一位继往开来大师的纪念，而且对于我们把清代学术史的研究引向深入，也是一桩有意义的事情。

一　处女作《近世之学术》

评价梁启超清代学术史研究得失者，多集中于他的《清代学术概论》和《中国近三百年学术史》。这样做无疑是正确的，因为这两部论著，正是他研究清代学术史心得的精粹所在。但是，作为对梁启超研究历程的回顾，则当追溯到《清代学术概论》问世的十余年前，也就是他治清代学术史的处女作《近世之学术》发表的 1904 年。

1902 年，梁启超发愿结撰《论中国学术思想变迁之大势》。这一长篇论著，原拟作 16 章，惜仅写至第六章隋唐佛学，便因故搁笔。两年后，他又才于 1904 年夏，续作讨论清代学术史的专章。稿成，即以《近世之学术》为题，刊布于《新民丛报》。文凡三节，“第一节永历康熙间”，“第二节乾嘉间”，“第三节最近世”。他把清代学术作为中国古代学术发展的一个阶段来考察，文中指出：“吾论次中国学术史，见夫明末之可以变为清初，清初之可以变为乾嘉，乾嘉之可以变为今日，而叹时势之影响于人心者，正巨且剧也，而又信乎人事与时势迭相左右也。”[1]他的作品虽然对章炳麟所著《訄书》有所借鉴，但是却以较之太炎先生略胜一筹的高屋建瓴之势，对二百余年间学术演进的历史作了鸟瞰式的勾勒。轨迹彰明，脉络清晰，在清代学术史研究中，实在是一个创举。

《近世之学术》一书，反映了梁启超先生早年关于清代学术的若干根本观点。在论及清代学术的基本特征时，他写道：“本朝二百年之学术，实取前此二千年之学术，倒影而缫演之。如剥春笋，愈剥而愈近里，如啖甘蔗，愈啖而愈有味，不可谓非一奇异之现象也。”[2]梁先生很注意清初实学思潮的研究，他对清初诸大师，如顾炎武、黄宗羲、王夫之、颜元等，评价甚高，而且把刘献廷与之并提，称之为“五先生”。他认为：“五先生者，皆时势所造之英雄，卓然成一家言。求诸前古，则以比周秦诸子，其殆庶几。后此，唯南宋永嘉一派（原注：陈止斋、叶水心、陈龙川一派）亦略肖焉。然以永嘉比五先生，则有其用而无其体者也。即所谓用者，亦有其部分而无其全者也。故吾欲推当时学派为秦汉以来二千年空前之组织，殆不为过。”[3]同样是清初学者，梁启超对徐乾学、汤斌、李光地、毛奇龄等，则深恶痛绝，斥之为“学界蟊贼”。他说：“上既有汤、李辈以伪君子相率，下复有奇龄等以真小人自豪，而皆负一世重名，以左右学界，清学之每下愈况也，复何怪焉。”[4]

---

1 梁启超：《饮冰室合集》，《文集》第三册，《近世之学术》第一节。
2 梁启超：《饮冰室合集》，《文集》第三册，《近世之学术》第三节。
3 梁启超：《饮冰室合集》，《文集》第三册，《近世之学术》第一节。
4 梁启超：《饮冰室合集》，《文集》第二册，《近世之学术》第二节。

在梁启超看来，从清初诸大师到乾嘉学派，清代学术是在走下坡路。因此，他对乾嘉学派评价并不高。梁先生指出："吾论近世学派，谓由演绎的进于归纳的，饶有科学之精神，且行分业之组织，而惜其仅用诸琐琐之考据。" 在对乾隆间学术大师惠栋、戴震的评价上，他既认为："惠、戴之学，固无益于人国，然为群经忠仆，使后此治国学者省无量精力，其功固不可诬也。" 但同时又对戴震颇多微辞，乃至委罪戴氏，宣称："二百年来，学者记诵日博，而廉耻日丧，戴氏其与有罪矣。"[1] 这同他 20 世纪 20 年代以后之所为，简直判若两人。这一点我们随后还要谈到。

梁启超先生是晚清今文经学营垒中的健将。早年，他曾在广州万木草堂从学于康有为，戊戌变法失败后，流亡日本。当时的日本，经历明治维新，锐意求治，无论在经济、政治、军事，还是学术文化诸方面，都一跃而成为亚洲一流强国。梁启超先生置身于这样一个相对开放的国度，使他得以广泛接触西方资产阶级的哲学、史学和社会政治学说，深入探讨日本强盛的经验。这不仅给了他以政治主张的理论依据，而且也极大地开阔了他的学术视野。当梁先生撰写《近世之学术》和《论中国学术思想变迁之大势》之时，正是他摆脱今文经学的羁绊，逾越康有为的改制、保教说藩篱，成为西方资产阶级进化论笃信者的时候。他把进化论引进史学领域，在中国近代史学史上，率先举起了 "史界革命" 的旗帜。《近世之学术》及其先后发表的一系列史学论著，正是他所倡导的 "史界革命" 的产物。由于从旧营垒中拔足，而且又找到了为今文经学所不可望其项背的思想武器，因而当他回过头去俯视旧营垒的时候，其中的利病得失便很清楚了。

在《近世之学术》中，梁启超先生就清代今文经学的演变源流写道：

1　梁启超：《饮冰室合集》，《文集》第二册，《近世之学术》第二节。

首倡之者，为武进庄方耕（存与），著《春秋正辞》。方耕与东原同时相友善，然其学不相师也。戴学治经训，而博通群经，庄学治经义，而约取《春秋公羊传》。东原弟子孔巽轩（广森），虽尝为《公羊通义》，然不达今文家法，肤浅无条理，不足道也。方耕弟子刘申受（逢禄），始专主董仲舒、李育，为《公羊释例》，实为治今文学者不祧之祖。逮道光间，其学寖盛，最著者曰仁和龚定盦（自珍），曰邵阳魏默深（源）。

梁先生认为，龚、魏之后，集今文经学之大成者，当推廖平（井研），而将其用之于变法改制，则自康有为始。他说：

康先生之治《公羊》，治今文也，其渊源颇出自井研，不可诬也。然所治同，而所以治之者不同。畴昔治《公羊》者皆言例，南海则言义。唯牵于例，故还珠而买椟；唯究于义，故藏往而知来。以改制言《春秋》，以三世言《春秋》者，自南海始也。[1]

在中国近代学术史上，能把清代今文经学的源流利弊梳理得如此有条不紊，梁启超堪称第一人。

从《近世之学术》中，我们可以看到，在梁启超最初步入清代学术史门槛的时候，他从总体上对清学的评价是不高的。他认为："综举有清一代之学术，大抵述而无作，学而不思，故可谓之为思想最衰时代。"然而，作为一个正在奋发向上的年轻学者和思想家，他对中国思想界的前景则甚为乐观。在这篇文章末了，梁

1　梁启超：《饮冰室合集》，《文集》第三册，《近世之学术》第三节。

启超满怀信心地写道："要而论之，此二百馀年间，总可命为古学复兴时代。特其兴也，渐而非顿耳。然固俨然若一有机体之发达，至今日而葱葱郁郁，有方春之气焉。吾于我思想界之前途，抱无穷希望也。"[1]

《近世之学术》作为梁启超先生研究清代学术史的早期作品，同他晚年的同类论著相比较，可谓虎虎有生气。但平心而论，却又显得朝气有余，而踏实不足。当时，正是他以"思想界之陈涉"自任，"读东西诸硕学之书，务衍其学说，以输入于中国"[2]的时候。因此，他这一时期的论著，用以拯时救弊的实用色彩很浓。唯其如此，加以在学业上的所涉未深，因而在《近世之学术》中，过当和疏漏之处在所多有。譬如我们刚才所引述的对戴震的批评，对徐乾学等人的指斥，就是一例。而且由于当时梁先生又曾一度倾向"革命排满"和"破坏主义"，因而对清初学者刘献廷、吕留良，他都作了不适当的拔高。他对刘、吕二人倾心推许，称赞刘献廷为"绝世之秘密运动家"，甚至说："吾论清初大儒，当首推吕子。"[3]对刘献廷，尤其是吕留良以肯定的评价，这在清廷统治尚存的情况下，实在是需要足够的政治和理论勇气的。在这个问题上，梁启超先生无愧于"思想界之陈涉"的自况。但是，以政治需要去代替学术研究，就难免要言过其实。这一类的粗疏和不成熟之处，本来依恃梁先生的学业根柢，加以出类拔萃的才气，只要潜心有日，是不难使之臻于完善的。可是，晚清的纷乱时局，却把他长期地拖在政治斗争的漩涡之中。民国初建，他更被洪流推至浪端，以致这一工作竟推延了16年才得以进行。这便是以1920年发表的《清代学术概论》为标志，梁启超先生的二度进入清代学术史研究领域。

1　梁启超：《饮冰室合集》，《文集》第三册，《近世之学术》第三节。

2　梁启超：《饮冰室合集》，《文集》第十册，《清议报一百册祝辞并论报馆之责任及本馆之经历》。

3　梁启超：《饮冰室合集》，《文集》第三册，《近世之学术》第一节。

二 《清代学术概论》的问世

人类的认识活动，总是沿着一条不断向前的螺线，由低级向高级，从片面向更多的方面发展。梁启超先生的清代学术史研究，也正是遵循这一运动法则前进的。他的《清代学术概论》，就形式而言，虽然同16年前的《近世之学术》一样，依然只是清代学术的一个鸟瞰式的提纲，而且若干基本观点也没有大的异同。然而，过细地加以比较，我们即可发现，二者之间有继承，有因袭，但却不是简单的复述。正如梁先生自己所说："余今日之根本观念，与十八年前无大异同，惟局部的观察，今视昔似较为精密；且当时多有为而发之言，其结论往往流于偏至。——故今全行改作，采旧文者什一而已。"[1]综观全文，梁先生在其中不仅对昔日的某些结论作了必要的修正，而且在更深的程度和更广的切面上，展示了他对清代学术史的思考，从而使这部论著成为他晚年治清代学术史的纲领性著作。

下面，拟着重讨论一下《清代学术概论》与《近世之学术》的不同处。换句话说，也就是看一看梁启超先生在哪些方面把自己的研究向前作了推进。

首先，是关于清代学术史的分期。在《近世之学术》中，梁启超先生以时间先后为序，将清学分为四期，即"第一期，顺康间；第二期，雍乾嘉间；第三期，道咸同间；第四期，光绪间"。他还就各时期的主要学术趋向作了归纳，认为第一期是程朱陆王问题，第二期是汉宋学问题，第三期是今古文问题，第四期是孟荀问题，孔老墨问题[2]。这样的分期和归纳，事实上就连梁先生本

1 梁启超：《清代学术概论》卷首，《自序》。中华书局1954年版第4页。

2 梁启超：《饮冰室合集》，《文集》第三册，《近世之学术》第一节。

人也认为不成熟，因此，他在所列分期表后，特意加了一个注脚："上表不过勉分时代，其实各期衔接掺杂，有相互之关系，非能判若鸿沟，读者勿刻舟求之。"[1]到写《清代学术概论》时，梁启超先生就没有再继续沿用呆板的时序分期法。当时，他正从事佛学的研究，遂借用"佛说一切流转相，例分四期，曰生、住、异、灭"的观点，并使之同时序分期相结合，将清代学术作了新的四期划分。这就是"一、启蒙期（生），二、全盛期（住），三、蜕分期（异），四、衰落期（灭）"[2]。为了叙述的方便，我们把前者称做时序分期法，后者称做盛衰分期法。同样是四期划分，按时序分期，虽无大谬，但它实际上只是一种简单的自然写实。而盛衰分期法，则通过对学术思潮演变轨迹的探寻，试图揭示一代学术发展的规律。在这个问题上，尽管我们对梁先生的结论尚有很大保留，但是我们依然认为，盛衰分期法较之先前的时序分期法，已经前进了一大步，因为它是从本质上向历史实际的接近，而不是背离。

其次，是对清代学术基本特征的归纳。如果说《近世之学术》还只是以考证作为清学正统派的学风，那么《清代学术概论》则是囊括无遗地把整个清代学术目之为考证学。该书开宗明义即指出："我国自秦以来，确能成为时代思潮者，则汉之经学，隋唐之佛学，宋及明之理学，清之考证学四者而已。"[3]所以在论及考证学派的演变源流时，梁先生说："此派远发源于顺康之交，直至光宣，而流风馀韵，虽替未沫，直可谓与前清朝运相终始。"[4]在梁启超先生看来，清代学术以复古为职志，采取绵密的考证形式而出现，是中国古代学术史上的一个独立思潮。而且他认为，清学

1 梁启超：《饮冰室合集》，《文集》第三册，《近世之学术》第一节。

2 梁启超：《清代学术概论》一，中华书局 1954 年版第 2 页。

3 梁启超：《清代学术概论》一，第 1 页。

4 梁启超：《清代学术概论》十九，第 48 页。

的“复古”特征，就其具体内容而言，有一个层层递进的上溯趋势。他说：

> 综观二百馀年之学史，其影响及于全思想界者，一言以蔽之，曰以复古为解放。第一步，复宋之古，对于王学而得解放；第二步，复汉唐之古，对于程朱而得解放；第三步，复西汉之古，对于许郑而得解放；第四步，复先秦之古，对于一切传注而得解放。[1]

梁先生对一代学术作如此归纳，把“以复古为解放”说成是其间发展的必然趋势，坦率地说，我们并不赞成。但是，它显然已经把在《近世之学术》中所作的“古学复兴”，从简单表述引向了深入。因为它不仅充实了“古学复兴”的层次，而且还探讨了“复古”的目的。正是从这样一个基本估计出发，梁启超先生把“以复古为解放”作为纽带，将清代学术同现代学术沟通起来。他说：“夫既已复先秦之古，则非至对于孔孟而得解放焉不止矣。”[2]这一沟通固然带着明显的主观随臆印记，但是作为一种理论尝试，它却自有其应当予以肯定的价值。这样的尝试，无疑也是对作者先前研究课题的深化。

再次，是对清代学术在中国学术史上地位的评价。一如前述，在《近世之学术》中，梁启超先生从总体上对清学的评价是不高的。然而事隔 16 年之后，他却对先前的看法作了重大的修正。当时，正值梁先生结束一年多的欧游返国。访欧期间，梁先生对欧洲的文化，尤其是自“文艺复兴”以来欧洲文化之所以居于领先地位的原因，有了进一步的认识。他将这一认识同中国传统的政

1　梁启超：《清代学术概论》二，第 6 页。
2　梁启超：《清代学术概论》二，第 6 页。

治、经济、社会和文化相对照，旧日的悲观消极为之一扫，对国家的前途充满了信心。在返国初的一次演说中，梁先生指出："鄙人自作此游，对于中国甚为乐观，兴会亦浓，且觉由消极变积极之动机现已发端。诸君当知中国前途绝对无悲观，中国固有之基础亦最合世界新潮，但求各人高尚其人格，励进前往可也。"[1]从此，梁先生决意委身教育，以之为终身事业，按其所设计的社会蓝图，去"培养新人才，宣传新文化，开拓新政治"[2]。梁启超先生对清代学术评价的改变，以及他的《清代学术概论》的撰写，就是在这一背景之下酝酿成熟的。在《清代学术概论》中，他自始至终把清代学术同欧洲"文艺复兴"相比较，对清学的历史价值进行了充分的肯定。梁先生说：

> 清代思潮果何物耶？简单言之，则对于宋明理学之一大反动，而以复古为其职志者也。其动机及其内容，皆与欧洲之"文艺复兴"绝相类。而欧洲当"文艺复兴"期经过以后所发生之新影响，则我国今日正见端焉。[3]

这也就是说，清学即是我国历史上的"文艺复兴"，有清一代乃是我国的"文艺复兴"时代。关于这一点，梁启超先生在写《清代学术概论自序》时，对旧著的一处改动，是很能说明问题的。本来，在《近世之学术》中，梁先生是把清代的二百馀年称为"古学复兴时代"，而到此时他引述旧著，则不动声色地将"古学"二字改作"文艺"。他写道："此二百馀年间，总可命为中国之文艺复兴时代。"[4]这样的改动和评价，同早先的"思想最衰时代"的论

1 《申报》民国九年三月十五日，《梁任公在中国公学演说》。转引自丁文江、赵丰田：《梁启超年谱长编》，上海古籍出版社 1983 年版，第九册，第 902 页。

2 梁启超：民国九年五月十二日《致伯祥亮侪等诸兄书》，同上书第 909 页。

3 梁启超：《清代学术概论》二，第 3 页，中华书局，1954 年。

4 梁启超；《清代学术概论》卷首《自序》，第 3 页，中华书局，1954 年。

断，当然就不可同日而语了。

复次，《清代学术概论》在理论探讨上的深化，还在于它试图通过对清代学术的总结，以预测日后的学术发展趋势。在《近世之学术》中，梁启超先生的这一努力已然发端，他曾经表示："吾于我思想界之前途，抱无穷希望也。"[1]不过，这样一个展望与其说是预测，倒不如说是良好愿望和对读者的鼓动。因此，它的理论价值是极有限度的。而《清代学术概论》则辟为专节，对之加以论述。他说："吾稽诸历史，征诸时势，按诸我国民性，而信其于最近之将来，必能演出数种潮流，各为充量之发展。"[2]对于梁启超先生所预测的五大学术潮流，我们在这里姑且不去论其是非，然而仅就这一展望本身而言，它的理论价值则是显而易见的。历史学作为一门科学，它不仅是要本质地还历史以原貌，揭示其间的发展规律，而且还应当依据这种规律性的认识，去展望历史发展的趋势。梁先生在《清代学术概论》中所进行的理论探索，使他在这一点上，远远超过了中国传统史学"引古筹今"、"鉴往训今"的治史目的论。他把既往同现实以及未来一以贯之，这样的路子无疑是正确的。这正是梁启超先生作为一个资产阶级史学家较之封建时代旧史家的卓越之处。

三　从表彰戴东原哲学到结撰《中国近三百年学术史》

以《清代学术概论》为起点，梁启超先生在其晚年，比较集中地对清代学术史进行了广泛而深入的研究。这一研究在广度和深度上的发展，其主要表现，首先就在于他对戴震及其哲学的高

1　梁启超：《饮冰室合集》，《文集》第三册，《近世之学术》第三节。

2　梁启超：《清代学术概论》三十三，中华书局 1954 年版第 78 页。

度评价。

雍正元年十二月二十四日，是戴震出生的日子。1923年10月，梁启超先生向学术界发出倡议，筹备召开戴震二百周年诞辰专门纪念会。他为此撰写了一篇《戴东原生日二百年纪念会缘起》。文中，梁先生对戴震及其哲学备加推崇，指出："前清一朝学术的特色是考证学，戴东原是考证学一位大师。"又说："戴东原的工作，在今后学术界留下最大价值者，实在左列两项。"即一"他的研究法"，二"他的情感哲学"。梁先生认为，由于这两方面的价值，所以戴震"可以说是我们科学界的先驱者"，是足以与朱熹、王守仁"平分位置"的"哲学界的革命建设家"。[1]为了准备参加这次纪念会，他赶写了《戴东原先生传》和《戴东原哲学》，会后，又撰成《戴东原著述纂校书目考》等。在这几篇文章中，梁启超先生对戴震的生平行事、思想渊源及其哲学思想的主要方面，进行了深入的探讨。他的结论是："戴东原先生为前清学者第一人，其考证学集一代大成，其哲学发二千年所未发。虽仅享中寿，未见其止，抑所就者固已震铄往祀，开拓来许矣。"[2]梁先生对戴震的这些倾心推许，较之他二十年前的微辞，固有矫枉过正之失，但确是研究有得之言。在戴震思想研究中，梁启超先生的首倡之功，实不可没。

同对戴震及其哲学的评价一样，随着研究的深入，梁启超先生早年就清初学者所做的一些过当之论，到此时也都一一进行了切合实际的修正。1924年2月，梁先生撰成《近代学风之地理的分布》一文。文中，在论及先前他所诋为"学界蟊贼"的汤斌等人时，梁先生一改旧观，指出：

1　梁启超：《饮冰室合集》，《文集》第十四册，《戴东原生日二百年纪念会缘起》。

2　梁启超：《饮冰室合集》，《文集》第十四册，《戴东原图书馆缘起》。

> 睢州汤潜庵（斌），清代以名臣兼名儒者，共推以为巨擘。潜庵宦达后假归，乃折节学于苏门。而夏峰弟子中，最能传其学者，在燕则魏莲陆，在豫则潜庵。时盈廷以程朱学相夸附，诋陆王为诐邪，潜庵岳然守其师调和朱陆之旨，而宗陆王为多。居官以忤权相明珠去位，几陷于戮，是真能不以所学媚世者。[1]

对昆山徐乾学兄弟，梁先生则说：

> 昆山徐健庵（乾学）、徐立斋（元文），虽颇以巧宦丛讥议，然宏奖之功至伟。康熙初叶，举国以学相淬厉，二徐与有力焉。健庵治《礼》亦颇勤，其《读礼通考》虽出万季野，然主倡之功不可诬也。《通志堂九经解》嫁名成容若（德），实出健庵，治唐宋经说者有考焉。[2]

就连早年被梁先生斥作“伪君子”、“真小人”的李光地、毛奇龄，而今在他的笔下，也得到了持平的评价。梁先生说：“安溪李晋卿（光地），善伺人主意，以程朱道统自任，亦治《礼》学、历算等。以此跻高位，而世亦以大儒称之。”[3]他还说：“清初浙东以考证学鸣者，则肖山毛西河（奇龄）。……西河之学，杂博而缺忠实，但其创见时亦不可没。”[4]梁启超先生对其既往学术观点

1　梁启超：《饮冰室合集》，《文集》第十四册，《近代学风之地理的分布》五《河南》。

2　梁启超：《饮冰室合集》，《文集》第十四册，《近代学风之地理的分布》七，《江苏》。

3　梁启超：《饮冰室合集》，《文集》第十四册，《近代学风之地理的分布》十三，《福建》。

4　梁启超：《饮冰室合集》，《文集》第十四册，《近代学风之地理的分布》九，《浙江》。

的这一类修正，当然不是他在研究中的倒退，而正是他追求真理的反映。

梁启超先生在这一时期把他的清代学术史研究推向深入的另一表现，则是他对整个 17 世纪思潮的研究。重视清初实学思潮的探讨，这在梁先生数十年的清代学术史研究中，可以说是一个好传统，是足以构成他的研究特色的一个重要方面。在这方面，他所走过的路也是一个不断深化的历程。早先，他只是将清初思想作为清学发展的初期阶段去进行考察，对之予以肯定的评价。而到其晚年，随着学识的积累和研究的深入，他已逾越王朝兴替的界限，扩展为对整个 17 世纪思潮的研究。为此，他于 1924 年专门撰文一篇，题为《明清之交中国思想界及其代表人物》。在这篇文章中，梁先生对上起 1624 年，下迄 1724 年，凡百年间中国思想界的大概形势及其重要人物加以论列。他指出："若依政治的区划，是应该从 1644 年起的，但文化史的年代，照例要比政治史先走一步。所以本讲所讲的黎明时代，提前二三十年，大约和欧洲的 17 世纪相当。"梁先生的结论是："这一百年，是我们学术史最有价值的时代，除却第一期——孔孟生时，像是没有别个时代比得上它。"[1]

在梁启超先生晚年所进行的 17 世纪思潮研究中，对颜李学派的表彰，成为他致力的一个重要课题。颜元曾经说过："立言但论是非，不论异同。是则一二人之见不可易也，非则虽千万人所同不随声也。"[2] 梁先生由衷地服膺这段话，他认为："颜李不独是清儒中很特别的人，实在是二千年思想界之大革命者。"[3] 当时，正

1 梁启超：《饮冰室合集》，《文集》第十四册，《明清之交中国思想界及其代表人物》。

2 颜元：《颜习斋先生言行录》卷下《学问》第二十。

3 梁启超：《饮冰室合集》，《文集》第十四册，《明清之交中国思想界及其代表人物》。

值美国著名哲学家杜威访华之后，杜威以及詹姆斯的实用主义哲学风行一时。梁启超先生则指出，颜元、李塨的学说，同样可以与之媲美。他说："他们所说的话，我们读去实觉得餍心切理，其中确有一部分说在三百年前，而和现在最时髦的学说相暗合。"梁先生把颜李学说同现代教育思潮相比较，对颜元、李塨的实学思想和教育主张进行了详尽的引证。他指出："我盼望我所引述的，能够格外引起教育家兴味，而且盼望这派的教育理论和方法，能够因我这篇格外普及，而且多数人努力实行。"[1]在这个问题上，后世教育学界对颜元教育思想的深入研究，是可以告慰梁先生于九泉的。

1924年前后，是梁启超先生研究清代学术史取得丰硕成果的一个时期。在这一时期中，他除连续发表上述论文外，还着手进行《清儒学案》的纂辑。1923年4月，梁先生在给当时商务印书馆负责人张元济的一封信中，曾经写道："顷欲辑《清儒学案》，先成数家以问世，其第一家即戴东原。"[2]翌年初，他在高校授课时又讲道："吾发心著《清儒学案》有年，常自以时地所处，窃比梨洲之故明，深觉责无旁贷。所业既多，荏苒岁月，未知何时始践夙愿也。"[3]很可惋惜的是，这一工作未及完成，病魔便夺去了他的生命。梁先生所留下的，仅为戴震、黄宗羲、顾炎武三学案及《清儒学案年表》凡百余页手稿。与之同时，梁先生所做的第三桩事，便是在天津南开大学和北京清华研究院讲授中国近三百年学术史。后来他所撰写的授课讲义，即以《中国近三百年学术史》为书名印行。

《中国近三百年学术史》是继《清代学术概论》之后，梁启超

1　梁启超：《饮冰室合集》，《文集》第十四册，《颜李学派与现代教育思潮》。

2　梁启超：《致菊公书》，见丁文江、赵丰田：《梁启超年谱长编》，第十册，第1016页，上海古籍出版社，1983年。

3　梁启超：《中国近三百年学术史》十五，第475页，上海民志书店，1929年。

先生研究清代学术史的又一部重要论著，也是他晚年在这一学术领域中研究成果的荟萃。在写《清代学术概论》时，梁先生刚由政治斗争漩涡拔足，所以他的作品难免还颇带些昨日政论家的气息。而此时著《中国近三百年学术史》，他已经是执教有年的著名教授，对学术问题的探讨，较之数年前更为冷静、缜密。因而，作为一部学术专史的雏形，这部著作显然就比《清代学术概论》趋于成熟。它既保持了作者先前对清代学术史进行宏观研究的独具特色，同时又以专人、专题的研究，使宏观研究同局部的、具体的考察结合起来。这部论著凡作16节，而归纳起来，不外乎就讲了三个专题，一是清代学术变迁与政治的影响，二是清初实学思潮及主要学者的成就，三是清代学者整理旧学的总成绩。全书无论是对清代学术主流的把握，还是对各时期学术趋势的分析；无论是对清初诸大师，如顾炎武、黄宗羲、王夫之、颜元等的研究，还是对为论者所忽视的方以智、费密、唐甄、陈确、潘平格等的表彰，都无不显示了基于深厚研究之上的卓越识断。其中，尤以对第三个专题的研究，搜讨极勤，最见功力，从而成为梁先生晚年的得意之作。1924年4月，当他将这一部分书稿送请《东方杂志》率先发表时，曾就全篇所列20个学术门类说过如下一段话：

> 每类首述清以前状况，中间举其成绩，末自述此后加工整理意见，搜集资料所费工夫真不少。我个人对于各门学术的意见，大概都发表在里头，或可以引起青年治学兴味。颇思在杂志上先发表，征求海内识者之批驳及补正，再汹为成书。[1]

1　梁启超：《致菊公书》，见丁文江、赵丰田：《梁启超年谱长编》，第十册，第992页，上海古籍出版社，1983年。

时至今日，梁先生所付出的辛劳以及提出的诸多意见，依然存在重要的学术价值。

梁启超先生因不惬于《清代学术概论》的简略，而久有改写的志愿。《中国近三百年学术史》可以说是在这方面迈出了坚实的一步。但是很可惜，他没有再继续往前走下去，便把学术兴趣转向先秦子学研究。严格地说来，《中国近三百年学术史》应当说是一部未完成的作品。因为梁先生在该书一开始便说得很清楚："本讲义目的，要将清学各部分稍为详细解剖一番"，"要将各时期重要人物和他的学术成绩分别说明"[1]。可是全书终卷，这个任务却只做了一半，清中叶以后的学术史，仅有综论而无说明，更无解剖。尔后，随着中国第一次大革命的高涨，梁先生戴着有色眼镜去观察时局，以致苦闷彷徨，日益落伍。同时，他又为病魔深缠，直至 1929 年 1 月赍志辞世，皆始终未能再行涉足于清代学术史研究。这不能不说是一桩令人深以为憾的事情。倘使天假以年，使梁先生得以矢志以往，将《清代学术概论》与《中国近三百年学术史》合而为一，实现改写《清代学术史》的夙愿，那么他在这一学术领域中的所获，当是不可限量的。

四　发凡起例的创辟之功

在中国近现代学术史上，梁启超先生以富于开创精神而著称。正是无所依傍的大胆开拓，构成了梁先生清代学术史研究独具一格的特色，使他取得了超迈前人的卓越成就。作为一个杰出的先行者，梁启超先生的清学研究虽然还只是开了一个头，不可能全面向纵深推进，甚至也还存在若干偏颇和疏失。但是，发凡起例，辟启蹊径，于学科的奠基和建设，实是功绩不朽。归纳起来，梁

1　梁启超：《中国近三百年学术史》十五，第 50 页，上海民志书店，1929 年。

启超先生的创辟之功，主要有如下几个方面。

第一，开创性的宏观研究。

有清一代，对当代学术发展源流进行局部梳理，从其中叶便已开始。嘉庆、道光间，阮元《拟国史儒林传》开风气于先，江苏扬州学者江藩继起，撰就《国朝汉学师承记》、《国朝宋学渊源记》和《国朝经师经义目录》，皆为此一学术趋向之滥觞。随后，湖南学者唐鉴不满江藩扬汉抑宋的做法，一反其道，独以程朱学派为大宗，置经学、心学为异己，编成《国朝学案小识》，也堪称梳理有得者。不过，江、唐二人的著作，虽然对我们了解清代前期学术界的状况不无参考价值，但是他们皆为门户之见所蔽，其中尤以唐鉴为甚，亦留下诸多遗憾。因而，就学术史研究而言，他们的所得同梁启超先生相比，就未免逊色得多。梁先生的研究之所以远胜于前人，其根本之点就在于，他将进化论引进学术史研究领域，把清代学术发展视为一个历史的演进过程，在中国学术史上，第一次对它进行了宏观的历史研究。在愈趋深化的研究过程中，梁启超先生首先从纵向着眼，将清代学术史置于中国数千年学术发展长河中去论列。他不仅指出清学同先前宋明理学间的必然联系，而且还把它同以后对孔孟之道的清理沟通起来。他所昭示给人们的，既不再是数千年来旧史家对封建王朝文治的歌颂，也不再是从朱熹到唐鉴历代学者对一己学派的表彰，而是一个历史时期学术盛衰的全貌。这样，梁启超先生便以其“史界革命”的实践，把清代学术史研究引向一个崭新的天地。同时，作为一个特定历史阶段的学术史，梁先生又把三百年间的学术发展看作一个独立的整体，对之进行了多层次、多切面的系统研究。无论是就其所涉及研究课题之广泛，还是所论列学者之众多，都是空前的。他关于清代学术发展的基本特征，清代学术史的分期和对各个时期主要学术趋向的把握，以及17世纪实学思潮和整个清学历史地位等方面的探讨，不仅前无古人，睥睨一代，而且也给后来的学者指出了深入研究的广阔而坚实的路径。

十分可贵的是，身为晚清学术界的代表人物之一，梁启超却能以一个杰出史家的理智，摆脱门户之见的羁绊，对自己亲历的学术史事进行冷静、缜密的研究。他“不惜以今日之我，难昔日之我”，“即以现在执笔之另一梁启超，批评三十年史料上之梁启超”[1]。梁先生曾经说过：“启超之在思想界，其破坏力确不小，而建设则未有闻，晚清思想界之粗率浅薄，启超与有罪焉。”[2]在中国学术史上，能如同梁启超先生一样，把自己作为一个历史人物去进行解剖者，实在是不可多见的。正是这种虚怀若谷、从善如流的学风，使他在清代学术史研究中的开创精神历久而不衰。梁先生对清代学术史所进行的开创性宏观研究，使他理所当然地成为这一学术领域的杰出奠基人之一。

第二，对清代学术发展规律的探索。

清代学术，作为中国古代学术发展的一个重要阶段，它有其自身的运动规律，探讨和准确地把握这一规律，是清代学术史研究的一个根本课题。在中国学术史上，进行这一探索的第一位成功者便是梁启超先生。当梁先生青年时代跨入清代学术史研究门槛的时候，便以封建史家所不可企及的魄力和卓识，大胆地提出了历史的三大“界说”。即第一，“历史者，叙述进化之现象也”；第二，“历史者，叙述人群进化之现象也”；第三，“历史者，叙述人群进化之现象而求得其公理公例者也”。在中国史学史上，梁启超先生第一次从西方引进“历史哲学”的概念，他指出：“善为史者，必研究人群进化之现象，而求其公理公例之所在，于是有所谓历史哲学者出焉。历史与历史哲学虽殊科，要之，苟无哲学之理想者，必不能为良史，有断然也。”[3]梁先生研究清代学术史

1 梁启超：《清代学术概论》卷首《自序》，第 4 页，中华书局，1954 年。

2 梁启超：《清代学术概论》二十六，第 65 页。

3 梁启超：《饮冰室合集》，《文集》第三册，《新史学》。

的过程，也就是他以其资产阶级的历史哲学为指导，去探索这一学术领域的“公理公例”的过程。

从《近世之学术》到《中国近三百年学术史》，梁启超先生的全部清学研究表明，他并没有满足于对清代学术演变源流的勾勒，也没有局限于对清代学者业绩的表彰。他的卓越之处在于，试图去探索在清代历史上，递相出现的学术现象产生的原因，以及它们之间的联系，并把它们合而视为一个独立的思潮，进而找到这一思潮与其前后历史时期所出现思潮的联系。尽管由于历史和阶级的局限，在这个问题的探讨中，梁启超先生最终未能如愿以偿。但是，无论是他对清代学术发展内在逻辑的认识，还是他就地理环境、社会环境、人们的心理状态等因素对学术发展影响的探讨，尤其是他晚年所着力去论证的封建专制政治对学术趋向的制约，都在这方面做出了有价值的尝试。梁先生的探讨所得，为继起者向真理的追求，提供了宝贵的思想资料。

第三，一系列重要研究课题的提出。

学术研究，归根结底是为了追求真理，解决问题，从而推进学术的发展，提高社会成员的思维水准。然而，问题的解决，真理的把握，却并非一蹴而就，它需要研究者付出长期的、一代接一代的艰辛劳动。因而，作为开拓者，评判他们功绩的依据，往往并不在于能否解决问题，历史给他们以肯定评价的，则是他们提出问题的识断。从这个意义上说，提出问题同解决问题是具有同等重要价值的。梁启超先生的清代学术史研究，其历史价值就不仅仅是因为他触及并着手解决前人所未曾涉及的若干问题，而且更在于他提出了这一学术领域中应当解决的一系列重要课题。在梁先生所提出的研究课题中，既有对规律性认识的探讨，也有对局部问题的深入剖析。前者譬如清代学术史的分期，清代学术发展的基本特征和趋势，17 世纪实学思潮研究，清代学术的历史地位等等。后者譬如对戴震及其哲学和颜李学派的评价，清代学者整理旧学的总成绩，乾嘉学派、常州学派的形成，晚清的西学传播等等。如果要开成一张单子，那么至少可以列出四五十个大题目来。半个多世纪来，继起的研究者正是沿着梁启超开辟的路径走去，从不同的角度，运用不同的研究方法，去解决他所提出的一个个课题。同时又在这一过程中，不断发掘出新的研究课题来，从而把清代学术史研究推向了一个新的更高的层次，

第四，进行东西方文化对比研究的尝试。

每一个国家，每一个民族，都有自己的理论思维史和文化史。尽管由于历史和现实的原因，它们之间的发展水平参差不一，但是将各个国家、各个民族在同一历史时期，或相似发展阶段的理论思维史、文化史进行比较研究，对于提高各自的发展水平，共同缔造人类的文明，无疑是十分必要的。从今天看来，这样的认识已经广为人们所乐于接受。然而，一个多世纪前，在闭关锁国的清政府统治下，这则是不可思议的事情。直到20世纪初，封建统治尚在苟延残喘的时候，要去这么做，也是需要足够的理论勇气和远见卓识的。在这方面，梁启超先生破天荒地进行了勇敢的尝试。他的清代学术史研究，不仅把著名思想家，诸如黄宗羲、颜元、戴震等的某些思想，同西方相似的思想家进行局部的对比，肯定其思想的历史价值；而且还从整体上把全部清代学术同欧洲的“文艺复兴”相比照，高度评价了清学的历史地位。虽然梁先生所做的对比研究，还只是甚为简单的、粗疏的类比，而且往往还带着明显的主观随意性。但是通过这样的对比研究，他既没有成为拘守“国粹”的夜郎自大者，也没有成为拜倒在他人脚下的民族虚无主义者。梁启超先生的成功尝试表明，这样做的结果，带给他的则是对我国思想文化遗产的深入认识，以及对其发展前景的满怀乐观。正如他在《清代学术概论》篇末所说：“吾著此篇竟，吾感谢吾先民之饷遗我者至厚，吾觉有极灿烂庄严之将来横于吾前。”

欧洲“文艺复兴”，作为西方走向资本主义的先导，它具有无可估量的历史价值。恩格斯称之为“从来没有经历过的最伟大的、进步的变革”。[1] 梁启超先生试图以对清代学术史的总结，找到清学与“文艺复兴”间的相似之点，从而呼唤出中国的资本主义来。尽管历史的进程雄辩地证明，只有社会主义才能救中国，然而在20世纪初，梁先生对新社会的憧憬，以及他所进行的理论探索，我们却不能因此便不加分析地一概加以否定。事实上，他的东西方文化对比研究，他的“无拣择的输入外国学说”，用梁先生自己的话来说，其目的就在于“欲使外学之真精神普及于祖国”[2]。在这一点上，梁启超先生无愧于向西方寻求救国救民真理的杰出先行者之一。而且他所进行的理论探索还告诉我们，在清代的近300年间，就理论思维水平而言，我们同西方世界相比，已经落后了整整一个历史阶段。探讨导致这一差距形成的根源，正是我们研究清代社会史和思想史的一个重要课题。

第五，学术史编纂体裁的创新。

在中国史学史上，学术史的分枝，可谓源远流长。从《庄子》的《天下篇》、《荀子》的《非十二子篇》，到历代史书中的儒林传、经籍志、艺文志，代有董理，一脉相承。不过，严格地说来，作为一种专门的史书体裁，它的雏形则形成于较晚的南宋，这便是朱熹的《伊洛渊源录》。随后，又经历数百年的发展，直到清初学者黄宗羲纂辑《明儒学案》，才使之最终得以完成。有清一代，学术史的编纂即步黄宗羲后尘，以学案体为圭臬，大体无异，小有变通而已。梁启超先生的清代学术史著述，则打破了这一格局。从《近世之学术》到《中国近三百年学术史》，他对学案体史书，取其所长，弃其所短，试图把对学者专人的研究，融入各历史时

1 《马克思恩格斯选集》第三卷，恩格斯：《〈自然辩证法〉导言》，第493页，人民出版社，1966年。

2 梁启超：《饮冰室合集》，《文集》第三册，《近世之学术》第三节。

期主要学术现象的专题研究中去。章节分明，纲举目张。在梁先生的笔下，人们所看到的，就不再是旧学案里那些孤立的一个个学者或学派，而是彼此联系，不可分割的历史演进过程。梁启超先生仿佛绘制的是一幅写生画，清代三百年间的学术演变史宛若一株参天大树，而各个历史时期的主要学术现象，则是使其得以成荫的繁密枝干，各领风骚的学者，便是那满缀枝头的累累硕果。这样，就历史编纂学而言，梁先生的清代学术史著述，便在旧有学案体史书的基础之上，酝酿了一个飞跃，提供了编纂学术史的一种崭新的体裁。

写到这里，我以为还有必要指出的是，同清代学术史编纂相一致，梁启超先生对整个清史的编纂，也是有过贡献的。早在1914年，他就曾对编写清史的纪、表、志、传，分门别类提出过一系列建设性的意见。梁先生很重视表、志在史书中的地位，他认为司马迁的《史记》创立十表，“宜为史家不祧之大法”，但是“后之作者，惟踵人表，舍弃事表，史公精意隳其半矣”。他同时又指出:“全史精华，惟志为最。”因而梁先生把清代重大史事列为数十表、志，以取“文简事增”之效[1]。可惜他的很有见地的看法，却未能引起史馆诸公的应有重视。所以，后来梁先生为萧一山先生的《清代通史》作序时，不胜感慨地写道:“清社之屋，忽十二年，官修《清史》，汗青无日，即成，亦决不足以餍天下之望。吾侪生今日，公私记录未尽散佚，十口相传，可征者滋复不少。不以此时网罗放失，整齐其世传，日月逾迈，以守缺钩沉盘错之业贻后人，谁之咎也?”[2]梁启超先生作为一个杰出史家的高度责任感，于此可见一斑。而梁先生七十余年前的某些意见，诸如对清代重大史事的把握，重视清代有作为帝王的历史作用；在

1　梁启超：《饮冰室合集》，《专集》第八册，《清史商例初稿》。

2　梁启超：《饮冰室合集》，《文集》第十四册，《清代通史序》。

人物编写上以专传、附传等多种形式，“部画年代”、“比类相从”等等，依然是值得分析、借鉴的。

五　惋惜和商榷

梁启超先生博学多识，才华横溢。他一生广泛涉足于史学、文学、哲学、法学、佛学、社会学、政治学、财政金融学、语言文字学、金石书法学、地理学、教育学等众多的学科，其为学领域之广博，在他那个时代，实是罕有匹敌。广，这是梁先生的为学之长。因有其广，故能在浩瀚学海任情驰骋，“裂山泽以辟新局”，发人之所未发，往往犹如信手拈来。然而正是这个广字，却又成了他的为学之短。因务其广，欲面面俱到而不得专一，故流于“务广而疏”。诚如梁先生之所自责：“启超务广而疏，每一学稍涉其樊便加论列，故其所著述，多模糊、影响、笼统之谈，甚者纯然错误。及其自发现而自谋矫正，则已前后矛盾矣。”[1]这并非谦辞，而是由衷反省。在梁先生的清代学术史研究中，这样的弊病也同样存在。他的清代学术史著述，大刀阔斧，视野开阔，加以文笔平易畅达，因此读来实是令人痛快，不忍释手。然而，掩卷而思，则疏失之处在所多有，尤其是一些总结性的论断，更是每每经不住推敲。这样，又不禁让人为之惋惜。以下，拟试举一二例略作说明。

梁启超先生认为，清代学术发展的主要潮流，“是厌倦主观的冥想，而倾向于客观的考察”[2]。据此出发，梁先生把清代的考证学视为如同先前的两汉经学、隋唐佛学、宋明理学并称的“时代思潮”。这样的归纳，大体上是允当的。但是，基于上述估计，梁启超先生遂把清代学术的发展划分为启蒙、全盛、蜕分、衰落

1　梁启超：《清代学术概论》二十六，第 65 页，中华书局，1954 年。

2　梁启超：《中国近三百年学术史》一，《反动与先驱》，第 2 页，上海民志书店，1929 年。

四期。他认为："吾观中外古今之所谓思潮者，皆循此历程以递相流转，而有清三百年，则其最切著之例证也。"[1]这样，梁先生便把整个清代学术发展的历史归结为唯一的考证思潮史。这个意见就很可商量了。我们以为，清代学术，虽以经史考证为主流，但却不能以之去囊括整个清学。清代近300年间，固然有源远流长的考证学，但在它之前，尚有作为清初学术主流的实学思潮；当它鼎盛发皇之时，今文经学则已酝酿复兴，乃至清中叶以后风行于世；到了晚清，又兴起了向西方寻求救国救民真理的历史潮流。而且，始终与考证学相颉颃的，还有那不绝如缕的宋学。凡此种种，不一而足。所有这些纷繁复杂的学术现象，既彼此联系，互相渗透，却又独立地存在于不同的历史时期。它们既非考证学的附庸，更不能以考证学去取代。而借用梁启超先生的话来说，它们同考证学一样，也都有各自的启蒙、全盛、蜕分、衰落的历史。因此，我们不赞成梁先生把清代学术演进的历史简单化的做法。

又如应当怎样去看待清代学术发展中的"复古"现象？在梁先生看来，清代学术走的是一条"复古"的路，所以他曾经把清代称做"古学复兴时代"。他不仅认为清学是"以复古为解放"，而且还归纳了一个层层上溯的"复古"过程。这就是"第一步，复宋之古"；"第二步，复汉唐之古"；"第三步，复西汉之古"；"第四步，复先秦之古"[2]。对梁先生的这些看法，我们只能大致赞成其前半部分，而对所谓"以复古为解放"的命题，尤其是那个四步"复古"过程的归纳，我们以为不唯"模糊、影响、笼统"，而且"纯然错误"。清代是对中国古代学术进行整理和总结的时期，因而从形式上看，它确实带着"复古"的特色。但是，"复古"毕竟只是一种现象而已，并不能据以说明清代学术发展的

1 梁启超：《清代学术概论》一，第3页，中华书局，1954年。

2 梁启超：《清代学术概论》二，第6页，中华书局，1954年。

本质。对清学的“复古”，我们切不可脱离具体的历史条件去孤立地进行考察。同样是“复古”，清初、乾嘉以及清中叶和晚清就很不相同。清初学者的“复古”，是要解答社会大动荡所提出的现实课题。然而顽固、陈旧的生产方式，桎梏着他们的思维方式和思维能力，他们无法超越历史的制约，只好回过头去，从上古的三代之治中去勾画他们的社会蓝图。乾嘉时期的“复古”，是在与清初不同的社会经济、政治条件下进行的。正是在社会所提供的舞台上，乾嘉学者沿着清初以经学济理学之穷的趋势走下去，纯然走向古学的整理。这同清初的“经世致用”，显然就有质的差别。而道咸以后，尤其是同光之世的“复古”，既有承乾嘉遗风对旧学的整理，更有借《春秋》、《公羊》说的“非常异义可怪之论”，来谋求挽救社会危机途径的努力。这同乾嘉时期相比，就又是一次新的质变。到了晚清，则是把西学同中学相沟通，“复古”是为了传播西学，向西方寻求救国救民的真理成为不可抗拒的历史潮流。清代学术就是在这样一个否定之否定的矛盾运动中前进的，其间既有渐进性的量的积累，也有革命性的质的变化。梁启超先生为庸俗进化论所束缚，看不到质变在清学发展中的能动作用，他无法准确地透过现象去把握历史的本质，结果只好牵强立说。这大概就是梁先生致误的根本原因之所在。事实上，无论在清代任何一个历史时期，都并不存在“以复古为解放”的客观要求，更不存在层层上溯的复古趋势。梁先生为一时倡导国学的需要，而去作这样的归纳，实在是不足取的。

总之，梁启超先生的清代学术史研究，既有大胆探索所取得的创获，也有粗疏失误而留下的教训。然而就大体而论，他在这一学术领域中，贡献是其主要的、根本的方面，疏失则是次要的、非本质的方面。批判地继承梁启超先生所留下的学术文化遗产，完成他所未竟的《清代学术史》编纂事业，这恐怕就是我们今天对这位学术大师最好的纪念。

钱宾四先生对清代学术史研究的贡献

钱宾四先生有一不刊之论，谓“考订立于共是，义理卓在独见”[1]。先生之学，自考订而入义理，原原本本，确然不拔，故根深叶茂，睿识卓然，海内共推巨擘。笔者治清代学术史，由章太炎、梁任公二先生之著述入门，而朝夕寝馈，出入与偕者，则是钱宾四先生之大著《中国近三百年学术史》。值此宾四先生百龄冥寿，谨录平日读先生大著札记数则，稍事排比，联缀为文，以略抒数十年景仰之悃忱，并敬祈诸位师长、贤哲赐教。

一　不识宋学即无以识近代

经历明清更迭的社会动荡之后，清初学术突破宋明旧辙，走向以经学济理学之穷的路径。对中国古代学术的这一演进，应当作何解释？清末，章太炎先生著《訄书》，于此率先论及。太炎先生说：“清世，理学之言竭而无馀华，多忌故歌诗文史楛，愚民故经世先王之志衰。家有智慧，大凑于说经，亦以纾死，而其术工眇踔善矣。”[2]章先生的这段话，虽有“理学之言竭而无余华”之

1　钱穆：《中国近三百年学术史》第八章，《戴东原·戴学之流衍》。

2　章炳麟：《訄书》第十二，《清儒》。

论，但又说“多忌”，说“愚民”，说“纾死”，着眼点显然更多地在于对清廷政治专制的憎恶。时值太炎先生反清思想正炽，论学而不能忘情于政治，亦在情理之中。因此，章先生触及问题而并没有能够加以解决。

清亡，梁任公先生循太炎先生足迹而进，则力倡“宋明理学之反动”说。梁先生先是撰《清代学术概论》，提出“清学之出发点，在对于宋明理学一大反动”[1]的主张。稍后著《中国近三百年学术史》，则更辟《反动与先驱》为首章。他重申前说，指出：“本讲义所讲的时代，是从它前头的时代反动出来。”[2]何谓“宋明理学之反动”？梁先生于此有过如是解释：

> 夫宋明理学何为而招反动耶？学派上之主智与主意，唯物与唯心，实验与冥证，每迭为循环。大抵甲派至全盛时必有流弊，有流弊斯有反动。而乙派之代兴，乙派之由盛而弊，而反动，亦然。然每经一度之反动再兴，则其派之内容必革新焉，而有以异乎其前。人类德慧智术之所以进化，胥恃此也。此在欧洲三千年学术史中，其大势最著明，我国亦不能违此公例。而明清之交，则其嬗代之迹之尤易见者也。[3]

将学术发展的外在原因同内在逻辑区分开来，着力地去揭示其内在逻辑，这无疑是梁先生较之章先生更有见地之处。然而梁先生为陈旧的因果循环论障蔽视野，误把繁复的历史问题简单化，以致欲揭示学术演进内在逻辑而不能。其结果，一如章太炎先生，梁任公先生依然没有能够解决问题。

章、梁二位先生所留下的困惑，是由钱宾四先生来解决的。

1　梁启超：《清代学术概论》三。

2　梁启超：《中国近三百年学术史》一，《反动与先驱》。

3　梁启超：《清代学术概论》三。

1931年秋，钱先生始任教于北京大学，讲授近300年学术史。历时5年，而成专著《中国近三百年学术史》。全书开宗明义，在《自序》中即对章、梁二家所探讨的上述问题发表意见。钱先生说："窃谓近代学者每分汉宋疆域，不知宋学，则亦不能知汉学，更无以评汉宋之是非。"又说："明清之际，诸家治学，尚多东林遗绪。梨洲嗣轨阳明，船山接迹横渠，亭林于心性不喜深谈，习斋则兼斥宋明，然皆有闻于宋明之绪论者也。"[1] 据此，宾四先生以《引论》为首章，对清代学术之渊源进行了明晰的梳理。

根据钱先生的研究，清代学术之与宋明学术，乃为一体，不可分割，其间存在一个必然的内在逻辑。这个逻辑，在宋明时代，钱先生称之为"宋学精神"。关于这一精神，钱先生主张从两个方面来把握，他说：

> 故言宋学精神，厥有两端，一曰革新政令，二曰创通经义。而精神之所寄，则在书院。革新政治，其事至荆公而止；创通经义，其业至晦庵而遂。而书院讲学，则其风至明末之东林而始竭。东林者，亦本经义推之政事，则仍北宋学术真源之所灌注也。[2]

这就是说，钱先生认为，宋学有两大精神，一是革新政令，二是创通经义。前者至王安石变法而彰显无遗，后者则以朱子学的崛起而集其大成。此种精神以书院为依托，在两宋数百年间迭经消长，影响迄于明末而不绝。晚明东林学派之本经义而议政事，实与两宋学术精神一脉相承。

由宋明学术向清代学术的演进，其间的内在逻辑，钱先生则归结为"东林学风"。何谓东林学风？一如对宋学精神之把握，宾

1　钱穆：《中国近三百年学术史》卷首，《自序》。

2　钱穆：《中国近三百年学术史》第一章，《引论》上，《两宋学术》。

四先生亦从两个方面去阐释，他指出："东林学讲大体，约而述之，厥有两端，一在矫挽王学之末流，一在抨弹政治之现状。"[1] 钱先生认为，东林之论学，集中于三个论题，一是辨王门四句教之"无善无恶心之体"；二是辨本体与功夫之虚实；三是辨气质之性与义理之性。而东林之清议，钱先生亦以如下三条为大要。第一为明是非，立纲纪；第二为斥乡愿，进狂狷；第三为提倡节义。合东林诸儒之论学与议政为一体，则成为明清之际主盟学坛的东林学风。

东林学风上承两宋遗脉，下启清学新路，实为明清间学术递嬗之一大关键。钱先生于此，有甚多精辟论述。他说：

> 东林学派，本自阳明来……而东林讲学，颇欲挽救王学末流之弊，乃不期然而有自王反朱之倾向。稍后，刘蕺山讲学山阴，独标慎独宗旨，论其大体，亦欲兼采朱王，与东林无甚别也。清初学者，如太仓陆桴亭、容城孙夏峰，虽各有偏倚，而斟酌调停，去短集长，仍是东林以来旧辙。

在钱先生看来，清初诸大儒中，不唯桴亭、夏峰二家若此，而且"如顾亭林之耿介，李二曲之坚卓，其人格之峻，操持之高，皆东林之嗣响也"。因此，钱先生断言："即谓清初学风尽出东林，亦无不可。"

至此，清初学术同宋明学术之间，宛若红线贯串，在在相联。于是钱宾四先生既摒除章太炎先生过多强调政治影响的偏颇于不取，又修正了梁任公先生以"反动"说将繁复历史问题简单化的倾向，从而提出了"不识宋学，即无以识近代"的卓越见解。钱先生于此论之最详，他说：

1　钱穆：《中国近三百年学术史》第一章，《引论》下，《晚明东林学派》。

> 治近代学术者当自何始？曰必始于宋。何以当始于宋？曰近世揭橥汉学之名，以与宋学敌，不知宋学则无以评汉宋之是非。且言汉学渊源者，必溯诸晚明诸遗老。然其时如夏峰、梨洲、二曲、船山、桴亭、亭林、蒿庵、习斋，一世魁儒耆硕，靡不寝馈于宋学。继此而降，如恕谷、望溪、穆堂、谢山，乃至慎修诸人，皆于宋学有甚深契诣。而于时已及乾隆，汉学之名始稍稍起。而汉学诸家之高下浅深，亦往往视其所得于宋学之高下浅深以为判。道咸以下，则汉宋兼采之说渐盛，抑且多尊宋贬汉，对乾嘉为平反者。故不识宋学，即无以识近代也。[1]

钱先生高屋建瓴，在这一大段论述中，不唯揭示了清初学术与宋明学术间的内在联系，而且将宋学对有清一代学术的影响，亦要言不繁，准确道出。

应当指出，钱宾四先生讨论学术变迁而揭示的内在逻辑，并非脱离社会历史的孤立论究，相反，正是立足于具体历史环境来把握学术消息的。在这方面，钱先生同样提出了十分卓越的见解。他说："自乾嘉上溯康雍，以及于明末诸遗老。自诸遗老上溯东林，以及于阳明。更自阳明上溯朱陆，以及北宋之诸儒。求其学术之迁变，而考合之于世事，则承先启后，如绳秩然，自有条贯。"将学术变迁与社会历史的演进作为一个整体来进行考察，从而发现其间秩然有序的条贯，或者说是规律，这便是钱宾四先生所揭示的一个基本为学方法论。

与之相一致，钱先生还从阐明东林学派同阳明学的关系入手，就研究学术史的宏观着眼点，发表过很重要的意见。他说：

1　钱穆：《中国近三百年学术史》第一章，《引论》上，《两宋学术》。

余谓东林言是非好恶，其实即阳明良知、立诚、知行合一之教耳。惟环境既变，意趣自别，激于世缘，遂成异采。若推究根柢，则东林气节，与王门良知，实本一途。东林所以挽王学末流之敝，而亦颇得王学初义之精，东林之渊源于王学，正犹阳明之启途于考亭也。……东林在宗国未倾之前，故得以忠义自励。清初则处大命灭绝之馀，转期以经济待后。学术流变，与时消息，亦不得不尔也。[1]

钱宾四先生之所论，诸如“环境既变，意趣自别，激于世缘，遂成异彩”；“学术流变，与时消息”；“求其学术之迁变，而考合之于世事”，等等，其意义显然已远远溢出明清间学术递嬗的论究。凡此，与“不识宋学，即无以识近代”相辅相成，两位一体，为研究清初学术，乃至整个清代学术史，昭示了一条正确的途径。

二　清儒考证学之来历

清代学术以对中国古代学术的整理和总结为历史特征，有清二百数十年间，传统的历史考证学，一度发皇，绵延不绝。治学术史的前哲，因之于此一时期学术有径称为考证学者。其中，以梁任公先生之所论影响最大。

梁先生著《清代学术概论》，把有清一代学术的主流称为考证学。他说：“有清一代学术，可记者不少。其卓然成一潮流，带有时代的色彩者，在前半期为考证学，在后半期为今文学，而今文学又实从考证学衍生而来。”[2]清儒之考证学从何而来？梁先生以

1　钱穆：《中国近三百年学术史》第一章，《引论》下，《晚明东林学派》。
2　梁启超：《清代学术概论》卷首《自序》。

朝代为断限，推祖于清初顾亭林，且列举贵创、博证、致用为类，逐一论证，以确立顾亭林的开派宗师地位。后来，梁先生著《中国近三百年学术史》，依然阐发前说，认为："论清学开山之祖，舍亭林没有第二个人。"他还将顾炎武与同时诸大师，如孙奇逢、黄宗羲、李颙、王夫之、朱之瑜等相比较，以突出亭林不可取代的特殊地位。梁先生就此有云：

> 要之，清初诸大师，如夏峰、梨洲、二曲辈，纯为明学馀波；如船山、舜水辈，虽有反明学的倾向，而未有所新建设，或所建设未能影响社会。亭林一面指斥纯主观的王学不足为学问，一面指点出客观方面许多学问途径来。于是学界空气一变，二三百年间跟着他所带的路走去。亭林在清代学术史所以有特殊地位者在此。[1]

清初学术的本来面貌，是否果如梁任公先生之所论？在治清代学术史的诸多前哲中，钱宾四先生是最先著书提出商榷的大师。钱先生著《中国近三百年学术史》，在《顾亭林》一章中，对此进行了集中讨论。宾四先生的研究所得，为后学至少澄清了如下两个至关重要的问题。

第一，清儒之考证学并非肇始顾亭林，实发端于明代中叶。

梁任公先生之论顾亭林为清儒考证学开派宗师，有一重要依据，即："其自述治音韵之学也，曰'……列本证、旁证二条。本证者，《诗》自相证也。旁证者，采之他书也。二者俱无，则宛转以审其音，参伍以谐其韵……'（《音论》）此所用者，皆近世科学的研究法。乾嘉以还，学者固所共习，在当时则固炎武所自

1　梁启超：《中国近三百年学术史》六，《清代经学之建设》。

创也。”[1]梁先生提出此一论据时，想是一时疏忽，未曾过细检核顾亭林之《音学五书》，尤其未能将其中之《音论》，同明人陈第著《毛诗古音考》相比勘，因而误把顾亭林所引述陈季立《毛诗古音考序》中语，视作引述者自云。这样，遂得出列本证、旁证之法为“炎武所自创”的错误结论。

钱宾四先生看到了这一点，因而他的商榷即由此而切入。钱先生指出：

> 亭林之治古音，乃承明陈第（季立）之遗绪。陈氏有《毛诗古音考》、《屈宋古音义》，其书取径与亭林《诗本音》、《易本音》相似。陈氏《毛诗古音考序》，自谓为考据列本证、旁证二条，本证者，《诗》自相证也；旁证者，采之他书也。二者俱无，则宛转以审其音，参伍以谐其韵。其据古求证之方法，岂不已先亭林而为之乎？

铁证如山，不可撼动，于是宾四先生对任公先生的结论断然予以否定，宣布：“梁氏《学术概论》，误以陈氏本证、旁证语为亭林自述，因谓亭林为汉学开山。证据既误，断案自败。”[2]

陈第为明万历间学者，钱宾四先生既从学源上找出顾炎武音韵学之系承陈第遗绪，则清儒考证学之肇始，就应当到明中叶去寻其渊源。为了证成己说，钱先生先是取顾炎武著《唐韵正》，同明人杨慎著《转注古音略》相比照，从而揭示两家的后先继承关系。钱先生于此有云：“杨慎（用修）治古音，犹在陈第前，而不如陈之精密。然亭林《唐韵正》，犹有取于杨氏《转注古音略》之说。”继之，钱先生又引清儒所论为据，以说明清儒考证学之源头

1　梁启超：《清代学术概论》四。

2　钱穆：《中国近三百年学术史》第四章《顾亭林》。

确在明中叶。

钱先生之所引凡两条，一为乾隆间官修《四库全书》清廷词臣语，一为乾嘉时代通儒焦循论学语。前者出《四库全书总目》之方以智著《通雅》提要，语云：

> 明之中叶，以博洽著者称杨慎，而陈耀文起而与争。然慎好伪说以售欺，耀文好蔓引以求胜。次则焦竑，亦喜考证，而与李贽游，动辄牵缀佛书，伤于芜杂。惟以智崛起崇祯中，考据精核，迥出其上。风气既开，国初顾炎武、阎若璩、朱彝尊等沿波而起，始一扫悬揣之空谈。

后者出《雕菰楼集》之《与某论汉儒品行书》，焦理堂谓："南宋空衍理学，而汉儒训诂之学几即于废。明末以来，稍复古学，在前若杨升庵，在后若毛大可。"于引述《四库提要》语时，钱先生有一重要夹注，注云："按：焦氏《笔乘》有《古诗无叶音》一条，考证精确，不下陈第。焦、陈同时，未知孰为先唱。此阎百诗《尚书古文疏证》卷五及陈兰甫《东塾集》卷四《跋音论》均及。又焦为陈书作序，已自言之。"

有此诸多论据为证，钱宾四先生遂得出此一问题的结论。他说："清廷馆阁词臣序清儒考证之学，亦谓沿明中叶杨慎诸人而来，不自谓由清世开辟也。"又说："理堂在野，亲值汉学极盛，推溯来历，亦谓起明季，与四库馆臣之言相应。此自清儒正论。谓考证由顾、阎开山，其说起晚近，按实固无据也。"[1]

第二，不可以汉学开山论顾亭林。

顾亭林为清初学术大师，顺康间学术的演进，乃至整个清代学术的盛衰，其为学风尚的影响，或显或晦，皆有辙迹可寻。因

1 钱穆：《中国近三百年学术史》第四章，《顾亭林》。

此，钱宾四先生论顾亭林，才会说："要其意气魄力，自足以领袖一代之风尚矣。"然而能否因之而评顾亭林为汉学开山呢？同梁任公先生的看法相反，钱宾四先生的回答是否定的。

对同样一位受人尊重的学者，同样一位影响一代学术甚巨的大师，梁、钱两位先生的结论却很不相同。究其所自，笔者以为，根本原因乃在两位先生观察清代学术的着眼点有异。梁先生以考证概括清代学术，他就朝代断限，分清代考证学为四个阶段，即"一、启蒙期（生），二、全盛期（住），三、蜕分期（异），四、衰落期（灭）"[1]。依梁先生所论，既然顾亭林为"启蒙期"的代表人物，那么以他为汉学开山便顺理成章。而钱宾四先生则不然。钱先生之考论清代学术，并不截然以朝代断限，而是从历史实际出发，梳理学术演进的内在逻辑。具体到顾亭林，钱先生既探讨顾氏为学予后世的深刻影响，同时又十分强调亭林学风的独特个性，以致在乾嘉时代继响乏人的道理，从而显示其卓然睿识。

关于顾亭林与清儒考证学的关系，读钱先生的《中国近三百年学术史》，我们可以看到与梁先生用语的明显不同。在"考证学"三字之前，钱先生每每冠以一个时代限语，即"乾嘉"。也就是说，钱宾四先生并不认为整个清代学术都是考证学，严格地说来，所谓考证学，只是指乾嘉时代的特定学风。我们是否可以这样说，这就是钱先生考论顾亭林，考论乾嘉考证学，乃至考论整个清代学术的根本着眼点。正是由此出发，钱先生在为学的途径和方法上，揭示了乾嘉考证学与顾亭林学风的后先继承关系。他说："治音韵为通经之钥，而通经为明道之资，明道即所以救世。亭林之意见如是。乾嘉考证学即本此推衍，以考文知音之工夫治经，即以治经工夫为明道，诚可谓得亭林宗传。"同时也是由此出发，钱先生尤为着力地去论证乾嘉考证学与顾亭林学风的根本差

1　梁启超：《清代学术概论》一。

异，从而否定了以顾亭林为汉学开山的结论。

在这个问题上，钱先生的如下论述，具有十分重要的意义。他说：

> 亭林论学本悬二的，一曰明道，一曰救世。其为《日知录》，又分三部，曰经术、治道、博闻。后儒乃打归一路，专守其经学即理学之议，以经术为明道，馀力所汇，则及博闻。至于研治道，讲救世，则时异世易，继响无人，而终于消沉焉。若论亭林本意，则显然以讲治道救世为主。故后之学亭林者，忘其行己之教，而师其博文之训，已为得半而失半。又于其所以为博文者，弃其研治道、论救世，而专趋于讲经术，务博闻，则半之中又失其半焉。且所失者胥其所重，所取胥其所轻。取舍之间，亦有运会，非尽人力。而近人率推亭林为汉学开山，其语要非亭林所乐闻也。[1]

综观钱宾四先生之所论，我们可以得出两个具有规律性的认识。一代学术风气，非任何个人所能转移，其间，既有先前学术所留下的深刻影响，又有一时众多学者基于时代要求而做出的创造性劳动。因而仅以某一个学者为一代学术的开派宗师，有违历史实际，显然是不妥当的。此其一。其二，有清一代二百数十年间，历史环境迭经变迁，学术风尚亦因时而异。云蒸霞蔚的清初学术，显然不是乾嘉考证学所可同日而语。而晚清学术的多姿多彩，旧中求新，同样也远远逾越乾嘉考证学羁绊。因此，对于清代不同时期的学术，应当进行具体分析，不能以考证学来简单概括。

1 钱穆：《中国近三百年学术史》第四章，《顾亭林》。

三　乾嘉诸儒吴皖非分帜

晚近谈乾嘉学术，每以吴皖分派立论。究其所自，则章太炎先生当属首倡。在《訄书》中，太炎先生论清儒学术有云："其成学著系统者，自乾隆朝始。一自吴，一自皖。吴始惠栋，其学好博而尊闻；皖南始戴震，综形名，任裁断。此其所异也。"[1]其后，梁任公先生著《清代学术概论》、《中国近三百年学术史》，遂成"惠、戴两家中分乾嘉学派"[2]之说。同样谈乾嘉学派，同样谈惠栋、戴震，钱宾四先生的看法则与章、梁二先生多所不同。太炎先生谈惠栋、戴震，侧重于论究两家学风之差异，以突出各自学派的为学特征，至于两家学术的关系则未置一词。梁任公先生亦然，虽于惠、戴关系略有涉及，然不过"师友之间"寥寥四字而已。钱宾四先生的过人处在于，他正是从章、梁二先生之忽略处入手，深入考察惠栋学术予戴震的影响，举一反三，提出吴皖非分帜的卓见，从而掩章、梁二先生而上，对乾嘉学派的研究做出了贡献。

惠栋生于康熙三十六年，戴震生于雍正元年，就年辈而论，两人相去已 27 岁，惠栋自属前辈。就为学言，乾隆九年，惠栋著《易汉学》，以复原汉《易》而雄视一时学坛。此时的戴震，尚在字义、音声、算数的求索之中，迄于乾隆十六年，始得补为休宁县学生。因而较之惠栋，戴震无疑应为后学。乾隆二十二年，戴震北游南旋，途经扬州，适逢惠栋作幕于两淮盐运使卢见曾，二人遂得结为忘年之交。此后 4 年，戴震皆客居扬州。钱宾四先生认为，戴震之游学扬州，是他一生为学的一个重要转变时期。此后，戴震接受惠栋学风影响，于惠学加以创造发展，俨然继惠栋

1　章炳麟：《訄书》第十二，《清儒》。

2　梁启超：《中国近三百年学术史》十三，《清代学者整理旧学之总成绩》。

之后的学坛主盟。用钱宾四先生的话来说，就叫做“一转而近于吴学惠派”。

关于戴震学风的转变，钱宾四先生提出的依据主要是三条。第一条是乾隆三十年，戴震为纪念惠栋而撰写的《题惠定宇先生授经图》。第二条是在此4年之后，他为惠栋弟子余萧客著《古经解勾沉》所撰序。第三条是戴震著《原善》，系接受惠栋《易微言》影响而成。根据这三条证佐，钱宾四先生认为，惠栋、戴震之为学，虽一主求古，一主求是，但并非异趣。他就此指出：

> 东原卒后，凌廷堪为作《事略状》，谓东原于扬州见元和惠栋，论学有合，决非虚语。（原注：王昶为《东原墓志铭》，亦谓惠、戴见于扬州，交相推重。）王鸣盛亦言，方今学者，断推惠戴两先生。惠君之治经求其古，戴君求其是，究之舍古无以为是。（原注：见洪榜：《东原行状》。）谓舍古无以为是，上之即亭林舍经学无理学之说，后之即东原求义理不得凿空于古经外之论也。然则惠戴论学，求其归极，均之于《六经》，要非异趋矣。

由惠栋、戴震为学之非异趋，进而复以惠门后学之尊戴为据，钱先生遂得出“吴皖非分帜”的结论。他说：“江藩《汉学师承记·洪榜传》，称榜为卫道儒，又全录其与朱笥河发明东原论学一书，可证其时不徒东原极推惠，而为惠学者亦尊戴，吴皖非分帜也。”[1]

考明惠栋为学予戴震学风转变的深刻影响，进而提出“吴皖非分帜”的卓见，实为钱宾四先生于乾嘉学术史研究的一个重要发明。这一发明留给后学的教益是多方面的，归纳起来，主要是如下三点。

---

1 钱穆：《中国近三百年学术史》第八章，《戴东原》。

首先，惠栋之与戴震，皆为乾隆间学术大师，惠栋复原汉《易》，以之而开复兴古学风气之先声，成为乾嘉学派登上学术舞台的标志。从惠学到戴学，有继承，也有发展。戴学之继承惠学者，为训诂治经传统。这一传统导源于清初顾炎武的“读九经自考文始，考文自知音始”，至惠栋而门墙确立。戴震一脉相承，遂成乾嘉学派为学的不二法门。惠栋故世，戴震崛起，乾隆三十八年，戴震应召入京，预修《四库全书》。至此，戴学发皇，大行于世。足见，惠、戴两家并非对立的学派，由惠学到戴学，实为乾嘉学派从形成到鼎盛的一个缩影。

其次，惠栋、戴震之学，卓然自立，流风所被，遍于南北，确乎一代学术宗师。以他们为代表，在当时的苏州和徽州地区，也的确存在由不同学者组成的学术群体，从而发展着各自的地域学术。治乾嘉学术史，对于地域学术的研究自然应当加强，而按地域来划分学派，则还可商量。尤其不宜以吴、皖两派，或者说惠、戴二家来概括整个乾嘉学派。关于这一点，就是当年主张“惠、戴两家中分乾嘉学派”的梁任公先生，在述及吴、皖两派的同时，也指出:“此外，尚有扬州一派，领袖人物是焦（里堂）循、汪（容甫）中，他们研究的范围比较的广博。有浙东一派、领袖人物是全（谢山）祖望、章（实斋）学诚，他们最大的贡献在史学。以上所举派别，不过从个人的学风上，以地域略事区分。其实各派共同之点甚多。许多著名学者，也不能说他们专属哪一派。”[1]虽然笔者并不赞成梁先生所举扬州学派、浙东学派之目，但是任公先生认为，当时人才辈出，不可将众多学者简单地归之于某一派别，无疑是很中肯的意见。

再次，乾嘉学术由博而精，自成体系，乾嘉学者人才辈出，各领风骚。前哲于此，以吴皖分派论学，筚路蓝缕，功不可没。

1　梁启超：《中国近三百年学术史》三，《清代学术变迁与政治的影响》。

然而，吴皖分派有一最为明显，亦最为重要之可酌处，即它忽略了对乾嘉学派做动态的、历史的研究。因而过分强调吴皖学风差异的结果，无形中便掩盖了乾嘉学术演进的轨迹。学术研究，贵在创新。陈陈相因，人云亦云，徘徊于低水准的重复，实在是一种莫大的浪费。因此，笔者主张，把乾嘉学术和乾嘉学派都作为一个历史过程，去进行认真的、过细的、实事求是的考察。其间，既包括分阶段的学术史研究，也包括不同学术的分门类研究，还包括对地域学术和学术世家以及学者个人的专题研究。笔者认为，大家深入开拓，集思广益，乾嘉学派和乾嘉学术史的研究，终将在我们这一代人的努力下，创造出一个可以告慰前哲的局面来。

近人治清代学术史，章太炎、梁任公、钱宾四三位大师，后先相继，鼎足而立。太炎先生辟除榛莽，开风气之先声，首倡之功，最可纪念。任公先生大刀阔斧，建树尤多，所获已掩前哲而上。宾四先生深入底蕴，精进不已，独以深邃见识而得真髓。学如积薪，后来居上，以此而论章、梁、钱三位大师之清代学术史研究，承先启后，继往开来，总其成者无疑当属钱宾四先生。笔者妄论，今日吾侪之治清代学术史，无章、梁二先生之论著引路不可，不跟随钱宾四先生之《中国近三百年学术史》深入开拓尤不可。这便是在今日及尔后的清代学术史研究中，钱宾四先生不可取代的卓越历史地位。

《清儒学案》杂识

在中国学术史上，由徐世昌主持纂修的《清儒学案》，卷帙浩繁，网罗宏富。有清一代，举凡经学、理学、史学、先秦诸子、天文历算、文字音韵、方舆地志、诗文金石，学有专主，无不囊括其中。它既是对清代260余年间学术的一个总结，也是对中国古代学案体史籍的一个总结。唯因其卷帙浩繁，通读非易，所以，除20世纪40年代初，容肇祖、钱穆等先生有过评论之外，对之做专题研究者并不多见。笔者自70年代末始读此书，精力不专，时辍时续，历时几20年而始通读一过。囫囵吞枣，无暇温习，新知未悟，旧识已忘。谨略述印象如后，以请读者批评。

一　徐世昌倡议修书

《清儒学案》纂修，工始于民国十七年（1928年）。迄于民国二十七年（1938年）中，由北京文楷斋刊刻蒇事，并于翌年七月，在京中修绠堂书店发售，[1]历时达十余年之久。这部书虽因系徐世昌主持而以徐氏署名，实则是一集体协力的劳作。

徐世昌，字菊人，一字卜五，号东海，又号弢斋、水竹邨人、退耕老人等，天津人。生于清咸丰五年，卒于民国二十八年，终年85岁。他为光绪十二年进士，以翰林院编修兼任国史馆

1　容媛：《清儒学案》，见《燕京学报》二十七期，1940年6月。

协修、武英殿协修。清末，一度协助袁世凯督练新建陆军于天津。后历任东三省总督，军机大臣，民政部、邮传部尚书，内阁协理大臣等。民国初建，三年，出任国务卿。七年十月，由安福国会选为总统。十一年六月下野。之后，即戢影津门，究心文史，著述终老。

徐世昌为清末词臣出身，素工诗文，留心经史，注意乡邦文献的整理、表彰，博涉古今，为经世之学。任民国大总统期间，他曾在总统府内举晚晴簃诗社。社中成员多显宦，亡清遗老亦吟咏其间。后即聘诗社中人选编清诗，辑为《晚晴簃诗汇》200卷刊行。

民国十七年，徐世昌复网罗旧日词臣友好，倡议纂修《清儒学案》。九月，初拟《清儒学案目录》，时年74岁。从此，他的晚年精力，则多在《清儒学案》纂修之中。据贺培新辑《水竹村人年谱稿》记，十八年一月，《清儒学案概略》稿成，徐氏即亲为审定。入春以后，《学案》已有初稿一批送至请阅。翌年三月，夫人席氏病逝。经晚年失偶之痛，十月，世昌即又按日续阅《清儒学案》稿本，多所订正。当时，因预修诸公皆在京城，徐氏日阅《学案》稿本，凡有商榷，则随手批答，故函札往还一直不断。徐公当年书札，虽经数十年过去，多有散佚，但所幸中国历史博物馆史树青老先生处尚有珍藏。十余年前，承史老先生不弃，尽以所藏予笔者一阅，至今犹感念不忘。倘史老先生能于百忙之中，将徐东海先生手札整理刊布，实是学林一大幸事。

迄于民国二十三年，徐世昌已届80高龄。他不顾年高，始终潜心于《清儒学案》稿本审订。逐日批阅，书札往还，备殚心力。同年六月，京中主要纂修人夏孙桐来书，商定《学案》事宜。徐世昌当即作复，并以撰写《清儒学案序》拜托代劳。徐公此札，幸为夏闰枝先生后人刊布，弥足珍贵，谨过录如后。

> 闰枝我兄同年阁下：久不晤，甚念。得惠书，知体气冲和，为慰。《学案》得公主持，已成十之九，观成有日，欣慰无似。序文非公不办，实无他人可以代劳。三百年之全史皆公手订，三百年之儒学又由公综核成书。此种序文，非身历其事者，不能道其精蕴，希我兄勿再谦让也。至“长编”二字，恐非《学案》所宜引用。唐确慎当国家鼎盛之时，欲编学案，不能不加“小识”二字。梨洲《明儒学案》成书，已入清代。此时编辑《学案》，深惧三百年学术人文，日久渐湮，深得诸君子精心果力，克日成书。案之云者，不过引其端绪，综合诸儒，使后之学者因此而考其专书，则一代之学术自可永存天壤间也。斯时与梨洲著书之时大略相同，则“长编”二字似不必加入也。仍请卓裁。《凡例》拟出，先请示阅，诸劳清神，心感无似。此颂健安，冬寒尤希珍卫不宣。弟昌顿首。[1]

徐氏此札，颇涉《清儒学案》纂修故实。观札中所述，至少可以明确如下诸点。自1928年倡议修书，历时六年，全书已得大半。此其一。其二，《清儒学案》的京中纂修主持人，实为夏孙桐。其三，该书书名后是否加“长编”二字，徐、夏二氏意见相左，夏提议加，徐则否定。其四，徐世昌以黄宗羲之于故明自况，将其眷念亡清的阴暗心理一语道出。最后，修书既已六年过去，全书《凡例》初稿始迟迟拟出，可见先前工作之粗疏。因之，徐氏之“观成有日”云云，未免盲目乐观。

之后，徐世昌以年入耄耋，亟待《清儒学案》早日成书。于是按日批阅稿本益勤，阅定即送京中付梓。民国二十六年新春，世昌因之而悉谢贺客，闭门批阅《学案》。同年四月，全书已近告

1　过溪：《清儒学案纂辑记略》，载《艺林丛录》第七编。

成。二十七年正月，傅增湘由京中来津，议定刻书事宜。三月，徐世昌将《清儒学案序》重加改订。就这样，卷帙浩繁的《清儒学案》，终于在徐氏生前得以问世。

二　夏孙桐与《清儒学案》

《清儒学案》的纂修，徐世昌不唯提供全部经费，而且批阅审定书稿，历有年所，并非徒具虚名者可比。而纂修诸人，辛勤董理，无间寒暑，同样功不可没。据当年主持撰稿事宜的夏孙桐氏后人绍介，《清儒学案》的具体纂修者，前后共 10 人。最初为夏孙桐（闰枝）、金兆蕃（篯孙）、王式通（书衡）、朱彭寿（小汀）、闵尔昌（葆之）、沈兆奎（羹梅）、傅增湘（沅叔）、曹秉章（理斋）和陶洙（心如）等 9 人。后因金兆蕃南归，王式通病逝，复聘张尔田（孟劬）。临近成书，夏孙桐以年力渐衰辞职，张尔田应聘三月，即因与沈、闵、曹不和，拂袖而去。诸人分工大致为，夏、金、王、朱、闵、沈分任撰稿，傅为提调，曹任总务，陶任采书、刻书。此外，另有抄写者数人[1]。撰稿诸人中，以夏孙桐学术素养最高，又长期供职史局，故不啻京中撰稿主持人。

夏孙桐，字闰枝，号悔生，晚号闰庵老人，江苏江阴人。生于清咸丰七年，《清儒学案》在京中刊行，他尚健在，时已 83 岁高龄。其卒年未详，如有幸，恳请闰枝先生后人示知。孙桐于光绪八年举乡试。徐世昌亦于同年中举，故前引徐氏致夏闰枝书，东海先生始以“同年”相称。不过，夏氏成进士则晚于徐氏 6 年，直到光绪十八年，方得通籍。之后，即长期供职于翰林院。光绪三十三年，外任浙江湖州知府。5 年间，转徙于湖州、杭州、宁波三郡，无所建树，遂以病谢归。清亡，避地上海。民国初，应

1　过溪：《清儒学案纂辑记略》，载《艺林丛录》第七编。

聘入清史馆，预修《清史稿》。嘉、道、咸、同四朝诸列传以及《循吏》、《艺术》二汇传，多出其手。后又佐徐世昌编选《晚晴簃诗汇》。民国十七年以后，再应徐世昌之请，主持《清儒学案》撰稿事宜。前引徐氏札以《清儒学案序》的撰写相请，并云："《学案》得公主持，已成十之九。"足见对其倚重之深。

夏孙桐虽因年事已高，深恐《清儒学案》难以克期蒇事，遂于民国廿三年秋致函徐世昌，"乞赐长假"而辞职。但孙桐于《清儒学案》的纂修，其功甚巨。他的基本主张，皆保存于《拟清儒学案凡例》和《致徐东海书》中。谨详加引录，略事评述如后。

夏孙桐所撰《拟清儒学案凡例》共 10 条。第一条云："清代学术昌明，鸿硕蔚起。国史合理学、经学统列《儒林传》，实兼汉儒传经、宋儒阐道之义。而史学、算学皆超前代，以及礼制、乐律、舆地、金石、九流百家之学，各有专家。大之有裨经世，小之亦资博物，史传虽或列其人于《文苑》，揆以通天地人之谓儒，是各具其一体。谨取广义，并采兼收，以备一代学史。"此条概述全书宗旨，入案标准，意在宽泛，勿拘门户。逾越以往诸家学案专取理学旧规，以之述一代学术史，无疑更接近于历史实际。

第二条云："学重师法，故梨洲、谢山于宋、元、明诸家，各分统系，外此者列为《诸儒》。清初，夏峰、二曲、梨洲，门下皆盛，犹有明代遗风。亭林、船山，学贯古今，为一代师表，而亲承授受者，曾无几人。其后，吴中惠氏，皖南江氏、戴氏，高邮王氏，传派最盛。而畿辅之颜氏、李氏，桐城之方氏、姚氏，奉其学说者，亦历久弥彰。盖以讲习为授受，与以著述为渊源，原无二致。至于闳通硕彦，容纳众流，英特玮材，研精绝学，不尽有统系之可言，第能类聚区分，以著应求之雅。大体本于黄、全前例，而立案较繁，不得不因事实为变通也。"此条论立案原则，既大体沿黄宗羲、全祖望《明儒》、《宋元》二学案旧例，又从清代学术实际出发而加以变通，不失为务实之见。

第三条云："唐确慎《学案小识》，虽兼列经学，而以理学为重。理学之中，以服膺程朱为主，宗旨所在，辨别綦严。今既取广义，于理学之朱、王，经学之汉、宋，概除门户，无存轩轾。推之考订专门，各征心得，异同并列，可观其通。但期于先正之表彰，未敢云百家之摒黜。折衷论定，别待高贤。故叙列不分名目，统以时代为次。"此条推阐首条立意，论定编次先后，一以时代为序，亦是允当之论。

第四条云："清代三百年，学派数变，递有盛衰。初矫王学末流之弊，专宗朱子，说经则兼取汉儒。继而汉学日盛，宋学日衰，承其后者，调停异派，稍挽偏重之势。又自明季以来，西学东渐，达识者递有发明。海禁既开，其风益畅。于是汉学、宋学之外，又有旧学、新学之分。有清一代，遂为千年来学术之大关键。综其先后，观之变动之机，蜕化之迹，可以觇世变矣。"此条鸟瞰一代学术递嬗，既言汉、宋，又述新、旧，最终则归结于以之反映社会变迁。立意甚高，难能可贵。

第五条云："学派渊源，每因疆域。淳朴之地，士尚潜修；繁盛之区，才多淹雅。巨儒钟毓，群贤景从，疏附后先，固征坛坫之盛。亦有官师倡导，风气顿为振兴。如李文贞之治畿辅，张清恪之抚闽疆，阮文达之于浙、粤，张文襄之于蜀、粤、鄂，其尤著者。文翁治化而兼安定师法，所关于学术兴替甚巨。此类谨详识之。至于辟远之区，英贤代有，而道显名晦，著述或少流传。虽加意搜求，宽为著录，终虑难免遗珠也。"地理环境之于学术文化，虽非决定因素，但其影响毕竟不可忽视。此条所言，虽尚可商榷，但"淳朴之地，士尚潜修；繁盛之区，才多淹雅"。夏氏此见，不无道理。

第六条云："此采诸人，以《国史儒林传》为本，以《文苑传》中学有本原者增益之。唐氏《学案小识》中，有史传所未载，而遗书可见、仕履可详者，并收焉。江氏《汉学师承记》、《宋学渊源记》，李氏《先正事略》，及各省方志，诸家文集，并资采证。加以搜访遗籍所得，为前诸书所未及者，共得正案若干人，附案若干人，列入《诸儒》案中若干人，共若干人。”此条意在说明入案诸家传记资料来源，用力不为不勤。

第七条云：“编次仿《宋元学案》而稍有变通。首本传，仕履行谊，以史传为根据，兼采碑志传状，不足再益以他书。学说有正案所难详者，括叙入传。凡著述俱详其目次。正案凡著述可摘录者，存其精要，难以节录者，载其序例。次附录，载遗闻佚事，有关系而未入传者，他人序跋有所发明者，后人评骘可资论定者。”此条论定各学案之正案编纂体例，仿《宋元学案》而稍有变通。择善而从，前后划一，确能收眉清目朗之效。

第八条云：“附案亦仿《宋元学案》诸名目，略从简括。首家学，以弟从兄、子孙从父祖，疏属受学者并载之。次弟子，以传学为重，其科举列籍，非有讲学关系者，不载。次交游，凡同学、讲友等，皆在其中。次从游，凡交游年辈较后，或从学而无列弟子籍确据者，入此项。次私淑，或同时未识面而相景慕，或不同时而承学派者，并入此项。附案中又有所附，别标其目，列于诸项之后。凡所引据，悉注书名，以资征信。”此条专论附案编纂体例，既取法《宋元学案》，又去其繁冗，除“从游”一类尚属累赘之外，其余皆切实可行，实为一个进步。“凡所引据，悉注书名”，尤为可取。

第九条云：“史传附见之人，或以时地相近，或以学派相同，牵连所及，而其例较宽。学案附见者，必其渊源有自，始能载入。凡潜修不矜声气，遗书晦而罕传者，既未能立专案，苦于附丽无从，皆列诸儒案中。其例虽出黄、全二编，取义略有差别。”此条论定《诸儒学案》立案原则，既出黄、全二编而有所本，又略异黄、全《学案》及史传，实是当行之论。徐东海先生云“非身历其事者，不能道其精蕴”，即此之谓也。

第十条云："梨洲一代大儒，荟萃诸家学说，提要钩玄，以成《明儒学案》，故为体大思精之作。《宋元学案》梨洲创其始，谢山集其成，网罗考订，先后历数十年。几经董理，而后成书，如是之难也。清代学派更繁，著述之富过于前代，通行传本之外，购求匪易。展转通假，取助他山，限于见闻，弥惭谫陋。徒以一代文献所关，不揣末学，勉为及时搜辑。窃等长编之待订，仅供来哲之取材。海内明达加之补正，是私衷所企望者也。"[1] 此条言《清儒学案》实为一资料长编，无非供来哲取材而已。言而由衷，无意掩饰，著述者能坦白如此，令人钦敬。

夏孙桐为《清儒学案》所拟十条《凡例》，言之有据，实事求是，断非学乏素养者所能道。晚近贤哲评论及此，曾有讥其"自多门外之谈"者。恕笔者不恭，"门外"云云，实难苟同。我想，倘若揆诸清代学术发展的实际，取夏氏《凡例》与《明儒学案发凡》、《校刊宋元学案条例》诸篇比照，恐怕就不会产生"门外"之感了。

《致徐东海书》与《拟清儒学案凡例》为姊妹篇，信中，夏孙桐云："前奉复谕，垂念四十年交谊，当日黄垆旧侣，仅存公及下走二人。勖以炳烛馀光，岁寒同保，读此语不禁为之感叹，难以傲然拒命。而自顾孱躯，能否勉力从事，殊无把握。姑先清理积稿，择其较完整者，随手收拾，陆续交出。其有应改作者，加签待商。约于四月正可毕，再开清单呈阅。乞赐长假，薪款以腊月截止，请勿再施。至公笃念故旧之深情，幸勿拘于形迹。津门咫尺，明春和暖之时，冀得躬诣崇阶，以申十年阔绪。"以上是说辞职意坚，不可商量。接下去，便是对沈兆奎所拟《凡例》的商榷。

夏孙桐云："再顷见羹梅所拟各节，煞费苦心，当有可采。其言增取之人，亦有早经议及，觅书未得，悬以有待者。要以征集

1　夏孙桐：《观所尚斋文存》卷六，《拟清儒学案凡例》。

原书阅过，方能确定去取，此时尚是虚拟。鄙见不尽同处，仍有数端。”夏氏所商榷者，为如下三条。

一、生年次序。羹梅系从正、续《疑年录》开出，间有见于本书者。按现编原以时代为序，然只能论大段，如最初皆明遗老，次则顺、康间人。凡记清代先儒之书，无不以夏峰、亭林、南雷、船山、二曲、杨园、桴亭数人居首，即《诗汇》亦取其例。若以沈国模、陈确数人驾于其上，似觉未安。（沈国模，案：初稿仅有一传，无一文可录，并本案尚难成立，正议设法销纳。说详将来清单，阅之可悉。）曩时，国史馆续修《儒林传》，列船山名次较后，为众论所不及。时公方在枢庭，当尚忆之。窃谓首数案断难厕入此类之人。至以后有此目印证，不致大有颠倒，其有益不少。而不必尽拘年岁，盖学案非齿录可比也。

一、诸儒一类不可少。初拟草例之时，与书衡详商，黄、全两家皆有此类，以收难入附案之人。原出于不得已，何必不从！编到无可位置之时，自能了然此义。

一、学问之道无穷。无论大家、名家之著作，其毫无遗议者，殊不多见。不必因有一二人之批驳，轻加裁抑。公于此类素持广大主义，愿守此宗旨，以示标准。唯《学案》究以理学为主体，其稍具规模者，自宜多收。（如《学案小识》中，此类最多。）而非有诸儒一类，不能位置也。至《文苑传》中人物，非实为专家之学，具有本末者，不宜过多。勿使喧宾夺主，亦宜慎之。[1]

夏孙桐此书，其大要有三。以时代先后为编纂次第，这是一

1 夏孙桐：《观所尚斋文存》卷六，《致徐东海书》。

个大的原则，不过其间仍可变通，未可拘泥。此其一。其二，《诸儒学案》之立，系以《明儒学案》和《宋元学案》为本，并非别出心裁，标新立异。凡难入附案诸人，《诸儒学案》实一最恰当的归宿。其三，以理学为主体，此乃学案体史籍的基本特征。因而凡学有规模者，皆可编入学案。

观夏氏所拟《清儒学案凡例》及《致徐东海书》，孙桐在《清儒学案》编纂中的举足轻重地位，确乎无可置疑。正如夏氏后人所云："开始拟具编纂方案，商榷体例案名，然后各人分担功课，由夏氏持其总。"[1]虽然今本《清儒学案》卷首《凡例》，未能尽采孙氏拟稿，但其主要原则皆已大体吸收。至于《学案序》，不知是何种原因，夏氏始终未有见允。今本《学案序》，系先由张尔田草拟。尔田所拟本非精心，未能副一代学史之重，徐世昌并非"以显宦不解读书"者，自然不会用它。唯定本序究出何人之手，文献无征，只有俟诸来日读书有得，再行考订。

三　全书大要及编纂体例

《清儒学案》共208卷，上起明清之际孙奇逢、顾炎武、黄宗羲，下讫清末民初宋书升、王先谦、柯劭忞，一代学林中人，大多网罗其中。不唯其内容之宏富超过先前诸家学案，而且其体例之严整，亦深得黄宗羲、全祖望之遗法。尽管其主持者徐世昌，未可与黄、全二位学有专攻的大师比肩，然而书出众贤，合诸家智慧于一堂，亦差可追踪前哲，相去未远。

《清儒学案》卷首，有《凡例》17条，旨在说明全书主要内容及编纂体例。兹逐条分析，以观全书概貌。

第一条云："是编以从祀两庑十一人居前，崇圣道也。自高彙

1　过溪：《清儒学案纂辑记略》，载《艺林丛录》第七编。

旃以下，则以生年为次。不得其年者，则以其生平行谊及与交游同辈约略推之。不以科第先后者，例不能括也。《全唐诗》以登第之年为主，于是文房远在李、杜之前，浩然远在李、杜之后，岂其所哉!”在旧时代，从祀孔庙，乃儒林中人身后殊荣。有清一代，得此殊荣者凡 9 人，以雍正间陆陇其肇始，依次为汤斌、孙奇逢、张履祥、陆世仪、张伯行、王夫之、黄宗羲、顾炎武。民国初，在徐世昌任总统期间，复以颜元、李塨从祀孔庙。此条所云 11 人，即由此而来。而《学案》中此 11 人编次，则未尽依从祀先后，而是以生年为序。卷一孙奇逢《夏峰学案》，卷二黄宗羲《南雷学案》，卷三、四陆世仪《桴亭学案》上下，卷五张履祥《杨园学案》，卷六、七顾炎武《亭林学案》上下，卷八王夫之《船山学案》，卷九汤斌《潜庵学案》，卷十陆陇其《三鱼学案》，卷十一颜元《习斋学案》，卷十二张伯行《敬庵学案》，卷十三李塨《恕谷学案》。孙、黄等 11 人，皆清初大儒，如此编次，既避免了康熙间修《全唐诗》以科第为次所造成的年辈混乱，又与全书以生年为次的编纂原则相符，应当说大体上是允当的。

第二条云:“夏峰已见《明儒学案》，而是编取以弁冕群伦。以苏门讲学，时入清初，谨取靖节《晋》、《宋》两传之例。《学案小识》不加甄录，盖有门户之见存，非以其重出也。次青论之韪矣。”《清儒学案》以孙奇逢《夏峰学案》置于诸学案首席，既与明清之际历史实际相吻合，又得《晋书》、《宋书》同为陶渊明立传遗意。唐鉴著《清学案小识》，以门户之私而摒孙氏于不录，李元度修《国朝先正事略》力斥其非。此条首肯李说而不取唐氏，有理有据，已得是非之平。

第三条云:“诸儒传略，取材于《汉学师承记》、《宋学渊源记》、《洛学编》、《濂学编》、《学案小识》、《先正事略》之名儒、经学，《碑传集》之理学、经学，《续碑传集》之儒学，《耆献类征》之儒行、经学。去其重复，表其粹美，大抵著者八九，而不著者一二。《经解》两编，作者毕举，《畴人》三传，家数多同。至《儒学传稿》，虽未梓行，而足备一代纲要。《清史列传》虽出坊印，而实为馆档留遗。引证所资，无妨慎取。斯二书者，亦参用之。”此条言全书著录诸儒的依据，即主要是理学家、经学家及算学家。所列取材诸作，虽优劣各异，但扫除门户，去短集长，一代学术界中人，凡学有规模者，自然可以大致网罗其间。

第四条云："清儒众矣，无论义理、考据，高下自足成家。第欲远绍旁搜，譬之举网而渔，不可以一目尽。所谓不著之一二，非故摈弃也。或声闻不彰，或求其书不得，如都四德《黄钟通韵》之类，遂付阙如。”此条言入案诸儒，虽力求其多，但仍以客观条件制约，或因声名不显，或缘著述未见，以致不能将一代学人悉数网罗。

第五条云："家学濡染，气类薰陶，凡有片善偏长，必广为钩索。或遇之文集，或附载序跋，而名不见于上述诸书者，十之三四。非曰发潜阐幽，亦宁详毋略之义。”此条道出《清儒学案》著录诸儒的一条重要原则，即宁详毋略。由于广事搜寻，多方勾索，所以入案者的数目已经逾出第三条所列诸书儒林中人。因而本书不仅编选了清代学术史的资料，而且也为清代人物，尤其是学林中人的董理提供了依据。

第六条云："上述诸书，体例各异。其中有分门类者，如卿相中之汤文正、魏敏果、纪文达、阮文达、曾文正，下至监司守令，若唐确慎、罗忠节、徐星伯、武授堂之伦，并依官爵。犹汉之鲁国，唐之昌黎，不入儒林，固史法也。是编以学为主，凡于学术无所表见者，名位虽极显崇，概不滥及。”此条继前三条之未竟，还是讲入案标准问题。学案乃史书，要以之记述一代学史。既是修史，须遵史法，因而凡与学术无关者，纵然名位贵显，亦不得编入学案。《清儒学案》这条规矩立得好，否则就失去其为学案的意义了。

第七条云："古人为学，不以词章自专，长卿、子云，包蕴甚广。自范《书》别立《文苑》一传，遂若断港绝潢，莫之能会，而秋孙、叔师，岂遽逊于子严、敬仲？清代文章，号为桐城、阳湖二派，证以钱鲁斯之言，则二派固自一源。望溪之于《三礼》，姬传之于《九经》，即不与婺源同科，亦何异新安正轨！前乎此者，尧峰经术，与望溪叠矩重规。并乎此者，子居究心三代，识解独超。后乎此者，柈湖、子序，风诗传记，根柢亦深。惟冰叔纵横之气，为《四库提要》所嗤，然极其意量，雪苑未可抗衡。是编于《文苑》中人，亦加甄综，必其文质相宣，无愧作述之美。其馀附见，未必尽纯，要之空疏而徒骋词锋者寡矣。"自第三条起，《凡例》以五条之多，专究甄录标准。既将一代儒林中人网罗尽净，又破除儒林、文苑的传统界限，于学有专门者亦多加甄录。"宁详毋略"之意，于此再伸。

第八条云："《明儒学案》通以地望标题，其渊源有绪者，则加之曰相传，同时者则否。其不相统系者，则曰诸儒。其以字标题者，唯止修、蕺山二案。《宋元学案》或以地，或以谥，或以字，为例不纯；诸儒则累其姓于上，步趋班、范而意过其通。是编标题以字称，曾为宰辅者以县称，二人合案者亦以县称，诸儒以省称。参酌梨洲、谢山二书而折衷之，固无取因袭也。"此条专论各学案标题。唯论《明儒学案》，因系用河北贾氏刻本，故于阳明学传衍称为"相传"。而道光间莫氏刻本，则谓原本实作"王门"，"相传"系经贾氏所改。今中华书局排印本即据莫氏说，题为《浙中王门学案》、《江右王门学案》等等。所谓《宋元学案》标题之为例不纯，言之有据，确能得其病痛之所在。学如积薪，后来居上，《清儒学案》参酌黄、全二书，择善而从，实现了标题的划一。全书除任过宰辅及数人合案者以县名标题外，其余各案，皆以案主之字标题。而《诸儒学案》一类，《凡例》所云，则与实际编次略异。本书卷一九五至卷二〇八皆称《诸儒学案》，依次为《诸儒学案》一至十四。编次虽以省为类，先直隶，再山东，以下依次为江苏、安徽、江西、浙江、湖北、陕西、四川、云南，但却不以省为称。江苏、浙江为人文渊薮，故不仅全书著录学者最多，《诸儒》一案中，亦以二省学者为多。关于《诸儒学案》之立，著者于卷一九五《诸儒学案一》卷首总论，言之甚明。据云："汉宋之学，例重师承，全书于诸家授受源流，已详加纪述矣。其有潜修自得，或师传莫考，或绍述无人，各省中似此者尚复不少。今特别为一类，分省汇编。凡著作宏富者，撷取菁华，否则撮叙大略，兼搜博采，冀不没其劬学之深心焉。"

第九条云："《宋元学案》附案之类有六，曰学侣，曰同调，曰家学，曰门人，曰私淑，曰续传。而于居首之人，大书其前曰某某讲友，某某所出，某某所传，某某别传。其再传、三传者，又细书于其下。详则详矣，其如紊何！以视梨洲《明儒学案》，繁简顿殊。今于附案之人，别为五类，曰家学，曰弟子，曰交游，曰从游，曰私淑，亦足以该之矣。删繁就简，由亲及疏，合而观之，后生或越前辈；别类观之，仍以生年为次，义例相符。"此条专论《附案》编次，以家学、弟子、交游、从游、私淑五类赅括，较之《宋元学案》的叠床架屋，确能收删繁就简之效。唯从游一类，似尚可归并。譬如卷六、七顾炎武《亭林学案》，入从游一类者凡三人，即徐乾学、徐元文兄弟和陈芳绩。乾学、元文皆案主外甥，学承舅氏，同以显宦而治经史，实可归入"家学"一类。陈芳绩，字亮工，为顾炎武早年避地常熟乡间故人子，谊在弟子、私淑之间。倘依案主慎收弟子例，入私淑一类即可，不必再列从游一类。

第十条云："《宋元学案》每案之前，必为一表，以著其渊源出入。支分派别，瓜蔓系联，力至勤，意至善也。清代学术宏多，非同道统之有传衍。是编于授受攸关而别在他案者，则分类列举，不复表于卷前。然或居附传之前，或居附传之后，或错综各传之间，或以所见先后为次，或以生年先后为次，当属稿时，随笔记载，不拘一式。迨书经墨板，改刻良难，阅者谅之。”宋儒论学，最重渊源，入主出奴，门户顿分。《宋元学案》不取批判态度，复列传衍表于卷首，徒增繁琐，实是多余。清代学术与宋明理学不同，它以对既往学术的总结和整理为基本特征，盘根错节，包罗至广。“清代学术宏多，非同道统之有传衍”，此为《清儒学案》编者见识之远迈唐鉴《学案小识》处。有鉴于此，全书于学术传承，不复表列于案前，而是在附案中随处加以说明。如卷二黄宗羲《南雷学案》，于弟子一类，万斯大、万斯同，则分别注云：“别为《二万学案》。”于交游一类亦然，李颙、李因笃、汤斌、毛奇龄、阎若璩、胡渭诸人，皆仅列其名，而各注所在学案名于其下。眉目清晰，秩然有序，同样可见案主学术影响。

第十一条云：“学案大旨，以尊统卑，其祖若父、若兄，学术声名不足以统一案者，则载之子弟传首。其子孙不别为传者，则附之祖父传末，目中不著其名，名遗而实不遗也。亦有兄弟齐名，未可轩轾，则比肩居首，分系诸徒。是编所举，二高、三魏之属，六家而已。交游相附，但视所长，年辈后先，无事拘执。”此条言学术世家的入案编次。所述二类，前者如卷三九阎若璩《潜丘学案》之于案主传中，首述其“父修龄，以诗名家”；卷二〇七《诸儒学案十三》费密传中，先叙其“父经虞，字仲若，明末，官云南昆明知县，累迁广西府知府，有治行。兼邃经学，著有《毛诗广义》、《雅论》诸书，以汉儒注说为宗”等等。后者如卷十四高世泰、高愈《无锡二高学案》，卷二十二魏际瑞、魏禧、魏礼《宁都三魏学案》，卷三十四、三十五万斯大、万斯同《鄞县二万学案》，卷八十五朱筠、朱珪《大兴二朱学案》，卷一〇三梁玉绳、梁履绳《钱塘二梁学案》，卷一四三钱仪吉、钱泰吉《嘉兴二钱学案》六家。如此立案，编纂体例同中存异，颇费斟酌。

第十二条云：“诸儒著述，详叙传中。已刊行者，举其卷数，异同多寡，间为更定。设其书仅有传稿，若存若亡，或仅见书名，未知成否，则别为未见，以待续考。然书籍浩繁，虽八道以求，而一时难得。以梨洲之通博，犹失朱布衣《语录》，韩苑洛、范栗斋诸集，矧在寡陋，颇囿见闻。海内鸿儒，幸赐匡正。”学案体史籍，以选编各家学术资料为主，故品评其高下，一是据其立案人选，第二则是诸家学术资料的别择。《清儒学案》编者于此，亦多所究心，所以此条以下，直至第十六条，皆论资料选编问题。此条专论案主传略所载著述目录。徐世昌得担任民国大总统之便，在纂辑《晚晴簃诗汇》时，即向各地征集到大批图书。下野之后，此批图书多置于徐氏京邸。之后，便成为纂修《清儒学案》的主要资料来源。然而徐邸庋藏及撰稿诸人未见之书尚多，所以先作声明，不失为求实之见。

第十三条云：“甄录著述，盖有二义。一、其书贯串，未容剪裁，如《礼书纲目》、《廿二史考异》之属，则取其序例，以见大凡。一、其书美富，不胜标举，如《日知录》、《东塾读书记》之属，则择其尤至，以概其馀。凡近于帖括者，虽经不录也。近于评骘者，虽史不录也。清儒序跋，最为经意。自序必详为书之纲要，为人书序必为之说以相资。此固征实之学，大启后学之途径，故足取焉。”《清儒学案》于案主重要著述，多载序例，此条于此专文解释。至于顾炎武《日知录》、陈澧《东塾读书记》一类著名学术札记，诚可谓美不胜收，其精要实非序例一类文字所能赅括。于是编者亦提出甄录标准，即“择其尤至，以概其馀”。譬如卷六顾炎武《日知录》，主要选取书中论经术、治道的部分，于博闻一类，则概行从略。全书大要依稀可见。又如卷一七四陈澧《东塾读书记》，亦以读诸经、诸子为主，《读书记》大体亦得反映。

第十四条云：“采纂诸书，必求原本。正、续《经解》多割弃序跋，所收札记、文集，虽经抉择，往往未睹其全。后出单行，每堪补订。其未见之书，或有序跋载于文集，刻之丛书，如《说文统释》之属，则记注其下，庶免疑误将来。其文集不传，而得篇章于总集选本者，题曰文抄，亦同此例。”《皇清经解》及其续编，为清代说经著述汇刻，一代经学著作虽多在其中，但诚如《清儒学案》编者所云，该书或割弃原作序跋，或选本未为尽善，故每每不及单行别本。有鉴于此，《学案》甄录学术资料，并不以《经解》为据，必求原本，广事搜寻。其用力之勤，实可接踵黄宗羲《明儒学案》。

第十五条云："采纂诸书，略依四部排比，先专著而后文集，书名与正文平写，序例视正文。文集亦平写，其篇目则抑写，以为区别。然清儒文集，编次多规仿经子，如《述学》、《述林》之属，力避文集之名。若概称曰集，似违作者本意。《宋元学案》尽依原目，不取通称，深合名从其实之义。是编于各传后所采著作，悉已于传中标明，其名实固可考见焉。”此条专言甄录资料的抄写格式及著述称谓。尊重原作，名从其实，如此确立标准，无疑是妥当的。

第十六条云："采纂诸书，其原刻大书、细书，平写、抑写，体式互有不同。是编义取整齐，辄复变通，期臻划一。”此条专言书写体式的整齐划一，立意甚为明了。

第十七条云："是编列入正案者一百七十九人，附之者九百二十二人，《诸儒案》六十八人，凡二百八卷，共一千一百六十九人。”[1]《清儒学案》卷一至卷一百九十四，大体人自为案，此条"正案"云者，即指以上各案案主。正案附载诸儒，与"正案"相对，故称"附案"。卷帙如此之浩繁，著录学者如此之众多，既反映了清代学术整理和总结古代学术的基本特征，亦不失为对以往诸家学案体史籍之集大成。

以上 17 条，全书大要，勾勒而出。然细而论之，似尚有二条

1 徐世昌：《清儒学案》卷首，《凡例》。

可补。其一，各案案首，取法《明儒学案》，皆有总论一篇，述案主学术渊源，评为学得失，论学术地位。虽见识或不及黄宗羲，所论亦间有可商榷处，但提纲挈领，大体允当，实非当行者不能道。倘合各案总论为一编，取与全祖望《宋元学案序录》并观，恐并不逊色。其二，各案案主学术资料选编后，仿《宋元学案》编次，立"附录"一目，专记案主学行，遗闻佚事。所辑录者，或为案主友朋所论，或为弟子、门生及后人追述，长短详略不一，皆可补其传略之所未详。

中国学案体史籍，自《明儒学案》肇始，总论、传略、学术资料选编，一个三段式的编纂结构业已定型。后经全祖望续修《宋元学案》加以发展，案主学术资料选编后既增《附录》一目，又于其后以学侣、同调、家学、门人、私淑、续传为类，著录案主交游、学术传衍。至徐世昌《清儒学案》出，合黄、全二案而再加取舍，各学案遂成正案、附案两大部分。正案依黄氏三段式结构不变，再添附录一目。附案则别为家学、弟子、交游、从游、私淑五类。至此，学案体史籍的编纂体例极度成熟。

四　读《清儒学案》商榷

一如前述，《清儒学案》是一部集体协力的劳作，书出众贤，集思广益，从而保证了纂修的质量，使之成为继《明儒学案》和《宋元学案》之后，又一部成功的学案体史籍。然而，由于历史和认识的局限，《清儒学案》又还存在若干值得商榷的地方。兹撮其大要，讨论如后。

（一）《清儒学案序》的未尽允当处

《清儒学案序》撰于民国二十七年（1938 年），虽执笔者未确知其人，但既以徐世昌署名，则功过皆在徐氏。徐氏此序，可商榷者有二。其一是对康熙帝学术地位的评价问题，其二是应当怎样看待社会的进步问题。

康熙帝不唯是清代开国时期功业卓著的帝王，而且也是整个中国古代并不多见的杰出历史人物。他于繁忙的国务活动之暇，数十年如一日，究心经史，研讨天文历法和数学，则尤为难能可贵。然而，圣祖毕竟只是一个国务活动家，而非以治学为业的学者。因此，评价其历史功业，就当从大处着眼，不可把他等同于一个学者来论究。《清儒学案序》于此本末倒置，对康熙帝的所谓学术成就随意溢美。序中，不唯认为他生前“于当时著作之林，实已兼容并包，深造其极”，称之为“天纵之圣”，而且假述他人语断言：“清代之达人杰士，悉推本于圣祖教育而成。”且云：“圣祖之教，涵育于二百馀年。”极意推崇，言过其实，显然是不妥当的。

辛亥革命，终结帝制，这是中国历史上一次翻天覆地的剧变，其意义远非以往任何一次改朝换代所能比拟。民国建立之后，中国社会日益卷入国际潮流，社会生活的各个方面都在冲击腐朽的桎梏而大步前进。这本来是一桩十分令人欣喜的事情，而徐世昌的序文则与之唱为别调，声称：“盱衡斯世，新知竞瀹，物奥偏明，争竞之器愈工，即生民之受祸益烈。狂澜既倒，孰障而东？”[1] 用这样的眼光去看待社会和总结历史，当然就难免要曲解历史，做出错误的判断。我们赞许徐世昌以《清儒学案》述一代学史的业绩，而对其试图以之去挽狂澜于既倒，则丝毫不予肯定。若此而修史，岂非螳臂挡车！不啻挽歌一曲罢了。

（二）应否“以从祀两庑十一人居首”的问题

“以从祀两庑十一人居首”，语出前引《清儒学案凡例》第一

1　徐世昌：《清儒学案》卷首《序》。

条。关于这个问题，我们于前节中，就依生年为次这个意义立论，认为它大体上是允当的。然而，此十一人中，除颜元、李塨为民国初从祀孔庙者外，其余九人皆清代钦定。徐世昌主持纂修《清儒学案》，时已入民国，且身为下野的民国大总统，却一依清廷好尚为转移，显然是一种不健康的遗老情调的反映。这同第一个问题中的"生民之受祸益烈，狂澜既倒"云云，皆出一辙，实不可取。

（三）关于吕留良的评价问题

吕留良，一名光轮，字用晦，又字庄生，号晚村。暮年削发为僧，名耐可，字不昧，号何求。浙江崇德（今桐乡）人。生于明崇祯二年，卒于清康熙二十二年，终年55岁。他是清初浙江的著名学者，在清代学术史和政治史上，都曾经产生过较大影响。但是由于他故世后，于雍正间为文字冤狱祸及，被清世宗斥为"千古罪人"而戮尸枭首。乾隆间，其遗著又遭清廷尽行禁毁。因此，雍乾及尔后学者，对吕留良的学行罕有论及。道光间，唐鉴著《清学案小识》，亦不敢置一词。《清儒学案》能不为成见所拘，著录吕留良于卷五《杨园学案》交游一类中，无疑是一个进步。不过，案中于吕留良的评价，则尚可商榷。

《清儒学案》评吕留良学行云："晚村生平承明季讲学结习，骛于声誉，弟子著籍甚多。又以工于时文，《竿木集》之刻，当日已为凌渝安所讥。杨园初应其招，秀水徐善敬可遗书相规，谓兹非僻静之地，恐非所宜，其语亦载在《见闻录》中。全谢山记其初师南雷，因争购祁氏淡生堂书，遂削弟子籍。屏陆、王而专尊程、朱，亦由是起。可见名心未净，终贾奇祸。"[1]这里有三个问题应当澄清，其一是所谓"工于时文"问题，其二是与黄宗羲反

1　徐世昌：《清儒学案》卷五《杨园学案》附案《吕留良》。

目成仇的原因，其三是所谓“名心未净，终贾奇祸”的结论能否成立。

考察吕留良一生的学术活动，我们会看到，从顺治十二年起，他便开始从事时文评选，直到康熙十二年，才最终结束选文生涯。其间，经他评选结集的时文多至20余种，“风行海内，远而且久”[1]。这样一来，吕留良之学遂为时文评选所掩，以致有“时文选家”之称。于此，吕留良曾有剖白，他说：“某喜论《四书》章句，因从时文中辨其是非离合，友人辄怂恿批点。人遂以某为宗宋诗，嗜时文，其实皆非本意也。”[2]既然如此，其本意又何在？据云：“某跧伏荒塍，日趋弇固，偶于时艺，寄发狂言，如病者之呻吟，亦其痛痒中自出之声。”[3]这就是说，他是要借时文评选来抒发胸中的积郁。其子葆中所撰《行略》亦云：“其议论无所发泄，一寄之于时文评语，大声疾呼，不顾世所讳忌。穷乡晚进有志之士，闻而兴起者甚众。”[4]郁积胸中而为世所讳忌的议论，不外乎就是两个方面，其一为有触清廷忌讳的政治主张。这就是雍正初，审理曾静、张熙一案时，曾静所供：“吕留良评选时文内，有妄论夷夏之防及井田、封建等语”[5]。其二，便是对当时盛行于浙东的王阳明之学的抨击。可见，“工于时文”云云，仅得吕留良为学表象，实属似是而非之说。

吕留良与黄宗羲的关系，是清初学术史上的一桩公案。吕、黄绝交，并非一个单纯的个人恩怨问题，而是双方立身旨趣、学术主张无法弥合而使然。《清儒学案》所云，源自全祖望。全氏认为，系由二人合资购山阴祁氏淡生堂藏书所致。据称：“吾闻淡

1 王应奎：《柳南续笔》卷二《时文选家》。
2 吕留良：《吕晚村先生文集》卷一《答张菊人书》。
3 吕留良：《吕晚村先生文集》卷一《与施愚山书》。
4 吕葆中：《行略》，见《吕晚村先生文集》附录。
5 《清世宗实录》卷八一，“雍正七年五月乙丑”条。

生堂书之初出也，其启争端多矣。初，南雷黄公讲学于石门，其时用晦父子俱北面执经。已而以三千金求购淡生堂书，南雷亦以束修之入参焉。交易既毕，用晦之使者中途窃南雷所取卫湜《礼记集说》、王偁《东都事略》以去，则用晦所授意也。南雷大怒，绝其通门之籍。用晦亦遂反而操戈，而妄自托于建安之徒，力攻新建，并削去《蕺山学案》私淑，为南雷也。”[1]全氏此说，本出传闻，因其私淑黄宗羲而偏见先存，故揆诸事实则多有不合。首先，吕留良固然有削私淑名事，但并非黄氏辑《蕺山学案》，所削亦非己名，而是其子葆中。至于吕留良本人，所声言必削其名者，乃《刘念台先生遗书》中的校对名，与“私淑”毫不相干。关于此事原委，现存《吕晚村先生文集》卷二《复姜汝高书》，言之甚详，文繁恕不赘引。全祖望不辨父子，混私淑与校对于一谈，未免失之粗疏。其次，吕留良之与黄宗羲，本属友朋，并无师生之谊。起初二人情谊笃挚之时，黄宗羲跋吕留良撰《友砚堂记》，即自称“契弟”，并云：“用晦之友即吾友，用晦之砚即吾砚。”[2]情同手足，师生之说，又从何谈起！而吕氏诗文杂著，亦从未见有只字述及与黄氏为师生事。前述《复姜汝高书》，于师生事言之甚明，黄宗羲弟子并非吕留良，而是其子吕葆中。据云：“至小儿公忠，则并无计功之劳，岂以其受业太冲门下，故亦滥及耶？”[3]再次，购买祁氏书事，与黄、吕同时的陈祖法所述，则与全祖望有异。据云：“黄梨洲居乡，甚不满于众口，尝为东庄（即吕留良——引者）买旧书于绍兴，多以善本自与。”[4]《清儒学案》仅据一面之词便贸然立说，自然就难免以讹传讹，经受不住历史实

1 全祖望：《鲒埼亭集外编》卷一七，《小山堂祁氏遗书记》。

2 黄宗羲：《跋友砚堂记》。此文不见于《南雷文案》、《文约》、《文定》等，附录于《吕晚村先生文集》卷六，《友砚堂记》。

3 吕留良：《吕晚村先生文集》卷二《复姜汝高书》。

4 陆陇其：《三鱼堂日记》卷十，“康熙二十八年正月初六日”条。

际的检验。

众所周知，吕留良之蒙冤，乃在其身后四十余年，系由清世宗惩治曾静、张熙反清案，滥施淫威，殃及枯骨所致。而“名心未净，终贾奇祸”云云，不唯于雍正帝的专制暴虐不敢置一词，反而拾清廷牙慧，指斥吕留良为“名心未净”。是非不分，黑白淆乱，显然与历史实际相去就太远了。

（四）几位不当遗漏的学者

《清儒学案》既以网罗儒林中人为宗旨，以下诸人皆非默然无闻者，似不当遗漏。

潘平格，字用微，浙江慈谿人。为清初浙东著名学者，与黄宗羲、张履祥、吕留良皆有往还。所著《求仁录》，于朱、陆学术皆有批评，故世后，于康熙末年以《求仁录辑要》刊行。道光间，唐鉴著《清学案小识》，置之于卷末《心宗学案》中。虽误其字为“用徵”，但《求仁录辑要》的基本主张，已有所引述。徐世昌主持纂修《清儒学案》时，《求仁录辑要》当能看到，遗漏不录，实是不该。

戊戌维新，既是晚清历史上的一个重大举措，也是19世纪末中国思想界的一次狂飚。维新运动中的领袖康有为、梁启超、谭嗣同等，无一不是当时儒林翘楚。《清儒学案》著录之人，其下限既已及民国二十二年（1933年）故世的柯劭忞，何以不著录先于柯氏辞世的康、梁、谭？退一步说，即使以康、梁入民国以后尚有若干重要政治、学术活动，因而不便著录，那么谭嗣同早在百日维新失败即已捐躯，何以摒而不录！《清儒学案》的纂修者，带着不健康的遗老情调，可以仇视戊戌变法中人，但是康、梁诸人的学术成就则是抹煞不了的。

从纯学术的角度言，康有为、梁启超都是晚清今文经学巨子。《清儒学案》所著录一代今文经师，既有中叶的庄存与及其后人庄述祖、刘逢禄、宋翔凤，下至凌曙、陈立、皮锡瑞，而不及康有为、梁启超，以及对康氏学说有重要影响的廖平。以一己之好恶而人为地割断历史，当然不能让读者接受。

（五）编纂体裁的局限

《清儒学案》承黄、全二案开启的路径，仍用学者传记和学术资料汇编的形式，以述一代学术盛衰。这样一种编纂体裁，或人自为案，或诸家共编，某一学者或学术流派自身的传承，抑或可以大致反映。然而，对于诸如此一学者或流派出现的背景，其学说的历史地位，不同时期学术发展的基本特征及趋势，众多学术门类的消长及交互影响，一代学术的横向、纵向联系，尤其是蕴涵于其间的规律应当如何把握等等，所有这些问题，又都是《清儒学案》一类学案体史籍所无从解答的。一方面是学案体史籍在编纂体例上的极度成熟，另一方面却又是这一编纂体裁的局限，使之不能全面地反映历史发展的真实面貌。这样一种矛盾状况，适足以说明学案体史籍已经走到了它的尽头。

五　余论

中国历代史籍，不唯以浩如烟海而令人叹为观止，而且还以其编纂体裁的完备而足以自豪于世。编年、纪传、纪事本末若三足鼎峙，源远流长，争奇斗妍，为史籍编纂确立了基本格局。其间所派生的各种专史，或通古为体，或断代成书，或记一族一姓，或述一地一时，博及政治、经济、军事、学术文化诸领域，琳琅满目，美不胜收。晚近以来，为论者多所究心的学案体史籍，即是专史中的一个重要方面。

在中国学术史上，学案体史籍的兴起，是理学崛起以后的事情。南宋初，朱子撰《伊洛渊源录》，已是公认的开风气之作。而专以“学案”题名论著，则要晚得多。明万历间，耿定向、刘元卿师徒为表彰陆九渊、王阳明之学，相继撰为《陆杨学案》和《诸儒学案》。自此，以“学案”为论著名，始见于晚明及清初学者著述。承周汝登、孙奇逢《圣学宗传》、《理学宗传》遗风，康熙中，黄宗羲《明儒学案》出，宣告学案体史籍定型而徽帜高悬。乾隆初，全祖望承黄宗羲父子未竟之志成《宋元学案》100卷，学案体史籍臻于大备。清亡，徐世昌网罗旧日词臣，辑为《清儒学案》208卷。至此，学案体史籍盛极而衰。

进入20世纪以后，随着西方史学方法论的传入，摆脱由纪传体史籍演进而来的学案束缚，编纂崭新的章节体学术史，成为历史编纂学中一个紧迫的课题。于是与《清儒学案》纂修同时，梁启超挺然而起，以“史界革命”的倡导，成为完成这一课题的杰出先驱。自梁启超的《清代学术概论》和《中国近三百年学术史》出，以之为标志，学术史编纂最终翻过学案体史籍的一页，以章节体学术史的问世而迈入现代史学的门槛。

补记：

文中所述夏孙桐先生“卒年未详”，后承内蒙古农业大学夏武康教授赐教，孙桐先生卒于1942年，享年八十有五。谨致谢忱。

初版后记

时间过得真快，祖武在清代学术史园圃中耕耘，不觉已是整整 20 个春秋。20 年来，以读清代学术文献为每日功课，朝夕以之，不间寒暑，甘苦皆在其中。此番奉献给诸位的《清儒学术拾零》，便是此 20 年间读书之一得。若幸蒙诸位批评指教，当感激不尽。

治清代学术史为祖武之毕身事业，唯生性迂腐，孤陋寡闻，虽以勤补拙，读书所得仍恨太少。早先之习作《清初学术思辨录》和此番再成之《清儒学术拾零》，其论究重点，皆为清中叶以前之学术史。以今日为起始，祖武往后之岁月，则多在晚清学术文献之中。倘若天假以年，再得 20 个春秋读书，那么我希望他日能够将晚清学术之读书札记汇为一册，依然送请湖南人民出版社出版。

陈祖武　谨识

一九九八年七月十一日

于京东潘家园

再版后记

祖武不学，落伍太多，于今日学人皆能娴熟运用的电脑，竟茫然不知。贻笑大方，迂腐已极。因之此番拙作再版，从输入电脑到编辑校改，无不仰仗故宫出版社各部门的同志们。有劳各位，谨致谢忱。尤其是两位责任编辑闫立军、刘玮同志，不辞辛劳，高度负责，将全书所引文献逐一检核，精心校改，纠谬正讹，受累最多。十馀年前旧作幸能有今日面貌，皆是闫、刘二位俊彦的功劳，容日后另觅机会道谢。

旧作再版，奉教方家，敬请拨冗赐教。祖武于此，谨预致由衷感激。

陈祖武　谨识

二〇一二年六月九日

于京东潘家园

明清纪元简表

皇　帝	年　号 （在位年限）	元年干支 （公元纪年）
太祖（朱元璋）	洪武（31）	戊申（1368）
惠帝（朱允炆）	建文（4）*	己卯（1399）
成祖（朱棣）	永乐（22）	癸未（1403）
仁宗（朱高炽）	洪熙（1）	乙巳（1425）
宣宗（朱瞻基）	宣德（10）	丙午（1426）
英宗（朱祁镇）	正统（14）	丙辰（1436）
代宗（朱祁钰）	景泰（8）	庚午（1450）
英宗（朱祁镇）	天顺（8）	丁丑一（1457）
宪宗（朱见深）	成化（23）	乙酉（1465）
孝宗（朱祐樘）	弘治（18）	戊申（1488）
武宗（朱厚照）	正德（16）	丙寅（1506）
世宗（朱厚熜）	嘉靖（45）	壬午（1522）
穆宗（朱载垕）	隆庆（6）	丁卯（1567）
神宗（朱翊钧）	万历（48）	癸酉（1573）
光宗（朱常洛）	泰昌（1）	庚申八（1620）
熹宗（朱由校）	天启（7）	辛酉（1621）
思宗（朱由检）	崇祯（17）	戊辰（1628）
* 建文四年，成祖废除建文年号，改为洪武三十五年。		
太祖（爱新觉罗·努尔哈赤）	天命（11）	丙辰（1616）
太宗（爱新觉罗·皇太极）	天聪（10） 崇德（8）	丁卯（1627） 丙子四（1636）
世祖（爱新觉罗·福临）	顺治（18）	甲申（1644）
圣祖（爱新觉罗·玄烨）	康熙（61）	壬寅（1662）
世宗（爱新觉罗·胤禛）	雍正（13）	癸卯（1723）
高宗（爱新觉罗·弘历）	乾隆（60）	丙辰（1736）
仁宗（爱新觉罗·颙琰）	嘉庆（25）	丙辰（1796）
宣宗（爱新觉罗·旻宁）	道光（30）	辛巳（1821）
文宗（爱新觉罗·奕詝）	咸丰（11）	辛亥（1851）
穆宗（爱新觉罗·载淳）	同治（13）	壬戌（1862）
德宗（爱新觉罗·载湉）	光绪（34）	乙亥（1875）
爱新觉罗·溥仪	宣统（3）	己酉（1909）
1616年，努尔哈赤建立后金；1636 年，改国号为清；1644 年，清入关。		

◆ 制表参考《现代汉语词典》（第 5 版，商务印书馆，2010 年）。

◆ 年中改元时，在干支后用数字注出改元的月份。

编后说明

《明清史学术文库》旨在整合出版上世纪以来，明清史学研究领域中学术影响深远的专题论著（暂未包括专有出版权与其他出版机构有合同约束的论著）。

由于所选书稿在此前分别由不同的出版社出版，因此在编辑制作过程中，我们尤其注重构建本丛书的体例。特作说明如下。

一　内容

为保持与相关领域学术发展同步，本丛书出版前，各册书稿内容均请作者、作者家属或相关学者在原著基础上作了厘正。

二　结构

丛书各册内容按照章、节等体例安排层级关系，图表按章排序。

三　文字

文献名、引文、年号、姓名等文字中，如遇异体字或无对应的现行简化字，则保留原字。

四　注释

1. 相同文献的相同版本信息，只在第一次出现时予以标注（该文献如在书中出现其他版本信息，则逐一标注；如来稿每则注释皆信息完整，且体例统一，则不予改动；如信息查询未果，则维持缺项）。

2. “二十四史”等常见古籍，如无特殊需要，皆不注明版本信息。

3. 古籍卷数用“卷”与汉字表示，如卷一九、卷一三五等。

五　年代换算

明清两朝的干支纪年不逐一换算成公元纪年，对于原著未附纪元表的专著，附以《明清纪元简表》，以便参考。

六　寄语

本丛书各册作者皆为相关领域学术大家，故每册卷首均设作者寄语。寄语或为约请作者提供，或从其专著中援引。

宫廷历史编辑室

二〇一二年七月

图书在版编目（CIP）数据

清儒学术拾零 / 陈祖武著. —北京：故宫出版社，2012.11

（明清史学术文库）

ISBN 978-7-5134-0345-0

Ⅰ.①清… Ⅱ.①陈… Ⅲ.①儒学-研究-中国-清代 Ⅳ.①B222.05

中国版本图书馆 CIP 数据核字（2012）第 260215 号

清儒学术拾零

著　　者：陈祖武
责任编辑：刘　玮
特邀编辑：闫利军
封扉设计：李　猛
出版发行：故宫出版社
地址：北京市东城区景山前街 4 号　邮编：100009
电话：010-85007808　010-85007816　传真：010-65129479
网址：www.culturefc.cn　邮箱：ggcb@culturefc.cn
制　　版：保定市万方数据处理有限公司
印　　刷：保定市中画美凯印刷有限公司
开　　本：787 毫米 × 1092 毫米　1/16
印　　张：24.5
字　　数：333 千字
版　　次：2012 年 11 月第 1 版
2012 年 11 月第 1 次印刷
印　　数：1～3000 册
书　　号：ISBN 978-7-5134-0345-0
定　　价：46.00 元